“十四五”普通高等教育汽车服务工程专业教材

Qiche Xinnengyuan yu Jieneng Jishu

汽车新能源与节能技术

（第3版）

邵毅明　主　编
何义团　副主编
简晓春　主　审

人民交通出版社股份有限公司
北　京

内 容 摘 要

本书为“十四五”普通高等教育汽车服务工程专业教材，主要内容如下：阐述了能源的定义及分类，分析了节能的意义、原理与途径，详细介绍了替代能源的种类以及动力装置的结构、原理，汽车发动机、底盘、车身最新节能技术，燃油、润滑油的合理选用，汽车运用节能相关知识。

本书适合作为高等院校车辆工程、汽车服务工程、交通运输等相关专业课教材，也可供相关专业技术人员参考使用。

图书在版编目(CIP)数据

汽车新能源与节能技术/邵毅明主编. —3 版. —北京：人民交通出版社股份有限公司，2021.9

ISBN 978-7-114-17469-8

Ⅰ.①汽… Ⅱ.①邵… Ⅲ.①新能源—汽车—高等学校—教材②汽车节油—高等学校—教材 Ⅳ.①U469.7 ②U471.23

中国版本图书馆 CIP 数据核字(2021)第 134125 号

书　　名：**汽车新能源与节能技术**(第 3 版)
著 作 者：邵毅明
责任编辑：李　良
责任校对：孙国靖　扈　婕
责任印制：刘高彤
出版发行：人民交通出版社股份有限公司
地　　址：(100011)北京市朝阳区安定门外外馆斜街 3 号
网　　址：http://www.ccpcl.com.cn
销售电话：(010)59757973
总 经 销：人民交通出版社股份有限公司发行部
经　　销：各地新华书店
印　　刷：北京市密东印刷有限公司
开　　本：787×1092　1/16
印　　张：17.25
字　　数：397 千
版　　次：2008 年 6 月　第 1 版
2016 年 3 月　第 2 版
2021 年 9 月　第 3 版
印　　次：2024 年 2 月　第 3 版　第 2 次印刷　总第 7 次印刷
书　　号：ISBN 978-7-114-17469-8
定　　价：48.00 元

前　言

Qianyan

2012年,国家教育部公布了新的本科专业目录,汽车服务工程成为目录内的普通本科专业,2020年2月,在教育部发布的《普通高等学校本科专业目录(2020年版)》中,汽车服务工程专业隶属于工学、机械类(0802),专业代码为080208。该专业顺应了我国社会机动化和汽车普及化的时代发展要求,面向汽车使用领域和汽车服务领域,培养应用型、复合型、创新型乃至创业型的高级人才。“懂技术、擅经营、会服务”是这个新兴专业对其毕业生的基本能力素质要求。为了实现人才培养目标,汽车服务工程专业需要高水平教材支撑课程教学。

当前,汽车产业正处于深度的调整和变革进程中。一是汽车科技日新月异,正在向着轻量化、电动化、智能化、网联化等方向纵深发展,新能源汽车、智能汽车、网联汽车等新品不断涌现,无人驾驶、虚拟现实、增强现实、生物识别等人工智能技术在汽车上的应用越来越多,“互联网+”与汽车研发、制造、营销、运用和服务等领域的融合越来越深刻,这些变化将彻底改变传统的市场调研、汽车开发、营销与服务的方式,改变企业的生产经营模式,甚至诞生跨界经营,进而引起产业生态的变革;二是我国汽车市场在经历21世纪初十余年的快速发展,并在2009年超越美国成为世界最大的新车消费市场之后,汽车需求从宏观总量上看必将转入低微增长乃至震荡波动的发展形态,市场趋于饱和,企业竞争逐渐加剧,这种变化必将导致企业的营销方式大不同于以往,市场经营范围也将由以国内市场为主转向国际和国内两个市场并重,真正实现全球经营。另一方面,我国的高等教育也同样处于调整变革进程中。一是国家调整高等教育的建设方式,由以前的“985工程”和“211工程”模式调整为“双一流”建设模式,更加注重学科(专业)特色优势的建设;二是创新创业教育和高等教育的国际化步伐加快,特别是在工科教育方面,我国已于2016年正式成为《华盛顿协定》的成员国,各高校均以工程教育国际认证为契机,全面促进专业的建设发展。

基于此,全国汽车服务工程专业教学指导委员会结合我国汽车维修行业发展动态和工程教育专业认证需要,并在征求行业专家、专业教师的建议基础上,组织编写了“十四五”普通高等教育汽车服务工程专业系列教材。

《汽车新能源与节能技术》为本套教材之一,是汽车服务工程专业本科学生的专业课之一。本书自2008年第1版与2016年第2版出版以来，多次重印，一直作为各校汽车专业的教材。近几年，汽车新能源与节能技术的主讲教师还曾举行教材座谈会，肯定了本书内容以及适用性，同时本书可供汽车制造、汽车运输和汽车维修企业从业人员培训、自学使用，十多年来，汽车工业和汽车服务业有了更大的发展，汽车节能技术也不断改进以及新能源的适用范围更加宽广。同时本书每章末均附有一定数量的复习思考题（参考答案附在电子课件中），以帮助学生复习、练习和巩固所学内容。

相较第2版，本次修订删除了一些较为陈旧的说法，增加了最新的提法和数据，并根据最新的国家标准和行业标准对相关内容进行了调整，增加了部分新能源汽车方面的节能知识。修订后全书共六章，第一章由冯莉副教授负责，第二章由方勇博士和罗霜博士负责，第三章由邵毅明教授和何义团教授负责，第四章由吴胜利副教授负责，第五章由田茂盛老师负责，第六章由陈原培副教授负责。全书由邵毅明教授和何义团教授负责统稿。本书由邵毅明教授担任主编、何义团教授担任副主编、简晓春教授担任主审。同时，本教材编写中参考了大量的文献资料，参考文献列出的只是主要代表，在此，我们特向这些文献资料的作者表示深深的谢意！

由于编者水平有限，时间仓促，书中缺点和错误在所难免，欢迎读者批评指正。

编　者

2021年1月

目　录

Mulu

第一章　绪论

本章主要阐述能源、节能、汽车节能的基本概念，汽车节能的任务和重要意义，以及影响汽车运行燃油经济性的因素和汽车节能的基本途径。要求掌握汽车节能有关的基本概念、评价指标，明确汽车节能是人类社会发展的长期任务，了解影响汽车能耗的主要因素和节能的基本途径。

第一节　能源的概念、分类与度量

一、能源的概念与特点

能源是指人类取得能量的来源，是可以直接或通过转换提供人类所需要能量的资源。人类的一切活动都离不开能或能量。

核聚变和核裂变、放射性源以及天体间的引力，是世界上一切能源的初始能源。地球大气层所接受的太阳辐射能量每年达 5.3×10^{15} MJ，它产生风能、水能、波浪能和洋流的动能。植物通过光合作用吸收太阳能。动物和植物在特殊的地质条件下经过亿万年演变成为煤炭、石油和天然气等化石燃料；地球心部的热核反应产生地热，地壳内的放射性元素蕴藏着巨大的核能资源；太阳系行星的运行产生潮汐能。所以，对于地球来说，其能源包括来自地球以外的太阳能和来自地球本身的能。

能源具有以下特点：

(1)能源形式在一定条件下可以互相转换，所以，根据对能源使用的要求，通过技术经济分析，选择最适当的能源形式，以求优化能源的利用。

(2)能源在开采、提炼或加工、使用以及废料处理等过程中存在着不同程度的污染。只是产生污染的地点、时间和污染的种类不同。

(3)化石燃料类能源如汽油、天然气等在储存过程中存在泄漏和危及安全等问题。有些二次能源如电能，其生产过程与使用过程几乎不能分开，在当前技术条件下，基本上不能储存。

二、能源的分类

能源的分类方法很多，根据不同的分类条件，分类结果是不同的。

(1)按能源的来源可分为太阳能、地球自身能和天体引力能。

(2)按能源在自然界存在的方式可分为一次能源和二次能源。一次能源，即从自然界取得的未经任何改变或转换的能源(煤炭、石油、天然气、原子核能等)。二次能源，即利用一次能源经过加工转换得到的能源(焦炭、煤气、汽油和柴油、电力、蒸汽等)。这里的“二次”指该能源是经过加工或转换后获得的,并不标志转换的实际次数。二次能源与一次能源比较,具有终端利用效率更高、更清洁、更便于使用、品质好的特点。

(3)按能源被社会利用的情况可分为已被大规模使用的常规能源(石油、煤炭、天然气、水力和核能等),正在积极研究开发、推广的新能源(太阳能、风能、海洋以及生物质能等),以及可以替代石油的替代能源。

(4)按能源能否自然得到补充可分为可再生能源(太阳能、水能、风能、地热能和生物质能等)与非再生能源(如煤、石油和天然气等)。

(5)按能源在使用中对环境的影响可分为清洁型能源和非清洁型能源。清洁型能源,即能源在使用过程中不产生污染或污染小的能源(太阳能、水能、风能、电能和天然气等)。非清洁型能源,即能源在使用过程中产生污染较为严重的能源(煤、石油、汽油和柴油等)。

三、能源的单位与度量

我国能源的单位主要有焦(J)、千瓦时(kW·h)。由于能源的种类很多,为了便于统计、分析、比较,我国规定以煤当量(又称标准煤)作为能源的统一度量单位,有些国家使用油当量作为能源的度量单位。两种当量分别是按煤的热当量值、油的热当量值计算各种能源量的统一计量单位,1kg 标准煤的发热量为 29288kJ。几种常用的能源热值和折算标准煤系数见表 1-1。

几种常用的能源热值和折算标准煤系数　　表 1-1

能源名称	平均低位发热量(kJ/kg)	折算标准煤(kg)
原油	41868	1.4286
汽油	43124	1.4714
柴油	42705	1.4571
煤油	43124	1.4714
重油	41868	1.4286
原煤	20934	0.7143
液化石油气	50241	1.8143
天然气	38979	1.3300
氢气	119900	4.0922
甲醇	20260	0.6915
乙醇	27200	0.9285
二甲醚	28400	0.9693
电力(1kW·h)	3600	0.1229

第二节　节能概述

一、节能的定义、本质、任务

(一)节能的定义

节能是指在保证能够生产出相同数量和质量的产品,或者获得相同经济效益,或者满足相同需要，达到相同目的前提下的能源消耗量下降。

根据节能工作或研究涉及的范围，节能有狭义节能和广义节能之分。

狭义节能是指节能考核涉及部门或领域的能源节约。如一个企业或单位，或整个地区/国家节约了多少度(kW·h)电、电厂节约了多少吨煤或汽车运输企业节约了多少吨汽油或柴油等。

广义节能有两种含义：一是指一切领域和一切方面的节能，不仅包括工业生产的节能、交通运输的节能、农业生产的节能，还包括商业服务的节能和市政生活等各行各业的节能，显然这是整个国家或地区应当关心和研究的节能；第二种含义是从系统的整体考核涉及的能源总消耗的节约。如某项节油技术可以节约8%的燃油，或者节约了若干吨燃油，这个数字是狭义节能的数字，与此同时，采用的节油技术与装置的研究和制造也消耗能源和资源，考虑了这些能源消耗的节能数字就是广义节能的效果。

(二)节能的本质

根据节能的定义，假定 W 代表生产任务的数量，Q 代表完成生产任务 W 所投入的能量，则节能就意味着单位任务消耗的能量(Q/W)下降，或者是单位能量所完成的任务(W/Q)增加。可见节能的实质就是提高能源的利用效率。对社会来说，相当于增加了能源，或者说与增加新能源是等效的。因此，有些国家把节约能源列为几大能源之一。为进一步理解节能的概念，下面就如下几个问题进行分析。

1.认为采用代用能源或者新能源就是节能

如在供暖系统上开发应用了太阳能，汽车上采用了掺烧甲醇或乙醇的措施等。这些措施的实质是用一种能源去替代另一种能源，属于能源替代的范畴或者属于开源的范畴。当然采用替代能源或者新能源的结果可以减少原能源种类的消耗速度，也可能节能，但也可能导致其他能源的消耗，从而使总体能耗更高。这取决于新能源的品质和技术措施是否有利于新能源潜力的发挥等因素。由于汽车常规能源——汽油和柴油的储量有限而且供应短缺，人们对汽油和柴油的消耗十分关心，掺烧甲醇、乙醇等代用燃料可以缓解汽油、柴油短缺的矛盾。故许多场合把采用替代燃料划在节能措施中一并研究，在这种情况下，应当明确它的含义仅仅是节省了汽油和柴油，并不一定是节约能源。当然出于能源安全战略考虑，即使采用替代能源时能源利用率略有下降，也是允许的。

2.认为节油就是节能

人们常常将节能与节油误认为是同一概念。节油是节能的主要内容，但并不等于节能。节油可以称为省油，概括起来主要包括两部分内容：一是通过改善道路辅助设施、降低汽车行驶阻力或提高驾驶员操作水平等途径，在保证完成运输任务的基础上降低汽车燃油消耗量，从而达到节油的目的；二是通过使用天然气、醇类以及氢能源等清洁能源或者使用电力代替在用的石油资源，以消耗其他能源的方式逐步降低对石油资源的依赖度。

节能的本质就是提高能源的利用效率，能源利用效率的提高意味着用较少的能源产生等量的有用产出，主要体现在能源的高效转化和利用上。如利用节能灯代替白炽灯用于照明，可以大大提高能源的使用效率，表现为省电；同样采用更先进缸内直喷技术的汽车发动机能源利用效率要高于普通汽车发动机，表现为节油。节油属于狭义上的节能，我们研究节能，应当从整个系统来考虑，即研究广义节能。例如，纯电动汽车以电力作为能源而不消耗石油资源，具有很好的节油效果。但是，考虑到发电厂以及电力传输效率的影响，电力生产、传输过程中消耗的能源总量可能更大。所以以节油为唯一目的，有时可能会造成能源的总体浪费，因此，在节油技术推广时应考虑这一问题。

（三）节能的任务

能源是人类赖以生存的物质基础。我国人均能源资源占有量少、保障程度低，从长远和总量上看能源供给不足是我国的基本国情。

我国正处在经济社会发展的重要阶段，随着经济的快速发展和人民生活水平的不断提高，工业化、城镇化进程加快，能源需求将大幅度上升。目前，要实现十九大报告中所提出的2035年基本实现社会主义现代化、2050年把我国建设成为富强民主文明和谐美丽的社会主义现代化强国的宏伟目标，能源领域面临严重问题：一是储量不足，我国人均能源资源占有量仅为世界平均水平的一半；二是能源利用效率低于世界先进水平；三是长期以煤为主的能源结构导致环境污染严重；四是大量进口石油严重威胁国家的经济安全。能源的大量消耗和环境的严重污染将影响全面建成社会主义现代化强国总目标的实现，节约能源是解决上述矛盾的必然选择。

我国政府历来重视节能工作，早在20世纪80年代初，就制定了"开发与节约并重，近期把节约放在优先地位"的节能方针。1984年国家计划委员会、国家经济委员会和国家科学技术委员会共同组织编制了《节能技术政策大纲》，1996年三部委对其进行了修订。1996年《中国节能技术政策大纲》（以下简称《大纲》）系统提出了主要耗能行业的节能技术政策，阐明了我国2000年节能技术应达到的目标。两个《大纲》，尤其是1996年《大纲》的发布实施，对推动我国节能技术进步成绩显著。2002年我国万元国内生产总值（GDP）能耗比1990年下降50%，累计节约和少用能源7亿t标准煤；能源利用效率33%比1990年提高约5个百分点。但是我国能耗水平与国际先进水平相比还有很大差距。据有关机构研究，2000年按现行汇率计算，每百万美元GDP能耗，我国为1274t标准煤，比世界平均水平高2.4倍，比美国、欧盟、日本、印度分别高2.5倍、4.9倍、8.7倍和0.43倍。《大纲》发布以来，中国的经济形势及节能技术水平发生了巨大的变化。

1998年1月1日，《中华人民共和国节约能源法》正式颁布实施。2004年6月，国务院常务会议原则通过《能源中长期发展规划纲要（2004—2020）草案》，同年11月，国家发展和改革委员会发布《节能中长期专项规划》，重点规划了2010年节能的目标和发展重点。

2006年2月，我国出台了《国家中长期科学和技术发展规划纲要（2006—2020年）》（以下简称纲要）。纲要指出能源在国民经济中具有特别重要的战略地位。我国目前能源供需矛盾尖锐，结构不合理；能源利用效率低；一次能源消费以煤为主，化石能源的大量消费造成严重的环境污染。满足持续快速增长的能源需求和能源的清洁高效利用，对能源科技发展提出重大挑战。纲要提出了坚持节能优先，降低能耗；推进能源结构多元化，增加能源供应；促进煤炭的清洁高效利用，降低环境污染；加强对能源装备引进技术的消化、吸收和再创新；提高能源区域优化配置技术能力的发展思路。

在"十一五"时期，国家把降低能源消耗强度和减少主要污染物排放总量确定为国民经济和社会发展的约束性指标，把节能减排作为调整经济结构、加快转变经济发展方式的重要抓手和突破口。"十一五"期间，我国能源消费弹性系数由"十五"时期的1.04下降到0.59，共节约能源6.3亿t标准煤。整个"十一五"时期，我国新增风电装机规模约3000万kW，并网规模位居世界第二；同时太阳能热水器集热面积继续保持世界第一。在2010年水电装机规模达到2.2亿kW，位居世界第一；核电在建规模2924万kW，占当时世界核电在建规模的

40%以上。

为了应对全球气候变化,促进经济发展方式的转变,国务院于2012年8月印发了《节能减排“十二五”规划》,于2013年1月印发了《能源发展“十二五”规划》。在“十二五”期间,我国节能减排工作取得显著成效。全国单位GDP能耗降低18.4%,化学需氧量和二氧化硫、氨氮、氮氧化物等主要污染物排放总量分别减少12.9%、18%、13%和18.6%,二氧化碳排放强度下降20%以上。长期以来的能源保供压力得到基本缓解,能源生产总量、电力装机规模和发电量稳居世界第一。非化石能源和天然气消费比例分别提高2.6和1.9个百分点,煤炭消费比例下降5.2个百分点,能源清洁化的步伐不断加快,节能减排成效显著。超额完成节能减排预定的目标,为我国经济结构调整、环境改善、应对全球气候变化作出了重要贡献。

在2016年12月20日印发的《节能减排“十三五”规划》中,党和政府充分肯定了“十二五”期间我国节能减排工作取得的显著成效。同时,也指出当前节能减排依然形势严峻、任务艰巨,应该充分认识到“十三五”节能减排工作的重要性和紧迫性,确保完成“十三五”节能减排约束性目标。紧接着在当月26日,在国家发展改革委、国家能源局联合发布的《能源发展“十三五”规划》中指出:我国能源消费增速趋缓,但发展质量和效率问题依然突出,供给侧结构性改革刻不容缓,能源转型变革任重道远。

而在最新的“十四五”规划中,我国政府特别提出了“生态文明建设实现新进步”的新目标:国土空间开发保护格局得到优化,生产生活方式绿色转型成效显著,能源资源配置更加合理、利用效率大幅提高,主要污染物排放总量持续减少,生态环境持续改善,生态安全屏障更加牢固,城乡人居环境明显改善。

根据2019年12月中国民生银行研究院发布的《中国与世界主要经济体发展对比启示及政策建议(2019)》显示,2018年中国单位GDP能耗为每美元(以购买力平价计算的2011年美元)消耗147g标准油当量,较2017年下降了4g,排名低于韩国,但仍高于世界127g/美元的平均水平与中等收入国家水平,同时和发达国家相比差距较大。而以2011年美元的购买力作为标准衡量,目前我国生产单位GDP所消耗的能源仅是1980年的17.5%,正在向世界平均水平不断靠近。同时,2018年中国单位GDP二氧化碳排放(简称碳强度)下降4.0%,比2005年累计下降45.8%,相当于减排52.6亿t二氧化碳。

目前,虽然在节能减排上我们取得了巨大的成就,但节能减排任务依然刻不容缓。当前我国节能减排的主要任务主要包括调整优化产业结构,提高能效水平,加强主要污染物减排力度等方面。

1.调整优化产业结构

随着世界能源的日益枯竭和生态环境的不断恶化,世界各国对于可持续发展的关注度日益提高。而我国由于经济的持续高速发展,自20世纪90年代初,能源消费总量就已经超过了能源生产总量,人均能源占有量低,加之经济增长方式粗放,技术水平有限等,这些已严重威胁到我国的经济发展。中国政府非常重视节能减排工作,明确指出要控制能源消费总量,加强节能降耗,显著减少主要污染物排放总量。同时,落后产能一直制约着我国产业结构的顺利升级和经济增长方式的转变,其是影响我国经济发展的突出问题。加快淘汰落后产能,推进传统产业升级,加快发展壮大新一代信息技术、高端装备、新材料、生物、新能源、新能源汽车、节能环保、数字创意等战略性新兴产业是转变经济发展方式、调整产业结构、提高经济增长质量和效益的重大举措,是加快节能减排和走新型工业化道路、实现工业由大变强的必然要求。所谓落后产能，主要是指企业因生产设备、生产工艺落后而导致生产的产品不符合当地经济社会发展的需要，在一定时间、空间范围内的低效生产能力。简而言之，就是高耗能、高污染、低产出。

能源是现代化的基础和动力。能源供应和安全事关我国现代化建设全局。21 世纪以来，我国能源发展成就显著，供应能力稳步增长，能源结构不断优化，节能减排取得成效，科技进步迈出新步伐，国际合作取得新突破，建成世界最大的能源供应体系，有效保障了经济社会持续发展。

2. 推动能效水平提高

坚持节能优先，以工业、建筑和交通领域为重点，创新发展方式，形成节能型生产和消费模式。通过技术改进，限制高能耗产业扩张，加快淘汰落后产能，提高能源利用率。加强建筑节能规划，加快绿色建筑建设和既有建筑改造，推行公共建筑能耗限额和绿色建筑评级与标识制度，在工业和建筑行业实现节能。

促进交通运输节能。加快推进综合交通运输体系建设，发挥不同运输方式的比较优势和组合效率。持续在公交、出租汽车、物流配送以及港口码头、枢纽场站等领域推广新能源汽车，并将积极稳妥推进新能源汽车自动驾驶技术在交通运输行业的应用，促进新能源汽车的进一步推广应用。

3. 加强主要污染物减排力度

近年我国各地灰霾现象频发，大气环境污染严重威胁着人们的健康，空气质量问题引起了越来越广泛的关注。由于受到技术限制，加上粗放型经济增长，导致资源利用率低下，环境问题也越来越突出，其中汽车污染物的排放对环境具有很大的影响。对此，我国政府采取一系列措施治理汽车尾气污染问题。在《节能减排"十三五"规划》中，提出实施清洁柴油机行动，全面推进移动源排放控制。发布实施机动车国Ⅵ排放标准，加速淘汰黄标车、老旧机动车和船舶以及高排放工程机械和农业机械。2016 年淘汰黄标车及老旧机动车 380 万辆，2017 年基本淘汰全国范围内黄标车。同时加快油品质量升级，2017 年 1 月 1 日起全国全面供应国Ⅴ标准的车用汽油、柴油；2018 年 1 月 1 日起全国全面供应与国Ⅴ标准柴油相同硫含量的普通柴油；抓紧发布实施第六阶段汽、柴油国家（国Ⅵ）标准，2020 年实现车用柴油、普通柴油和部分船舶用油并轨，均统一使用相同标准的柴油。

（四）我国目前节能工作存在的主要问题

1. 对节能的认识不足

由于对节能的认识还不够充分，在发展思路上主要侧重于经济增长，存在重开发、轻节约，重速度、轻效益的倾向，把节能仅仅作为缓解能源供需矛盾的权宜之计，供应紧张时重视节能，供应缓和时放松节能，片面认为节能可以依靠市场机制来实现，对节能在转变经济增长方式、实施可持续发展战略中的重要地位以及政府在节能管理中的重要作用缺乏足够的认识，在宏观政策的各个方面节能优先的方针还没有充分体现，一些地方和行业节能管理有所削弱，节能还没有成为绝大多数企业和全体公民的自觉行动，节能减排工作还存在思想认识不深入、政策措施不落实、监督检查不力、激励约束不强等问题。

2. 淘汰落后产能总体进展缓慢

2013 年之前，我国政府实行以 GDP 为主要指标的政绩考核制度，造成地方政府的所有经营业务围绕GDP做文章，忽略了节能减排的重要性，导致我国淘汰落后产能的总体进展比较慢。2013年12月9日，中央组织部印发《关于改进地方党政领导班子和领导干部政绩考核工作的通知》，明确地方干部考核不再以GDP论英雄，各高耗能行业淘汰落后产能的步伐明显加快，已公布了多个行业淘汰落后产能的目标及实施方案，对相关企业的关停并转工作进展顺利，在部分行业淘汰落后产能已取得显著成效。但从总体看，由于存在一些基层政府对政令的不够重视，同时缺乏有效的行政问责制，导致部分行业淘汰落后产能工作进展比较缓慢，没有达到预期的目标。

3. 能源利用效率总体偏低

近些年来，我国以比较低的能源消费支撑了较快的经济发展，节能水平在稳步提升。然而，我国能源效率总体仍然偏低。2019年我国GDP总量达到了99.1万亿元，GDP占世界的比例超过16%，人均GDP首次突破一万美元大关，单位GDP能耗下降了2.6%，能耗水平有所改善。2018年我国单位GDP能耗为每美元消耗147g标准油当量，较2017年下降了4g，但仍高于世界127g/美元的平均水平，也高于中等收入国家水平，与发达国家相比差距更大。面对越来越严峻的能源形势，提高能源利用效率显得尤为重要，我国节能减排步伐仍然需要加强。

4. 政策机制不完善

自21世纪以来，节能环保工作逐渐得到我国政府的高度重视，相继出台了一系列的相关法规和行动计划，保证了我国节能减排工作的顺利进行。但是，我国正处在基础重化工业加快发展的特殊阶段，石化、钢铁、有色金属冶炼、水泥、造纸等高耗能、高污染的基础重化工业产品市场需求处于较快扩张期，外延型增长和落后装置仍有较大生存和发展空间。有利于节能减排的价格、财税、金融等经济政策还不完善，基于市场的激励和约束机制不健全，创新驱动不足，企业缺乏节能减排内生动力。为了引导企业采用节能减排的装置和技术，必须改革资源和环境的税收、价格体制。提高资源和环境的价税水平，强化节能减排的利益驱动机制。

5. 基础工作薄弱

当前我国能源计量、统计等基础工作严重滞后，能耗和污染物减排统计制度不完善，有些统计数据准确性、及时性差，科学统一的节能减排统计指标体系、监测体系和考核体系尚未建立，各级政府部门能源统计力量不足，统计经费落实困难，不适应节能减排工作的要求。

（五）我国节能目标

2004年11月25日，国家发展改革委发布了自改革开放以来我国第一个节能中长期规划——《节能中长期专项规划》，规划中提出，到2010年我国每万元GDP能耗由2002年的2.68t标准煤下降到2.25t标准煤，2003—2010年年均节能率为2.2%，形成的节能能力为4亿t标准煤；到2020年，每万元GDP能耗下降到1.54t标准煤，年均节能率将提高到3%，形成的节能能力为14亿t标准煤。

2012年8月6日，国务院印发《节能减排"十二五"规划》，对我国新阶段的节能减排工作提出新的目标要求。到2015年，全国化学需氧量和二氧化硫排放总量分别控制在2347.6万t、2086.4万t，比2010年的2551.7万t、2267.8万t各减少8%，分别新增削减能力601万t、654万t；全国氨氮和氮氧化物排放总量分别控制在238万t、2046.2万t，比2010年的264.4万t、2273.6万t各减少10%，分别新增削减能力69万t、794万t。

2014年6月7日，国务院印发《能源发展战略行动计划(2014—2020年)》，提出到2020

年非化石能源占一次能源消费比例达到15%，天然气占比达到10%以上，煤炭消费比例控制在62%以内。该计划有效地促进了我国新能源战略的发展，进一步优化了我国能源消费结构，形成了更加适应我国的国情、更加科学的能源结构。

2016年12月20日，国务院印发《节能减排"十三五"规划》，总体目标要求：到2020年，全国万元GDP能耗比2015年下降15%，能源消费总量控制在50亿t标准煤以内。全国化学需氧量和氨氮、二氧化硫、氮氧化物排放总量分别控制在2001万t、207万t、1580万t、1574万t以内，比2015年分别下降10%、10%、15%和15%。全国挥发性有机物排放总量比2015年下降10%以上。

此外，在《能源发展"十三五"规划》中，要求非化石能源消费比例提高到15%以上，天然气消费比例力争达到10%，煤炭消费比例降低到58%以下，单位GDP二氧化碳排放比2015年下降18%。

同时，汽车产业在我国的国民经济中占有重要的地位，对我国国民经济和社会发展具有重要的作用。随着我国经济的快速发展，汽车保有量不断增加，由此带来的能源和环境问题也越来越突出。我国政府越来越重视汽车节能问题，出台了一系列的汽车节能法规，确保了汽车节能工作的顺利开展。

（六）我国新能源汽车的发展

1. 新能源汽车演变历程

新能源汽车是指采用非常规的车用燃料作为动力来源（或使用常规的车用燃料，采用新型车载动力装置），综合车辆驱动和动力控制方面的先进技术，形成原理先进、具有新技术和新结构的汽车。新能源汽车主要包括四大类型：混合动力电动汽车（HEV）、纯电动汽车（BEV）、燃料电池电动汽车（FCEV）和其他新能源（如超级电容器、飞轮等高效储能器）汽车等。

从总体发展历程来看，新能源汽车动力系统技术路线经历了几起几落、多元化探索阶段，现在已经逐步步入正轨。在我国新能源汽车市场化迅猛发展的带动下，全球汽车动力电气化技术转型趋势已经不可逆转。从2016年开始，奔驰、宝马等国际汽车巨头都在大幅度地急剧转型，汽车动力系统电动化转型发展进入加速期。同时，新兴造车企业、信息行业和能源行业等也加入新能源汽车产业竞争的大潮中，从各自的视角诠释了不同的发展模式，在相互竞争中相互学习并逐步相互融合。

新能源汽车企业可分为两种发展模式，分别以特斯拉和丰田公司为代表。从典型新能源汽车企业的发展战略来看，特斯拉公司的模式是高端切入、自上而下，以电动化为主体，逐步融合智能化和网联化。特斯拉公司大胆推出了自动驾驶技术，从电动化率先向智能化方向发展。该模式是新兴造车企业尤其是互联网企业，所采用的一种典型技术路线，即纯电动战略——电动化、智能化、网联化。作为较早开展新能源汽车技术研发的传统汽车大公司之一，日本丰田公司以其混合动力和燃料电池等新能源汽车核心技术全球领先。丰田新能源汽车发展的技术路线核心是发动机技术优先战略——内燃机、混合动力发动机、燃料电池发动机。该技术路线可以描述为：从先进燃油汽车、高效混合动力电动汽车到氢燃料电池电动汽车的技术路线。以核心部件为基础平台，混合动力和插电式混合动力、纯电动、燃料电池并行发展，同时增加了智能网联技术。这两种技术路线，都尽可能扬长避短，以获取竞争优势，但同时也遵循技术演变与突破的客观规律。这两种模式对我国新能源汽车技术路线的选择提供了很好的借鉴。

2. 我国新能源汽车发展历程

发展新能源汽车是我国从汽车大国迈向汽车强国的必由之路，是应对气候变化、推动绿色发展的战略举措。作为国家节能减排的重要组成部分，我国高度重视新能源汽车技术的发展，在各个资金和政策领域给予重点支持。我国新能源汽车产业始于21世纪初。在“十五”期间，启动了“863”计划电动汽车重大科技专项，确立了“三纵三横”以混合动力电动汽车、纯电动汽车、燃料电池电动汽车为“三纵”；以电池、电机、电控为“三横”的研发布局，在电动汽车技术方面取得了许多创新性成果。“十一五”期间，我国组织实施了“863”计划节能与新能源汽车重大项目，聚焦动力系统技术平台和关键零部件研发。经过两个五年计划的科技攻关以及北京奥运会、上海世博会、深圳大运会、“十城千辆”等示范工程的实施，我国电动汽车从无到有，在关键零部件、整车集成技术以及技术标准、测试技术、示范运行等方面都取得重大进展，科技创新为我国新能源汽车战略性新兴产业的形成奠定了良好基础。

在2009年，新能源汽车迎来新的转折点。财政部、科技部发布了《关于开展节能和新能源汽车示范推广试点工作的通知》，开展节能与新能源汽车示范推广试点工作，拉开了新能源汽车补贴的崭新篇章。到2010年，我国的新能源汽车示范推广试点城市总数达25个，示范运行总里程超过33000万km。接下来三年内国家陆续发布一系列政策，以试点示范、政府采购等主要方式，初步完成了前期市场培育，带动了试点城市基础设施建设，将节能减排意识落实到实践中。

在2012年发布的《节能与新能源汽车产业发展规划（2012—2020年）》（以下简称《2012年规划》）中，确定了以纯电驱动为新能源汽车发展和汽车工业转型的主要战略取向，重点推进纯电动汽车和插电式混合动力电动汽车产业化，推广普及非插电式混合动力电动汽车、节能内燃机汽车，以此提升我国汽车产业整体技术水平。

在这一时期，中央各有关部门先后推出近60项支持新能源汽车产业发展的政策措施；各地方政府结合自身实际情况出台500多项配套政策；各汽车企业也纷纷加大研发投入、加快创新步伐，我国新能源汽车产业发展取得积极成效。

例如：2014年，为加快新能源汽车的推广应用，有效缓解能源和环境压力，促进汽车产业转型升级，国务院发布了《国务院办公厅关于加快新能源汽车推广应用的指导意见》。同年，工业和信息化部发布了《汽车动力蓄电池行业规范条件》，动力电池准入规则引起关注。2015年5月印发的《中国制造2025》也表示继续支持电动汽车、燃料电池电动汽车的发展，推动自主品牌节能与新能源汽车同国际先进水平接轨。2016年和2017年出台了“三万里”和“双积分”政策，着手规范行业生产标准，整顿新能源汽车行业不良风气。2020年4月23日，在原有多项政策的基础上，财政部、工业和信息化部、科技部及国家发展改革委联合发布了《关于完善新能源汽车推广应用财政补贴政策的通知》，补贴新政从2020年4月23日起实施，我国的新能源汽车市场由政府主导，逐步转变为市场主导。

经过近10年发展，《2012年规划》中的绝大多数目标已经顺利实现。我国新能源汽车形成了全球领先的市场规模；产业技术水平明显提升，产业生态体系逐步建立，配套环境不断完善。从2015年起，我国的新能源汽车产销量连续多年居全球首位，新能源汽车已经成为我国经济社会发展的新动能之一。

但我国新能源汽车产业发展仍然存在着关键核心技术创新能力不强、基础设施建设滞后、服务模式有待创新完善、产业生态尚不健全等突出问题。在全球新一轮科技革命和产业变革蓬勃发展的背景下，汽车产业进入百年未有的大变革时代，汽车与信息通信、能源等领域加速融合,新能源汽车发展既遭遇新的挑战,也迎来了难得的发展机遇。相关国家纷纷加强统筹谋划、开展系统布局,努力抢抓机遇,推动产业发展再上新的台阶。

为推动新能源汽车产业高质量发展,加快建设汽车强国。2020 年 10 月 20 日,国务院印发了《新能源汽车产业发展规划(2021—2035 年)》(以下简称《规划》)。与《2012 年规划》不同,本次《规划》把重点聚焦到了新能源汽车产业发展上,在提高技术创新能力、构建新型产业生态、推动产业融合发展、完善基础设施体系、深化开放合作方面提出了新要求。

《规划》提出,到 2025 年,我国纯电动乘用车新车平均电耗降至 12.0kW·h/100km,新能源汽车新车销售量达到汽车新车销售总量的 20% 左右,高度自动驾驶汽车实现限定区域和特定场景商业化应用。到 2035 年,纯电动汽车成为新销售车辆的主流,公共领域用车全面电动化,燃料电池电动汽车实现商业化应用,高度自动驾驶汽车实现规模化应用,有效促进节能减排水平和社会运行效率的提升。2021 年起,国家生态文明试验区、大气污染防治重点区域的公共领域新增或更新公交、出租、物流配送等车辆中新能源汽车比例不低于 80%。

3. 智能网联汽车

智能网联汽车涉及整车零部件、信息通信、智能交通、地图定位等多领域技术。在 2020 年 11 月 11 日发布的《智能网联汽车技术路线图 2.0》(以下简称《路线图 2.0》)中,将智能网联汽车的技术架构划分为“三横两纵”。其中,“三横”指车辆关键技术、信息交互关键技术与基础支撑关键技术,“两纵”则指支撑智能网联汽车发展的车载平台与基础设施。基础设施包括交通设施、通信网络、大数据平台、定位基站等,并逐步向数字化、智能化、网联化和软件化方向升级,以支撑智能网联汽车发展。

针对智能网联汽车,《路线图 2.0》设置了三个关键时间节点:到 2025 年,PA(部分自动驾驶)、CA(有条件自动驾驶)级智能网联汽车市场份额超过 50%,HA(高度自动驾驶)级智能网联汽车实现限定区域和特定场景商业化应用,并不断扩大运行范围;到 2030 年,PA、CA 级智能网联汽车市场份额超过 70%,HA 级智能网联汽车市场份额达到 20%,并在高速公路广泛应用、在部分城市道路规模化应用;到 2035 年,中国方案智能网联汽车技术和产业体系全面建成,产业生态健全完善,整车智能化水平显著提升,HA 级智能网联汽车大规模应用。

总而言之,新能源汽车产业是一种环境友好型、资源节约型的产业。发展新能源汽车是全球汽车产业转型升级、绿色发展的主要方向。在低碳交通、生态文明建设的背景下,我们必须大力推广新能源汽车,适应时代发展。

二、汽车节能的评价指标与方法

(一)汽车节能的定义

汽车节能是指汽车在完成相同运输任务(运输量或周转量)前提下燃料或储能的消耗量下降。

为了确实达到节能的目的,汽车节能研究的内容仍然应当是广义节能。但广义节能涉及的对象非常多,其中有些对象给予准确的数量概念也比较困难。因此,主要研究汽车燃料消耗的变化,这虽然属于狭义节能的范畴,但加上一定的限制条件之后,就与广义节能完全一致起来了。如采用某项节约燃料装置后,汽车的可靠性、耐久性基本不变,也不增加驾驶员的负担,不增加噪声和污染等。这样一来,除了节油装置的成本因素需要考虑之外,只要节油也就能节能。

(二)汽车节能的评价指标

汽车节能的指标有绝对指标和相对指标两种。绝对指标是指实际节约燃料的量,以 kg 或 t 为单位。相对指标是指节约燃料量与原车消耗燃料量的比值,因作为对比基础的原车消耗燃料量有四种,所以,相对指标(节约燃料率)也有四种:

$$\gamma_1 = 1 - \frac{G_0}{G_1} \tag{1-1}$$

式中:G_0——采用节约燃料措施以后的 100km 实际消耗燃料量;

G_1——原车在相同使用条件下的 100km 实际消耗燃料量。

$$\gamma_2 = 1 - \frac{G_0}{G_2} \tag{1-2}$$

式中:G_2——原车出厂规定的 100km 消耗燃料量。

$$\gamma_3 = 1 - \frac{G_0}{G_3} \tag{1-3}$$

式中:G_3——本部门所规定的 100km 消耗燃料量。

$$\gamma_4 = 1 - \frac{G_0}{G_4} \tag{1-4}$$

式中:G_4——按国家或有关部委制定的油耗标准计算而得的 100km 消耗燃料量。

显然,γ_1 可以直接而又真实地反映节约燃料的效果。但原车水平可能较高,也可能较低,在做横向比较时,没有相同的基准。如果原车水平较差,即使节约燃料率较高,也不一定能反映节约燃料改造的水平;γ_2 和 γ_3 可以反映节约燃料改造的水平,便于跨部门、跨地区进行横向比较,但不能反映实际的节约燃料率;γ_3 适于在本单位或本地区使用。由于地区或单位燃料消耗标准一般比国家标准或行业标准严格,γ_3 的数值一般比 γ_4 小,因此采用 γ_3 应当可以反映节约燃料改造的水平,但由于各地没有统一的标准,也就不便于进行比较,γ_3 也不能反映实际的节约燃料率。

一般采用 γ_1 与 γ_2 或 γ_1 与 γ_4 两个指标,综合考核节约燃料改造的水平。更多采用的是 γ_1 与 γ_2 相结合,既考核实际节约燃料率,又考核与原车出厂指标相比较的节约燃料率。

为了评价汽车节约燃料产品的效果,我国出台的国家标准《汽车节油技术评定方法》(GB/T 14951—2007)中对汽车节油产品提出的主要指标如下,主要是从不同角度对节油技术进行评价,也为节油技术的推广产品选用提供了依据。

1. 市区运输模式节油量 ΔQ_s 及节油率 α_s

$$\Delta Q_s = Q_{so} - Q_{sj} \tag{1-5}$$

$$\alpha_s = \frac{\Delta Q_s}{Q_{sj}} \times 100\% \tag{1-6}$$

式中:Q_{so}——市区运输模式下原车的耗油量,kg/(h · km);

Q_{sj}——市区运输模式下使用节油产品后的耗油量,kg/(h · km)。

2. 城市间运输模式节油量 ΔQ_a 及节油率 α_a

$$\Delta Q_a = Q_{ao} - Q_{aj} \tag{1-7}$$

$$\alpha_a = \frac{\Delta Q_a}{Q_{ao}} \times 100\% \tag{1-8}$$

式中：Q_{ao}——城间运输模式下原车的耗油量，kg(h·km)；

Q_{aj}——城间运输模式下使用节油产品后的耗油量，kg(h·km)。

3. 快速运输模式节油量 ΔQ_q 及节油率 α_q

$$\Delta Q_q = Q_{qo} - Q_{qj} \tag{1-9}$$

$$\alpha_q = \frac{\Delta Q_q}{Q_{qo}} \times 100\% \tag{1-10}$$

式中：Q_{qo}——快速运输模式下原车的耗油量，kg(h·km)；

Q_{qj}——快速运输模式下使用节油产品后的耗油量，kg(h·km)。

4. 特定工况节油技术运行节油量 ΔQ_t 及节油率 α_t

$$\Delta Q_t = Q_{to} - Q_{tj} \tag{1-11}$$

$$\alpha_t = \frac{\Delta Q_t}{Q_{to}} \times 100\% \tag{1-12}$$

式中：Q_{to}——特定工况下原车的耗油量，kg(h·km)；

Q_{tj}——特定工况下使用节油产品后的耗油量，kg(h·km)。

5. 多工况节油量 ΔQ_d 及节油率 α_d

$$\Delta Q_d = Q_{do} - Q_{dj} \tag{1-13}$$

$$\alpha_d = \frac{\Delta Q_d}{Q_{do}} \times 100\% \tag{1-14}$$

式中：Q_{do}——多工况模式下原车的耗油量，kg(h·km)；

Q_{dj}——多工况模式下使用节油产品后的耗油量，kg(h·km)。

6. 汽油车 CO 净化率 R_{CO}、HC 净化率 R_{HC}

$$R_{CO} = \left(1 - \frac{J_{CO}}{O_{CO}}\right) \times 100\% \tag{1-15}$$

$$R_{HC} = \left(1 - \frac{J_{HC}}{O_{HC}}\right) \times 100\% \tag{1-16}$$

式中：J_{CO}——采用节油产品后的汽油机怠速时测得的 CO 含量，%；

O_{CO}——未采用节油产品的原汽油机怠速时测得的 CO 含量，%；

J_{HC}——采用节油产品后的汽油机怠速时测得的 HC 含量，$\times 10^{-6}$；

O_{HC}——未采用节油产品的原汽油机怠速时测得的 HC 含量，$\times 10^{-6}$；

7. 柴油车烟度净化率 R_{Rb}

$$R_{Rb} = \left(1 - \frac{J_{Rb}}{O_{Rb}}\right) \times 100\% \tag{1-17}$$

式中：J_{Rb}——采用节油产品后的柴油机自由加速时测得的烟度值，Rb；

O_{Rb}——未采用节油产品的原柴油机自由加速时测得的烟度值，Rb；

8. 经济效益评定系数 K_c

$$K_c = \frac{L \cdot \Delta Q \cdot C_y}{100 \times C} \tag{1-18}$$

式中：ΔQ——百公里节油量，kg；

L——节油产品平均首次无故障(主要零部件损坏和性能显著下降)里程,km;

C_y——燃油价格,元/kg;

C——使用节油产品所耗费用,元。

9.使用节油技术的投资回收里程 S

$$S = \frac{100 \times C}{\Delta Q \cdot C_y} \tag{1-19}$$

式中:S——投资回收里程,km。

为正常推广汽车节能技术,交通部颁布的交通行业标准《汽车节能产品使用技术条件》(JT/T 306—2007),规定了汽车节能产品最低使用技术要求。实践表明,只有使用满足标准规定的汽车节能产品才能获得满意的节能效果。

(三)纯电动汽车与插电式混合动力电动汽车能耗折算方法

《电动汽车能耗折算方法》(GB/T 37340—2019)是 2019 年 10 月 1 日实施的一项国家标准,适用于纯电动汽车与可外接充电式混合动力电动汽车。

1.车型电能消耗量的计算和确定

对燃用汽油/柴油的可外接充电式混合动力电动汽车,应将其电能消耗量对应折算为当量汽油/柴油消耗量;对纯电动汽车,应将其电能消耗量折算为当量汽油或柴油消耗量。

2.热值折算法

1)简单折算法

按照式(1-20)计算电能的当量燃料消耗量 FC:

$$FC = E \times F_E \tag{1-20}$$

式中:FC——当量燃料消耗量,L/100km,计算结果圆整(四舍五入)至小数点后两位;

E——电能消耗量,kW·h/100km,按照 GB/T 18386、GB/T 19233、GB/T 19753、GB/T 19754 测得,数值圆整(四舍五入)至小数点后两位;

F_E——燃油的能量因子,L/(kW·h),数值圆整(四舍五入)至小数点后四位。

2)燃料生命周期折算法

(1)按式(1-21)计算当量燃料消耗量 FC_e:

$$FC_e = E \times F_E \times F_e \times r_p \times t_p \tag{1-21}$$

式中:FC_e——当量燃料消耗量,L/100km,计算结果圆整(四舍五入)至小数点后两位;

E——车辆的电能消耗量,kW·h/100km,照 GB/T 18386、GB/T 19233、GB/T 19753、GB/T 19754 测得,数值圆整(四舍五入)至小数点后两位;

F_E——燃油的能量因子,L/(kW·h),数值圆整(四舍五入)至小数点后四位;

F_e——效率因子,计算结果圆整(四舍五入)至小数点后两位;

r_p——炼厂效率,%,数值圆整(四舍五入)至小数点后一位;

t_p——输送、加注效率,%,数值圆整(四舍五入)至小数点后两位。

(2)按式(1-22)计算效率因子 F_e:

$$F_e = \frac{1}{i_{ch} \times (1 - i_{tr})} \times \left[\frac{\varphi}{s_{ge}} + (1 - \varphi)\right] \tag{1-22}$$

式中:F_e——效率因子,计算结果圆整(四舍五入)至小数点后两位;

i_{ch}——充电效率,%,数值圆整(四舍五入)至小数点后两位(注:当车型的电能消耗量为充电桩输入端测得的电能消耗量,即从电网上得到的电能时,取 100%);

i_{tr}——线损率,%,数值圆整(四舍五入)至小数点后两位;

φ——火力发电比例,%,数值圆整(四舍五入)至小数点后一位;

s_{ge}——供电效率,%,数值圆整(四舍五入)至小数点后两位。

3. 二氧化碳排放折算法

1)当量燃油消耗量 FC_{CO_2} 的计算

按式(1-23)计算当量燃油消耗量 FC_{CO_2}:

$$FC_{CO_2} = E \times F_{CO_2} \tag{1-23}$$

式中:FC_{CO_2}——当量燃油消耗量,L/100km,计算结果圆整(四舍五入)至小数点后两位;

E——车辆的电能消耗量,kW·h/100km,照 GB/T 18386、GB/T 19233、GB/T 19753、GB/T 19754 测得,数值圆整(四舍五入)至小数点后两位;

F_{CO_2}——二氧化碳折算因子,L/(kW·h),数值圆整(四舍五入)至小数点后两位。

2)二氧化碳折算因子 F_{CO_2} 的计算

按式(1-24)计算二氧化碳折算因子 F_{CO_2}:

$$F_{CO_2} = \frac{T_E \times T_C \times \varphi}{T_F \times t_M \times i_{ch} \times (1 - i_{tr})} \tag{1-24}$$

式中:F_{CO_2}——二氧化碳折算因子,L/(kW·h),数值圆整(四舍五入)至小数点后两位。

T_E——火电供电标准煤耗,kg/(kW·h),数值圆整(四舍五入)至小数点后三位;

T_C——燃料煤的二氧化碳排放因子,数值圆整(四舍五入)至小数点后两位;

φ——火力发电比例,%,数值圆整(四舍五入)至小数点后一位;

T_F——燃料的二氧化碳排放因子,数值圆整(四舍五入)至小数点后两位;

t_M——燃料煤与标准煤的折算系数,数值圆整(四舍五入)至小数点后两位;

i_{ch}——充电效率,%,数值圆整(四舍五入)至小数点后整数位;

i_{tr}——线损率,%,数值圆整(四舍五入)至小数点后两位。

公式计算参考数值见表 1-2。

公式计算参考数值 表 1-2

序　号	参　数	数　值
1	燃油能量因子 F_E	92 号汽油:0.1161 0 号柴油:0.1042
2	充电效率 i_{ch}	100%
3	线损率 i_{tr}	6.34%
4	火电发电比例 φ	75.2%
5	供电效率 s_{ge}	38.63%
6	炼厂效率 r_p	92.8%
7	输送加注效率 t_p	95%
8	火电供电标准煤耗 T_E	0.318
9	燃料煤的二氧化碳排放因子 T_C	3.09
10	燃料煤与标准煤的折标系数 t_M	1.07
11	燃油的二氧化碳碳排放因子 T_F	汽油:2.38kg/L 柴油:2.67kg/L

三、汽车节能的发展

汽车节能是一个永恒的主题，而其本身随着时代的发展，也有不同的现实意义。由于各企业生产的汽车使用条件、环境不同和汽车节能的计算与考核方法较复杂，也不好操作，所以未能收到推广节能的社会效果。此外，尽管我国20世纪70年代以来已经陆续出台节能的政策、法规，但总体来说我国有关节能的政策与法规还不健全，不能适应我国节能国策的需要，致使20世纪80年代的节能工作进展较困难。进入21世纪之后，我国对节能工作更加重视，相关法规相继出台，有力地促进了我国节能工作的开展。

（一）20世纪70年代的汽车节能工作状况

我国从20世纪70年代开展汽车节油工作。20世纪70年代初，由于那时候道路等级很低，车型一般以货车居多，因而过多地强调生产效率，对汽车节能没有给予过多的重视。直到1973年全世界出现石油危机，我国才开始认识到汽车节能的意义。那时我国大部分的汽车节能工作停留在研究阶段，很少进入实际运用领域。总的来说，那时的节能工作在我国还没有得到真正足够的重视。

（二）20世纪80年代的汽车节能发展状况

进入20世纪80年代，人们开始对节能工作有了一个清醒的认识，汽车的性能有了很大的提高，道路条件也得到了很大的改善。人们开始从驾驶操作、车辆维护、节油器等方面研究节能。

1. 驾驶操作方面

强调驾驶员从汽车起步、制动、转向运用等方面来达到节能的目的。即发动机起动后，用低中速运转，温度达到40℃时方能起步行驶；平稳起步；坚持低速磨合，逐步加速；起步的全过程应坚持以发动机的中速运转。行驶中坚持缓转弯；尽量直行，减少蛇行；掉头倒车方向要准。提倡预见性制动（驾驶员对发现情况或预计可能出现的复杂局面，提前做好思想上和技术上的有效准备措施）；下坡和紧急情况下使用间歇制动（即点刹）；尽量避免紧急制动。

2. 车辆维护方面

当时主要通过化油器的调整、清除燃烧室的积炭、按季节调整进气歧管的预热装置、调整好进排气门的间隙、检查和调整发动机汽缸压力和汽油泵工作状况等方面来考虑节能。当时已经开始重视汽车的节油问题，但限于技术条件与缺少国家的宏观引导，所以取得的突破不是很大。那时对能源结构的认识也有了变化，开始探讨寻求新能源来代替常规能源的可能性。

（三）20世纪90年代汽车节能发展状况

进入20世纪90年代后，我国经济取得了长足的发展，道路条件也得到了较大的改善，而汽车保有量也迅速增长，随之而来的是对各种能源的大量需求，也开始意识到节能与寻找新能源的重要性。

20世纪90年代的能源结构与70～80年代相比，发生了很大的变化。除了石油、煤炭、天然气、水力和核能等五大常规能源外，还有太阳能、风能、海洋能以及生物质能等新能源以及替代能源等取得应用。

我国20世纪90年代能源工作的总方针是开发与节约并重。从1991年开始，每年举行一次"全国节约宣传周"活动，以增强全国人民的节能意识。1998年，国务院又颁布了《中华人民共和国节约能源法》，从此把我国的节能工作纳入了法制化的轨道。

20世纪90年代我国引进、吸收了国外一些先进技术。汽车制造部门为降低汽车油耗，进行了大量的试验和改进汽车结构的工作，有的已在生产中广泛应用，并取得了明显的成效。如长春第一汽车制造厂生产的CA1091系列载货汽车，其低速转矩比原有车型提高了13%，最大功率提高了15%，燃油经济性提高了3%～4.5%；长春一汽-大众采用的五气阀式的配气机构，具有良好的节能效果；第二汽车制造厂生产的东风EQ1090系列载货汽车，节能效果明显；北京吉普车加装前桥离合器后，可节油2%～3%。

另外，在汽车管理，旧车淘汰、改造，合理拖挂，汽车柴油机化，汽车维护和检测智能化手段，以及各种节能装置的研究、推广、应用方面做了有益的尝试，并取得了明显的经济效益。如微电子技术、计算机自动控制技术在国产车上已推广使用，这标志着我国汽车节能技术已向纵深发展。

(四)21世纪初期汽车节能发展状况

进入21世纪，能源和环境正在成为影响世界汽车产业发展的两大决定性因素。能源和环境问题正在向常规能源汽车提出严峻的挑战。我国加入世界贸易组织(WTO)之后，汽车产业迎来了"井喷式"发展。据统计，2003年全国共生产汽车444.37万辆，同比增长35.2%，共销售汽车439.08万辆，同比增长34.21%。但是，我国高速增长的汽车产业带来了巨大的能源消耗。2004年由国家质量监督检验检疫总局和国家标准化管理委员会联合发布了《乘用车燃料消耗量限值》(GB 19578—2004)，按照整车整备质量对乘用车燃料消耗量限值提出要求，并制定了分段实施方案。第一阶段的执行日期为2005年7月1日，第二阶段的执行日期为2008年1月1日。2007年7月19日，国家标准化管理委员会又发布了国家强制性标准《轻型商用车辆燃料消耗量限值》(GB 20997—2007)，该标准自2008年2月1日起实施。按照该限值的实施要求，自2008年2月1日起，新认证基本型车及其变型车应符合第二阶段限制要求；自2009年1月1日起，在2008年2月1日前认证车型的在生产车及其变型车应符合第一阶段限制要求；自2011年1月1日起，适用于本标准的所有车辆应符合第二阶段的限值要求。第二阶段的限值比第一阶段限值严5%～10%。《乘用车燃料消耗量限值》(GB 19578—2004)的出台不仅对高油耗产品实行限制，也是对小排量燃油经济型汽车的一种鼓励，推动了我国汽车燃料经济性的提高和汽车节能技术的全面进步，从而从总体上控制了我国汽车燃油消耗量，充分表明我国政府对节能工作的高度重视。

(五)近期我国节能环保技术的发展状况

2015—2016年，中国汽车工程学会组织专家共同编制完成了《节能与新能源汽车技术路线图1.0》。自其发布以来，我国节能与新能源汽车技术进步明显，汽车节能技术加快跟进发展。

1.汽车节能技术持续提升

近年来，我国汽车节能技术持续提升，整车油耗得到稳步降低，自主先进发动机热效率加快追赶国际领先水平，高效多挡变速器实现了核心技术的重点突破，动力总成电气化与混合动力技术取得一定进展，各项节能技术合力并进，有效带动了整车油耗稳步降低。但是，在产品结构节能方面，混合动力车型占乘用车销量 8%、车辆小型化等 2020 年目标未能实现，产品结构节能这一路径仍具有较大潜力。

2. 关键技术取得重点突破

在发动机方面，国内骨干车企在增压直喷新机型研究上，已大量应用高压缩比（12～13）+米勒循环+变排量附件+低摩擦技术等先进节能技术，重点车企通过节能技术组合，热效率接近 39%，乃至靠近 40%，初步实现了对国际领先水平的追赶。

变速器方面，我国自动变速器呈爆发式增长，乘用车多挡化发展迅速。国产自主品牌整车企业以双离合自动变速器（DCT）为主，多个车企先后实现 7DCT 变速器量产。一级供应商主要布局自动变速器（AT）、无级变速器（CVT），6AT、CVT 等已经实现规模化量产，8AT 已推出系列化产品。但同国外领先水平相比，我国自主研发的变速器依然面临着提升效率与可靠性等多方面挑战。

在低阻力技术方面，国内轮胎企业的设计、工艺及生产技术仍处于跟随阶段，以生产为主，自主研发能力薄弱。在车身设计方面，国内乘用车风阻系数仍处于平均 0.37～0.38 的较低水平。

在轻量化方面，2015—2019 年，国内重型载货汽车每年减重 1%～1.5%；受排放升级等政策的影响，中型载货汽车、VAN 类车型整备质量保持了基本稳定。

在替代燃料方面，天然气商用车已经得到规模化应用，但由于发动机的研究起步较晚，天然气发动机技术相对落后，天然气发动机热效率不足 38%，不及欧洲天然气发动机 40% 的热效率。在政策的支持下，甲醇汽车在特定地区得到了一定程度的应用。

3. 新能源汽车整体技术达到国际先进水平

新能源汽车在车辆平台化和模块化设计、整车批量化生产工艺、质量及成本控制、轻量化新材料应用等方面与国际领先水平差距逐渐缩小，在续驶里程、动力性、能耗等方面已处于世界领先水平。截至 2020 年 7 月，累计推广新能源汽车超 450 万辆，占全球市场的 50% 以上。累计建设各类充电桩 130 万个，已建和在建加氢站超过 100 座，成为全球新能源汽车最大市场。

4. 智能网联汽车技术水平显著提升

在技术发展与产业探索实践的综合推动下，我国智能网联汽车已经从概念原理、技术原型阶段逐步迈入产业化创新应用新阶段，国内主要汽车企业已经开始在量产车型上装配 DA-PA（辅助驾驶-部分自动驾驶）级辅助驾驶系统产品，同时发布具备 CA（有条件自动驾驶）与 HA（高度自动驾驶）级自动驾驶功能及 C-V2X（蜂窝车联网通信）功能汽车的量产计划。计算平台、激光雷达、毫米波雷达等核心零部件纷纷取得国产化突破，但在核心传感芯片、计算芯片方面仍与国外顶尖企业具有一定差距。在网联化方面，C－V2X 产业生态体系基本形成，产业化速度加快。基础设施建设、高精度地图和高精度定位等也取得阶段性进展，支持高等级智能网联汽车规模应用的能力得到了提升。

2020 年 10 月 27 日，由工业和信息化部装备工业一司指导，中国汽车工程学会牵头组织编制的《节能与新能源汽车技术路线图 2.0》正式发布。提出面向 2035 年的六大总体目标，包括：我国汽车产业碳排放总量先于国家碳排放承诺于 2028 年左右提前达到峰值，到 2035 年碳排放总量较峰值下降 20% 以上；新能源汽车逐渐成为主流产品，汽车产业基本实现电动化转型；中国方案智能网联汽车技术体系基本成熟，产品大规模应用；关键核心技术自主化水平显著提升，形成协同高效安全可控的汽车产业链；建立汽车智慧出行体系，形成汽车交通、能源、城市深度融合生态；技术创新体系优化完善，原始创新水平具备全球引领能力。

（六）国外汽车节能发展

自从1973年世界石油能源危机爆发以来，石油价格日益增长，石油资源也日趋枯竭，基于能源安全性的考虑，1975年以后世界各国都先后制定了有关能源政策以及限制汽车油耗的相应法规。

美国在1978年颁布了能源法，规定1985年生产的汽车油耗要比1980年平均降低27%；2009年2月15日，美国时任总统奥巴马签署并生效了《美国复苏与再投资法案》，提出了以新能源的发展为汽车产业发展的主要目标，重点包括发展高效电池、可再生能源、碳储存、汽车混合动力技术等；美国政府在2010年4月初公布汽车燃油经济性（CAFE）新标准，规定在美国销售的2016款轻型车（包括轿车、SUV、皮卡及小型厢式车）平均燃油经济性由2011年款车型的27.3mile/US gal（约合8.6L/100km），提升为35.5 mile/US gal（约合6.6L/100km），燃油经济性增幅约为30%。除此之外，美国时任总统奥巴马于2011年7月29日公布了新的汽车燃油经济性标准，要求在2025年汽车燃油经济性达到54.5mile/US gal（约合23.2km/L）；同时美国联邦政府和各州政府出台大量政策鼓励新能源汽车发展，美国的领先地位很多程度上来源于政策的支持，目前美国已形成了包括激励、保障以及限制类政策在内的鼓励新能源电动汽车发展的政策体系。2016年7月，美国政府首次以白宫的名义发布了电动汽车产业发展一系列计划，包括提供45亿美元政府贷款担保，每年资助1000万美元推进“电池500”项目等。此外，还以零排放积分交易机制促进对企业的扶持，仅2016年一季度，特斯拉便通过零排放积分交易机制（ZEV）出售积分获得5700万美元的收入。可以说特斯拉的成功与联邦政府及加利福尼亚州的补贴和扶持政策密不可分。

2009年，欧盟出台了乘用车企业二氧化碳排放法规，由初期企业自愿承诺减排转变为强制性法规。超额排放企业须交纳费用，允许企业自由组合共同达到法规要求。在此法规约束下，欧盟乘用车二氧化碳排放自2009年到2014年期间降低了15.3%。

日本通过制定燃油经济性标准，对汽车生产厂商与进口经销商加以管理，同时建立企业平均燃油经济性管理制度。企业如违反政府命令，将面临经济性处罚。在法规的管束下，日本的燃油经济性已在2013年提前达到2020年的目标要求；日本于2016年对重型载货汽车进行废气排放法规强化，法规限值收紧；2019年6月发布了新燃油效率标准，2021年起实施。日本的目标是到2030年，乘用车平均汽油消耗量达25.4km/L（约4.09L/100km，比2016年优化324%）。

英国在2012年颁布了《新能源法案》，计划到2050年，在1990年的基础上减排80%；法国环境与能源管理署（ADEME）也制定了资源环境方面的相关目标，要求到2050年碳排放量必须降低75%，汽车尾气是碳排放的主要来源，这就要求法国国内各个领域相互配合，共同研究发展资源节约型汽车产业的对策方法。

此外，世界能源低碳化进程也在进一步加快，天然气和非化石能源已成为世界能源发展的主要方向。当前经济合作与发展组织成员国天然气消费比例已经超过30%，预计2030年天然气有望成为第一大能源品种。欧盟可再生能源消费比例已经达到15%，预计2030年将超过27%。德国、法国、挪威、荷兰、英国、瑞典等国相继表示，在2025—2040年将推行全面禁售燃油汽车的政策。

由于各国能源法规的制定，有力地推动了有关汽车和发动机节油的新技术、新材料、新产品不断发展，如发动机高能点火、电控燃油喷射、可变配气相位、多气门、稀混燃烧、废气涡轮增压，汽车子午线轮胎、无级变速器、轻量化、车身造型和机械系统低阻力化等节能新技术，复合燃料技术如加醇汽油、燃油掺水等。1997 年丰田首先在日本推出 Prius 混合动力电动汽车以来，各大汽车企业纷纷推出混合动力电动汽车产品，如本田 Insight、通用 Saturn-VUE、福特 Escape 等。随着技术的成熟和生产规模的扩大，成本大幅下降。据德国经济周刊网站报道，2020 年前 8 个月，德国共新登记 163139 辆电动汽车，混合动力电动汽车市场份额为 9.2%。其中，插电式混合动力电动汽车销量增加了 448%，达到 17095 辆，备受关注。

国外道路运输企业也高度重视节能和环境保护。美国企业在实际物流运输中应用了许多先进技术，包括电子数据交换（Electronic Data Interchange，EDI）、准时制生产（Just in Time，JTT）、配送计划等。技术创新成果为物流发展过程中的节能减排提供了强有力的支撑和技术支持。此外，美国供应链管理专业协会在推广节能减排新技术和促进物流业节能减排方面发挥了重要的作用，专门设有环保部门负责推广节能减排新技术及评估物流企业的环保状况；日本道路运输企业为降低能源消耗，通过推进货车的大型化和拖车化提高运输工具能源利用效率，在环境负荷小的情况下，尽量提高载货汽车的货运量。另外日本还积极引进高效节能的环保运输工具，鼓励企业开发环保型的生态运输工具。

四、汽车节能的重要性

（一）汽车节能的必要性

汽车产业是国民经济的重要支柱产业，在国民经济和社会发展中发挥着重要作用。随着我国经济持续快速发展和城镇化进程加速推进，今后较长一段时期汽车需求量仍将保持增长势头，由此带来的能源紧张和环境污染问题将更加突出。

据统计，截至 2020 年 6 月，我国机动车保有量达 3.6 亿辆，其中汽车 2.7 亿辆，且每年以 2000 万辆以上的数量在增长，如图 1-1 所示。我国已经连续 5 年成为全球汽车产销量最大的国家，即使 2019 年汽车行业“寒冬”，汽车产销量均有所下滑，但汽车产销量仍分别完成了 2572.1 万辆和 2576.9 万辆。截至 2020 年 6 月，我国汽车保有量相对于 2019 年末增加了 900 万辆，平均到每个月增加 150 万辆。其中全国汽车保有量超过 100 万辆的城市共有 69 个，与 2019 年同期相比增加 3 个。汽车保有量超过 200 万辆城市达到 31 个，12 个城市超过 300 万辆。按汽车保有量数量排名，依次是北京、成都、重庆、苏州、上海、郑州、西安、武汉、深圳、东莞、天津、青岛。北京汽车保有量超过 600 万辆，成都汽车保有量超过 500 万辆。

同时，新冠疫情对 2020 年第一季度汽车产业产生了比较严重的影响，进入 2020 年 6 月份之后，随着全国各地疫情逐渐得到控制，全国生产生活逐渐得到恢复，对应的汽车的产销量也有了较大的增长。例如 2020 年 8 月我国汽车产销量分别完成 211.9 万辆和 218.6 万辆，同比增长 6.3% 和 11.6%。截至 2019 年末，美国的汽车保有量大概是 2.73 亿辆，考虑到美国增速相对缓慢，且 2020 年经济受到严重影响，我国在不久很可能超过美国成为全球最大的汽车拥有国，并且考虑到很多省份的增速都达到 8% 以上，短期之内很难有国家超过。

由于汽车的使用需要大量能源，所以对我国的能源将带来巨大挑战。《中国油气产业发展分析与展望报告蓝皮书(2019—2020)》显示,2019 年,我国原油进口量为 50572 万吨,增长 9.5%,石油对外依存度达 70.8%。同时在 2016 年印发的《能源发展“十三五”规划》中,要求能源自给率保持在 80% 以上。在这种大环境大背景下,国内的汽车产业必须向着更节能、更环保的新目标前行。

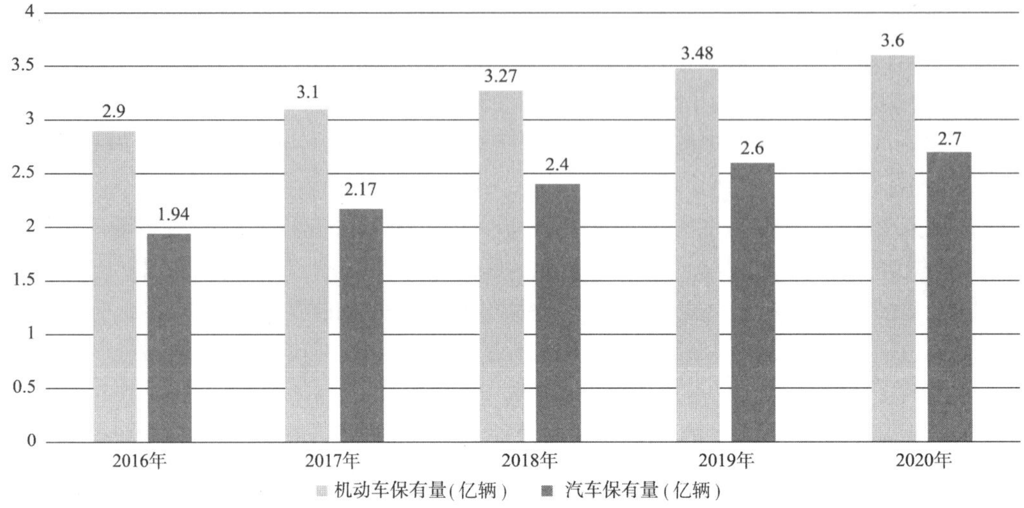

图 1-1　2016—2020 年上半年我国机动车和汽车保有量

(二)汽车节能的可行性

汽车节能是关系国计民生的大事。国家在寻找新能源的同时,更要注重对现有能源的合理利用。节能从根本上来说就是提高能源物质的利用率,降低不必要的浪费。世界节能委员会的报告提出:节能的中心思想是采用技术上现实可行,经济上合理和环境与社会上可以接受的方法,来有效地利用资源。

近几年我国政府相继出台汽车节能减排方面的政策,2012 年内对《节能与新能源汽车产业发展规划(2011—2020)》进行修改。在《外商投资产业指导目录(2011 年修订)》中提出将汽车整车制造条目从鼓励类中删除,在鼓励类增加了新能源汽车关键零部件等条目。在《关于促进战略性新兴产业国际化发展的指导意见》中提出,推动新能源汽车产业的国际化发展。我国自主制定的第一个汽车节能标准《商用车燃料消耗量限值(第一阶段)》中弥补了 3.5t 以上重型商用车燃料消耗量试验方法及限值国家标准的空白,降低重型商用车这个道路运输主体的能源消耗。2014 年 5 月 15 日,国务院办公厅印发《2014—2015 年节能减排低碳发展行动方案》,方案中明确提出加大机动车减排力度,淘汰黄标车和老旧车,全面供应国五标准车用汽油和柴油;加强机动车环保管理,强化新生产车辆环保监管;加快柴油车车用尿素供应体系建设;开展绿色循环低碳交通运输体系试点建设,积极致力于代用燃料和新能源的开发研究工作。

2016 年,在《“十三五”节能减排综合工作方案》中提出促进交通运输节能与加强公共机构节能。

(1)促进交通运输节能:大力发展公共交通,到 2020 年大城市公共交通分担率达到 30%;大力推广节能环保汽车、新能源汽车、天然气(CNG/LNG)清洁能源汽车、液化天然气动力船舶等,并支持相关配套设施建设。提高交通运输工具能效水平,到 2020 年新增乘用车平均燃料消耗量降至 5.0L/100km。

(2)加强公共机构节能:公共机构率先淘汰老旧车,率先采购使用节能和新能源汽车,中央国家机关、新能源汽车推广应用城市的政府部门及公共机构购买新能源汽车占当年配备更新车辆总量的比例提高到 50% 以上。

2017 年,在《汽车产业中长期发展规划》中也提出加大汽车节能环保技术的研发和推广,到 2020 年,乘用车新车平均燃料消耗量达到 5L/100km、怠速起停等节能技术应用率超过 50%;到 2025 年,乘用车新车平均燃料消耗量比 2020 年降低 20%、怠速起停等节能技术实现普遍应用。

目前公认的汽车节能减排包括三大技术措施:第一个是提高动力总成的效率,特别是内燃机的热效率,最近十几年,内燃机的热效率提高了 10% 左右;第二个技术途径就是降低汽车自重,即使汽车轻量化。数据表示汽车自重每减少 10%,它的节能效果会提高 6% ~8%,在保证汽车的强度和安全性能的前提下,尽可能降低汽车的整备质量,从而提高汽车的动力性,减少燃料消耗,降低排气污染;第三个就是汽车的制动能量回收。

国内油价一直处于上涨状态,这成为制约汽车企业发展的重要因素,同时汽车节能环保的任务迫在眉睫。在国内,汽车作为能源消耗大户,每年将消耗掉国产 85% 左右的汽油和 23% 左右的柴油,汽车尾气排放带来的环境污染也日益加重。另一方面,随着人民生活水平的提高,小汽车逐渐进入普通家庭,与此同时给环境和能源带来更大的负担。很多汽车企业已经意识到这一问题的严重性,逐渐对汽车各零部件进行技术升级。在人类社会可持续发展的大前提下,汽车节能减排问题也会变得日趋重要。

第三节　影响汽车能耗的主要因素与节能的主要途径

汽车主要由发动机、底盘、车身等总成组成。汽车的结构、性能,以及与运输任务、运输环境和运输对象是否匹配,汽车驾驶、维护、车用燃油及润滑油的选用,以及新能源技术水平等对汽车燃油消耗都有重要影响。因此,汽车节能是一项很复杂的工作,是一个系统工程。要把汽车节能落实到实处,首先必须了解汽车燃油经济性的影响因素,明确汽车节能的基本途径。

一、影响汽车能耗的主要因素

(一)汽车的结构方面

1. 发动机

发动机对汽车油耗的影响主要有五方面:

(1)发动机的油耗对汽车的油耗有决定性的影响,而发动机的油耗取决于发动机的结构。发动机的压缩比高、有完善的供油系统及合理的燃烧室形状、采用电子点火系统等都能降低发动机的比油耗。

(2)柴油机由于压缩比比汽油机高得多,因此柴油机比汽油机的油耗低。

(3)目前汽车在平路上正常行驶时,发动机的负荷率在 25% 左右,发动机在比油耗较高的范围内工作。因此为了节约燃油,在行驶条件许可的情况下,不必追求汽车装备大功率的发动机以增加负荷率。

(4)混合动力电动汽车在减速、制动过程中不但可以不消耗燃油,还能回收制动能量,在停车时也可以关闭发动机而不消耗燃油，由于混合动力电动汽车可以实现不同工况下较好的能量流管理，从而大大提高了汽车的燃油经济性。

(5)柴油机采用高压共轨技术，使燃油喷射系统可对喷油定时、喷油持续期、喷油压力、喷油规律等进行柔性调节，可进一步提高柴油机的经济性。在今后的柴油机开发中需要加大对高压共轨系统的研究力度，使我国的柴油机水平跨上一个新的台阶。

2. 传动系统

汽车传动系统效率越高，传递动力的过程中能量损失越小，汽车的油耗就越低。对于机械齿轮变速器，其挡位设置增多，能增加发动机处于经济工况下工作的机会，有利于提高汽车的燃油经济性。挡数无限的无级变速器，在任何条件下都提供了使发动机在最经济工况下工作的可能性。若无级变速器能始终维持较高的机械效率，则汽车的燃油经济性将显著提高。目前机械齿轮变速器要比液力自动变速器的传动效率高，因此自动变速器的汽车虽然驾驶方便，但汽车油耗要高，这是机械齿轮变速器没有被自动变速器完全取代的主要原因。为了提高燃油经济性而又具有便于驾驶的优点，现在有将手动变速器自动化的研究方向。长期以来，人们一直进行着能传递大功率，维持高效率，高寿命的机械无级变速器的研究工作。

3. 汽车总质量

汽车总质量影响到汽车的滚动阻力、坡道阻力和加速阻力，对汽车的燃油经济性影响很大。据统计，汽车自重每下降10%，油耗即可下降6%～8%，排放下降5%～6%。而燃油消耗每减少1L，CO_2 排放量会减少2.45kg。因此，为降低油耗，有必要对汽车进行轻量化研发。

4. 汽车的外形

汽车行驶时为克服空气阻力而消耗的发动机功率与汽车行驶速度的三次方成正比。汽车速度不高时，空气阻力对汽车的燃料消耗影响不大，当车速超过50km/h，空气阻力对汽车燃油经济性的影响逐步明显。降低空气阻力是节约燃油的有效途径，减小空气阻力主要是通过减小汽车的空气阻力系数来实现。20世纪60年代轿车的空气阻力系数在0.45左右，现代不少轿车的空气阻力系数已降低至0.30左右，节油轿车甚至可降至0.2左右，通用公司电动汽车EV-I的空气阻力系数为0.19。汽车制造厂通过整车的风洞实验可使汽车外形接近最优化。作为汽车使用者，不在轿车顶上安装行李架、将货车装载品用篷布盖好、高速行驶时不打开车窗等措施都能降低空气阻力系数。

5. 轮胎

轮胎结构对滚动阻力影响很大，改善轮胎结构，可以减小汽车的油耗。目前降低滚动阻力的最好办法是使用子午线轮胎。子午线轮胎与普通斜交轮胎相比，滚动阻力一般要下降20%～30%。另外，轮胎的花纹及胎压对汽车的油耗有较大的影响。

(二)汽车的使用方面

汽车的使用对汽车油耗的影响主要有四方面：

(1)行驶车速。汽车中等车速行驶时燃油消耗量较低，高速行驶时汽车的行驶阻力增加、发动机负荷率高导致耗油量增大。

(2)挡位选择。在一定的道路上，汽车用不同挡位行驶，燃油消耗量是不一样的。显然,合理的挡位选择应使汽车在该道路上处于较经济的工作区域中。驾驶员应通过选择挡位使汽车发动机尽可能处在发动机万有特性中经济工作区域工作。

(3)挂车的选用。拖带挂车后,虽然汽车总的燃油消耗量增加了,但以百吨公里计的燃油消耗却下降了,即分摊到每吨货物上的油耗下降了。

(4)正确的维护与调整。随着汽车使用时间的增长,其技术状况和性能也逐渐变差,当感觉车辆有异常时,应立即对车辆进行检查。车辆技术状况差、故障多,对汽车的行驶油耗影响很大。除汽车发动机故障外,汽车底盘部分的技术状况,如减速器、制动器、轴承故障和前束调整不当、轮胎气压不足等,都会导致汽车油耗大幅度增加。汽车行驶中,发动机冷却系统温度过高或过低,也可使汽车油耗上升12% ~15%。

(三)新能源技术方面

目前,已经研制出电能、太阳能、混合动力能源等新能源汽车。由于受技术水平、环境、成本等各方面的因素影响,采用新能源的汽车在某些性能方面与传统的内燃机汽车相比要差一些,所以还未广泛应用。随着汽车工业、科学技术的发展,特别是传统能源的危机、环保要求的提升,新能源取代传统能源将成为社会发展的必然趋势。

这些可再生能源的应用本身就能够起到节约石油能源的作用。为了进一步节能,对于这些采用新能源技术的汽车来说,同样也存在着自身能源的节能问题。即新能源汽车传动系统的效率、机械、电器维护、使用中的节能问题等,同目前的燃油发动机汽车一样存在类似的节能技术问题。同时,其能源动力部分也具有与现有能源动力部分类似的节能问题。如电动汽车的电能回收利用,太阳能汽车太阳能电池板表面的清洁、太阳能电池板与太阳光的位置关系等。这方面的节能技术问题将成为今后研究的重点。

新能源电动汽车主要通过以下三种途径实现节能:一是驱动电机的高效率,一般传统汽车的能量转换效率不过30% ~50%,而永磁同步电机驱动系统的平均效率可达到90%以上;二是混合动力电动汽车让驱动电机和发动机都工作在高效区,减少能源消耗;三是能量回收技术可回收能量。

由于新能源电动汽车在行驶过程中所消耗的是电能,我国目前是以火力发电为主的国家,电能主要来源是燃烧煤炭。虽然从表面上看,电动汽车能够达到节能减排的效果,但是实际上消耗的电能和燃烧的煤炭相互平衡,因此新能源电动汽车并不是真正意义上实现"零排放"的交通工具,仅是将能耗从"油"转向"煤"。所以在目前我国发电能源结构下,发展新能源电动汽车能否实现真正的节能减排是目前学术界争议很大的问题。中国工程院院士杨裕生便曾表示"高里程的纯电动汽车并不能达到节能减排的效果"。

影响新能源电动汽车节能减排的因素主要有以下方面。

1.发电能源结构

新能源汽车污染的根本源头是汽车动力——电力能源结构。只有正确选择发电结构才能真正优化节能减排效果,为实现低碳出行做贡献。

2.汽车类型

汽车的不同类型是影响新能源电动汽车碳排放量的重要因素。汽车类型不同,百公里能量的消耗指标也存在差异,同时汽车对于燃料兼容性也会受到一定程度的限制。百公里能量消耗与燃料兼容性这两个因素对电动汽车节能减排效应会产生直接的影响,针对不同的车型其影响程度也存在差异。例如新能源汽车中,私家车、公交车与出租汽车,这三种车型的能耗量有很大不同。

同时，一些新能源汽车企业中还存在节能生产中能耗控制落后、电池再生材料回收率较低、节能生产工艺不成熟、基础配套设施不完善等问题。

汽车节能涉及能源、材料、电子技术、汽车设计制造、汽车维修、汽车使用、节能研究等诸多方面，必须协同努力，才能真正全面达到汽车节能的目标。

二、汽车节能的主要途径

汽车节能是一个系统工程，它包括车辆技术、道路辅助设施与汽车维修、汽车运用等方面。为了更好地研究有关汽车节能的技术与管理，有效地开展节能工作，收到良好的节能效果，目前通过系统地分析研究，提出的实现汽车节能的主要技术路线如下：

(1)车辆技术方面的主要节能途径与措施如图 1-2 所示。

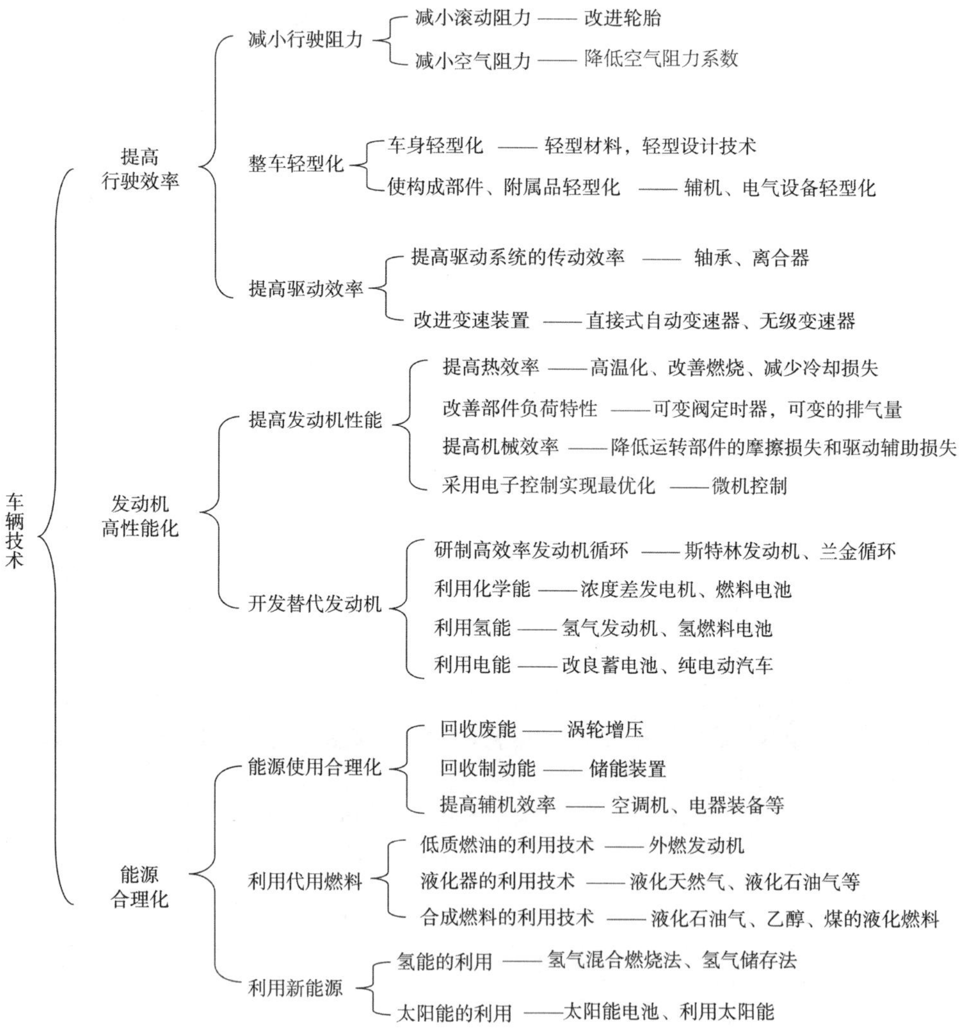

图 1-2　车辆技术方面的节能途径与措施

(2)道路辅助设施及汽车维修方面的主要节能途径与措施如图 1-3 所示。

(3)汽车运用方面的主要节能途径与措施如图 1-4 所示。

从图 1-2 ~ 图 1-4 可知，汽车节能的途径和措施非常多，现代汽车可以实现的节能空间是很大的，但要实现它必须要国家重视、经济发展、国民参与、科学研究、科学管理，所以汽车节能的重任将是长期而艰巨的。

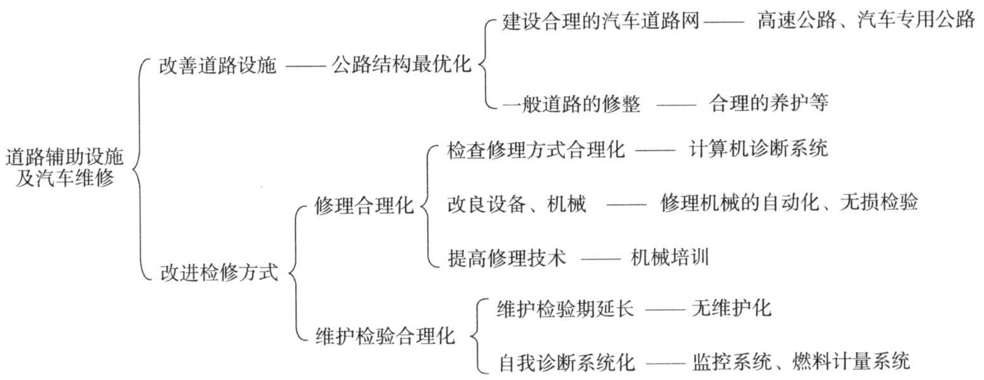

图 1-3 道路辅助设施及汽车维修方面的节能途径与措施

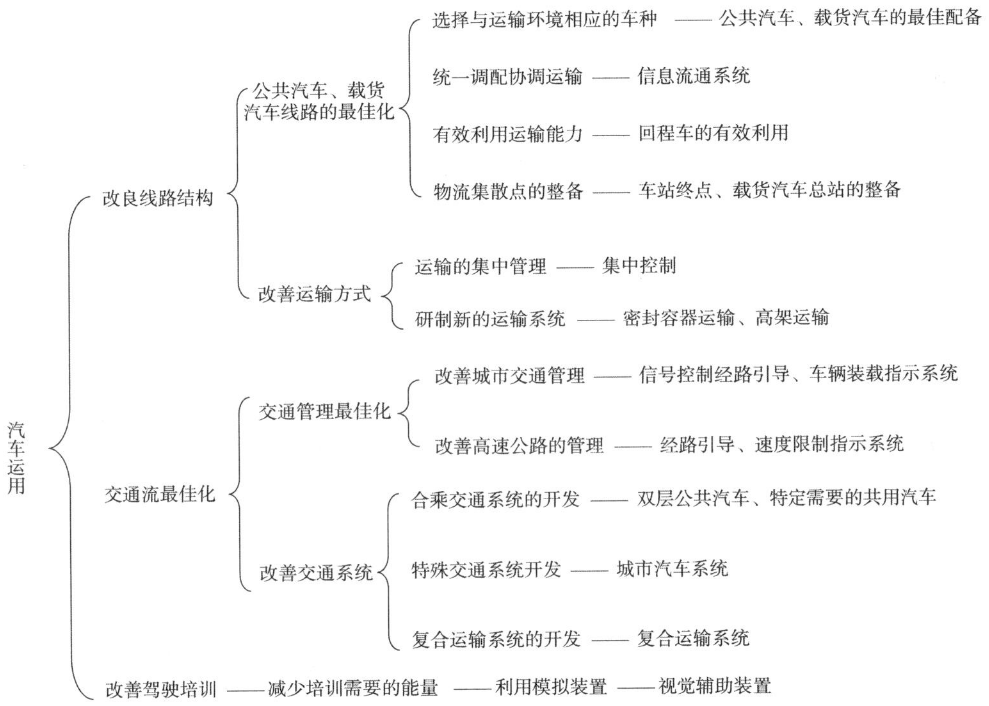

图 1-4 汽车运用方面的节能途径与措施

复习思考题

1. 能源的概念和特点是什么？
2. 能源的单位有哪几种？怎样度量？
3. 节能的定义与任务是什么？
4. 汽车节能的内涵是什么？

5. 汽车节能主要评价指标及用途是什么？
6. 试述节能与国家发展的关系。
7. 我国节能新政策的出台对汽车节能有哪些影响？
8. 简述汽车节能的必要性。
9. 影响汽车能耗的主要因素有哪些？其主要特点是什么？
10. 汽车节能的主要途径有哪些？
11. 目前电动汽车在节能上还存在什么问题？
12. 有哪些纯电动汽车与插电式混合动力电动汽车能耗折算方法？

第二章　替代能源与新能源汽车

传统的汽油机、柴油机因其使用的石油燃料具有便利的运输条件及稳定的供应而被广泛使用，但受石油危机的出现、世界各工业发达国家对汽车排放物的限制越来越严格和全球“温室效应”越来越严重等制约因素的影响，汽车替代能源引起了世界各国的广泛关注和重视，替代能源汽车得到了空前的发展。

本章在简要介绍替代能源汽车的概念和基本要求及各种替代能源汽车概况的基础上，着重阐述了天然气、液化石油气、醇类燃料、氢气和电动汽车所特有的结构及工作原理，以及替代能源汽车应用、评价的有关内容。要求学生掌握有关替代能源汽车的基本概念、特有结构的特征和基本工作原理，明确替代能源汽车合理运用的特殊要求，了解替代能源汽车评价的基本知识。

第一节　概　　述

一、替代能源汽车的概念及基本要求

替代能源是相对汽车目前普遍使用的汽油和柴油而言的。所谓替代能源汽车，是指不以或不全以汽油、柴油为动力能源的汽车。

发展替代能源汽车的目的是减少对石油这种非可再生能源的消耗，降低或消除汽车对环境的污染。因此，替代能源汽车应该满足以下基本要求：

(1)替代能源汽车的性能不低于石油燃料汽车。使用替代能源的汽车，其主要性能，如动力性、经济性、安全性等至少应与石油燃料汽车的性能相当。

(2)替代能源汽车对环境的影响尽可能小。替代能源汽车的排放污染物少，最好能实现零排放。

(3)替代能源汽车的价格不应太高。一方面替代能源本身(原料和加工)价格不能过高，另一方面必须控制替代能源汽车的制造成本。

(4)替代能源资源丰富。一种替代能源应该有足够的储量，才能获得较大规模的推广应用，同时，还应在较长时间内有充足的来源，才具有可持续性。

(5)使用方便。能量补充和驾驶操作都应方便。

二、替代能源汽车的种类

目前，研究的替代能源汽车种类较多，有些已得到商业应用，有些还只是概念性的样车，

有些还处于实验室研究之中。一般按替代能源种类对替代能源汽车进行分类。

1. 气体燃料汽车

气体燃料汽车是以天然气、煤层气、液化石油气等气体燃料作为发动机能源的汽车。

天然气、煤层气、液化石油气的自然形态是气态，在成分和理化性质上差异不大，它们的燃料特性与汽油很相近，汽车性能也无多大差别。目前，气体燃料汽车技术比较成熟，已在许多资源丰富地区得到了广泛应用。

2. 生物燃料汽车

生物燃料汽车是以生物燃料或在汽、柴油中掺有生物燃料作为发动机能源的汽车。生物燃料泛指从植物或植物废料中提取的、直接或经过再加工适用于汽油机或柴油机的燃料，是一种可再生燃料。有些生物燃料既可从植物中提取，也可从化工副产品以及其他物质获得。它们的共同特点是分子中都含氧元素，有利于改善燃烧。

目前，车用生物燃料主要有醇类（甲醇、乙醇）、醚类（二甲醚、乙基叔丁基醚）、生物柴油等。一般是将醇类燃料以不同的比例与汽油混合（甲醇汽油、乙醇汽油）作为汽油机的燃料，已有较多的商业应用。二甲醚较适合作柴油机的替代燃料，目前尚未解决其批量合成技术及成本较高的难题，仅有少量样机。生物柴油是以油料作物、野生油料植物、工程微藻、动物油、地沟油等为原料，经过酯交换反应合成的长链脂肪酸酯混合物，其油品特性与柴油相近。目前生物柴油主要是与柴油混烧，在包括我国在内的一些国家已有生物柴油/柴油商品油销售，但未形成真正的市场。

3. 氢燃料汽车

氢燃料汽车是直接以氢气或与天然气等其他气体燃料按一定比例混合作为内燃机能源的汽车。

氢气是一种优质燃料，热值是汽油、柴油的两倍多，完全燃烧的产物是水，是真正的零碳排放，同时，氢气的可燃界限宽，易实现稀薄燃烧，提高燃料经济性，降低 NO_x 排放。尽管氢气的来源广泛，但大规模制取仍然很难，运输和储存也都很困难，且由于氢气密度低导致氢燃料发动机的动力性较差等，导致目前商业化应用还不现实。

4. 电动汽车

电动汽车是以纯电能或电能与内燃机共同作为动力的汽车。前者称为纯电动汽车，后者称为混合动力电动汽车。此外，一般也把以燃料电池作为电源的燃料电池电动汽车归为电动汽车。

电动汽车的关键技术是动力电池、驱动电机和控制技术。尽管电动汽车还存在续驶里程短、成本高等问题，但由于节能减排的需要，各国都相当重视发展电动汽车，特别是纯电动汽车。电动汽车已在许多国家得到一定规模的商业化推广和应用。

5. 超级电容汽车

超级电容汽车也是一种电动汽车，只不过它以储能量非常大的超级电容为汽车提供电能。

超级电容是基于双电层原理的电容器，具有以下主要特点：很高的功率密度，比电池高1万倍；极长的充放电循环寿命，可达10万次以上；非常短的充电时间，200～400A 充电电流，只需20～30s 时间即可完成充电；储存寿命极长，几乎是无限的；可靠性高，维护工作极少;适用温度范围宽,可在 -40 ~70℃使用,满足车辆动力系统在低温环境下的起动;安全性高。超级电容最突出的缺陷是输出功率随行驶里程延长而衰减。因此,超级电容汽车大多用于城市公交车,或纯电动汽车的辅助供电。

6. 太阳能汽车

太阳能汽车也是一种电动汽车,其电能来自将太阳能转换为电能的太阳能电池。

太阳能虽然丰富,但存在密度低,太阳能电池的能量较低,体积大,成本高,动力受太阳照射时间的限制等问题,太阳能汽车的关键技术尚未突破。目前太阳能汽车还只是一种概念车,多用于实验或竞赛。

7. 空气动力汽车

空气动力汽车是以高压空气作为能量载体,推动发动机的汽车。使用空气压缩机将空气压缩至 30MPa 以上,并储存在储气罐中,再释放出来推动发动机工作以驱动汽车。

世界上首款空气动力汽车于 2002 年在法国巴黎国际汽车展上展出。空气动力汽车排出的是冷空气,没有任何污染。但高压气体安全性差,空气压力会随行驶里程增加而降低,且压缩空气耗能高。业界一般认为实用意义不大。

第二节　清洁燃料汽车

一、天然气汽车

(一)天然气汽车概述

我国有着丰富的天然气资源,天然气探明储量进入了高速增长阶段。今后,我国天然气的需求增长速度将超过煤和石油,在一次能源结构中所占的比例将逐年提高。天然气主要成分是甲烷,随产地不同,甲烷的含量也不同,一般为 83% ~99%。甲烷的沸点为 -162℃,与常温下处于液态的汽、柴油的搬运和存储方法有很大差异。天然气的体积和质量低热值都比汽、柴油高,因为密度低,所以理论混合气热值比汽、柴油低。天然气只能点燃不能压燃,而且具有很强的抗爆性能,通过提高压缩比,可以大幅度地提高天然气汽车的动力性和燃料经济性。天然气与空气混合后具有很宽的可燃界限。这种性能为发动机稀燃技术提供了保证,从而进一步提高燃料经济性,降低排放。总的来说,天然气与汽油和柴油相比较,它们的特性有很大差异,天然气与汽油的理化特性值对比见表 2-1。

天然气与汽油理化特性的比较　　表 2-1

特性		天然气	汽油
密度	气态(kg/m^3)	0.718	5.093
	液态(kg/L)	0.425	0.74
低热值	质量(kJ/kg)	49742	44306
	体积(kJ/L)	21150	32604
	与汽油的比值(质量)	1.12	1.0
	与汽油的比值(体积)	0.65	1.0
理论空燃比	质量	17.2	14.7
	气态体积	9.55	59

续上表

特　　性		天　然　气	汽　　油
理论热值	混合气（kJ/m^3）	3386	3762
	与汽油的比值	0.9	1.0
沸点（0℃，1个大气压，0℃）		−162	100
汽化潜热（kJ/kg）		510	284
自燃温度（大气中，℃）		650	500
点火界限燃料体积比（%）		5.3～15	1.2～6
点火界限当量比（Φ）		0.65～1.6	0.7～3.5

不可随意将民用天然气用作汽车燃料，车用天然气应当比民用天然气具有更为优良的品质。为保证压缩天然气汽车的正常行驶，我国《汽车用压缩天然气》（GB 18047—2017）对天然气质量提出了技术要求，见表2-2。为确保压缩天然气的使用安全，压缩天然气应有特殊气味，必要时加入适量加臭剂，保证天然气的浓度在空气中达到爆炸下限的20%前能被察觉；气体体积为在101.325kPa、20℃状态下的体积。

汽车用压缩天然气技术要求（GB18047—2017）　　表2-2

项　　目	技术指标
高位发热量（MJ/m^3）	≥31.4
硫化氧（H_2S）含量（mg/m^3）	≤15
总硫（以硫计）含量（mg/m^3）	≤100
二氧化碳（CO_2）含量（mol：mol）（%）	≤3.0
氧气（mol：mol）（%）	≤0.5
水（mg/m^3）	在汽车驾驶的特定地理区域内，在压力不大于25MPa和环境温度低于−13℃的条件下，水的质量浓度不应大于30mg/m^3
水露点	在汽车驾驶的特定地理区域内，在压力不大于25MPa和环境温度低于−13℃的条件下，水露点应比最低环境温度低5℃

（二）天然气汽车的类型

1. 按储存天然气的压力和形态分类

1）压缩天然气汽车（CNGV）

储气瓶内的天然气以高压（通常是20MPa）气态储存，工作时经降压、计量和混合后进入汽缸，也可以直接喷入汽缸或进气管。

2）常压天然气汽车（NNGV）

以常压气态储存天然气，由于携带不便以及存在一定安全隐患等问题，这种储存方式现已基本被淘汰。

3）液化天然气汽车（LNGV）

以液态储存天然气，工作时液化天然气经升温、计量和混合后进入汽缸，也可以直接喷入汽缸或进气管。由于天然气液化后的体积仅为标准状况下体积的1/625，储带方便，应用潜力较大。

4）吸附天然气汽车（ANGV）

储气瓶内的天然气以吸附方式（压力通常为3.5～6MPa）储存，工作时经降压、计量和混合后进入汽缸，也可以直接喷入汽缸或进气管。

2. 按燃料的组成与应用分类

1）单燃料（CNG）汽车

单燃料（CNG）汽车的发动机燃料供给系统和燃烧系统专为燃用天然气而设计，充分考虑了天然气的性质特点，保证气体燃料的有效利用，使天然气汽车的性能有可能达到最优。

2）CNG—汽油两用燃料汽车

CNG—汽油两用燃料汽车可在两种燃料中进行转换使用，设有两套燃料供给系统，无论是使用 CNG 或是汽油，发动机都能正常工作，利用选择开关实现发动机从一种燃料到另一种燃料的转换，两种燃料不允许同时混合使用。

3）CNG—柴油双燃料汽车

CNG—柴油双燃料汽车是指当汽车发动机工作于双燃料状态时，用压燃的少量柴油引燃 CNG 与空气的混合气而实现燃烧，对外做功。该系统有同时供给汽车两种燃料的装备，配备两个供给系统及两个独立的燃料储存系统。由于在高负荷时柴油消耗量较大，目前这种方式的 CNG 汽车推广受到了限制。

目前各国天然气加气站基本上没有形成网络，所以，压缩天然气汽车大部分是在汽油机或柴油机的基础上改造的两用燃料汽车。目前广泛使用的是 CNG—汽油两用燃料汽车。

（三）压缩天然气（CNG）汽车

液化天然气汽车与液化石油气汽车相似，本节着重介绍压缩天然气汽车。

1. CNG 供气专用部件结构及原理

天然气供给系统的性能以及同发动机优化匹配情况，对天然气汽车性能影响非常大。在 CNG 供气系统中，最重要的部件包括减压调节器和混合器。下面简要介绍减压阀（减压调节器）和混合器部件的结构和工作原理。

1）负压输出的减压调节器

减压调节器是 CNG 汽车的核心及关键部件，它的性能好坏，直接影响整车的性能。下面介绍的是三级减压调节器，它的输出压力为负值，工作原理如图 2-1 所示。20MPa 高压天然气经一级减压后压力为 0.35～0.4MPa，二级减压后压力为 0.15～0.19MPa，三级减压后压力减为负压。

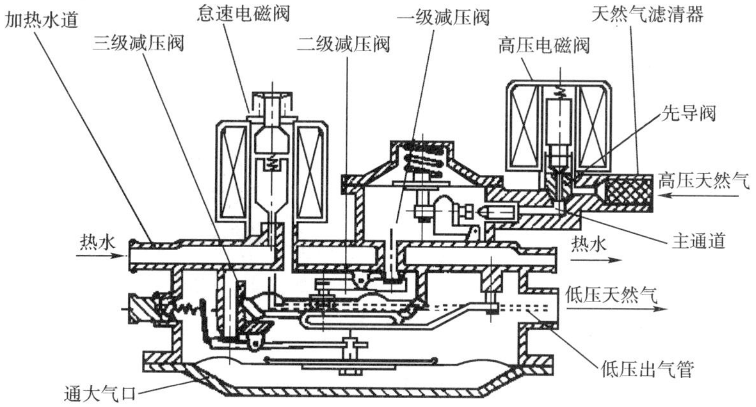

图 2-1　负压输出的减压调节器

高压天然气经过天然气滤清器后，进入常闭式高压电磁阀，以控制供、断天然气。与常规的电磁阀不同的是增加了一个先导阀，先导阀套装在电磁阀芯上，通过销子连接为一体，先导阀销孔比销子直径大，因而两者间存在相对运动。先导阀中心有一个小孔，能使电磁阀的高压室与低压室相通，先导阀下端装有O形密封圈，电磁阀芯下端有密封胶垫。在电磁线圈未通电时，电磁铁芯在回位弹簧的作用下，将先导阀的小孔密封，继而推动先导阀将O形密封圈压在阀座上，通道全部关闭。当电磁阀通电时，由于电磁铁的磁力较小，不能直接把主通道打开，只能先打开先导阀的小孔，这时高压腔的高压气通过小孔流到低压腔，使高低压腔压差减小，然后电磁铁芯通过连接销，将先导阀一起提起，打开主通道。

一级减压阀在未通入高压气体时，在压力弹簧的作用下，使膜片向下运动，带动杠杆转动，使阀芯与阀口保持一定间隙（一般阀口间隙保持在0.5～1mm），阀口处于常开状态。当通入高压气体时，减压室的压力逐步增高，达到额定输出压力时，气体作用在膜片下方的压力克服弹簧的弹力，使膜片向上动作，从而带动杠杆转动，使阀口关闭。当减压室的气体向二级减压阀输出后，压力降到额定输出压力以下时，在压力弹簧的作用下又使阀口打开，如此反复，使一级减压阀在保证流量的基础上，出口压力稳定在一个数值内（0.35～0.4MPa）。

二级减压阀的阀口也处于常开状态，高压天然气经过一级减压后进入二级减压室，此时二级减压室内的压力逐步升高，达到额定输出压力时，气体作用在膜片上方的压力克服扭转弹簧的弹力，使膜片向下动作，从而带动杠杆转动，使二级减压阀阀口关闭。当减压室的气体向三级阀输出后，压力降到额定输出压力以下时，在扭转弹簧的作用下又使阀口打开，如此反复，使出口压力稳定在一个数值内（0.15～0.19MPa）。

三级减压阀的阀口处于常闭状态，阀的开闭由发动机进气真空度控制，输出压力可通过压力弹簧的预紧力进行调节。当阀室内真空度为零时，在压力弹簧的作用下，阀口处于关闭状态。当阀室处于负压时，由于膜片上方与大气相通，膜片两边出现压力差，膜片向阀里运动，带动杠杆克服弹簧压力，使阀口打开供气。当减压室负压减小时，在压力弹簧作用下，阀口又处于关闭状态，如此反复，就使减压阀出口压力稳定在一个数值内。

经过三级减压阀减压后输出的天然气的流量随发动机工况变化而变化，完全由发动机进气真空度（发动机吸力）调节，发动机转速高吸力大时（负压增大），减压器各阀开度变大，输出流量增大，反之则减少。因而能满足发动机各种工况的供气量。

三级减压阀为常闭式，在发动机不运转时，三级减压阀关闭，发动机起动和怠速运转时，真空度较小，无法打开三级减压阀，因而设置了一套供发动机起动和怠速供气的怠速电磁阀。该阀为常闭式二位二通电磁阀，由怠速气管组成。在电磁线圈未通电时，在复位弹簧的作用下，电磁铁芯将阀的座孔关闭；电磁阀通电时，对阀芯产生磁力，克服复位弹簧压力，使阀的座孔打开并通气。此时，输出的天然气由二级减压腔经怠速气管流入减压阀低压出气管（图中的虚线管），以满足汽车起动、怠速用气所需。供气量大小可通过改变阀芯的运动行程来进行调节。

为了保证减压阀的安全，在一级减压阀的减压室安装有弹簧式安全阀。按标准规定当压力大于额定输出压力1.3倍，即0.52MPa时，安全阀将自动排气泄压。

由于一级减压阀减压比非常高，天然气流量也很大，因此气体膨胀吸热严重，如果不设置加温装置，减压阀将大量结霜，直至结冰，降低机械性能，减少部件的使用寿命，同时也可能产生管道冰堵。减压阀上的加温装置为一水道，发动机冷却系统的循环水，通过软管引入减压调节阀进行加温，结构简单，性能可靠。安装时注意，应使循环水进出口的压力差尽量大。

2）文丘里管结构混合器

混合器的结构与型式应与所使用的减压阀相匹配，由于三级减压阀出口压力为负压，为了与此减压调节阀相匹配，混合器应该设计为文丘里管结构，安装在空气滤清器与化油器之间。该混合器由壳体和芯子两部分组成，芯子喉径最小处均匀分布一圈小孔，壳体上有天然气进气道，其结构如图 2-2 所示。

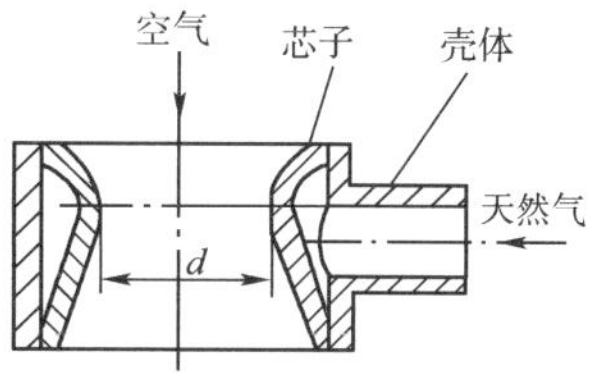

图 2-2　文丘里管结构混合器示意图

这种混合器一方面要使喉管处产生真空度来调节减压调节阀的天然气流量，另一方面又要将天然气与空气均匀混合。该混合器结构虽然简单，但其设计参数直接影响发动机的性能，混合器喉径过大，真空度小，不灵敏；喉径过小，吸入空气量少，影响空燃比，发动机功率下降。通气小孔总截面积应与天然气进气道截面积相匹配。

3）正压输出的减压调节器

图 2-3 为输出压力大于零的减压调节器结构原理图，其基本工作原理是：每级减压器由进气阀、减压室及阀门开闭调节装置、出气阀等组成。本级出气阀为下一级减压室的进气阀。高压气体由进气阀进入减压室，体积膨胀，当气体作用于膜片组的推力与进气阀门开启力相等时，进气阀又被关闭，使减压室压力不再增高，以达到减压的目的。等气体从出气阀流出时，减压室压力降低，气体对膜片组的作用力小于进气阀门开启力，进气阀又被打开，如此周而复始，使本级减压室压力稳定在额定压力，以达到减压的目的。

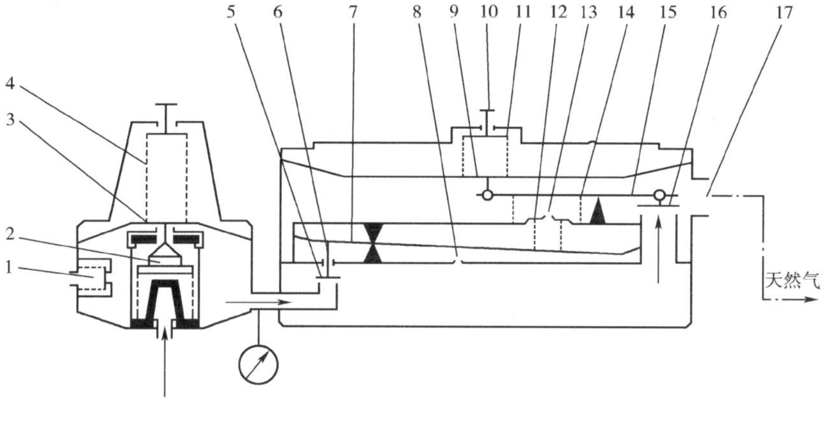

图 2-3　正压输出的减压调节器

1-安全阀总成；2-高压阀芯；3-膜片组；4-调压弹簧；5-二级阀片及阀座；6-顶杆；7-二级调压器膜片组；8-通道；9-三级调压器膜片组；10-调压螺栓；11-一级调压弹簧；12-二级调压弹簧；13-通道；14-三级调压弹簧；15-三级调压杆；16-三级阀片及阀座；17-压力调节器输出接口

（1）一级减压器。

高压天然气经过天然气过滤器由阀口进入一级减压室内，推动膜片组 3，克服调压弹簧 4 的压力向上移动，当膜片的推力和调压弹簧的压力平衡时，阀芯 2 锥面将阀座口通道关闭。当一级减压阀出口流量增大，减压室压力降低时，调压弹簧克服膜片的推力（膜片推力也在下降）将顶杆和阀芯往下推动使阀口打开进气，以保持减压室的天然气压力稳定在不大于 0.6MPa 的范围内。由于减压器最高使用压力达到 20MPa，为防止阀口出现内泄漏，使减压室压力过高而引起壳体爆裂，特在一级减压室设立安全阀。当减压室压力大于安全阀泄漏阀口的关闭弹簧力时，使弹簧压缩，推开阀门，开始泄压；当压力低于弹簧力时，弹簧力又使阀门重新关闭。

(2)二级减压器。

当二级减压器进气时,二级阀片5打开,顶杆6上行,当二级减压室内压力到达额定值时,气压经通道8推动二级调压膜片组。右端上行压迫调压弹簧12(该装置将二级调压膜片组作为压力调节杠杆),左端向下推动顶杆,将阀口关闭,反之当二级减压室压力降低时,调压弹簧将膜片组右端压下,左端上升,阀口自动打开进气。二级减压室内的压力保持在0.017~0.018MPa。

(3)三级减压器。

当三级减压器进气阀片16打开时,三级减压室压力推动膜片组9向上移动,同时联动调压杆15使阀片向下关闭阀门,反之减压室压力下降后。进气阀又打开进气。三级减压室内压力保持在1.2kPa以下。

4)比例调节混合器

减压器输出压力为负时可使用文丘里管结构的混合器,如果输出压力大于零,则需要使用比例调节混合器,即发动机停止运转时,天然气通道应由比例调节混合器封闭。

比例调节混合器工作原理如下:当发动机起动运行时[图2-4a)],发动机进气歧管产生真空,进而在化油器上部形成真空,当真空度大于0.2kPa时,混合器气室B的空气通过管道E进入发动机化油器进气管;气室B产生真空,而气室A与大气相通,混合器膜片在大气的压力作用下克服膜片组的重力和混合器弹簧的弹力上行,打开天然气进气管和混合器空气阀座,天然气和空气通过混合器进入发动机,发动机开始工作。混合器膜片根据发动机化油器进气管的真空度变化上下运动,天然气进气管开度的大小也随着变化,从而向发动机提供不同数量的天然气,与空气形成空燃比合理的混合气。当发动机停止工作时[图2-4b)],发动机化油器进气管压力与大气相等、气室B通过管道E进入空气,气压达到大气压力,这样混合器膜片就不承受向上的压力。在混合器弹簧的压力下,关闭天然气进气管道,天然气不再进入发动机。当发动机回火时,回火的气体一部分通过混合器空气阀口向进气管泄出,一部分通过管道E进入气室B,在气室中膨胀,通过混合器防爆皮碗N向大气排出,保护混合器膜片不受损坏。

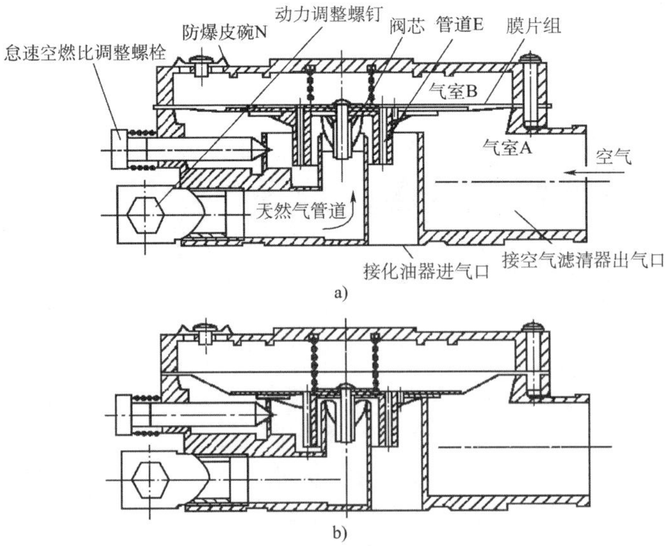

图2-4　比例调节混合器工作原理图

a)起动运行时;b)停止工作时

由于减压器输出的天然气压力在静态状况下为0.1~1.2kPa,使天然气通道打开瞬间天然气即喷向化油器下部，与进气歧管内空气混合成可燃混合气，这种工作原理近似化油器加速泵的作用，因此发动机起动容易。

2. CNG—汽油两用燃料汽车

所谓 CNG—汽油两用燃料汽车，就是将原来的燃料供给系统保留不变，增加一套“车用压缩天然气装置”。改装后的汽车油气两种燃料转换非常方便，既可使用原来的汽油工作，也可以使用天然气工作，但不能同时使用。“车用压缩天然气装置”由天然气储气系统、天然气供给系统、油气燃料转换系统 3 个系统组成。天然气储气系统主要由充气阀、高压截止阀、天然气储气瓶、高压管线、高压接头、压力传感器及气量显示器等组成；天然气供给系统主要由天然气滤清器、天然气高压电磁阀、减压调节阀、混合器等组成；油气燃料转换系统主要由油气燃料转换开关、天然气电磁阀、汽油电磁阀等组成。

目前，我国使用的 CNG 汽车有机械控制式和机电控制式两大类。机电控制式车用压缩天然气装置工作原理方块图如图 2-5 所示，图 2-6 为装车示例图。

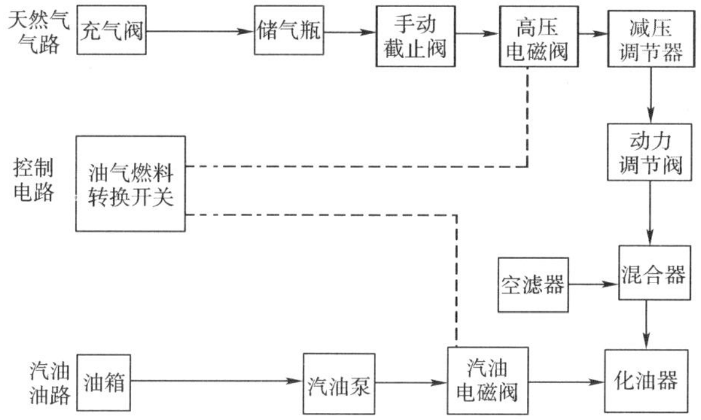

图 2-5　CNG—汽油两用燃料汽车工作原理方块图

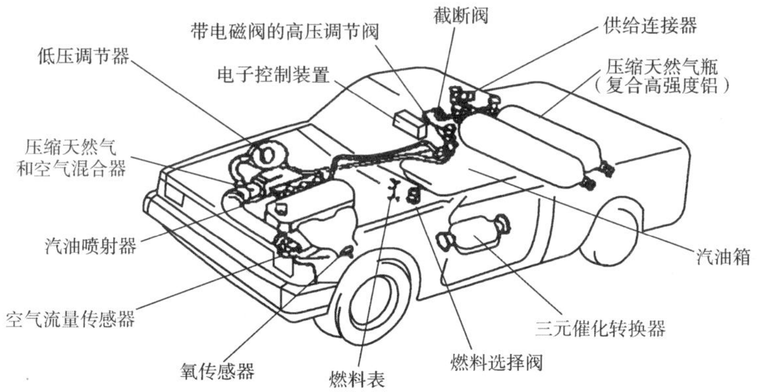

图 2-6　CNG—汽油两用燃料汽车装车示例图

充气站将压缩天然气，通过充气阀充入储气瓶至 20MPa。当使用天然气作燃料时，手动截止阀打开，安装在驾驶室内的油气燃料转换开关扳到“气”的位置，此时天然气电磁阀打开，汽油电磁阀关闭，储气瓶内的 20MPa 高压天然气通过高压管路进入减压调节器减压，再通过低压管路、动力阀，进入混合器，并与经空气滤清器进入的空气混合，经化油器通道进入发动机汽缸燃烧。减压调节器与混合器相匹配，根据发动机的各种不同工况产生不同的真空度，自动调节减压调节器的供气量，并使天然气与空气均匀混合，满足发动机不同工况的使用要求。

当使用汽油作燃料时，将油气燃料转换开关扳到“油”的位置，此时天然气电磁阀关闭，汽油电磁阀打开，汽油通过汽油电磁阀进入化油器，并吸入汽缸燃烧。有的CNG汽车用晶体管电动油泵代替汽油电磁阀，其性能基本相同。

CNG—汽油两用燃料改装汽车系统布置示意图如图2-7所示。

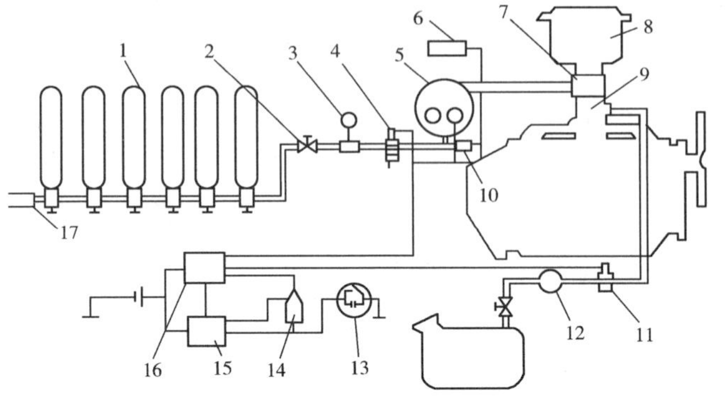

图2-7　CNG—汽油两用燃料改装汽车系统布置示意图

1-天然气储气瓶；2-高压截止阀；3-压力表；4-天然气高压电磁阀；5-三级减压阀；6-压力传感器；7-混合气；8-空气滤清器；9-化油器；10-气量显示器；11-汽油电磁阀；12-汽油泵；13-分电器；14-点火线圈；15-点火正时转换器；16-油气转换开关；17-充气阀

3. 电控喷射天然气汽车

当代车用发动机正在普及使用电控喷射技术，以完善发动机的工作过程和实现最佳的动力性、经济性以及低排放性能。电控喷气技术是气体燃料发动机先进的燃料供给形式，我国已成功开发出样车。图2-8所示为美国福特公司的CNG—汽油电喷两用燃料发动机改装系统。

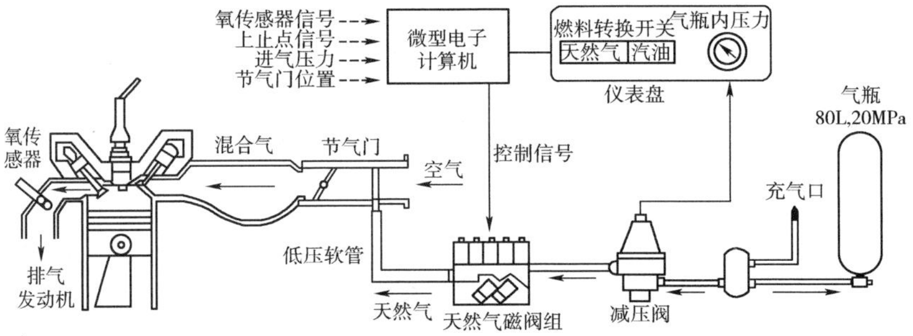

图2-8　CNG—汽油电喷两用燃料发动机改装系统

1）电控喷气形式

目前气体燃料供给形式有两大类：缸外供气方式和缸内供气方式。缸外喷射是指将气体燃料喷射到进气门之前的进气道或进气管中。缸外喷射的气体燃料发动机一般采用多点喷射，将喷气阀布置在各缸进气道进气门附近，燃气射束指向进气门。缸内喷射是指将气体燃料直接喷到汽缸内，喷气阀装在汽缸盖上。缸外供气主要包括进气道混合器预混合供气和缸外进气阀处喷射供气，缸内供气主要包括缸内高压喷射供气和低压喷射供气。

缸外进气阀处喷射是一种较进气道混合器预混合供气方式更先进的供气方式，该供气方法是将气体喷射器布置在各缸进气道进气阀处，可实现对每一缸的定时定量供气，通常称之为电控多点气体喷气系统。

低压喷射主要用在压缩比较低的点燃式气体燃料发动机上，高压喷射主要用在压缩比较高和压缩终点喷射的气体燃料发动机上。

2）电控喷气系统的组成及工作原理

从功能上看，电控喷气系统由空气供给系统、燃气供给系统和控制系统三大部分组成。

空气供给系统主要包括空气滤清器、进气管和进气歧管等，这些部件与一般发动机的空气供给系统基本相同；燃气供给系统主要包括储气瓶、燃气过滤器、调压器、喷气阀和输气管线等；控制系统主要包括传感器、电控单元和执行元件。

在发动机运转过程中，空气自空气滤清器吸入后，经进气管、节流阀体、进气门，进入汽缸。气体燃料从储气瓶输出后，经燃气过滤器滤去杂质，再经减压阀降至所要求的压力，最后电控系统中的电控单元根据各种传感器随时传来的信息，经分析处理、计算出与发动机运行工况相对应的最佳供气量并向燃气供给系统中的喷气阀发出控制指令，图 2-9 为天然气电控缸内喷射系统示意图。

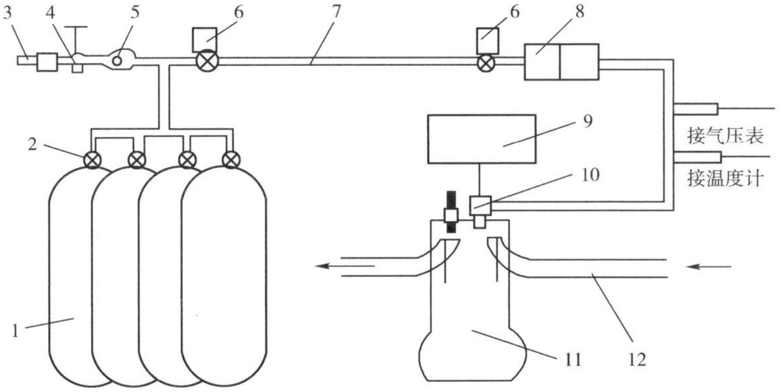

图 2-9　天然气电控缸内喷射系统示意图

1-CNG 储气瓶（20MPa）；2-阀门；3-接头；4-充气手动阀门；5-充气阀；6-电磁阀；7-管线；8-调压器；9-控制系统；10-喷气阀；11-发动机；12-节气门

电控喷气式发动机的喷气阀是一个由电磁阀直接控制的将气体燃料喷至既定空间的供气部件。其电磁阀接受电控单元的指令进行动作。如同喷油器是电控汽油喷射式汽油机和柴油机的关键部件，喷气阀是电控喷气式发动机喷气系统中的关键部件，其性能的优劣对于发动机的性能至关重要。近些年来，人们对喷气阀进行了广泛的研究，其中研制开发出的典型气体燃料喷射器有两种：低压喷射器和高压喷射器。前者结构比较简单，类似于汽油喷射器；后者结构比较复杂，类似于柴油喷射器。由于气体燃料的能量密度小，气体喷射器与汽油和柴油喷射器的最大差别是其需要较大的流通截面，以保证大的气体流量通过；另外，阀体的润滑和密封是对气体阀的主要要求之一，它不同于燃油的液体燃料阀体。

（1）HSV 型电控气体喷气阀。

HSV 电控气体燃料喷射阀工作原理及安装布置如图 2-10 所示，当电磁线圈 8 断电时，球阀 4 在进气口和出气口处气体压差的作用下向右运动，使 CNG 通道打开，实现供气。当电磁线圈 8 通电时，衔铁 10 产生电磁推力，通过推杆 7，使球阀 4 向左运动，靠在其密封座上，关闭燃料气道，停止供气。

此外，由于该喷射器在火花塞点火之前就已完全关闭，做功行程时缸内燃气的高压可使喷射器出气口处的压力高于喷射器进气口，这个压差和电磁推力一起使钢球阀更紧密地靠在密封座上。从而可确保高压燃气不会反流到 CNG 供气管道内。这种结构布置消除了高温高压燃气反流的现象。

（2）DDEC 天然气—柴油喷射器。

DDEC 天然气—柴油喷射器是国外近几年开发的天然气喷射器装置。它主要利用原来

DDEC 电控柴油泵喷嘴改造研制而成,实现了天然气—柴油双燃料工作过程的油气燃料缸内电控喷射,是一个典型的天然气高压喷射装置,喷气压力在 12 ~ 16MPa。其喷射装置结构如图 2-11 所示。

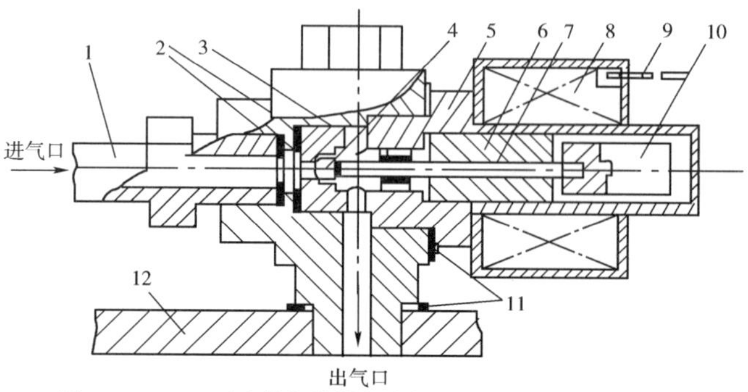

图 2-10　HSV 型电控气体燃料喷射阀工作原理及安装布置

1-CNG 管路接头;2-密封垫;3-阀座;4-球阀;5-阀体;6-极靴;7-推杆;8-电磁线圈;9-导线;10-衔铁;11-隔热垫;12-缸盖

DDEC 天然气—柴油喷射器的喷射时刻和持续时间是由电磁阀的电子控制和液压系统控制相结合,类似于柴油电控泵喷嘴系统。液压压力是由凸轮轴推动柱塞而形成,在柱塞向上运动的最初阶段,电磁阀保持断电的常开状态,使柴油充入柱塞腔内。当 DDEC 控制单元发出喷射开始信号(BOI),电磁阀关闭,凸轮轴向下推动柱塞压缩柴油产生高压,一旦柴油压力达到喷射始点压力,柴油针阀开启,便开始喷射引燃柴油。而后随着气体燃料压力腔内压力的提高,气体针阀克服其弹簧压力后开启,实现缸内气体燃料喷射。气体喷射的同时将进一步阻止柴油喷射,实现减少引燃柴油量的目的。通常气体喷射压力选择在 12 ~ 16MPa 范围内。气体燃料相对于柴油的喷射始点主要由作用于气体针阀的弹簧强度确定。而气体燃料喷射的持续时间可以由电磁阀电控实现。

从电磁阀命令信号开始到柴油针阀开启的延迟时间主要取决于电控过程的响应和液压压力的建立。因此,电磁阀及其电控单元需要具有良好的动态响应特性。而液压压力的建立过程主要决定于凸轮及发动机转速。图 2-12 给出了一个典型的 DDEC 天然气—柴油喷射器压力变化曲线,以及柴油和气体燃料喷射时刻的基本情况。

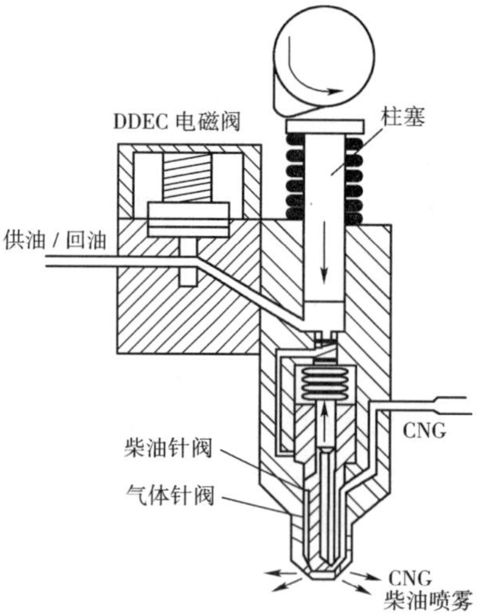

图 2-11　DDEC 天然气—柴油喷射器

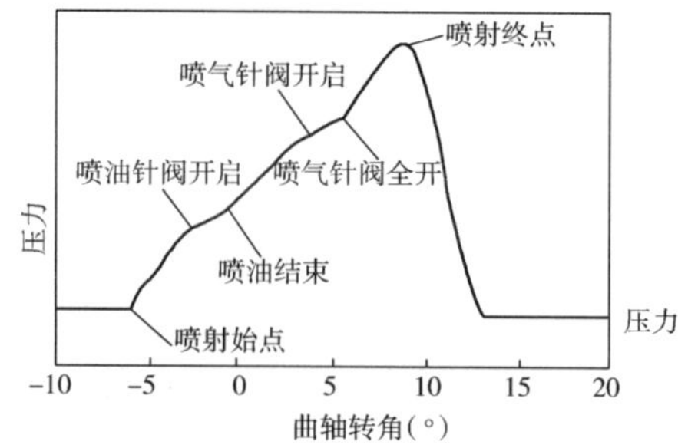

图 2-12　DDEC 天然气—柴油喷射器压力变化曲线

(四)天然气汽车性能评价

1. 较低的污染排放

随着汽车保有量的快速增加,环境污染越来越严重,全世界都意识到大气污染危及人类的生存健康。天然气作为全世界公认的一种清洁气体燃料,其最大优点是与空气混合充分、燃烧彻底,有害物的排放量很低。而且天然气汽车的燃料系统是封闭的,不存在蒸发污染和形成光化学烟雾的危险。

天然气与汽油的排放对比见表2-3。从表中可知,汽车使用天然气后,可大幅度降低CO和HC的排放量,彻底改善微粒排放污染。由于天然气火焰温度低,也会使 NO_x 排放量减少。此外以甲烷为主要成分的天然气,是碳氢原子比最小的烃类化合物,以产生相同热量计算,产生的 CO_2 也可比汽油、柴油降低15%以上,这对减小造成地球变暖的"温室效应"也是大有好处的。

天然气与汽油的排放对比 表2-3

环境温度	燃料种类	排放物(g/km)				
		CO	CO_2	NO_x	THC	NMHC
24℃	天然气	0.156	229.3	0.025	0.068	0.006
	汽油	1.21	302.7	0.14	0.174	0.14
-20℃	天然气	0.21	289.6	0.06	0.08	0.006
	汽油	5.87	356.1	0.39	0.92	0.83
平均减少百分比(%)		91.5	21.5	83.5	76.0	97.5

应该指出的是,目前在用的天然气汽车,大都是由汽油车改装而成的。从排放改善效果来看,由化油器汽车改装的天然气汽车明显优于由电喷车改装的天然气汽车,有的电喷改装车的排放性能甚至变差。原因主要是电喷车配有三元催化转换器,其排放控制水平本身较高,而目前改装的供气方式及供气装置使得原有的排放控制装置基本失去了作用。

2. 经济性

使用天然气汽车的经济效益体现在油、气燃料的消耗量及燃料差价方面。

发动机的有效热效率取决于发动机的指示效率和机械效率。天然气代替汽油后,由于对原机械传动系统改变甚少,机械效率变化很小。

已知汽油机理论循环的热效率 η 与压缩比 ε 有如下关系:

$$\eta = 1 - \frac{1}{\varepsilon^{k-1}} \tag{2-1}$$

很显然,压缩比高,热效率就高。天然气的研究法辛烷值130,这就意味着燃用天然气比燃用汽油时,许用压缩比可高2~4个单位。若原汽油机的压缩比等于8,燃用天然气时压缩比允许提高到10~12,相应的理论循环热效率可以提高7%~12%。

另一方面,天然气与空气的混合气形成质量比汽油与空气的混合气好。混合气质量的好坏主要是看燃料雾化与汽化是否良好,是否混合均匀和分配均匀。显然,燃用天然气时雾化与汽化百分之百地良好,而要使汽油在进入汽缸前完全汽化则是不可能的。有实验表明,在通常的温度条件下,使汽油进入汽缸前完全汽化,进气管的长度必须大于2m,在实际发动机中即使到压缩行程终了时汽油也达不到完全的汽化。

纯气态的天然气,其全部个体(分子)具有相同的运动惯量,又不存在汽油机令人头痛的管壁油膜，其混合与分配的质量优于汽油。混合均匀与分配均匀也有利于提高燃烧的完全度。分配均匀还使得对整机实施最佳的燃料调整，使得避免不必要的加浓成为可能。

实验和实际使用均表明：燃烧 $1m^3$ 标准工况车用 CNG 所做的功略大于燃烧 1L 汽油所做的功。即使两者完全相当，由于油、气市场差价较大，仍能获得良好的经济效益。

3. 动力性

各种不同型号的汽油机改燃天然气后的对比试验结果见表 2-4。可见，在各种转速下，燃用天然气时的功率和转矩均较燃用汽油时低，最大功率下降约 18%，最大转矩下降约 14%。当然，如果使用专用的天然气发动机，提高压缩比，可弥补所损失的动力。

汽油机改燃天然气后的动力性对比试验结果 表 2-4

序号	型号	压缩比	最大功率（kW）		下降率（%）	最大转矩（N·m）		下降率（%）
			汽油	天然气		汽油	天然气	
1	CA108	6	67.8	55.5	18.1	294.3	249.2	15.3
2	BQ6100	6.75	92.1	70.1	23.9	333	289	13.2
3	NJ472A	7.3	68.6	52.1	24	189	156	17.5
4	吉尔 138A	5	110.3	88.5	19.6	—	—	—
5	格斯 53-27	7	83.1	70	17.8	—	—	—

二、液化石油气汽车

（一）液化石油气概述

我国液化石油气（Liquefied Petroleum Gas，LPG）的资源来源包括油田和石油炼厂两个渠道。随着天然气产量的增加，油田的 LPG 产量也会不断增加。油田的 LPG 由于不含烯烃，适于作为汽车用燃料。LPG 与汽油、柴油等常规汽车燃料相比，具有燃烧完全、积炭少、排放污染物低、怠速及过渡工况运行稳定性好等优点，但与天然气一样也存在着动力性降低的问题。作为汽车替代燃料的 LPG 可以减缓石油资源的紧缺，从局部来看，充分利用区域性资源，可使能源利用多样化，能源消耗结构趋于合理。同时在一些城市里对出租汽车和公共汽车改用燃烧 LPG，对控制城市排放污染，提高汽车的经济性和排放性能无疑是一项有效措施。LPG 汽车具有良好的发展前景。

LPG 的主要成分是丙烷（C_3H_8），此外还含有少量的丁烷（C_4H_{10}）、丙烯（C_3H_6）和丁烯（C_4H_8），作为车用燃料来说，LPG 的理化性能与汽油、柴油以及天然气的比较见表 2-5，LPG 的特点与天然气相似，天然气的体积低热值和质量低热值略高于汽油，但理论混合气热值要比汽油低，液化石油气介于天然气和汽油之间。天然气的主要成分是甲烷，甲烷的研究法辛烷值为 130，具有高的抗爆震性能，可以采用提高压缩比的方法来提高汽车的动力性、经济性；液化石油气的辛烷值在 100 ~ 110 范围内。天然气和液化石油气比汽油着火温度高，火焰传播速度慢，因此需要较高的点火能量。

液化石油气与汽油、柴油以及天然气的理化特性的比较 表 2-5

理化特性	汽油	柴油	天然气	液化石油气
物理状态	液态	液态	气态	气态
汽车上的存储状态	液态	液态	气态或液态	液态

续上表

理化特性	汽油	柴油	天然气	液化石油气
在常压下的沸点(℃)	30～220	180～370	-161.5	-0.5
低热值(MJ/kg)	44.52	43	49.54	45.31
汽化潜热(kJ/kg)	297	—	—	丙烷:-41;丁烷:0～2
辛烷值(RON)	90,93,95,97		120	94
十六烷值	27	40～60		
自燃点(℃)	260	—	700	丙烷:358.2; 丁烷:373.2
最低点火能量(MJ)	0.25～0.3	—	—	—
分子量	100～115	180～226	16	丙烷:41;丁烷:58
在空气中的可燃范围比(%)	1.3～7.6	—	5～15	—

液化石油气的能量密度比天然气大,在中小型汽车上推广比较容易。

需要注意的是车用液化石油气必须保证其使用安全性、抗爆性和良好的起动性和排放性等,一般的民用液化石油气含烯烃较多,会造成结渣、堵塞气路和膜片等橡胶件早期损坏等问题,不能满足车用燃料的要求。因此,各国对车用液化石油气均提出了标准要求。根据《车用液化石油气》(SY/T 7548—2012),对汽车用液化石油气作出了有关规定,见表2-6。

汽车用液化石油气技术要求 表2-6

项目		质量指标		试验方法
		车用丙烷	车用丙丁烷混合物	
37.8℃蒸气压(表压)(kPa)		≤1430	≤1430	按GB/T 6602
组分(%)	丙烷	—	≥60	按SH/T 0230
	丁烷以上成分	≤2.5	—	
	戊烷以上成分	—	≤2	
	丙烯	≤5	≤5	
残留物	100mL蒸发残留物(mL)	≤0.05	≤0.05	按SY/T 7509
	油渍观察	通过	通过	
密度(20℃或15℃)(kg/vm^3)		实测	实测	按SH/T 0221
铜片腐蚀		不大于一级	不大于一级	按SH/T 0232
总硫含量w($\times 10^{-6}$)(质量分数)		≤123	≤140	按SY/T 7508
游离水		无	无	目测

(二)液化石油气汽车的结构与工作原理

目前,对于LPG加气站不足的地区,还不具备发展纯LPG汽车的条件,大多数国家仍以发展LPG—汽油两用燃料汽车和LPG—柴油双燃料汽车为主。

1. 液化石油气汽车蒸发调压器

LPG和天然气的性质相似决定了它们的结构相似性,故LPG汽车的主要专用部件与天然气汽车大部分一致。下面主要介绍蒸发调压器(汽化器)。

多数LPG蒸发调压器是集预热、蒸发、减压、调压功能于一体,LPG被发动机冷却水加热后蒸发气化,再经减压(接近大气压)供发动机使用。图2-13为蒸发调压器结构原理图,其减压原理与压缩天然气减压调节器类似,此处不再赘述。从LPG气瓶中流出的LPG在蒸发调压器中气化,并经两级减压后供给混合器。

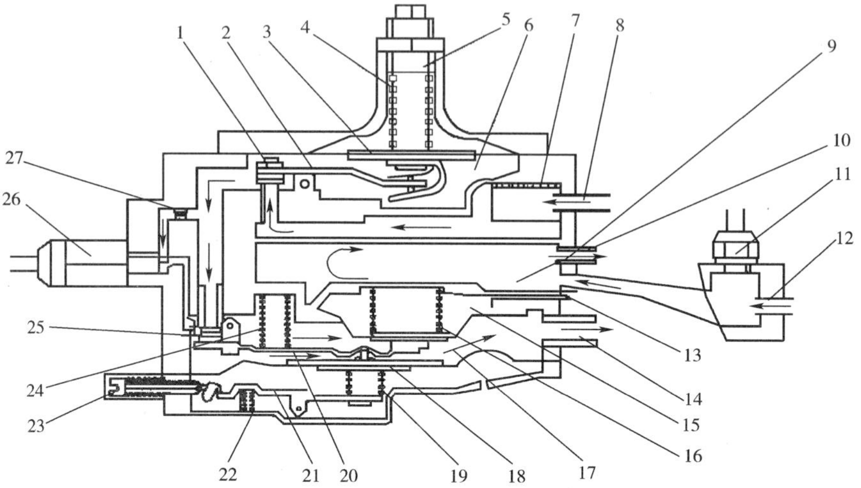

图2-13　蒸发调压器结构示意图

1-一级减压阀门;2-一级减压杠杆;3-一级减压室膜片;4-一级膜片弹簧;5-一级减压室压力调整螺钉;6-一级减压室;7-滤网;8-LPG进口;9-加热水腔;10-加热水出口;11-温控开关;12-加热水入口;13-真空管及接头(接进气管);14-LPG出口;15-真空气室;16-真空室膜片弹簧;17-二级减压室;18-二级减压室膜片;19-二级膜片弹簧;20-二级减压杠杆;21-怠速调整杠杆;22、24-稳定弹簧;23-怠速调整螺钉;25-二级减压阀门;26-起动加浓电磁阀;27-加浓量孔

1)一级减压室

来自储气瓶、压力为0.6~0.8MPa的LPG从蒸发调压器LPG进口8流入蒸发调压器高压腔,一方面吸入循环水的热量,一方面在自身压力的作用下压开一级阀门1,经过阀和阀座之间的空隙流进一级减压室6。进入一级减压室后的LPG即被蒸发、气化成气体并得到了第一次减压,压力被减小到0.14~0.25MPa。

2)二级减压室

二级减压室17的作用是使LPG的压力进一步降低至接近负压。来自一级减压室6的石油气经过二级减压阀门25进入二级减压室17时压力进一步降低(降至大气压附近),之后经由LPG燃料出口输往混合器。

3)不同工况下混合气浓度的实现

(1)怠速系统。

怠速系统主要由真空气室15、怠速调整螺钉23等组成。LPG发动机怠速运转时,因LPG在进入进气管时已基本上成为气态,几乎没有汽油机怠速运转时燃料雾化和蒸发条件很差的困惑,但在怠速工况下,废气系数大(节气门开度几近为零,进入汽缸的空气量很少)、燃烧恶化的情况仍然存在。为了保证怠速工况的正常运行,必须提供很浓的混合气。

怠速运转时,节气门的开度和发动机的转速状态,决定了混合器喉口处的真空度很低,难以将LPG从蒸发调压器出口处吸出。和汽油机一样,LPG发动机怠速工况下节气门后面的真空度很高。汽油机利用这一真空度使汽油从专设的怠速喷孔喷出。LPG发动机则是将此真空度利用真空管13引入真空气室15，使真空膜片压缩真空室膜片弹簧16并带动二级减压阀门25开度增大，进入二级减压室17的LPG便增多，这样就满足了怠速工况对可燃混合气的需要。

若发动机处于停机状态，混合器喉口处及节气门后的真空度均消失，二级减压阀门25在真空室膜片弹簧16的作用下关闭，停止向混合器供给LPG，起到停机断气的安全作用。

(2)主供气系统。

LPG发动机的主供气系统用来满足发动机一般工况尤其是中小负荷时对混合气浓度的需要，即：当负荷增大时，供气量增加，以适应负荷增大的需要；随负荷增大，所提供的混合气浓度适当变小，向经济混合气靠拢。

主供气系统主要由混合器、二级减压室和真空室组件等组成。在发动机运转过程中，随着节气门开度的增大及转速的升高，混合器喉口处的真空度亦不断增大，这一真空度通过主通道传至二级减压室使二级减压阀门25的开度增大，引出较多的LPG以满足发动机的需要。

怠速系统的真空室气室15还具有一定的校正功能。当节气门开大时，一方面进入的空气量增加，同时，混合器喉口处的真空度增加，蒸发调压器输出的LPG量增加，如果进入混合器空气量的增加速度赶不上蒸发调压器LPG燃料出气量的增加速度，混合气反而会变浓。而此时由于真空孔处真空度下降，真空气室15真空度亦跟着下降，真空室膜片弹簧16在预紧力的作用下将真空膜片压向下方，通过二级减压杠杆20迫使二级减压阀门25的开度减小，以减少调压器的出气量，从而防止混合气随着负荷的增加变得过浓。

(3)起动系统。

汽油机起动时需要 $\alpha = 0.1 \sim 0.2$ 的极浓混合气，LPG发动机自然不需要提供这样浓的混合气。但是在起动工况时，因转速很低，混合器喉口处的气流速度及真空度均很低，因此，二级减压阀门25的开度很小，不能将燃气吸出或者吸出的数量很少，致使汽缸内的混合气过稀，难以保证其着火与燃烧。为此LPG发动机也需要在供气系统中专设起动系统。

起动系统由起动加浓电磁阀26等组成。起动加浓电磁阀26控制连接一级减压室6和二级减压室17的旁通气道的启闭。起动时，起动加浓电磁阀26接通，旁通气道开启，于是一级减压室6中较高压力的LPG经起动加浓量孔27直接进入二级减压室17，二级减压室内气体的压力和数量激增，从而保证向发动机提供额外的LPG，使LPG发动机得以顺利着火起动。随着LPG发动机转速的升高，混合器喉管中的真空度增加，二级减压室17的阀门开度相应增大，从二级减压室17引出的LPG数量增多至可保证发动机稳定运转，起动电磁阀26关闭，旁通气道被截断。

2. 单燃料(LPG)汽车

与传统的汽、柴油机相比，LPG汽车变化最大的是燃料供给系统，LPG与天然气的燃料供给系统基本相同，都是由储气系统和燃气供给系统组成。燃气供给系统包括过滤器、蒸发调压器、混合器、低压软管及循环水软管等，如图2-14所示。

3. 液化石油气—汽油两用燃料汽车

LPG—汽油两用燃料汽车与传统汽油车的区别，是增加一套LPG燃料供给系统。LPG燃料供给系统包括储存液化石油气的气瓶、蒸发调节器、混合器、电磁阀和控制系统等。图2-15为LPG—汽油两用燃料供给系统工作原理图。

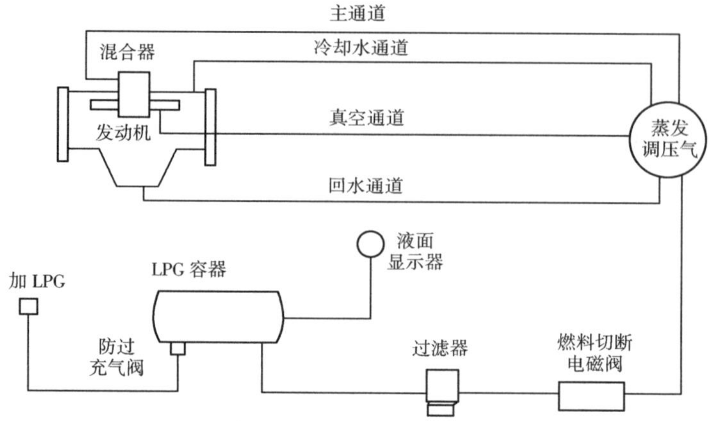

图 2-14　LPG 燃料供给系统的组成

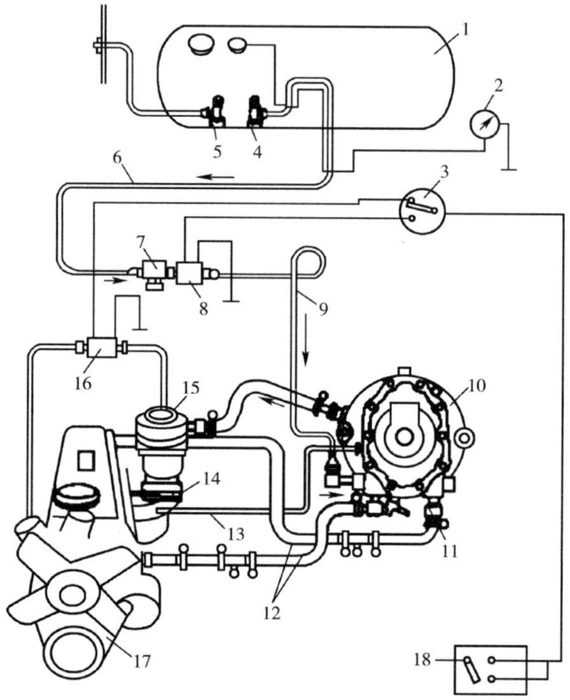

图 2-15　LPG—汽油两用燃料供给系统工作原理图

1-LPG 钢瓶；2-液位显示表；3-油气选择开关；4-放气阀；5-充气阀；6-高压管路；7-滤清器；8-LPG 电磁阀；9-高压管路；10-蒸发调节器；11-排气阀；12-冷却液管路；13-负压通路；14-化油器；15-混合器；16-汽油电磁阀；17-油泵；18-点火系统

当使用 LPG 作燃料时，驾驶人将选择开关扳到“气”的位置，此时，LPG 电磁阀 8 打开，汽油电磁阀 16 关闭。液态的 LPG 靠自身的蒸气压力被压出气瓶，通过高压管路 6，流经滤清器 7 时，将杂质过滤掉，然后经 LPG 电磁阀 8 流入蒸发调节器 10。在蒸发调节器内被降压、蒸发，变成气态，最后在混合器 15 内与空气混合进入发动机。当使用汽油作燃料时，驾驶员将选择开关扳到“油”的位置，则 LPG 电磁阀 8 关闭，汽油电磁阀 16 打开。这时，LPG—汽油两用燃料汽车的工作原理与传统的汽油发动机一样。

4. 液化石油气—柴油双燃料汽车

车用柴油机改装为 LPG—柴油双燃料发动机，必须保留原柴油供给系统，用来提供引燃空气与 LPG 混合气的少量柴油，并需要配备一套液化石油气供给系统，这时发动机同时具有两套燃料供给装置，汽车同时携带两种燃料。两种燃料供给系统通过电磁阀控制转换，显然燃料供给系统控制的难度要增大许多，既要考虑液化石油气的控制，又要考虑柴油的控制；既要处理好 LPG 与柴油之间的合理配比，又要处理好 LPG、柴油与空气之间的合理配比。

LPG—柴油双燃料发动机的 LPG 供给系统，也是由 LPG 气瓶、蒸发器、减压阀、调节阀、混合器和节流阀等组成。

LPG—柴油双燃料发动机和 CNG—柴油双燃料发动机一样，用柴油起动。待发动机冷却液温度达到正常范围后，打开 LPG 气瓶阀门，LPG 在瓶内气体压力作用下流入蒸发器。在蒸发器内，LPG 吸收来自发动机冷却水的热量，完全蒸发变成气体。气态 LPG 流入减压阀降压，使其由气瓶内的压力降至某一数值。该数值可根据发动机运行要求进行调整。降压后的 LPG 进入调压阀，调压阀根据发动机运行工况，利用混合器真空度自动调节流入混合器的 LPG 量。LPG 进入混合器与空气均匀混合。在混合器下方的节流阀，通过联动机构与柴油机调速机构的操纵手柄相连。操纵手柄根据发动机运行工况移动时，联动机构使节流阀随之成正比变化，从而可以根据发动机运行工况，对 LPG 和空气的混合气实行量的调节。

（三）液化石油气汽车的性能评价

1. LPG 汽车的动力性

LPG 与汽油相比，其辛烷值高，发动机的运行更为平稳，起动加速性能稍差，适宜于在城区道路上作中速行驶。图 2-16 为燃用 LPG 和汽油时，发动机外特性功率曲线对比图。燃用 LPG 时，动力性较燃用汽油有所下降。

其原因是：LPG 与空气混合气的热值较低，气态 LPG 挤占一部分空气容积，LPG 燃烧时分子改变系数较小等。混合气浓度对动力性的影响如图 2-17 所示，虽然燃用 LPG 时的最大功率低，但是在稀混合气区，燃用 LPG 的功率却比燃用汽油高 9%，这表明在稀混合区 LPG 的动力性优于汽油。

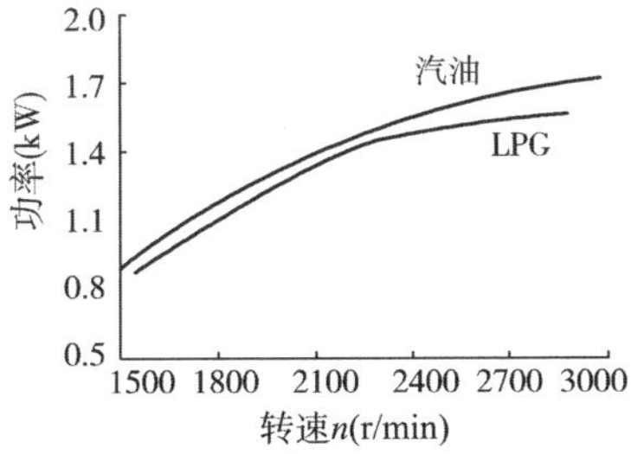

图 2-16　发动机外特性功率曲线对比图

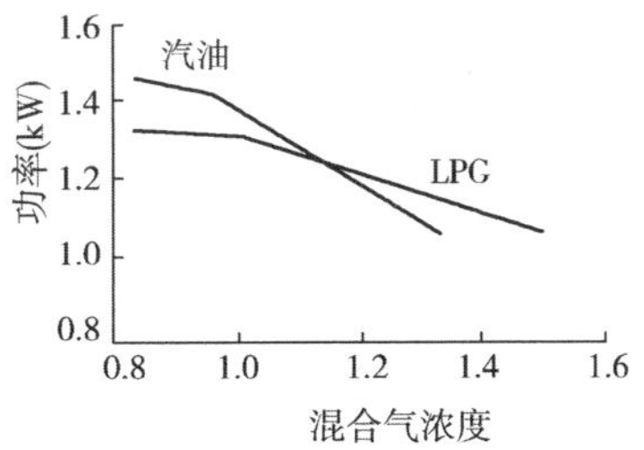

图 2-17　混合气浓度对动力性的影响

2. LPG 汽车的燃料经济性

LPG 与空气混合气的形成质量高、燃烧更为完全，在整个负荷范围，燃用 LPG 的燃油经济性均优于燃用汽油。实验表明，燃烧 1kgLPG，大约相当于燃烧 1.2kg 汽油。

图 2-18 为比能耗 g_e 随混合气浓度 α 的变化对比图，可以看出：LPG 的能耗率在整个混

合气浓度范围都低于汽油，尤其在稀混合气区低得更多；LPG 的稀限从汽油的 $\alpha=1.3$ 拓宽到了 $\alpha=1.5$；LPG 的最低能耗点从汽油的 $\alpha=1.15$ 左右扩展到了 $\alpha=1.25$ 左右；LPG 的能耗曲线有相当一段变化平坦，表明其在更广阔的混合气浓度范围内具有良好的燃料经济性，对混合气浓度变化适应性强。

3. LPG 汽车的排放

在配置基本相同的情况下，LPG 汽车和汽油车的排放结果比较如图 2-19 所示。可以看出，在行驶状态下（90～120km/h），LPG 汽车 CO 排放可减少 80% 左右，HC 排放可减少 30% 左右，但 NO_x 化合物排放基本无变化或稍有增加。

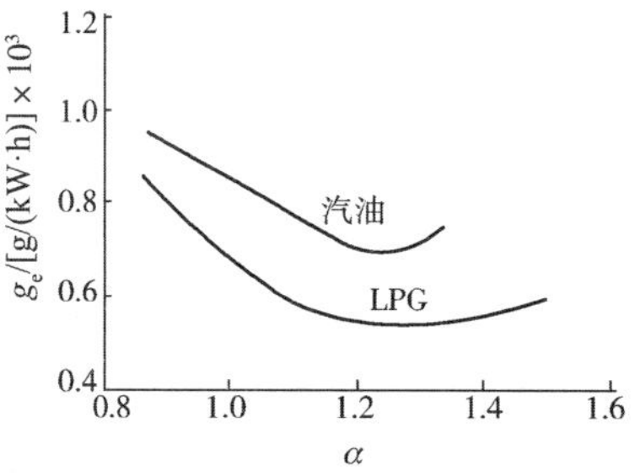

图 2-18　混合气体浓度对燃料经济性的影响

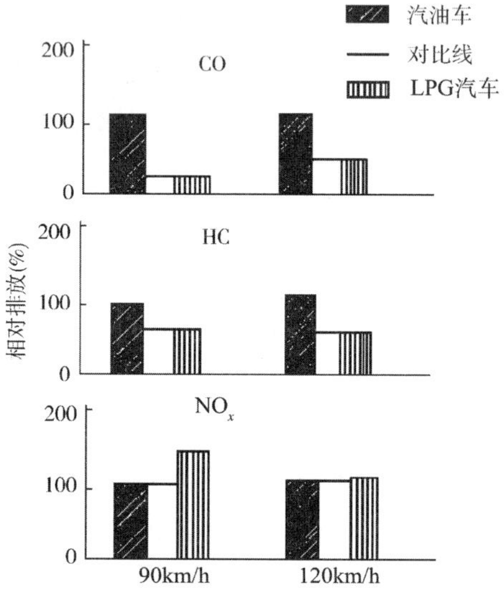

图 2-19　LPG 车和汽油车的相对排放比较

由于 LPG 与空气混合气的形成质量优于汽油与空气混合气，燃烧较为完全，在整个混合气浓度范围内，燃用 LPG 比燃用汽油的 HC 排放浓度低，其 CO 排放与燃用汽油相比大幅度下降。

三、醇类燃料汽车

（一）醇类燃料汽车概述

醇类燃料主要是指甲醇和乙醇，以甲醇为燃料的汽车称为甲醇汽车，以乙醇为燃料的汽车称为乙醇汽车。醇类燃料可以和汽油或柴油按一定的比例配制而成混合燃料，也可以直接采用醇类燃料作为发动机的燃料。醇类燃料汽车发展比较早，到目前为止，在技术以及成本方面醇类汽车已经达到适用阶段。

甲醇和乙醇都属有机化合物，是无色透明、易挥发的可燃液体。甲醇是一种略带臭味，与水能无限互溶，只含有 1 个碳原子，没有 C—C 键，含有 50% 的氧，燃烧后生成的排气较清洁的液态燃料；乙醇的外观状态是人们所熟悉的，是只含 2 个碳原子的液态燃料。表 2-7 列出了甲醇、乙醇与汽、柴油理化性质的对比，由表可知，甲醇、乙醇性质类似之处很多，与汽油相比，热值低、汽化潜热大、抗爆性好、含氧量高等，它们的优点和缺点几乎相同，只是程度略有差别，另外，醇类燃料吸水性强、化学活性高、容易发生早燃等。

甲醇、乙醇与汽油、柴油的理化性质对比 表 2-7

理化性质	甲醇	乙醇	汽油	柴油
化学式	CH_3OH	C_2H_5OH	C_{4-12}烃合物	C_{16-23}烃合物
相对分子质量	32	46	95 ~ 120	180 ~ 200
碳(%)	37.5	52.5	85 ~ 88	86 ~ 88
氢(%)	12.5	13	12 ~ 15	12 ~ 13.5
氧(%)	50	34.8	0	0 ~ 0.4
C/H	3	3.971	5.6 ~ 7.4	6.4 ~ 7.2
密度(20℃)(kg/L)	0.792	0.7893	0.72 ~ 0.78	0.82 ~ 0.86
沸点(℃)	64.8	78.5	30 ~ 200	175 ~ 360
凝固点(℃)	-98	-114	-57	-1 ~ -4
黏度(20℃)(mPa·s)	0.6	1.2	0.65 ~ 0.85	3.0 ~ 8.0
质量低热值(HL)(MJ/kg)	19.7 ~ 22.3	26.77	43.5 ~ 46.6	42.5
体积低热值(HV)(MJ/L)	—	21.26	—	35.66
汽化潜热(kJ/kg)	1109	904	310	270
辛烷值或十六烷值	114(RON)	8	84 ~ 94(RON)	40 ~ 55
闪点(闭口)(℃)	11	21	45	75
比热容(20℃)(kJ/kg)	2.55	2.72	2.3	1.9
理论混合气热值(MJ/kg)	3.07	2.67	2.99	2.72 ~ 2.79
导电率(20℃)(S/m)	4.4×10^{-5}	1.35×10^{-7}	—	1×10^{-13}
溶解水	—	∞	0	0

(1)辛烷值比汽油高。甲醇的研究法辛烷值为 106 ~ 112,而目前国内汽油最高为 98 左右,可采用高的压缩比来提高热效率。但是醇类燃料的抗爆性敏感度大,中、高速时的抗爆性不如低速时好。普通汽油与 15% ~ 20% 的甲醇混合,辛烷值可以达到优质汽油的水平。

(2)汽化潜热大。如按质量计算,甲醇的汽化潜热为汽油的 3.52 倍,乙醇的汽化潜热为汽油的 3 倍。高的汽化潜热使得醇类燃料低温起动和低温运行性能恶化。甲醇在 5℃以下,乙醇在 20℃以下难以在进气系统中形成可燃混合气,如果发动机不装备进气预热系统,燃烧纯醇燃料时汽车难以起动。但在汽油中混合低比例的醇,由燃烧室壁供给液体醇以汽化热,汽化潜热大这一特点可成为提高发动机热效率和冷却发动机的有利因素。

(3)热值低。甲醇的热值只有汽油的 48%,乙醇的热值只有汽油的 64%。与燃用汽油相比,在同等的热效率下,醇的燃料经济性低,但理论混合气热值与汽油相当,汽车的动力性不会有很大的影响。

(4)腐蚀性大。醇具有较强的化学活性,能腐蚀锌、铝等金属。甲醇混合燃料的腐蚀性随甲醇含量的增加而增加。另外,醇与汽油的混合燃料对橡胶、塑料的溶胀作用比单独的醇或汽油都强,混合 20% 醇时对橡胶的溶胀最大。

(5)醇混合燃料容易发生分层。醇的吸水性强,混合燃料吸收水分后易分离为两相,因此,醇混合燃料要加助溶剂。图2-20示出了甲醇与汽油的互溶度随温度和组分的变化,图中曲线称为分层温度线或互溶临界温度线,线上和线外为甲醇和汽油的互溶区,线内为两液的分层区。由图可见,溶液中以任意一种为主时,能够互溶的温度要求较低;而当两液体积相近时,互溶所要求的温度较高(该图中达28℃)。乙醇与汽油可以互溶,但抗水性较差,乙醇汽油一旦遇水就会发生相分离,且相分离温度随着乙醇汽油中的含水量的增加而增高;在相同含水量情况下,相分离温度随乙醇含量的增加而降低。

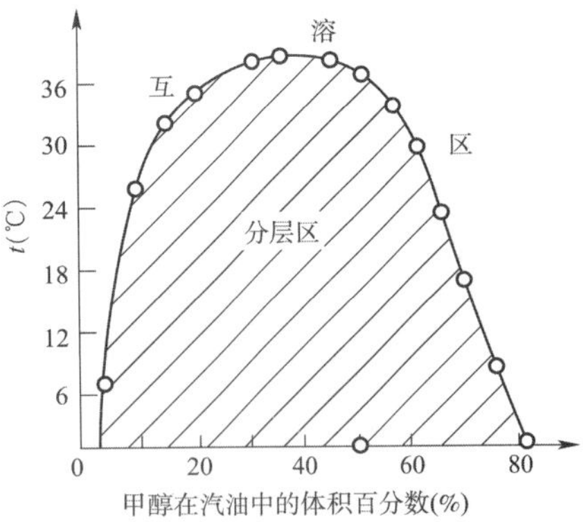

图2-20 甲醇与汽油的互溶度随温度和组分的变化

我国早在20世纪80年代就开始使用甲醇与汽油的混合燃料,并制定出台了M15甲醇汽油标准。2013年制定了新版《变性燃料乙醇》(GB 18350—2013)和2010年制定了新版《车用乙醇汽油(E10)》(GB 18351—2017)两项国家标准。表2-8为我国变性燃料乙醇国家标准。标准中规定了醇类燃料及变性剂等成分的比例范围,严格控制了水分含量,规定了水分含量不大于0.8%,还规定了其他物质的限量指标,目的是防止车用醇类汽油在发动机燃烧过程中腐蚀金属部件及堵塞管路系统。

我国变性燃料乙醇国家标准(摘)　　表2-8

项　目	质量标准	项　目	质量标准
乙醇(%)(V/V)不小于	92.1	铜含量(mg/kg)不大于	0.08
甲醇(%)(V/V)不大于	0.5	pHe	6.5~9.0
水分(%)(V/V)不大于	0.8	硫(mg/kg)不大于	30
溶剂洗胶质(mg/100mL)不大于	5.0	酸度(以乙酸计)(mg/L)不大于	56
无机氯(mg/L)不大于	8	外观	清澈透明,无悬浮物和沉淀

(二)醇类燃料在发动机上的燃用方式

醇类燃料的使用主要有纯烧和掺烧两种形式。在混合燃料中甲醇的容积比例以M*X*表示,如甲醇占10%、20%,即以M10、M20表示,纯甲醇燃料用M100表示;在混合燃料中乙醇的容积比例以E*X*表示,如乙醇占10%、20%,即以E10、E20表示,纯乙醇燃料用El00表示。

掺烧按醇的比例高低又有高、中、低之分。以甲醇燃料为例:低比例醇混合燃料,一般指醇掺烧比例小于10%,如M5、M8;中比例醇混合燃料,一般指醇掺烧比例为10%~20%,如M15、M20;高比例醇混合燃料,一般指醇掺烧比例大于20%,如M85、M90等。

醇类燃料在发动机上的燃用方式分为以下几种。

1. 掺烧

掺烧是醇类燃料在汽车上的主要应用方式。为使内燃机燃用醇燃料时能有良好的效果,可采用不同的掺烧方式,调整混合燃料的性质,改进内燃机结构及设计良好的掺烧及控制装置。

2. 纯烧

纯烧甲醇、乙醇，应对发动机进行必要的改动：

(1)混合气的形成装置必须与醇较低的热值及较少的空气需要量相适应。

(2)加大输油泵的供油能力，以避免气阻。

(3)采用高压缩比以充分利用醇高辛烷值的特性。

(4)采用更合适的混合气形成装置。

(5)火花塞和火花塞间隙的选择，压缩比提高后，宜采用冷型火花塞。

(6)解决冷起动不利的因素。

(7)加大燃料箱，以保证必要续驶里程。

(8)改善有关零件的抗腐蚀性和抗溶胀性等。

3. 甲醇改质

甲醇/汽油混合气易分层，纯甲醇燃料冷起动困难，而且它们的热效率也不很理想。人们试图寻求一种新的应用方式，以期达到更好的效果，甲醇改质就是其中一个有益的尝试。

甲醇改质是利用发动机排气的余热将甲醇改成 H_2 和 CO，然后再输往发动机。甲醇在热量和催化剂作用下可分解为 H_2 和 CO，化学反应式如下：

$$CH_3OH(\text{液态})\xrightarrow{\text{吸热}}CH_3OH(\text{气态})\xrightarrow{\text{催化剂}}2H_2+CO \tag{2-2}$$

甲醇蒸发需要吸收汽化潜热，气体甲醇改质也需要吸收热量，故甲醇改质后名义热值为液态甲醇的1.2倍。热值的增量可以利用排气的余热来获得。

催化剂采用金属钯，改质气的成分和数量取决于催化剂的温度。催化剂的温度越高，转换率越大，H_2 和 CO 生成的数量增多。当催化剂温度大于 300℃之后，绝大多数甲醇参与了改质，H_2 和 CO 基本上保持不变，甲醇改质气的成分、数量随催化剂温度的变化如图 2-21 所示。

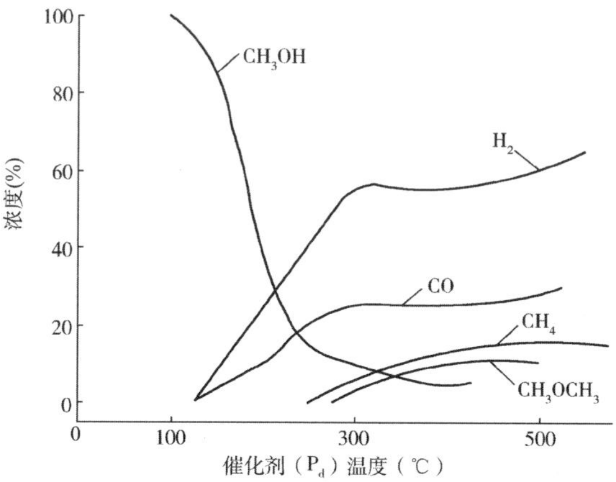

图 2-21 甲醇改质气的成分、数量随催化剂温度的变化

改质气的理论成分为：含 $H_2$66.7%(mol)，含 CO 33.3%(mol)。实际上还会含有少量的甲烷和甲醛等，使改质气的热值降低，火焰传播速度下降，还会使排气中的 HC 和 CO 增加。甲醇改质燃料的性质与汽油比有了较大变化，其燃料特性见表 2-9。从表中可知，甲醇改质气的低热值比甲醇高，但混合气热值比甲醇略低；火焰传播速度远远大于汽油，这个

特性有利于热效率的提高；可燃界限很宽，很容易实施稀混合气燃烧，提高热效率；辛烷值高，许用压缩比高；甲醇改质气有效地回收了一部分排气热量，有利于热效率的提高。

甲醇改质燃料特性 表 2-9

项目	甲醇改质气	甲醇	汽油
分子式或成分	33.3%(mol)CO 66.7%(mol)H_2	CH_3OH	C_8H_{18}(以辛烷值为代表)
分子量	10.65	32	114
理论空燃比(m/m)	6.51	6.51	14.8
低热值(MJ/kg)	24.31	20.26	44.52
理论混合气热值(MJ/m^3)	3.433	3.56	3.82
最大火焰传播速度(cm/s)	215	—	30
着火界限(过量空气系数)	0.4~7	0.4~7	0.5~1.3
最小点火能量(理论混合比下)	0.018(H_2)		0.25~0.3

甲醇改质装置是一个可以将甲醇汽化并分解为可燃气的装置，一般利用发动机排气的余热进行加热，故又称为排气余热改质器。它安装在排气管附近，发动机排出的废气提供甲醇改质所需热量，然后再通过排气总管排入大气。排气余热改质器的基本结构是一个多管式散热器，少数管道用作使甲醇汽化的蒸发管，多数管道用作使甲醇蒸气发生分解的改质管。改质管中置有促进甲醇分解的催化剂。甲醇改质的流程为：甲醇先经热交换器预热，之后进入排气余热改质器的蒸发管，受热变成气态，然后流入改质管，温度进一步升高并且在催化剂的作用下，分解为 H_2 和 CO，再经热交换器冷却后进入发动机进气管，如图 2-22 所示。由于发动机的排气温度随工况而变化，使得甲醇改质气的成分也随发动机的排气温度而变化，因此工况不同，所提供的甲醇改质气的成分也就不同。

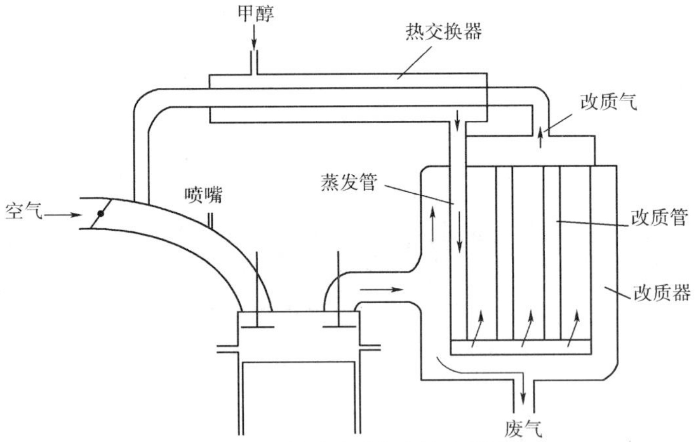

图 2-22 甲醇改质发动机示意图

4. 变性燃料乙醇

变性燃料乙醇指乙醇脱水后再添加变性剂而生成的以乙醇为主[>92.1%(V/V)]的燃料。具体成分参见《变性燃料乙醇》(GB 18350—2013)。

汽车燃用醇类燃料时应注意的问题有：

(1)由于醇是一种溶剂，发动机使用初期，燃油系统零部件、油路和燃油管壁上沉积物会剥落，导致滤清器堵塞，一些黑色金属和有色金属将腐蚀。如钢制燃油箱使用后会发生燃油滤清器的堵塞。此外，燃油泵中橡胶件和燃油系统中的橡胶油封会出现溶胀现象，所以应进行橡胶长时间浸泡试验及耐腐蚀试验。

(2)长期使用醇—汽油混合燃料，润滑油酸值和黏度将会增加，在发动机进气系统部件中，易产生油污，导致拉缸。应在润滑油中添加清洁剂及中和酸性物质的添加剂。

(3)使用掺醇汽油后，使汽车燃油耗和发动机动力性有所下降，可适当提高压缩比和加大点火提前角，对电喷发动机进行匹配，延长喷油时间。

(4)醇的汽化潜热比汽油高，在寒冷地区会使混合燃料难以汽化，不易起动。

(5)容易分层，因醇既有亲水性又有亲油性。醇有较强的吸水性，混有水分越多，分层越明显。使汽油和醇互溶性变差，影响燃油的品质。

因此，在推广使用醇类燃料时必须要采取措施，解决存在的问题，才能使醇类汽车获得广泛的应用。

(三)醇类燃料在发动机上的参数选择

1. 汽油机使用醇类燃料时的参数选择

与汽油、柴油相比，醇类燃料在组织汽车发动机工作的过程中，其参数选择必须着重考虑如下的理化、燃烧特性：甲醇辛烷值高，抗爆燃性好；在等能量情况下，容积能耗量比汽油大；汽化潜热及着火温度高等。乙醇的这些性质介于甲醇与汽油之间。

1)提高压缩比

充分利用醇类燃料辛烷值高、抗爆燃性好的特点，汽油机可将压缩比提高到12～14，一般认为压缩比大于12以上，热效率的提高就不太明显。提高压缩比要考虑燃烧室的形状、缸内气流运动方向及强度，与火花塞位置的配合，能否实现最佳的燃烧过程。从理论上分析，一般原汽油机缸内有组织的气流运动较弱，在改用醇燃料、提高压缩比时，应组织较强的气流运动，使醇燃料与空气混合得更有效。较强的充量扰动会使激冷层范围减少和激冷层变薄，同时在提高压缩比、改动燃烧室形状及尺寸时，应尽量减少有害缝隙容积，在高压缩比及高功率情况下，要注意醇燃料早燃及爆燃的可能。

2)改善燃油分配均匀性及供油特性

由于功率相等时甲醇的容积能耗量比汽油大1倍多，因此要重新选配化油器，或改变原化油器量孔的大小，现代汽车汽油机几乎全部采用喷油器，改用甲醇或乙醇时，要考虑其流量特性是否满足要求及材料的相容性，重新确定混合气的空燃比。

由于甲醇、乙醇的汽化热高，每循环供应量大，在发动机实际运转时很难完全汽化，如用化油器供醇或单点喷射醇，各缸间分配不均匀性比用汽油时突出。各缸分配不均匀将导致燃烧不完善、负荷不均匀、功率下降及油耗增加。如果采用使各缸进气管的长度及阻力尽可能一致、混合气进行预热等措施，则有可能改善混合气的形成及均匀分配。甲醇混合气的预热可以提高中、低负荷时的燃油经济性，降低排放，但预热过度则会使最大功率下降。

3)混合气空燃比的调整

醇燃料混合气的可燃界限范围宽，通常汽油机改用醇燃料后会提高压缩比，提高了缸内气流运动速度及压缩行程终点的缸内温度，这都有可能使用更稀的混合气。如果不采用三元催化转换器、不要求在理论空燃比附近工作，汽油机改用醇类燃料后，都需要调整混合气空燃比,使用更稀的混合气工作。如果压缩比提高的幅度较大,则可用更稀一点的混合气工作,从而可以提高热效率。

4)火花塞及点火时间的选择

甲醇容易因炽热表面引起着火,最大火花塞温度易低于汽油机的火花塞温度,所以需要较冷型火花塞。醇燃料的汽化潜热及着火温度与汽油的不同,因此点火提前角及火花塞间隙也应不同。尽管甲醇的着火界限宽,但是由于汽化潜热大,蒸气压低及各缸间混合气较大的不均匀性,在发动机较冷的状态下,难于稳定着火。可能的改善措施包括:增加点火能量、延长点火时间、采用多电极及电极局部侧面有屏障的特种火花塞等。

2. 柴油机使用醇类燃料时的参数选择

1)压缩比的选择

大多数柴油机压缩比的范围为16~20。较高的压缩比有利于醇类燃料的气化、混合气的形成及稳定的着火,当使用电热塞助燃时,高压缩比会降低电热塞所需功率,提高使用寿命,然而压缩比过高也会使醇类燃料早燃或爆燃。

2)电热塞与火花塞

柴油机改用醇燃料后,需要采用火花塞或电热塞助燃。火花塞助燃如图2-23所示,电热塞助燃如图2-24所示。对于火花塞助燃法,位于汽缸中心的喷油器将燃油喷射碰撞在活塞顶中央的圆盘上;对于电热塞助燃法,燃油喷射在固定缸盖中心部位的圆盘上。两种方法的压缩比分别为16.4及16.5,都是采用针阀式单孔喷油嘴,喷启压力为7MPa。

多数柴油机的燃烧室位于活塞顶,在压缩行程末期,燃烧室内会产生有组织的较强的气流运动。汽油机使用的火花塞不适宜用于醇燃料柴油机,而是采用长电极、较冷型的火花塞,或采用多极火花塞、带屏障等特种火花塞。布置火花塞的原则是要能接触到较丰富的混合气,而又不会让气流吹熄火花。在直喷燃烧室中,火花塞布置在喷油嘴附近或喷油嘴的对面。在国产缸径为95mm的柴油机涡流燃烧室中,为使缸盖结构变动较小,火花塞或电热塞布置在水平位置上,如图2-25所示。研究表明,需要采用较长的火花塞或电热塞,使电极或电热塞的炽热体达到 B 或 C 位置,并采用无触点晶体管点火装置,增加喷油提前角。如果火花塞跳火缝隙处于 A 或 D 位置,则会因气流或激冷层的影响以及混合气过稀而不易着火。

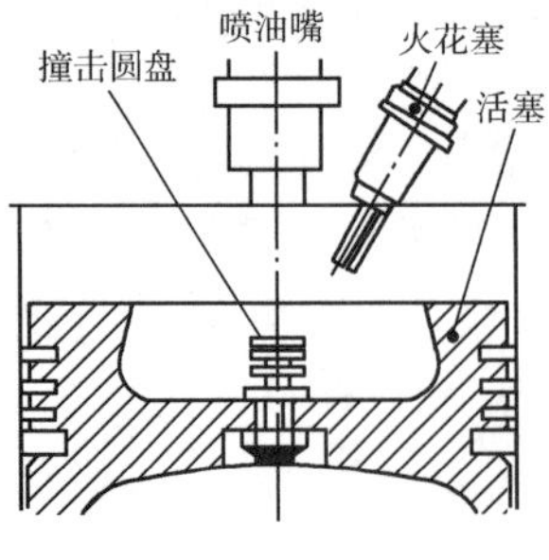

图2-23　火花塞助燃

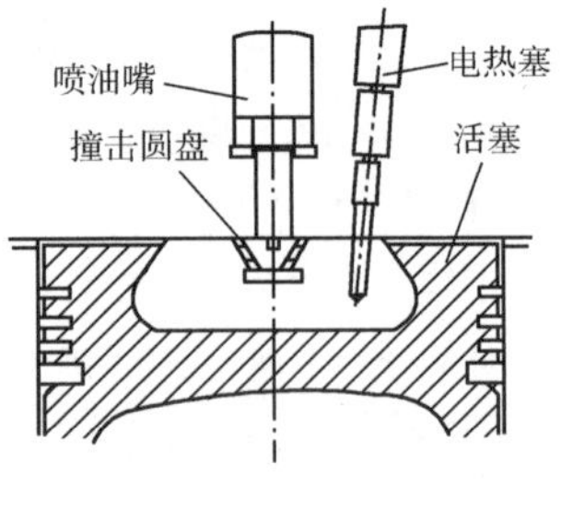

图2-24　电热塞助燃

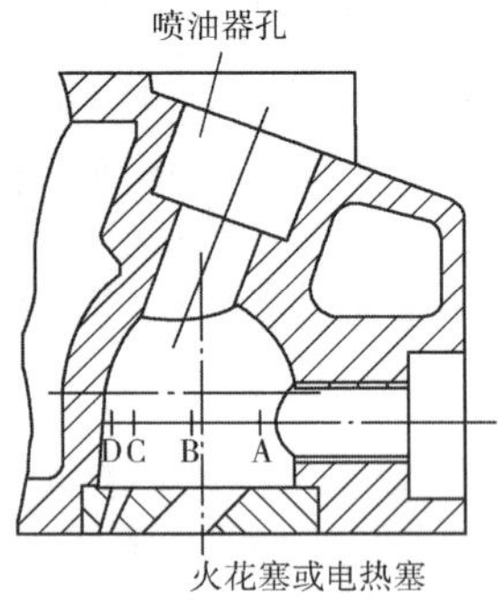

图2-25　火花塞或电热塞在缸盖上的布置

3. 醇类燃料汽车的供给系统

常规汽车改用醇燃料时,变动最多的也是容易发生问题的是供给系统的零部件,汽油车改用醇燃料时，大部分是用喷油器向进气道或汽缸内喷入醇燃料；柴油机使用醇燃料时还是用原高压油泵及喷油器向缸内供给醇燃料。醇燃料汽车供给系统的主要部件是油泵、喷油器、油箱及过滤器。

如果燃料喷射及点火时间不恰当，火花塞则可能受到过多的燃料喷滴的浸湿，从而会使混合气不易着火，产生缺火现象。柴油机改烧醇后，必须仔细进行供油提前角及点火时间的调整试验。

由于甲醇的热值低，在等功率下，每循环供油量比柴油约大 1 倍。有些柴油机喷油泵的供油量具有较大的储备系数，能够满足改用甲醇后对供油量的要求，有些则要加大柱塞直径或更换喷油泵。同时要改变喷油开始时间，加大供油提前角，甚至要改变喷射速率，否则循环供油量大，喷油结束得迟，会降低燃烧效率。

原柴油机用的喷油泵如果其供油量储备系数较大，可以用于醇燃料发动机；如果其零件发生锈蚀，则要改用不锈钢或表面经过阳极处理的铝合金等。另外由于醇燃料的润滑性差，所以需要向喷油泵供给专用润滑油。

现代醇燃料汽车大多数采用电磁阀喷油器，其结构如图 2-26 所示。用不锈钢制造喷油器本体，各处密封件的材料是氟化橡胶，而其中小型醇燃料过滤器则是用能与醇燃料相容的金属粉末烧结而成，孔隙甚小。喷油器的流量范围既要能满足全负荷时醇燃料循环供应量的要求，又要满足使用汽油时小流量的要求。

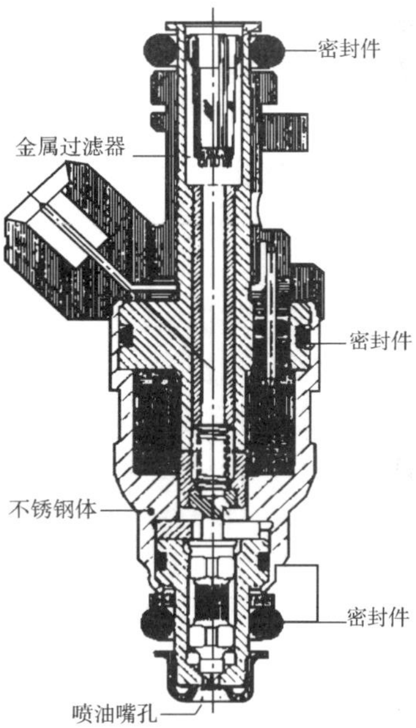

图 2-26　醇燃料汽车电磁阀喷油器

在汽车热起动前，醇燃料供给系统容易产生气阻，特别在使用醇含量较低的混合燃料时，一旦发生气阻，热起动就很困难，甚至在未消除气阻现象前，汽车无法起动。于是有些醇燃料喷油器的设计方案不是从顶部进油，而是从喷油器的侧面进油。

（四）醇类燃料发动机性能评价

甲醇是一种含氧燃料，理论空燃比仅为 6.51，随着甲醇汽油掺烧比增大，甲醇汽油的化学当量空燃比却在减小。如果发动机参数不变，进入汽缸的新鲜空气量变化就很小，这样计算得到的缸内甲醇汽油实际空燃比随掺烧比增大而增大（表 2-10），这就导致醇类燃料理论混合气的热值与石油燃料的理论混合气热值大致相仿。

甲醇汽油空燃比的比较　　表 2-10

甲醇汽油掺烧比	甲醇汽油化学当量空燃比	计算出的甲醇汽油实际空燃比
M0	14.6441	14.2
M10	13.772	17.4462
M15	13.3415	19.0489
M20	12.9145	20.6382

使用醇类代用燃料时可以保证与原发动机同等的动力性，即可以发出与原发动机大致相等的功率和转矩，甚至其功率还可以大于原发动机的冒烟极限功率。乙醇的优点和缺点

与甲醇相似，表 2-11 为醇燃料发动机的性能评价。

醇燃料发动机的性能评价 表 2-11

<table>
<tr><td colspan="2" rowspan="2">评 价 参 数</td><td colspan="5">燃 料 种 类</td></tr>
<tr><td>甲醇</td><td>乙醇</td><td>混合汽油</td><td>汽油</td><td>轻柴油</td></tr>
<tr><td rowspan="3">动力性、经济性</td><td>比功率(kW/kg)</td><td>≈0.735</td><td>≈0.735</td><td>≈0.735</td><td>≈0.735</td><td>0.147～0.368</td></tr>
<tr><td>热效率(%)</td><td>40～50</td><td>30～35</td><td colspan="2">25～30</td><td>≈035</td></tr>
<tr><td>耗油(L/kW·h)</td><td>≈0.54</td><td>≈0.54</td><td colspan="2">0.34～0.40</td><td>≈0.27</td></tr>
<tr><td rowspan="6">排气成分</td><td>NO_x</td><td colspan="4">微</td><td>稍多</td></tr>
<tr><td>SO_x</td><td colspan="2">无</td><td colspan="2">微</td><td>少</td></tr>
<tr><td>CO</td><td colspan="4">少</td><td>微</td></tr>
<tr><td>HC</td><td colspan="4">微</td><td>少</td></tr>
<tr><td>炭烟</td><td colspan="2">无</td><td colspan="2">微</td><td>多</td></tr>
<tr><td>甲醛、醇</td><td colspan="2">多</td><td colspan="2">微</td><td>少</td></tr>
<tr><td rowspan="3">环境影响</td><td>变质性</td><td colspan="2">微</td><td colspan="2">少</td><td>稍多</td></tr>
<tr><td>光化学烟雾</td><td colspan="2">微</td><td colspan="2">少</td><td>稍多</td></tr>
<tr><td>环境毒性</td><td colspan="2">少</td><td colspan="3">稍多</td></tr>
</table>

四、氢燃料汽车

（一）氢燃料汽车概述

氢气在常温常压下为无色、无味、无毒的气体。氢是宇宙中最丰富的物质，也是地球上储量最丰富的资源，自然界的氢绝大部分以化合态的形式存在，最常见的便是水和有机物。因此，欲获得大量的氢气只有依靠人工制取。当然氢最广泛的来源是水，而氢燃烧后又生成水，这一过程可循环往复进行，如图 2-27 所示。于是氢便成了取之不尽、用之不竭的清洁能源。除此之外，氢还可以从煤、石油中制取以及以天然气为原料制取等。

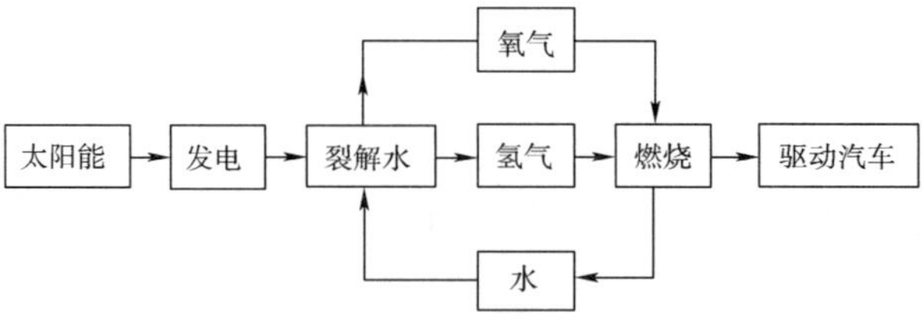

图 2-27　氢气的能量循环

自 1930 年就有科学家提出，以氢作为内燃机的燃料，但由于石油开采和炼制技术发展迅速，油价很低，所以一直不被重视。20 世纪 70 年代后，石油危机的出现及对环境保护等要求的严格使得氢作为内燃机燃料又被许多国家重视，氢是未来最理想的一次能源，它的原子序数为 1，其主要理化性质见表 2-12。

氢的主要理化性质 表 2-12

理 化 性 质	数　值
分子量	2.02
沸点(℃)	−252.8

续上表

理化性质	数　值
蒸发潜热(J/g)	447
高热值(kJ/g)	142
低热值(kJ/g)	120
在空气混合中的爆炸极限[%(V/V)]	4~75
自燃温度(℃)	580
闪点(℃)	—
最大燃烧速度(cm/s)	291.2
理论混合比下的点火能量(MJ)	0.02
最小点火能量(MJ)	0.018
理论混合比下的淬熄距离(cm)	0.06
最小淬熄距离(cm)	0.06
空气中的火焰温度(℃)	2045
从火焰辐射的能量(%)	17~25

作为内燃机燃料,氢主要有以下特点:

(1)氢是所有元素中质量最轻的。在标准状态下,氢的密度为0.08998g/L,仅为空气的1/14.5。

(2)氢的沸点为-253℃,常温常压下为气体,携带性和安全性差。由于氢在大气中的扩散系数为0.63cm^3/s,约为汽油的8倍,所以能很快形成可燃混合气,由火花塞点燃,燃烧速度和燃烧温度都很高;氢的火焰传播速度比汽油高许多;氢是气态燃料,混合气形成质量好、分配均匀,加之火焰传播速度高,允许采用较稀的混合气;氢的自燃温度比汽油高,辛烷值高,允许有较高的压缩比。这些因素都使得燃氢时热效率较高,燃料消耗率较低。

(3)氢极易点燃,最小点火能量只有汽油的1/3,火焰传播特性也很好,容易实现稀薄燃烧;但自着火温度(在标准大气压力下)高达850K,高于柴油的620K和汽油的770K。

(4)氢的质量低热值非常高,是汽油的2.7倍。但单位体积的发热量只有汽油的1/20;虽然氢的质量低热值和以质量计的理论混合气的热值最大,为34.48,但因其密度太小,故以容积计的理论混合气热值反而最小,其值为3.17MJ/m^3。因此所要求的燃烧系统与汽油机有很大的差别。

(5)氢燃料中不含碳元素,因而不排放CO、HC及硫化物。燃烧后生成H_2O,而没有CO_2。这从降低全球CO_2排放的角度来看,也是非常有意义的,因此被称为最理想的环保燃料。当然,氢燃料发动机产生的NO_x高于汽油机。

(6)氢气在汽车上的储存十分不便。在三种储存方式中,气态储存能量密度低的缺点很突出,满足必要的续驶里程相当困难,已被很多大型的汽车公司所否定。液态储带要求-253℃的超低温,成本都很高,且储存中,每天会由于蒸发而损失掉3%的氢,绝热性能良好的冷藏箱正在研制之中。金属氢化物储存方式进展较大,似有更好的前景。

(7)动力性较差。氢的热效率高,动力性理应较高。但其密度很小(仅为空气的1/14.5),在汽缸中将挤占相当一部分容积,影响空气量,反过来也影响了氢气量。此外,氢的单位质量热值虽然高,但单位容积热值低。这都会影响氢气发动机的动力性。

（二）氢燃料汽车的类型及应用

1. 氢燃料汽车的分类

氢气发动机属点燃式发动机，可以由汽油机改制，也可以由柴油机改制。由汽油机改制要考虑喷氢器的安装，由柴油机改制则要考虑加装点火系统等问题。

1）按储存的压力和形态分类

按储存的压力和形态分类有压缩氢汽车、液化氢汽车和吸附氢汽车三种。

（1）压缩氢汽车是指以高压气态储存氢气的氢燃料汽车。氢气以20～25MPa的压力储存于高压容器中。工作时经降压、计量和混合后进入汽缸，也可以直接喷入汽缸。

（2）液化氢汽车是指以液态储存氢的氢燃料汽车。工作时液态氢经升温、降压和计量，然后直接喷入汽缸，或在机外混合后进入汽缸，一般是直接喷入汽缸。

（3）吸附氢汽车是指以金属氢化物储存氢的氢燃料汽车。工作时，储存于金属氢化物中的氢释放出来直接喷入汽缸，或在机外与空气混合后进入汽缸。

2）按混合气形成方式分类

按混合气形成方式分类有预混和缸内直喷两类。

预混是指氢气与空气可以通过不同结构及性能的混合器混合，然后经进气道进入汽缸；缸内直喷是指在压缩行程、进气门关闭以后，氢气通过喷氢器被直接喷入汽缸，在汽缸内完成与空气的混合。

2. 气态氢燃料在汽车上的应用

汽车使用氢燃料较简单的技术是在发动机进气管里进行预混，经过进气道在进气行程送入汽缸，由火花塞或电热塞引燃，也可以用柴油引燃。由于氢的分子量很小，在等能量情况下，气态氢比甲烷等其他可燃气体占的体积大，因此机外混合的容积效率低，功率只有原来石油燃料发动机的80%左右；混合气在进气行程进入汽缸，又经过压缩行程的作用，氢与空气的混合时间较长，又较容易从外界创造条件促进混合气混合均匀，因此混合气的品质容易保证，但这种汽车的动力性低，易产生回火，综合性能较差。尽管预混技术简单，发动机变动较小，也可以采取一些措施来提高发动机功率及避免回火，然而汽车的综合性能难以达到较高的水平。

理论分析、试验结果及实践经验都表明，采用缸内形成混合气的氢燃料汽车动力性、热效率及燃料经济性都明显地优于使用石油燃料的汽车。喷氢器（阀）是实现缸内直喷重要的部件，其结构如图2-28所示。压缩行程开始后，汽缸内气体压力是逐步上升的，在压缩行程初期、中期或末期喷入缸内的氢气压力也必须是不同的，压力高低需要与缸内气体压力相适应。

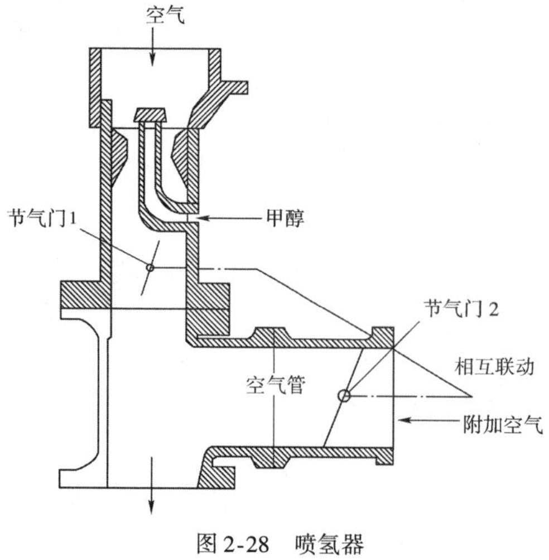

图2-28　喷氢器

3. 液态氢燃料在汽车上的应用

为了减小金属氢化物储氢及高压储氢方法附属装置的外形尺寸和质量，以及避免使用这些方法的一些缺点，有些汽车使用液态氢作燃料，并用喷氢器直接将氢喷入缸内。目前这种方法也有不足之处，需研究解决，例如需要深冷技术制备液态氢、绝缘性很好的液态氢瓶、材料性能要求很高的液态氢泵等。然而这是能使汽车具有优良性能的技术先进的方法。目前，美国、德国及日本对液态氢燃料汽车试验研究得较多。

日本研制的液氢汽车的燃料供给系统如图 2-29 所示。液氢汽车的供氢系统主要由储氢容器、液氢泵、热交换器、储氢筒和喷氢阀等组成。由直流电动机驱动的液氢泵将液氢油箱的氢抽出，迅速由液态变成气态，经高压输氢管送入热交换器，提高氢的温度，然后保持在室温左右的氢气由储氢筒，经喷氢器在高压作用下喷入发动机的燃烧室中。在储氢筒中安装有压力传感器，将储氢筒中压力变化的情况传给转速控制系统，改变直流电动机的转速，从而改变向储氢筒供给氢的质量。液氢油箱的容积为 82L、质量为 35kg，一次充液氢后，小汽车的续驶里程达 350 ~ 400km。

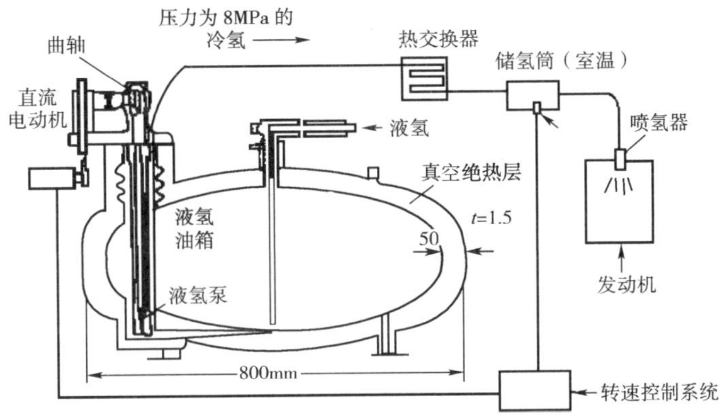

图 2-29　液氢汽车的燃料供给系统

液氢泵和喷氢阀是供氢系统的关键部件。液氢泵的结构和工作原理示意如图 2-30 所示，液氢泵一般安装在液氢油箱内，液氢泵如果安装在液氢油箱外边，则容易引起泵的穴蚀。液氢泵的柱塞固定不动，缸筒则可由直流电机通过曲轴带动作往复运动。在吸氢行程，缸筒下行，供氢阀关闭，吸氢阀开启，液氢油箱中的液氢被吸入缸筒的空腔；在供氢行程，缸筒上行，吸氢阀被关闭，缸筒中氢的压力升高到 8MPa 时，供氢阀开启，将气态高压氢经输气高压管路输往热交换器。液氢泵对柱塞和缸筒材料的要求很高，它们应有很小的膨胀系数、良好的自润滑和抗磨损能力。

日本武藏工业大学将图 2-31 所示的这种氢燃料发动机作为食品冷藏车的动力源，同时 -253℃以下的液氢在汽化过程中的吸热又成了冷藏车的冷源。液氢发动机是一个用 1.925L 水冷四冲程增压柴油机改制的，该发动机压缩比为 13.5，采用缸内直喷方式和电热塞引燃，采用的是 8 孔喷氢阀结构，被喷油泵压入喷氢器的柴油用作工作液体，它推动喷氢阀上部的针阀，向下压将下端的喷氢阀门打开，氢气便通过喷头上的 8 个喷孔喷入燃烧室。压缩比为 12.15 时，热效率较高；最佳喷氢提前角为上止点前 9°；引燃的表面温度应大于 900℃。

作为发动机的燃料，氢可以采用图 2-32 中的 3 种方式进入燃烧室，以燃用汽油作为比较基准（输出功率设为 100%），随供给方式不同，发动机的输出功率也不同。采用图 2-32b）中将常温氢气由进气管吸入的方法，输出功率只有汽油的 86%；采用图 2-32c）的方式，将液态氢由进气管吸入，其输出功率为汽油的 114%；而采用图 2-32d）缸内直接喷射的方法，输出功率为汽油的 120%。

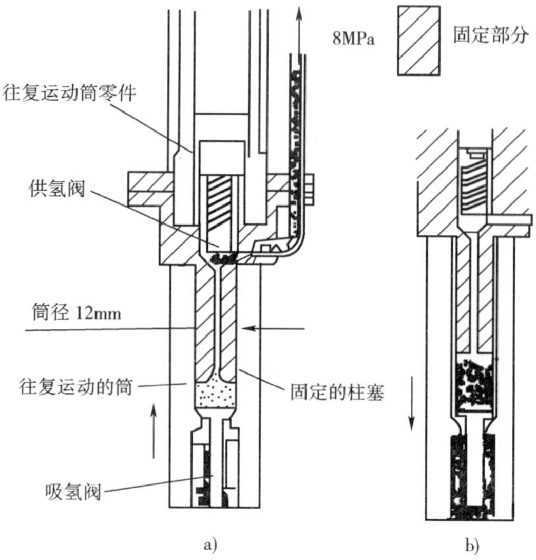

图 2-30　液氢泵的结构和工作原理图
a)供氢行程;b)吸氢行程

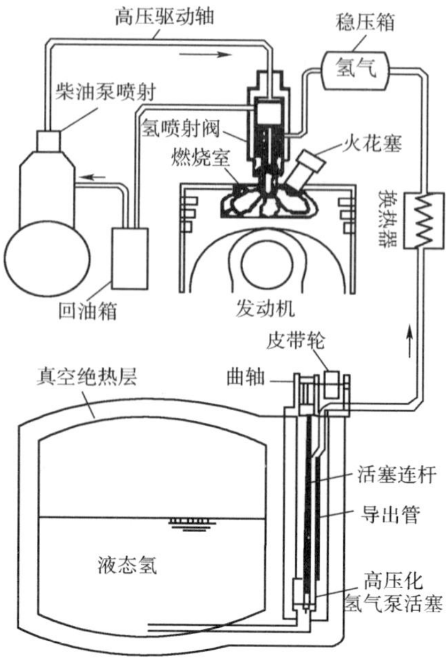

图 2-31　氢燃料发动机示例

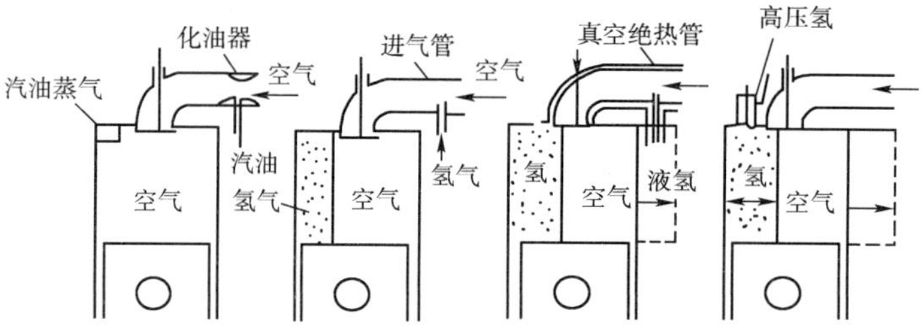

	a)	b)	c)	d)
燃料体积（mL）	17	300	400	420
空气体积（mL）	983	700	950	1000
热值（cal）	840	720	960	1010
输出功率（%）	100	86	114	120

图 2-32　氢的不同供给方式与输出功率
a)汽油机;b)常温氢气进气管吸入;c)液态氢进气管吸入;d)高压氢缸内直喷

(三)氢燃料汽车的性能评价

1.动力性和经济性

发动机的功率与充入汽缸混合气的比容积热值成正比,如果在机外使氢气与空气混合,那么由于容积效率低,发动机功率比原汽油机低 20% ~30% ,这意味着氢燃料发动机的转矩转小和氢燃料汽车的爬坡能力、加速能力较差以及最高车速较低。然而如果将冷氢在进气门关闭以后,以较高压力喷入燃烧室,那么由于充量密度较高、燃烧完善,功率比原汽油机提高 15% 左右是完全可能的,甚至还会更高。从表 2-13 列出的若干氢燃料汽车的试验情况可知,汽油机改用氢燃料可使热效率提高 15% ~45% ,而功率降低 20% ~30% ;而在掺烧情况下,热效率提高 10% ~35% ,见表 2-14。

纯氢燃料发动机与原汽油机的性能比较

表 2-13

汽车或发动机型号	储 氢 方 法	热效率变化	功 率 变 化
1979 年 Buick(别克)车	液氢	↑22%	—
Musashi-4 型,3 缸发动机	液氢	↑30%	↑25%
Musashi-5 型,3 缸压燃式发动机	液氢	—	↑25%,增压更高
Musashi-7 压燃式发动机	液氢	↑18%	↑11%
Rosa 小型客车	高压储氢	↑15%	爬坡可达到原车速
4 缸丰田实验发动机	高压储氢	↑5%~13%	↑13%
MB310 载货车	金属氢化物(TiVMn)(质量 568kg)	一辆车提高 15% 另一辆车提高 5%~35%	最高车速达 130km/h
单缸实验发动机	高压储氢	↑45%	
4 缸载货车	金属氢化物(TiFeMn)(质量 70kg)	↑33%	↓23%
4 缸 BMW520	液氢,外部混合	—	↓11%
6 缸 BMW7451	液氢,缸内喷射	—	↓6%
4 缸实验发动机	高压储氢	↑16%~45%	—

掺氢燃料发动机与原汽油机的性能比较

表 2-14

汽车或发动机型号	储 氢 方 法	功 率 变 化	掺 氢 比 例
6 缸 MB280TE	金属氢化物(TiMN)(质量 284kg)	↑15%~20%	怠速,100%;部分负荷,30%~60%;全负荷,0%
4 缸 Volga Ta324	金属氢化物(LaNi)(质量 180kg)	↑18%	能量比 48%,质量比 24%
4 缸实验发动机	储氢方法	↑35%	质量比 30%~100%($750g/h\ H_2$)
4 缸实验发动机	储氢方法	↑10%~18%	低负荷,28%;高负荷,3%(质量比)

汽车的总效率取决于发动机的热效率、传动效率及汽车自重增加的影响,根据多数试验结果表明,汽油机改用氢燃料后热效率会提高 15%~45%,传动部分基本不变,对传动效率影响甚微;一般汽车自重增加 1%,总效率大约要降低 0.8%左右,汽车自重增加程度随储氢方式的不同而不同,另外使用氢燃料后,有害排放物种类比原排放明显减少,因此一般石油燃料发动机控制排放的措施及有关设备可以简化,汽车自重也会稍有减少。

2. 排放性

氢完全燃烧的产物只有 H_2O 这么一种无害的物质,实际上由于空气参与燃烧,空气中的氮在燃烧的高温下会生成 NO_x,在废气中还会含有未参与燃烧的 N_2 和剩余的 O_2,以及没有来得及燃烧的 H_2。此外,如果润滑油窜入燃烧室,则废气中还会含有石油燃料的排放物如 CO、HC、CO_2、醛甚至微粒,不过很少。

美国清洁燃料研究所在道奇 D-50 型载货汽车上燃用氢燃料,按照美国联邦测试规程

(FTP-75)，尾部排气采用定容采样系统(CVS)收集检测，测得的排放见表2-15。从表中可以看出，对于氢燃料汽车而言，因窜油导致的CO和HC排放虽然不可避免，但排放量极少，除非发动机有故障；燃烧时产生的NO_x也很少，如果采用液氢缸内直喷，NO_x排放会更低。

氢燃料道奇D-50型载货车排放[g/mile(g/km)]　　表2-15

起动方式	HC	CO	NO_x
冷起动	0.03(0.019)	0.09(0.056)	0.57(0.356)
热起动	0.03(0.019)	0.10(0.063)	0.45(0.281)

第三节　电动汽车

电动汽车是以电力作为能源、由电动机驱动的汽车，在外形上，电动汽车与传统的汽车并无显著区别，它们的主要区别在于动力源和驱动系统。内燃机汽车是燃油混合气体在内燃机中燃烧做功，从而推动汽车前进；而电动汽车则主要由电能通过电动机驱动汽车行驶。电动汽车有纯电动汽车、混合动力电动汽车以及燃料电池电动汽车三类。纯电动汽车完全由蓄电池提供电能，经过电动机和驱动系统，驱动汽车行驶；如果一辆电动汽车同时采用电动机和发动机作为动力驱动系统，就构成了所谓混合型电动汽车或称混合动力电动汽车；如果采用燃料电池作为电源就称为燃料电池电动汽车。

由于电能是二次能源，它可以来源于如风能、水能、核能、热能、太阳能等多种方式，所以电动汽车是非常有发展前景的替代能源汽车。目前，制约电动汽车发展的主要因素为蓄电池和电动机。

一、电动汽车的发展优势以及所面临的问题

发展电动汽车，实现汽车工业的可持续发展已是全世界的共识，是当今社会非常迫切的要求。高效、节能、低噪声、零排放的电动汽车将会是21世纪新型的交通工具。

(一)电动汽车的发展优势

(1)电动汽车结构简单，无须更换机油、油泵、汽化器及消声装置等，无须添加冷却水，它的日常维修工作极少，使用方便。在充电方面，尽管目前电动汽车还不能像燃油汽车加油那样，能在几分钟之内充满电，但总的看来，使用电动汽车还是很方便的。

(2)电动汽车是典型的零排放汽车，本身不产生任何废气，也无冷却剂、机油等污染物。电力的来源可以是多样的，许多清洁的可再生能源，像水能、太阳能、潮汐能、氢能、核能等，都可以高效地转化为电能。

(3)在都市行车时，为了等候交通信号灯，必须不断地停车和起动，这既造成了大量的能源浪费，又加重了已十分严重的空气污染。而对电动汽车，遇到制动减速或下坡行驶时，可以通过电子控制器，将车辆的行车动能“再生”地转化为电能并储存于蓄电池之中。电动汽车的起动速度相当快，在遇到红灯停车时，还可以不必让电动机空转，大大提高了能源的使用效率；重新起动，也不会产生大量的废气，可以减少空气污染。

(4)汽车噪声已经成为一种严重的污染而危害到人们的身心健康，与形成这些噪声的燃油汽车相比，电动机的运行噪声要小得多，电动汽车的运行基本上是宁静的。

(5)现在高性能的电动汽车通常是专门设计制造的，这种专门设计制造的电动汽车以

原有的车体和车架设计为基础，满足电动汽车独有的结构要求并充分利用了电力驱动的灵活性。

(6)制动能量的回收有利于电动汽车的节能和延长电动汽车的行驶里程，这是电动汽车节能的重要措施之一，也是优势之一。再生制动在内燃机汽车上是不能实现的。在电动汽车的制动系统中，还保存了常规的制动系统和防抱死制动系统(ABS)，保证车辆在紧急制动时，有可靠的制动性能。

(二)普及电动汽车所面临的问题

图2-33所示为普及电动汽车必须解决的几个主要技术难题。尽管现代电动汽车以其相当高的技术性能可与传统的燃油汽车相媲美，但从世界各国的电动汽车发展现状来看，我们还不能说电动汽车已具备了全面普及的条件。

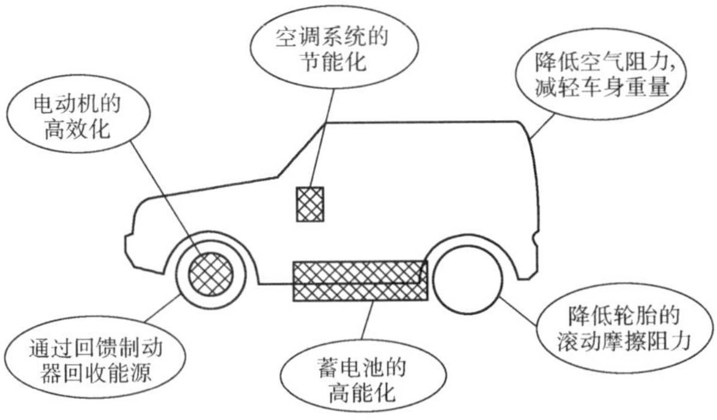

图2-33　电动汽车的主要技术课题

普及电动汽车的关键在于改善其性能和降低成本，因此所面临的主要问题是：降低电动汽车的价格、提高一次充电后的行驶里程、延长蓄电池的使用寿命以及发展包括充电设施在内的基础设施。纯电动汽车、混合动力电动汽车和传统内燃机汽车的比较见表2-16。

纯电动汽车、混合动力电动汽车和传统内燃机汽车的特征比较　　表2-16

项目	纯电动汽车	混合动力电动汽车	传统内燃机汽车
尾气排放	无	少量	多
能量来源	广	广	窄
能量转换率	高	适中	低
高效工况区范围	宽	适中	窄
制动能量的回收	有	有	无
行驶里程	短	较长	长
装载能源	蓄电池	蓄电池、汽油(柴油)	汽油、柴油
储能装置	蓄电池	燃料箱、蓄电池	燃料箱
动力装置	电动机、控制器	电动机、蓄电池	内燃机

二、电池

(1)动力电池技术不仅是电动汽车的关键技术，也是制约电动汽车发展的最大因素。电动汽车对动力电池的要求主要有7个方面：能量密度(Wh/kg)(又称比能量)、功率密度

(W/kg)(又称比功率)、循环寿命(充放电一次为一个循环)、起动性能(预热时间和从起动到最高车速所需时间)、价格费用(电池价格和运行费用)、可靠性(恶劣条件下的故障率)、安全性(操作安全和对人体、环境的安全性)。动力电池的功率决定了电动汽车的加速和爬坡性能;而能量密度给出了其潜在的运行范围;循环寿命决定了动力电池充电到满容量的次数;动力电池的质量和体积在一定范围内影响着整个系统的效率。现阶段所研制的所有动力电池还不能完全满足要求,每一种电池有优点也有缺点。想确切地评价一种电池的性能优劣是很困难的,必须根据实际情况从对比的角度进行综合分析,应从比能量、质量比功率、寿命周期(次)以及生产成本等方面加以注意。

动力电池产业化方面,已经形成了中日韩“三足鼎立”的格局,典型企业有日本的松下,韩国的三星与 LG,中国的宁德时代和比亚迪。2017 年主要动力电池企业其电池产量见表 2-17,这些企业能够进行产研结合,大规模生产的自动化程度很高,其产品特点是具有高一致性和稳定性、较低的成本控制能力。

全球主要动力电池企业现状(2017 年)　　表 2-17

动力电池企业	国　家	电池销量(GW · h)	能量密度(Wh/kg)
宁德时代	中国	12	200 ~ 250
松下	日本	10	250 ~ 340
比亚迪	中国	7.2	150 ~ 200
沃特玛	中国	5.5	145
LG 化学	韩国	4.5	240
国轩高科	中国	3.2	150 ~ 200
三星 SDI	韩国	2.8	250
北京国能	中国	1.9	160 ~ 200
比克	中国	1.6	220 ~ 230
孚能科技	中国	1.3	220

目前市场常见电动汽车动力储能动力电池,从材料可分为铅酸电池、镍氢电池、锂电池等,不同类型电池主要适配不同类型电动车辆。

铅酸电池是以铅和铅的氧化物为电极,以硫酸为电解质的充电电池。在放电时,正极主要成分为二氧化铅,负极主要成分为铅;在充电状态下,正负极均为硫酸铅。铅酸电池具有安全性高、技术成熟等优点,但由于其单体电池容量低、体型笨重、正常工作范围温度较窄以及存在环境污染等问题,主要用于短途电动车车辆,如电动自行车、园区观光车等。

镍氢电池是以氢氧化镍为阳极,以锰、镍等金属组成的储氢合金为阴极,以氢氧化钾溶液等为电解液的二次电池。镍氢电池的正负极反应都在固体内进行,属于固相转变机制,不存在传统水溶液蓄电池所共有的溶解、析出反应的问题,也不生成任何水溶性金属离子的中间产物,因此,其正负电极具有较高的结构稳定性。另外,在电池工作过程中,电解液组分无额外消耗,因而,可实现镍氢电池的密闭性和免维护。当电池过充时,正极上析出的氧气透过隔膜在氢化物电极表面被还原成水;而电池过放时,正极上析出的氢气透过隔膜被氢化物电极吸收。因此,从理论上讲,镍氢电池在过充或过放时,皆不会产生气体聚集的问题,具备优良的耐过充和耐过放能力,是一种安全性很好的二次电池。相比铅酸电池,镍氢电池具有质量轻、无污染、高比能、快速充放电等特性,然而由于镍氢电池充放电存在“记忆效应”,自放电性能较差、循环寿命一般，目前常用于混合动力电动汽车，如丰田普锐斯、雷克萨斯CT200等。

动力锂电池主要由正负极材料、隔膜、电解液、电极辅材和电池辅料组成。其中对锂电池质量能量密度影响最大的材料为电池正负极材料。一般而言，如表2-18所示，动力锂电池的商业化正极材料主要有钴酸锂（LCO）、锰酸锂（LMO）、磷酸铁锂（LFP）和三元材料[镍钴锰（NCM）/镍钴铝（NCA）]。

锂电池正极材料特性能　　表2-18

正极材料	钴酸锂	镍钴锰	锰酸锂	磷酸铁锂
克容量（mA·h/g）	140	200	160	140
循环次数	≥300	≥800	≥500	≥2000
原料成本（美元/g）	26～50	22～40	15～28	15～26
安全性能	稳定性差	较好	良好	优秀
缺点	成本高，安全性低	安全性较低	高温自放电，循环寿命短	导电性差，体积大

第一代动力电池正极材料是钴酸锂 $LiCO_2$（LCO）材料，$LiCO_2$ 材料由于具有很高的能量密度，并且由于应用在18650型圆柱电池中，其产业成熟度较高且在数码领域上得到广泛应用，在电动汽车上得到很快的转换应用。但由于 $LiCO_2$ 本身具有很多先天缺陷，例如材料成本很高、寿命较短、安全性差，限制了其在电动汽车领域的应用。

第二代动力电池的正极材料为锰酸锂 $LiMn_2O_4$（LMO）和磷酸铁锂 $LiFePO_4$（LFP）。锰酸锂具有原材料成本低、功率性很好且材料安全性优良等特点，但材料克容量较低、高温循环性能差，限制了其在纯电动汽车中的应用，目前基本只应用在混合动力电动汽车或者市内短途公交车上。磷酸铁锂在材料安全性和寿命方面具有更大的优势，使得该材料在国内动力电池上得到广泛迅速的应用。国内绝大部分企业均采用该材料路线，但磷酸铁锂体积能量密度较低，目前大都应用在公交车和储能领域上。LFP电池在纯电动汽车上应用最典型的案例为我国比亚迪e6，该车型在60kW·h装机电量下，续驶里程能到300km。

第三代动力电池的正极材料则为三元材料，其中三元主要是指镍、钴、锰（NCM）或镍、钴、铝（NCA）三种元素。目前商业化三元锂电池应用较为广泛的三元材料是钴、镍、锰，钴元素含量提升有助于提高电池的电导率和改善电池充放电性能，但过高的钴元素含量会大幅提高电池成本，同时也易导致电池容量的下降；镍元素含量增加可以提高电池容量，但是过量会使得电池的充电次数（循环寿命）恶化；锰元素增加可以提高电池的稳定性及安全性，但是造成材料结构发生变化甚至坍塌，从而影响材料的比容量及循环性能。

针对负极材料，如表2-19所示，研究较多的有：碳基材料、钛酸锂和硅基材料。其中，碳基材料根据原材料来源和结构特性可分为三类：石墨、易石墨化碳（软碳）和难石墨化碳（硬碳）。从目前实际应用来看，由于软碳和硬碳的循环性能较好，在高功率电动工具和混合动力电动汽车应用较多。钛酸锂作为零应变材料，表现出优异的倍率、循环和安全性能，但是其自身嵌锂容量低、产气严重和压实密度不高等缺陷限制了其在高比能电池中的商业应用，更适合于轨道交通和储能领域。石墨材料由于在安全和循环性能方面性能突出，最早被应用于锂电池，技术发展也最为成熟。目前动力电池采用的石墨主要成分为天然石墨、改性天然石墨和人造石墨。在石墨材料推广初期，由于容量高、成本低、压实密度大等特点，天然石墨及改性天然石墨发展较快，在锂离子电池上得到广泛的应用。但随着动力电池性能要求越来越高，天然石墨的不足越发明显。天然石墨颗粒表面反应活性不均匀，在充放电过程中，材料表面结构逐渐劣化剥离，导致电池的倍率性能差和循环寿命短，这些问题阻碍其在高能量动力电池中应用。人造石墨则是焦炭类原料通过高温石墨化处理生成的石墨产品，它的石墨晶粒小，结晶取向度低，各向同性程度好，因此在倍率性能、循环寿命、体积膨胀等方面明显优于天然石墨。通过进一步优化合成、改性工艺和调整材料结构，人造石墨在比容量和压实密度指标上已经接近天然石墨，能够很好满足动力电池使用要求，但其成本要高于天然石墨。当前，石墨材料的容量发挥已经接近372mA · h/g，严重限制了锂离子电池能量密度的提高。而纯硅的理论容量可达4000mA · h/g，是目前已知的比容量最高的负极材料，通过与石墨复合可以大幅提升材料的能量密度，因此成为下一代高比容负极材料的开发重点。目前产业化方向集中在纯晶 Si 和 SiO_x 两类材料，但由于制备水平和专利技术限制，能够达到量产规模的企业并不多，例如日立 MAXELL、日本 GS 汤浅、贝特瑞等。另外，硅基负极在动力电池的应用还需要解决一系列问题。

锂电池负极材料性能与特点 表2-19

负极材料	天然石墨	人造石墨	硬碳	软碳	硅碳
克容量（mA · h/g）	350	300 ~ 350	280 ~ 400	240 ~ 250	600 ~ 1000
循环性能	一般	良好	一般	一般	一般
安全性能	一般	一般	良好	良好	良好
成本（万元/t）	4.3	4.9	13.0	9.0	20.0
工艺	成熟商用	成熟商用	研究改进	研究改进	研究改进

除此之外，目前国内外还在开发其他类型的动力电池，主要有钠-氯化镍电池、钠-硫电池、镍-镉电池等。钠－氯化镍电池的比能量高，改进后的钠-氯化镍电池峰值功率高，安全性好，便于维护，是一种有发展前途的电动汽车新型高能电池；钠-硫电池由于其技术的复杂性使得在电动汽车上的发展受到限制，很少被应用于电动汽车上；镍-镉电池虽然成本较高，但其使用寿命长、比能量大，所以实际使用成本并不高，为了治理镉污染，近年来，欧美国家已可做到100%回收和再生。表2-20为国外电动汽车蓄电池主要性能。

国外电动汽车蓄电池主要性能 表2-20

电池类型	能量密度（W · h/kg）	功率密度（W/kg）	单体电池电压（V）	循环寿命（次）	成本（美元/kW · h）	温度（℃）	主要优点	主要缺点
镍-铁	55	100	1.37	1000	200	0 ~ 40	寿命长	不能密封
镍-镉	50	200	1.3	1500	500	0 ~ 40	寿命长、可快充	价格高有毒
钠-硫	120	140	2.08	2000	150	350	能量密度高、寿命长	高温起动
铁-空气	80	200	1.28	200	—	40	能量密度高	寿命短
锌-空气	100	50	1.65	200	—	60	能量密度高	寿命短
锌-镍	70	200	1.81	50	75	—	能量密度高	寿命短
锂钠硫酰氯	100	250	1.6	600	150	450	能量密度高	高温起动不安全

(2)飞轮蓄电池是将电能转变为飞轮的旋转动能,使飞轮高速旋转,而后又通过其惯性运动驱动发电机发电,以驱动汽车的装置。大多数飞轮蓄电池是在飞轮的内部装有电动/发电机,一般为永磁同步电机,兼有驱动和发电的功能。充电时,飞轮中的电机以电动机的形式运行,在外电源的驱动下,该电机带动飞轮旋转,使之达到极高的角速度 ω,若飞轮转动惯量为 J,则其动能为 $W=J\omega^2/2$,将电能转换为飞轮的机械能。放电时,飞轮中的电机以发电机状态运行,在飞轮的带动下对外输出电压、电流,将飞轮的机械能转换为电能,供驱动电动机使用,实现电能—机械能—电能的循环转换,其充放电过程如图 2-34 所示。在飞轮储存能量时飞轮转子加速,之后飞轮保持匀速旋转;在飞轮释放能量时飞轮转子减速。在其能量储存与释放的工作循环中,采用磁悬浮轴承及真空环境等技术措施,使飞轮转子在超高转速条件下转动时没有任何磨损以及使飞轮的能量损耗降到最低。飞轮电池具有功率密度高、充电时间短和存储时间长、使用寿命长以及无污染的优点,飞轮蓄电池储存的是由电能转换过来的动能或机械能,要想多存储能量,一是加大飞轮的转动惯量 J,二是提高飞轮的角速度 ω。

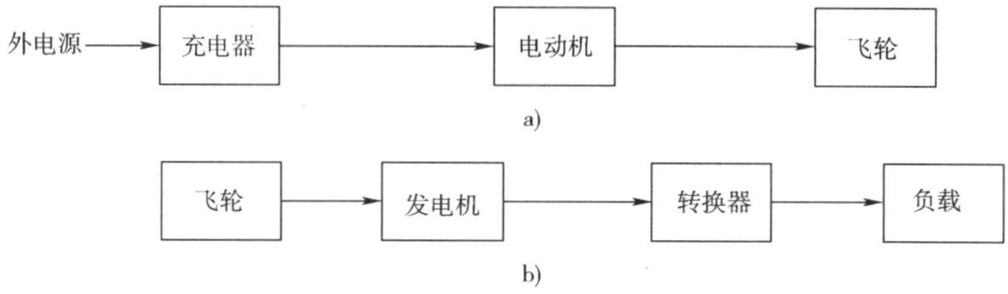

图 2-34　飞轮蓄电池充放电过程图

a)充电过程;b)放电过程

近来蓄电池虽有一定的进步和发展,很多电池也达到了适用化的程度,但与电动车身、驱动电机、控制技术等方面的发展相比,蓄电池的充电技术仍很落后,人们在新型高性能电池的研制以及优化智能化充电方法等方面还在努力。

三、电动机

电动汽车的另一个关键部件是电动机,目前的蓄电池尚不能够为电动汽车提供足够的续驶里程,而电动机是将蓄电池存储的电转换成机械能来驱动电动汽车的,所以电动机驱动系统是否高效就显得十分重要。能够适用于电动汽车驱动的电动机品种有传统的直流电动机、交流异步电动机,近几年新发展的永磁式无刷电动机和开关式磁阻电动机等。不同的电动机有不同的特性和控制方法,工作电压也不同,但是电动机选择的原则应该是转矩/转速特性与电动汽车的负载特性匹配良好,即低速发出大转矩,高速发出小转矩;动态特性好,能迅速和平滑地控制电动机的转矩,适应电动汽车起动、停车、加速和减速的要求;高的效率、较低的成本、坚固以及维修简单等。图 2-35 所示的是电动机的典型机械特性,它能很好地满足电动汽车驱动系统的要求,随着电力电子技术的进一步发展,成本将随之降低,这些电动机将具有强大的生命力。

1. 异步电动机

在各种交流电动机驱动中,异步电动机应用广泛、技术成熟。与直流电动机相比,尽管交流电动机自身的成本较低,但其控制系统成本高,所以总体价格比直流电动机高,增加了电动汽车的造价,但异步电动机具有效率高、调速范围宽、基本免维护以及体积小质量轻等优点,所以它在电动汽车上的运用还是在迅速增加。图 2-36 为异步电动机的驱动特性,分为三段：第一段低速区，电动机频率低于基频，产生额定转矩，成为恒转速区；第二段中速区，定子电压保持恒定，滑差增加到最大值，电动机功率维持为额定不变；第三段高速区，滑差维持不变，定子电流衰减，转矩以速度的平方减小。

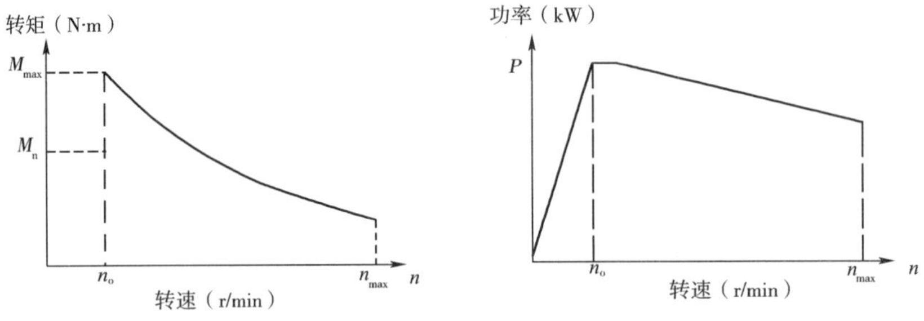

图 2-35　电动机的机械特性

2. 永磁式无刷电动机

采用交流方波供电以及离散转子位置反馈信号控制换相的永磁无刷电动机称为永磁无刷直流电动机。由于方波磁场和方波电流之间相互作用而产生的转矩比正弦波大，故方波电机类永磁无刷直流电动机的功率密度大、转矩脉动大。永磁式无刷直流电动机由高能永磁材料励磁，对于给定的输出功率，其体积和质量可以大为减小，功率密度高；由于转子上无绕组，无铜耗，因此效率高于其他电动机；电动机发热主要集中在定子上，易于采取措施散热；可靠性较高；转子电磁时间常数小，动态性能好。

由于上述优点，永磁式无刷直流电动机成为最适于电动汽车驱动的电动机品种之一。永磁无刷电动机的缺点是所需稀土永磁材料的制造工艺复杂。另外，永磁电动机在大的过载电流下会导致磁性材料的磁性衰迟或者迟磁，使用时要严格控制过载电流，因此成本较高，相应它的价格更贵些。

3. 开关式磁阻电动机

开关式磁阻电动机是一种新型电动机，它的定子系采用简单的集中绕组，而转子部分是凸极无绕组结构，使得结构简单，工作可靠，效率高，且容易实现电动汽车制动时的能量回收，工作特性好，响应速度快，制造成本低。由图 2-37 的转矩转速特性可知，开关磁阻电动机的控制性能，完全与电动汽车驱动特性要求相吻合，能够满足电动汽车的要求。开关式磁阻电动机的主要问题是双凸极工作造成转矩脉动和噪声较大。不过通过合理设计和改进控制方法可以加以改善。

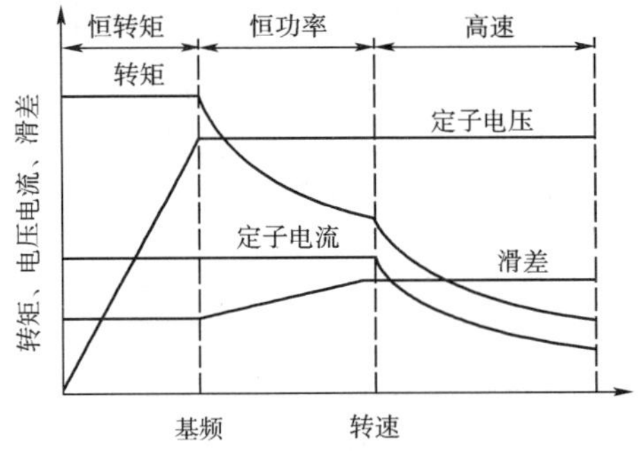

图 2-36　异步电动机的驱动特性

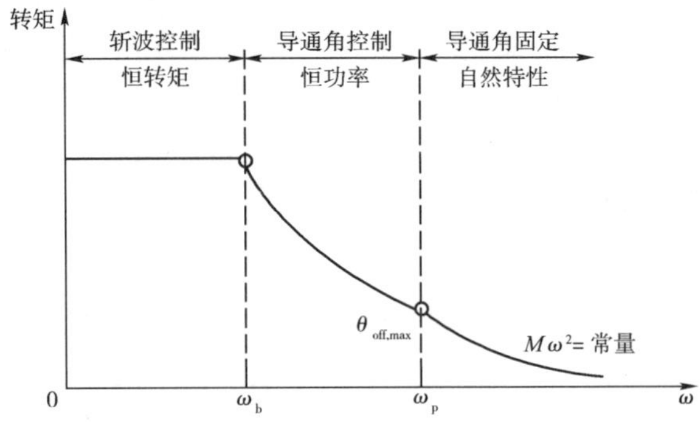

图 2-37　开关磁阻电动机的转矩转速特性

四、电动汽车基本结构及其工作原理

电动汽车的基本结构可分为三个子系统，如图 2-38 所示，即电力驱动子系统、能源子系统和辅助控制子系统。

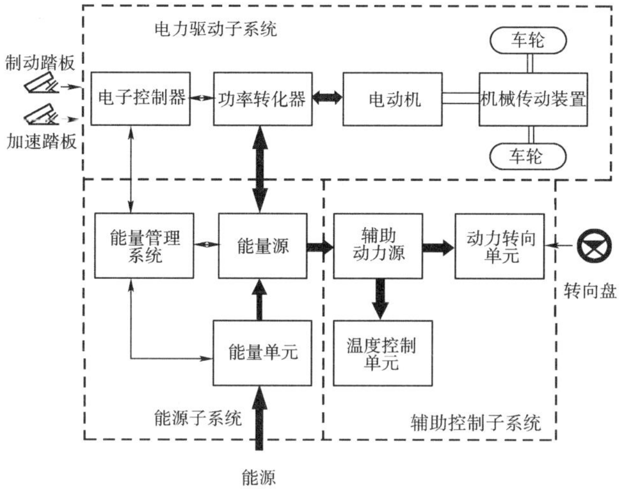

图 2-38　电动汽车的基本结构

其中，电力驱动子系统又由电控单元、功率转换器、电动机、机械传动装置和驱动车轮组成，如图 2-39 所示；能源子系统由能量源、能量管理系统和能量构成；辅助控制子系统具有动力转向、温度控制和辅助动力供给等功能。在图 2-38 中，双线表示机械连接，粗实线表示电气连接，细线表示控制信号连接，线上的箭头表示电功率和控制信号流动的方向。根据从制动踏板和加速踏板输入的信号，电子控制器发出相应的控制指令来控制功率转换器功率装置的通断，功率转换器的功能是调节电动机和电源之间的功率流。当电动汽车制动时，再生制动的动能被电源吸收，此时功率流的方向要反向。能量管理系统和电控系统一起控制再生制动及其能量的回收，能量管理系统和充电器一同控制充电并监测电源的使用情况。辅助动力供给系统供给电动汽车辅助系统不同等级的电压并提供必要的动力，它主要给动力转向、空调、制动及其他辅助装置提供动力。除了从制动踏板和加速踏板给电动汽车输入信号外，转向盘输入也是一个很重要的输入信号，动力转向系统根据转向盘的角位置来决定汽车灵活地转向。

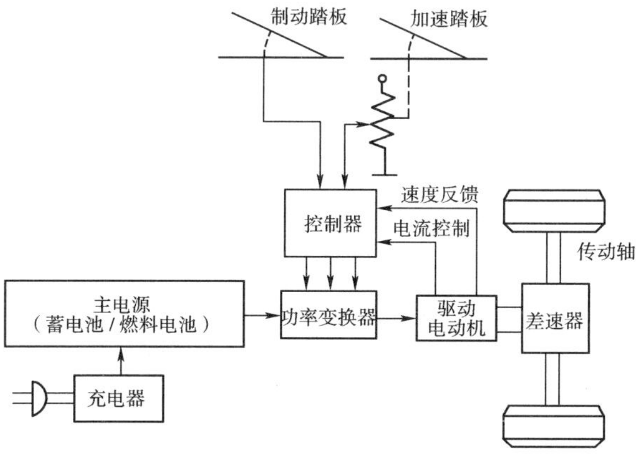

图 2-39　电力驱动子系统

电动汽车所采用的电动机都有如下相同的特点：电动机由于本身及其所带负载的惯性

作用,从切断电源到完全停止旋转,不可能立即停止,这就给电动机制动过程提供了一些有待研究和利用的剩余能源。若能在电动汽车制动和下坡滑行时考虑设计一种再生发电系统,这样便可提高整车能量的使用效率,达到节约能源的目的。一般而言,再生发电制动只能起到限制电动机转子速度过高的作用,即不让转子的速度比同步速度高出很多,但无法使其限制到小于同步转速。也就是说,再生发电制动仅仅能起到稳定运行的作用。因此,在考虑设计再生制动发电时,能量再生系统能充分发挥电动汽车的优点,将汽车制动、下坡滑行、高速运行、减速运行等状态下的部分能量转化为电能反充给蓄电池,从而有效地利用能源,提高电动汽车的续驶能力。图 2-40 是电动汽车能量再生控制系统的结构原理框图。

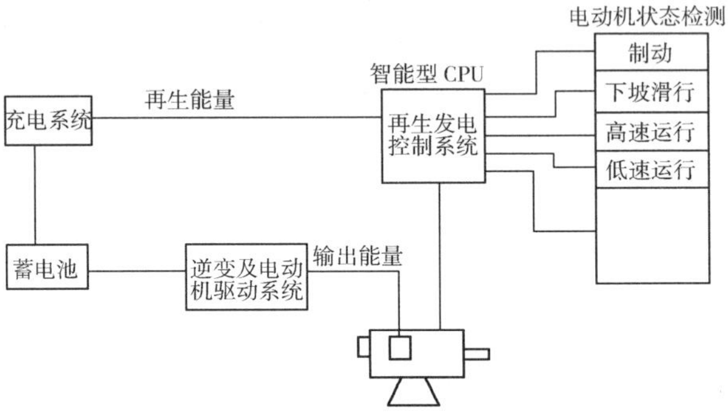

图 2-40 电动汽车能量再生控制系统结构原理框图

五、混合动力电动汽车

混合动力电动汽车(Hybrid Electric Vehicle,HEV)是指包含两种或两种以上动力源并能协调工作的车辆。混合动力电动汽车充分利用各种动力源的优点,通过自动控制形成最优匹配,通常其中一种动力源可以存储另一种动力源的多余能量,以及回收存储车辆减速时的制动能,能将它们传输给传动系统,供附件使用或用于协助驱动车辆。

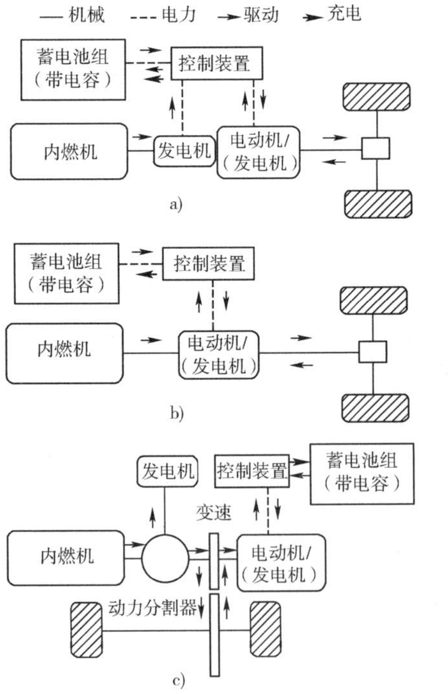

图 2-41 混合动力系统的类型
a)串联式混合动力系统;b)并联式混合动力系统;c)混联式混合动力系统

根据动力系统的结构形式不同,混合动力电动汽车有串联混合动力电动汽车、并联混合动力电动汽车和混联混合动力电动汽车三种类型(图 2-41)。

按照两种动力的混合度,即驱动电机的峰值功率与发动机额定功率的比值不同,混合动力电动汽车又分为微混合型、轻度混合型、中度混合型和重度混合型四种类型。

微混合型混合动力电动汽车:电动机的峰值功率与发动机额定功率的比值一般≤5%,它实际上不具备电驱动模式,电机为发电—起动一体式电动机,只用来控制发动机的起动和停止,从而取消发动机的怠速,降低油耗和排放。

轻度混合型混合动力电动汽车:电动机的峰值功率与发动机额定功率的比值一般为 5% ~15%。发动机作为主要动力源,电机作为辅助动力源,只在汽车加速和上坡时向汽车提供辅助驱动力，不能单独驱动汽车。

中度混合型混合动力电动汽车：电动机的峰值功率与发动机额定功率的比值一般为15%～40%。发动机、电动机可以单独驱动汽车，也可以共同驱动汽车，但只有负荷较小时电动机才能单独驱动。

重度混合型混合动力电动汽车：电动机的峰值功率与发动机额定功率的比值一般>40%。电动机可以独立驱动汽车行驶。

1. 串联式混合动力电动汽车（Series Hybrid Electric Vehicle，SHEV）

SHEV是由发动机、发电机和驱动电机三大动力总成组成。发动机、发电机和驱动电机采用串联的方式组成，其驱动系统如图2-41a）所示。SHEV用发动机—发电机组均衡地发电，电能供应驱动电动机或动力电池组，使SHEV的行驶里程得到延长。实际上SHEV的发动机—电动机组只能看作一种电能供应系统，发动机并不直接参与驱动车辆。发动机的转速不受SHEV运行工况的影响（经常保持一定转速范围，以低油耗、高效率、低污染的状态运转）。

SHEV驱动系统的特点是：结构及控制系统比较简单；只有电动机驱动模式，其动力特性更加趋近于纯电动汽车，要求发动机、发电机和驱动电机的功率都等于或接近于SHEV的最大驱动功率；由于该系统的能量在热能—电能—机械能之间转换，总效率低于内燃机效率；由于三大动力总成之间无直接的机械连接，在布置上具有较大自由度，但同时受限于各总成体积、质量较大以及庞大的动力电池组，所以通常用于大型客车、公交汽车等。表2-21为SHEV动力系统驱动电动机的供电模式和控制策略。

SHEV动力系统驱动电动机的供电模式和控制策略 表2-21

供电模式	适用的行驶工况
动力电池组供电	1. 在平坦道路上行驶； 2. 低速行驶； 3. 城市道路行驶
发动机—发电机供电	1. 起动； 2. 高速行驶； 3. 城市道路间行驶
动力电池组、发动机—发电机共同供电	1. 起动、爬坡； 2. 高速行驶
制动能量反馈	1. 滑行； 2. 下坡； 3. 制动（不包括紧急制动）

2. 并联式混合动力电动汽车（Parallel Hybrid Electric Vehicle，PHEV）

PHEV是由发动机、电动机/发电机或驱动电机两大动力组成，其发动机、电动机/发电机或驱动电机采用并联的方式组成驱动系统，其动力系统如图2-41b）所示。发动机和电动机通过变速装置同时与驱动桥直接相连接。电动机可以用来平衡发动机所受的载荷，使其能在高效率区域工作，因为通常发动机工作在高负荷下燃油经济性较好。当车辆在较小的路面载荷下工作时，传统车辆发动机的燃油经济性比较差，而PHEV的发动机此时可以关闭而只用电动机来驱动汽车,或者增加发动机的负荷使电动机作为发电机,给蓄电池充电以备后用(即一边驱动汽车,一边充电)。

PHEV 的驱动方式有多种,其中最典型的一种是转速合成驱动方式,发动机通过离合器和一个"动力合成器"来驱动汽车,电动机也是通过"动力合成器"来驱动汽车。可以利用普通内燃机汽车的大部分传动系统的总成,电动机只需通过"动力合成器"与传动系统连接,结构简单,改制容易,维修方便。通常"动力合成器"就是一个行星齿轮机构。这种装置可以使发动机或电动机之间的转速灵活分配,它们合成在特定的"动力合成器"中。因为"动力合成器"使它们的转矩固定在汽车行驶时的转矩上,要用调节发动机节气门的开度来与电动机的转速相互配合,才能获得最佳传动效果,从而使得控制装备变得十分复杂。

图 2-42 是一种新型的并联混合动力驱动系统,这种混合动力系统不仅具有并联混合动力系统的特点,而且具有串联混合动力一个独特的优点,即发动机能独立工作于最小油耗区,这种系统主要采用了两自由度的行星齿轮机构作为变速器。当节气门全开车辆加速行驶时,发动机和电动机同时工作提供车辆所需动力;车辆正常行驶,即等速行驶时,发动机工作于最小油耗状态,电动机也同时工作并通过两自由度的行星齿轮机构减速,此时,发动机提供最小转矩和最小功率,车辆所需的主要动力由电动机提供。在行星齿轮系统中,允许太阳轮齿轮、齿圈齿轮和行星轮架齿轮之间有相对运动,因此,可以满足在发动机驱动模式、电动机驱动模式和发动机—电动机混合动力驱动模式时,都能按控制要求独立输出动力或混合输出动力,而且在任何一种驱动模式工作时,不会发生运动干扰。在采用行星齿轮驱动系统后,可以充分利用电动机的低转速大转矩的特点,由电动机带动车辆起步,避免发动机在车辆起步时消耗过多的燃料。利用电动机可以逆转的特性,用电动机带动车辆倒车,行星齿轮驱动系统可以不装"倒挡"齿轮。

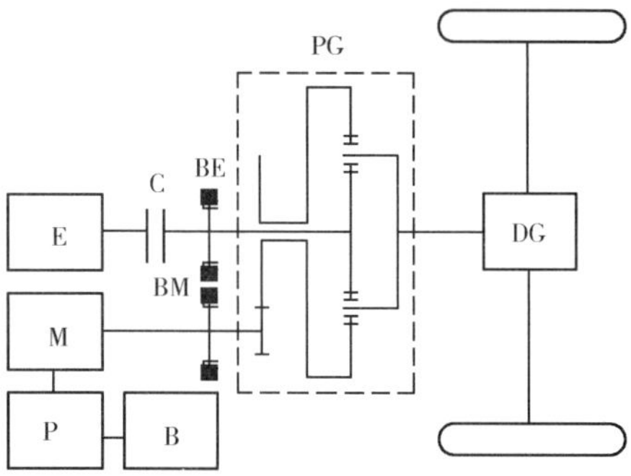

图 2-42　新型带行星齿轮变速器装置的混合动力电动汽车

B-蓄电池;BE-发动机轴的制动器;BM-电动机轴的制动器;C-离合器;E-内燃机;DG-差速器;M-电动机;P-功率转换器;PG-行星齿轮装置

3. 混联式混合动力电动汽车(PSHEV)

PSHEV 是综合 SHEV 和 PHEV 结构特点组成的另一种方案,由发动机、电动机/发电机和驱动电机三大动力总成组成。电动机/发电机装在发动机的输出轴上,起到发动机飞轮和起动机的作用,保持发动机稳定运转并进行发电,其动力系统如 图 2-41c) 所示。起步或低负荷行驶时,由蓄电池电能驱动;匀速行驶时由发动机提供动力;加速行驶时,发动机与蓄电池共同提供动力;停车或滑行时,发动机带动发电机向蓄电池充电;制动和减速时通过能量回收系统向蓄电池充电。但该控制系统较为复杂,因此电动机的动力要与车辆驱动系统相结合,常用的合成方式有:驱动轴合成、驱动轮合成。

1)驱动轴合成 PSHEV

这种形式的 PSHEV 有发动机、电动机/发电机和驱动电机三大动力设备。在发动机轴上装置电动机/发电机,经过变速器的发动机动力和经过减速器的驱动电机动力在动力合成器上进行合成,合成动力通过差速器和半轴带动车轮行驶。由于发动机的动力和驱动电机的动力通过动力合成器在驱动轴上进行合成,形成混合动力的 PSHEV 结构模式,故称为驱动轴合成 PSHEV。

福特汽车公司 Escape 使用了驱动轴合成混联式混合动力系统,结构模型如图 2-43 所示。Escape 的动力合成器是一个用行星齿轮和传动齿轮组合而成的传动机构,用以协调发动机与驱动电机在不同的驱动模式时,两种动力装置的运动和动力输出不发生干扰,发动机与驱动电机在混合驱动模式时,输出给差速器的转速相同;电动机/发电机能够产生大的低速转矩,有利于帮助发动机快速起动,并能在发动机全部转速范围内发出稳定的电流。发动机驱动模式是 Escape 的主要驱动模式,电动机带动发动机起动后,一方面发动机的动力通过自动离合器、自动变速器、动力合成器和差速器,驱动车辆前轮行驶;另一方面带动发电机发电,使发动机保持最佳效率状态运行。由于可以实现起动—关闭的控制模式,使得发动机始终保持低油耗、高效率的平稳运转。

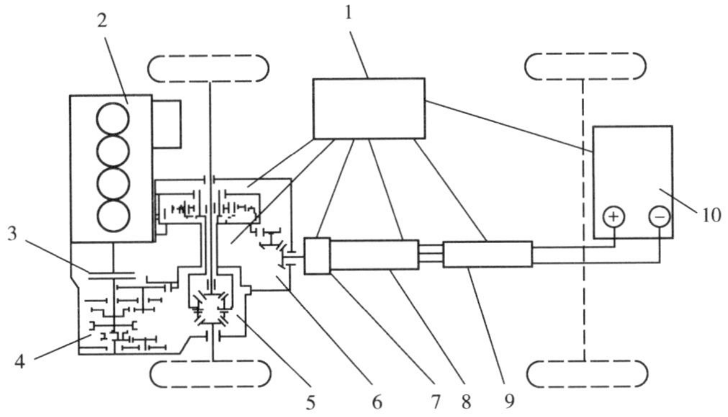

图 2-43 福特汽车公司 Escape 混合动力电动汽车结构模型

1-控制器;2-发动机;3-离合器;4-自动变速器;5-驱动桥;6-PHT 动力组合器;7-减速器;8-电动机—发电机;9-电流转换器;10-动力电池组

当 Escape 在城市或低速行驶时,此时发动机关闭,由驱动电机通过动力合成器驱动车辆行驶,充分发挥电动机低转速大转矩的特性,保持汽车低速稳定地行驶。在停车(遇红灯或暂时停车)时,发动机被关闭,驱动电机提供车辆起步时所需要的动力。车辆在加速或爬坡时,发动机发出最大动力,同时驱动电机也输出最大动力。在动力合成器的协调下,发动机和驱动电机以混合驱动模式共同驱动汽车行驶,如果需要,此时车辆可以发出最大的驱动功率。采用驱动电机反转,即可完成倒车。

2)驱动轮合成 PSHEV

发动机动力和驱动电机的动力在驱动轮上进行合成带动车轮行驶,故称为驱动轮合成 PSHEV。发动机是驱动轮动力合成式 PSHEV 主要动力源,它能单独地驱动 PSHEV 的前轮(或后轮)行驶,在结构上与普通的内燃机汽车没有太大的区别,但发动机的功率小于同级别的汽车内燃机。

驱动电机也能够独立地驱动车辆后轮(或前轮)行驶,可以增加车辆的机动性和灵活性,驱动电机及其驱动系统与发动机传动系统没有任何机构联系。

在车辆加速或爬坡时,发动机节气门开度较大,在发动机驱动前轮行驶同时,驱动电机也输出最大动力驱动后轮行驶,提供辅助动力。此时车辆采用混合驱动模式,车辆实现四轮驱动并具有最大驱动力。在混合驱动模式驱动车辆行驶时,前轮的驱动力和后轮的驱动力进行叠加。在车辆滑行、下坡或制动时，回收再生制动时的能量。

由于发动机传动系统和驱动电机驱动系统各自独立，最终各自驱动力传递到驱动轮上进行合成，要求多能源动力总成管理系统控制模块能够根据车辆行驶的不同工况，协调前驱动轮和后驱动轮的驱动力，不发生打滑或拖滞现象，使驱动系统保持最高效率，要求控制系统有快速的响应。

六、纯电动汽车

纯电动汽车是指完全依靠蓄电池作为其动力源工作的车辆，具有能量转换率高、结构简单、噪声小、维修方便和乘坐舒适度高等优点。依据其驱动结构形式，可分为传统机械驱动型、电动机—驱动桥组合型、电动机—驱动桥整体型、轮毂电机驱动型等。

1. 传统机械驱动型

图 2-44 是传统机械驱动型纯电动汽车结构，其保持传统燃油汽车传动系统基本结构不变，用电动机代替其内燃机，带有变速器和离合器。这种结构可以提高纯电动汽车的起动转矩，低速时可以增加后备功率，其变速器无须设置倒挡，利用驱动电机的反转实现倒退行驶，同时成本较低，便于在传统汽车上改进。

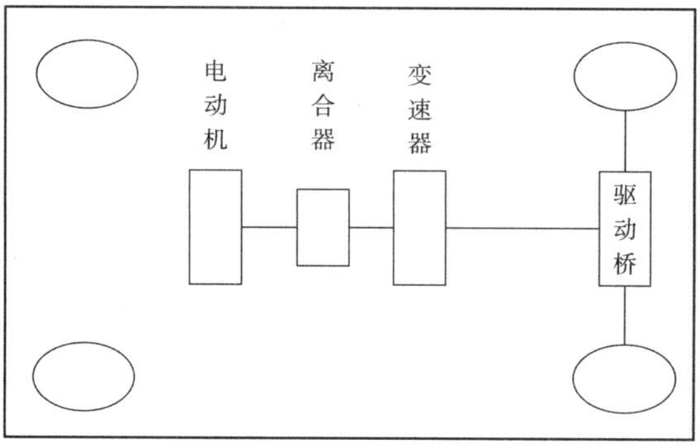

图 2-44　传统机械驱动型纯电动汽车结构

2. 电动机—驱动桥组合型

电动机—驱动桥组合型纯电动汽车与传统汽车差异较大，由于没有变速器改变传动转矩，需要电动机具有较高的起动转矩和较大的后备功率，提高纯电动汽车动力性。图 2-45 是电动机—驱动桥组合型纯电动汽车结构，此结构通过配置前后两个电动机，在加速或爬坡过程中，双电动机同时工作，让电动机的峰值功率和蓄电池的峰值功率匹配，提高整车动力性。平常行驶时，单电动机工作，总功率下降，基本和蓄电池额定功率持平。

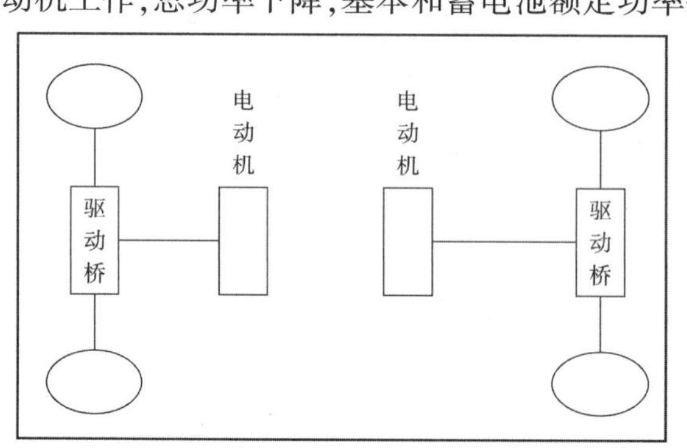

图 2-45　电动机—驱动桥组合型纯电动汽车结构

3. 电动机—驱动桥整体型

图 2-46 所示结构是将电动机安装至驱动轴上，由电动机实现变速和差速转换功能。电动机—驱动桥整体式构型传动链较短，传动效率高，整车的机械部分大大简化。然而由于其驱动系统接近地面，需要考虑涉水、密封、冷却、润滑等问题。同时由于其非取消差速器和非簧载质量明显增大，对电动机的控制精度以及车辆悬架系统提出了更高的要求。

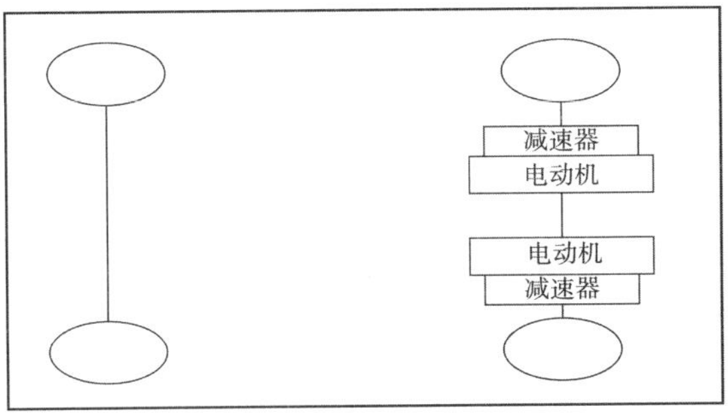

图 2-46　电动机—驱动桥整体型纯电动结构

4. 轮毂电机驱动型

图 2-47 所示结构把电动机安装在车轮的轮毂中，由电动机直接驱动车轮行驶。由于这种构型取消了传动轴，将动力传动系统所占空间释放出来，更易于整车空间布局。同时，它还可以对每台驱动电机进行独立控制，有利于提高车辆的转向灵活性和主动安全性，可以充分利用路面的附着力，便于电子控制。但轮毂电机分散式构型也存在不足，由于轮毂电机增大了簧下质量和轮毂的转动惯量，对车辆的操控性有较大的影响。此外由于轮毂电机采用电动机制动，其制动性能受限，影响整车行驶安全。

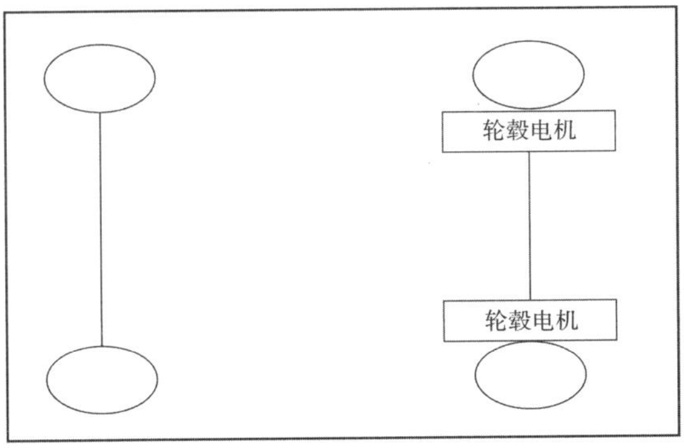

图 2-47　轮毂电机驱动型纯电动结构

七、延长电动汽车续驶里程的技术措施

目前，电动汽车的续驶里程受到电池技术的制约。另外电池经常处于深放电状态，电池寿命将严重受损。为此，人们研究开发了一些新的技术，以尽可能延长行驶里程。下面介绍两种延长行驶里程技术。

(一) 插电式混合动力电动汽车（Plug-in Hybrid Electric Vehicle，PHEV）

插电式混合动力电动汽车可以利用市电就车充电，因此又叫外接充电式混合动力电动汽车。

插电式混合动力电动汽车继承了一般混合动力电动汽车（HEV）大部分特点，区别在于将一般混合动力电动汽车的功率型电池替换为比容量更大的能量型电池，并且可外接补充电能。

插电式混合动力电动汽车以电能作为主要动力源，内燃机作为辅助或备用动力，从而保证车辆在零排放、无油耗的纯电动模式下行驶更长的距离。因此，插电式混合动力电动汽车比一般混合动力电动汽车节油减排效果更好，当然，由于动力电动电池容量的加大，成本也更高。

插电式混合动力电动汽车也有串联、并联和混联三种类型。

(二)增程式电动汽车(Extended-range Electric Vehicle, EREV)

增程式电动汽车是在纯电动汽车的基础上，增加一个专门为动力电池充电的增程器。增程器主要由内燃机、发电机和控制器构成，它可以在动力电池电量不足时为动力电池充电，以延长行驶里程。可见，增程器实际上是一种车载自充电系统。

1. 增程式电动汽车的结构特点与驱动模式

增程式电动汽车的动力系统由动力电池和内燃机发电机组两套电源组成(图 2-48)。其中，内燃机(包括控制内燃机的 ECU)、发电机和增程控制器构成了增程器。增程器、动力电池、驱动电机串联。动力电池的电量经过功率转换器后作用于驱动电机驱动车辆，在动力电池电量不足时，增程器开始发电，经电池管理系统给动力电池充电，使汽车能够继续行驶。动力电池作为主要动力源要保证车辆的动力性能、吸收制动回馈能量和提供一定的蓄电池纯电动续驶里程。也有增程器与动力电池并联的，两者均通过功率转化器向驱动电机输出功率。

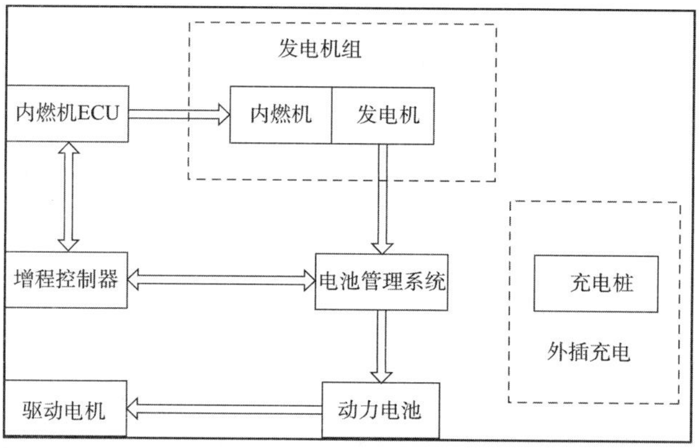

图 2-48　增程式电动汽车动力性系统结构简图

增程式电动汽车的工作有两种驱动模式：

第一种工作方式为“纯电动”驱动模式。当动力电池电量充足时，车辆行驶完全由动力电池供电，增程器不工作。此时，增程式电动汽车为一个纯电动汽车。

第二种工作方式为“增程式”驱动模式。当动力电池电量下降到一定程度时，系统启动“增程式”模式，由发动机带动发电机给电池提供电能，使电池电量始终保持在某个范围值内。如果是增程器与动力电池并联，增程器将与动力电池协同工作，此时增程式电动车相当于串联式混合动力电动汽车。

2. 增程式电动汽车与混合动力电动汽车的区别

混合动力电动汽车采用了复杂的机械动力混合结构，发动机和电动机复合驱动，电池能量很小，只起到辅助驱动和制动能量回收的作用。增程式纯电动汽车采取电池扩容的方式解决了电池驱动的续驶能力问题。虽然车辆成本略有提高，但是在正常的运行工况下，有了电能补充装置的作用，电池处于良性平台充放，保证了电池的使用寿命，减少了维护成本。发动机一直处于最佳工作状态。

增程式电动汽车与插电式混合动力汽车都属于可充电混合动力汽车，但是，增程式电动汽车与插电式混合动力电动汽车也有显著区别。从驱动的角度看，增程式电动汽车在任何模式下车轮始终仅由电动机独立驱动，而插电式混合动力汽车在混合动力模式下，发动机会与电动机一起(经动力耦合)驱动车轮。从系统选型角度看，增程式电动汽车必须是串联式混合动力形式，而插电式混合动力汽车可以是并联式或者混联式混合动力形式。从性能角度看，增程式电动汽车可以发挥纯电动汽车的最大潜力。

3. 增程式电动汽车的关键技术

(1)发动机与发电机的匹配技术。通过发动机与发电机的最佳匹配，使得发动机在最佳燃油点的转速下带动发电机工作，达到节省燃油的目的，这就需要做大量试验来寻求其最佳匹配点，用最少的能源消耗完成对电池的充电。发动机的设计趋于专用化、小型化，输出功率可调，增程器用发电机多采用永磁同步电机。

(2)电池管理技术。在增程式电动汽车中，电池处于边充边放的状态，如果电池不能达到均衡的充放电，则会造成单体电池之间的差异，进而导致电池组寿命缩短。

(3)增程控制技术。在“增程式”模式运行状态下，需要控制发动机的转速来带动发电机给电池组充电，这其中就需要一个控制器来控制发动机的运行。一般发动机厂家都会有自带的ECU控制器，在进行增程控制器的设计时，需要通过与发动机ECU的通信来完成控制发动机的目的。同时，它还需要与电池管理系统进行通信从而获得电池的充放电状态。

八、燃料电池电动汽车(FCEV)

(一)燃料电池结构与原理

燃料电池是一种把燃料氧化的化学能直接转换为电能的“发电装置”，它能够使用多种燃料，可以是石油燃料也可以是有机燃料，还可以使用包括再生燃料在内的几乎所有含氢元素的燃料。图2-49是燃料电池燃料结构与原理示意图。燃料电池通常由阴阳两个电极、电解质和外接电路构成。阴阳电极通常使用的是具有催化活性的多孔碳、多孔镍或铂电极。工作时，燃料被送往阳极产生电子和阳离子，电子通过外电路牵引传递至阴极，并与阴极处的氧化剂结合，产生相应生成物。燃料电池只要保持燃料和氧化剂的供给，就能使得燃料和氧化剂在两极的化学反应一直持续，不断输出电能。

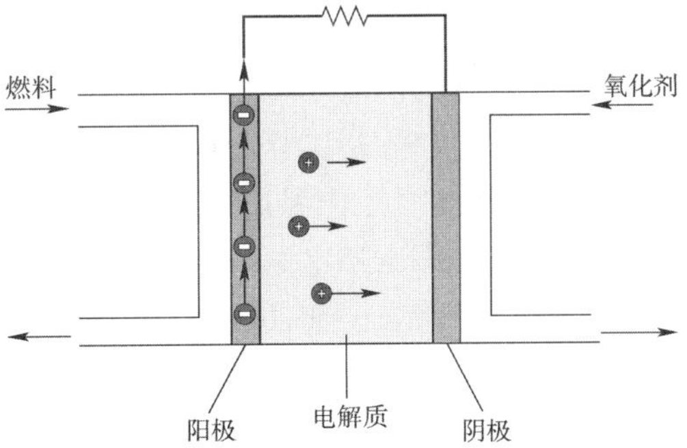

图2-49 燃料电池燃料结构与原理示意图

燃料电池通过电化学反应把氧气和燃料中的化学能转化成为电能，转化过程不经燃烧，不被卡诺循环效应所影响，因此可以达到一个较高的转化效率。此外，区别于传统常规电池产电过程中电池的电极材料会随之消耗，燃料电池没有容量限制，反应所需活性物质是分离单独存在的，有燃料和氧化剂输入时，便会有电能产出。同时燃料电池中燃料通常是氢气，氧化剂经常使用氧气，二者在阴阳两极发生反应的理论产物就只有水，可以达成现实意义的无污染，不会排出硫氧化物、氮氧化物和固体粉尘等污染物。然而由于氢气易扩散、易燃、易爆特性，氢气燃料的供给是燃料电池车载应用的关键问题。目前车载储氢常用方式有气瓶式压缩储氢、低温液态储氢和固态储氢。相对于汽油1% ~6%的爆炸范围，前两种方式都存在着氢气泄漏引发大范围爆炸(4% ~77%)的可能性。固态储氢是通过物理吸附或化学反应将氢存于固态材料中，具有安全性高、爆炸危害性低等特点。但是物理方式存在材料吸附力弱，化学方式存在可逆性差和动力性差等问题。

（二）燃料电池分类

根据电解质性质的差异，燃料电池通常可以分为质子交换膜燃料电池（PEMFC）、磷酸燃料电池（PAFC）、碱性燃料电池（AFC）、熔融碳酸盐燃料电池（MCFC）和固体氧化物燃料电池（SOFC），其特性见表2-22。

不同类型燃料电池特性

表2-22

类型	PEMFC	PAFC	AFC	MCFC	SOFC
电解质	固态质子膜	液态磷酸	液态氢氧化钾	熔融液态碳酸盐	固态离子导体
工作温度	60 ~ 100℃	60 ~ 200℃	100℃	500 ~ 800℃	1000 ~ 1200℃
传递离子	H^+	H^+	OH^-	CO_3^{2-}	H^+/O_2^-
阳极	Pt/C	Pt/C	Pt/C	Ni/Al，Ni/Cr	Ni/YSZ，Ni/DCO
阴极	Pt/C	Pt/C	Pt/Ag	Li/NiO	$Sr/LaMnO_3$
燃料	H_2，甲醇	H_2	H_2	H_2，CH_4	H_2，CH_4，CO
应用场景	艇动力源、移动电源、电动车	区域供电，分布式发电	宇宙飞船，军事领域	大型发电，船舶	固定电站

质子交换膜燃料电池一般使用全氟磺酸型固态聚合物作为电解质，以铂等贵金属作为催化剂，氢气为燃料，空气或氧气为氧化剂，是一种广泛应用于燃料电池汽车行业的燃料电池。质子膜表现为酸性，氢气等燃料在阳极催化剂作用下分解出的质子（H^+）和电子，质子可以穿过交换膜运动到燃料电池阴极，电子通过外接电路从阳极到达阴极。在阴极，氢离子和氧与电子发生反应产生水。质子交换膜燃料电池具有功率密度高、电解质稳定等优点，但其贵金属等材料制成的催化剂成本较高，同时在电化学反应中存在中毒失效可能性。

磷酸燃料电池利用酸性黏稠液体磷酸作为电解质，其电化学原理与质子交换膜燃料电池类似。由于磷酸凝固点较高，磷酸燃料电池需要额外设备保证电池堆芯内的电解质不发生凝固，使其电池工作温度相对较高，每次启动需要进行一段预热，因此限制其应用范围。磷酸燃料电池优点是电解质价格较低，技术相对成熟，使用寿命较高。

与酸性传递质子交换膜不同，碱性燃料电池通常采用氢氧化钾溶液作为电解质，在碱性条件下工作，以传导氢氧离子（OH^-）来实现发电。燃料在阳极催化剂作用下产生质子和电子，质子与电解液中氢氧根（OH^-）反应产生水，游离的电子在阴极与氧化剂和水发生反应产生氢氧离子（OH^-），氢氧离子经过电解质运动至阳极，从而实现整个发电过程。由于采用溶液作为电解质，阴极氧化还原反应相对容易发生，使得电池活性损耗低。碱性燃料电池的缺点是其液态碱性的电解质容易发生泄漏，同时会与空气中的二氧化碳产生中和反应形成碳酸盐，这些碳酸不参与电化学反应，将降低电池效能，同时容易在电极处产生沉淀，隔绝电极表面。为了克服氢氧化钾溶液缺点，有许多学者正在研究新型的固态碱性膜技术。

熔融碳酸盐燃料电池通常采用锂钾碳酸盐或锂钠碳酸盐作为电解质，以传导氢氧离子碳酸根离子（CO_3^{2-}）来实现发电。燃料在阳极产生质子与电子，质子与碳酸根离子发生反应产生水、二氧化碳，游离电子和二氧化碳在阴极与氧化剂作用还原为碳酸根离子。相对于质子交换膜燃料电池、磷酸燃料电池和碱性燃料电池，熔融碳酸盐燃料电池属于高温电池（500～800℃）。前三者工作温度相对较低，为了加快反应，通常采用昂贵的贵金属做催化剂，熔融碳酸盐燃料电池因为工作温度较高，可以用较廉价的 Ni 金属或合金做阳极材料便可实现较快的电极反应。此外，在高温时碳氢化合物在电极处可以分解产生氢气，熔融碳酸盐燃料电池不需要纯氢气作为燃料。熔融碳酸盐燃料电池缺点的是启动速度较慢，需要高温熔化电解质，同时高温工作条件限制了其应用场景多是在固定式或恒定功率需求场合。

与熔融碳酸盐燃料电池类似，固体氧化物燃料电池属于高温燃料电池（1000～1200℃），通常采用陶瓷隔膜作为电解质材料。根据电解质传导离子的类型，可以分为三类，分别为传导氧离子、传导质子（氢离子）和混合传导离子的类型。其中，二氧化锆（YSZ）是典型的氧离子传导型电解质，$BaZr_{0.1}Ce_{0.7}Y_{0.2}O_{3-\delta}$（BZCY）是经典的氢离子传导型电解质，而掺杂氧化铈—碳酸盐复合物则是混合传导离子型电解质的代表。这三种类型电解质的工作原理基本相同，都是通过传导离子，同时阻隔电子，保证电池反应顺利完成且避免电池短路问题。与其他类型燃料电池相比，固体氧化物燃料电池作为工作温度最高的一类燃料电池，其优缺点与熔融碳酸盐燃料电池类似。

（三）燃料电池电动汽车架构与工作模式

燃料电池电动汽车动力系统的结构多种多样，按照驱动形式可分为纯燃料电池驱动和混合驱动两种形式。纯燃料电池汽车只有燃料电池一个动力源，汽车的所有功率负荷都由燃料电池承担。然而，由于燃料电池是一个能量转化装置，燃料电池系统整体的比能量较高，而比功率相对较低，因此纯燃料电池汽车存在起动时间长、功率响应慢，并且在车辆急加速高功率输出需求场合燃料电池性能不佳等缺点。目前，燃料电池电动汽车主流研发关注点是混合驱动，利用动力电池拥有相对较高比功率和相对较低比能量的特点与燃料电池电动汽车形成互补。图 2-50 是一种典型的燃料电池加动力电池（FC＋B）的电电混动系统的拓扑结构。

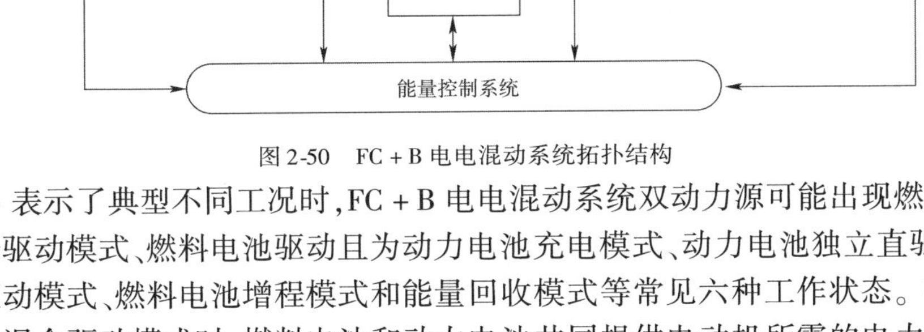

图 2-50　FC＋B 电电混动系统拓扑结构

表 2-23 表示了典型不同工况时，FC＋B 电电混动系统双动力源可能出现燃料电池和动力电池混合驱动模式、燃料电池驱动且为动力电池充电模式、动力电池独立直驱模式、燃料电池独立驱动模式、燃料电池增程模式和能量回收模式等常见六种工作状态。在燃料电池和动力电池混合驱动模式时，燃料电池和动力电池共同提供电动机所需的电力。车辆在急加速行驶、高速行驶、上陡坡、超车等大负荷情况下，当燃料电池输出的电功率已无法满足车

辆需求功率时，此时动力电池提供额外功率来满足车辆需求。若车辆在持续高速或者大负荷下运行，则动力电池将持续地协同燃料电池一起供电。在燃料电池驱动且为动力电池充电模式时，燃料电池为车辆提供所需驱动功率，同时为动力电池系统充电。动力电池独立直驱模式出现在当动力电池电量状态高于需要充电的阈值上限，此时燃料电池处于关机的状态。燃料电池独立驱动模式出现在整车功率需求较低时，车辆动力完全由燃料电池提供。燃料电池增程模式是指在当车辆长时间高速或者高负荷运行后，电池电量低于要求的使用区间，在车辆静止时，虽然整车驱动功率为零，但燃料电池系统依然会持续工作，输出电能为动力电池系统充电，当动力电池系统电量状态值达到设定值后，燃料电池系统才会停机。能量回收模式出现在车辆减速或者制动时，在汽车减速、下坡、遇红灯减速制动及非紧急制动等情况下，同时动力电池又处于非充足电状态，将电动机转换为发电机工作方式，将车辆的动能转换为电能，并通过功率转换器给动力电池充电，通过向动力电池充电来实现能量回馈。

不同工况时双动力源工作状态　　表 2-23

车 辆 工 况	燃料电池状态	动力电池状态
充电	关机	充电
启动	处于开机过程(可能)	功率输出
起步	功率输出(可能)	功率输出(可能)
加速	功率输出	功率输出
匀速	功率输出(可能)	功率输出(可能)
制动	怠速或关机(可能)	能量回收(可能)
爬坡	大功率输出(可能)	功率输出
停车	关机	无功率输出

复习思考题

1. 各种替代燃料汽车有什么特点？
2. 天然气汽车的分类有哪些？
3. 液化石油气汽车的分类是什么？
4. 醇类燃料的性质对发动机有怎样的影响？
5. 生物燃料汽车全面推广应用存在哪些问题？
6. 比较汽车燃用天然气与燃用汽油或柴油时排放物的变化。
7. 氢气的存储方法有哪些？
8. 简述氢气汽车的分类。
9. 简述蓄电池和电动机的分类。
10. 简述电动汽车的基本结构。
11. 简述混合动力电动汽车的分类，并介绍各自的特点。
12. 增程式电动汽车与插电式混合动力汽车有何不同？
13. 电动机的转矩特性与驱动特性如何适应车辆的行驶要求？

第三章　汽车发动机节能技术

第一节　概　　述

根据中国汽车工业协会的统计数据，截至2019年底，中国民用汽车保有量26150万辆，其中纯电动汽车仅占1%，绝大部分汽车仍然使用传统往复式发动机。另外，船舶、小型电站、农用机械、通用机械等也都使用发动机。虽然以纯电动为代表的新能源汽车发展势头良好，但在相当一段时期内，发动机仍然是各类动力装置的主要动力来源。发动机作为石油能源的消费大户，世界各国的发动机工程技术人员和制造商历来将降低其能源消耗作为孜孜以求的目标。

我国于2017年发布了《汽车产业中长期发展规划》，明确要求突破关键技术，达到国际先进水平，进一步提高节能水平，乘用车新车平均燃料消耗量在2025年降到4.0L/100km。

从节能的观点来看，既要提高发动机热效率，又要设法使发动机节约材料轻量化，并使发动机具有更高的可靠性和更长的使用寿命。从环境保护的角度出发，为了减少有害物排放和燃烧噪声，除了改进工作过程外，还必须和降低燃油消耗同时考虑，以取得满意的目标。因为，发动机燃烧是复杂的化学反应过程，各性能参数与改善措施之间的关系是复杂的，有些方面还存在矛盾。例如有些措施可以降低有效燃料消耗率，但却会使NO_x排放增加，又如有些措施有助于降低NO_x排放，但有可能使未燃烃HC及微粒增加，因此在设计产品及采取措施提高发动机性能时，首先要理解主要性能参数之间的关系及矛盾，方能采取适当的措施。有时不得不采用折中方案，或者采用辅助措施的综合方案。

奥地利内燃机研究所在6缸非增压功率为117.6～161.7kW的直喷柴油机上，对供油提前角的变化对柴油机的有效燃料消耗率、缸内最大爆发压力、排气温度、NO_x及HC排放的影响进行了较系统的试验研究，其结果如图3-1所示。如果最佳供油提前角为上止点前15°，推迟4°供油，那么NO_x排放及缸内最大爆发压力有所下降，然而有效燃料消耗率比最低油耗增加8%～10%，排气温度增加50℃，HC排放增加100%～200%。如果比最佳供油提前角提前4°供油，有效燃料消耗率也要增加，其他参数变化情况则与推迟喷油的情况相反，排气的温度及HC排放有所下降，而NO_x排放增加800×10^{-6}，最大爆发压力增加1～1.5MPa。

已有的研究表明，组织完善的燃烧过程要求采用最佳的供油提前方能使有效燃料消耗率最低。使有效燃料消耗率最低的供油提前角并不能使NO_x及HC排放最低，推迟供油时间可以降低NO_x排放及汽缸最大爆发压力，然而却使有效燃料消耗率、排气温度及HC排放增加。

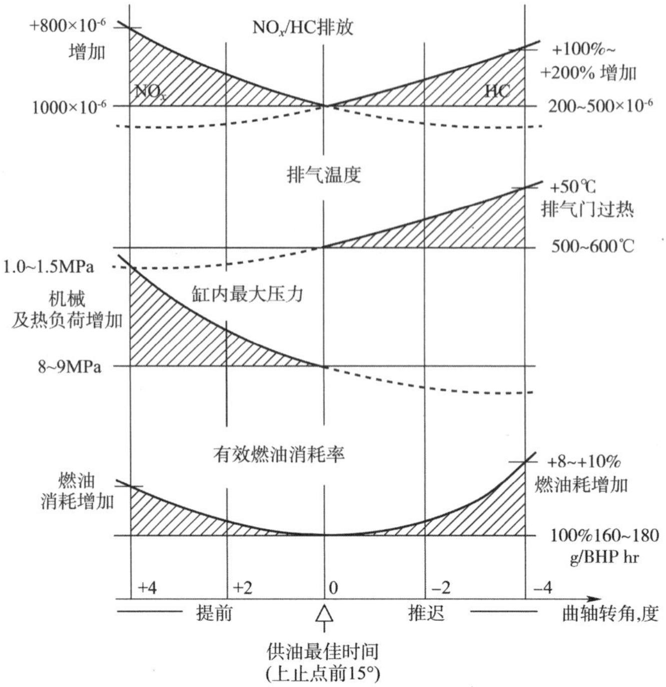

图 3-1　供油提前角对柴油机性能的影响

降低 NO_x 排放的措施，不一定能降低微粒排放，相互之间也是存在矛盾的。例如在较低的喷油压力基础上，提高喷油压力可以改善混合气质量，提高燃烧速率，从而降低柴油机的微粒排放，然而却又会使 NO_x 排放增加。上述例子表明，采取某些提高发动机性能的措施时，要全面分析，综合考虑，不能顾此失彼。

此外，还要考虑到发动机只是汽车的动力来源，而汽车的经济性既取决于发动机自身的经济性，还依赖于发动机与整车的合理匹配。它是改善整车行驶经济性的关键环节之一。

第二节　影响汽车发动机节能的因素

一、影响汽车发动机热效率的因素

汽油机定容加热循环的热效率：

$$\eta_{tv} = 1 - \frac{1}{\varepsilon^{k-1}} \tag{3-1}$$

低速柴油机定压加热循环的热效率：

$$\eta_{tp} = 1 - \frac{1}{\varepsilon^{k-1}} \frac{\rho^k - 1}{k(\rho - 1)} \tag{3-2}$$

高速柴油机混合加热循环的热效率：

$$\eta_{tm} = 1 - \frac{1}{\varepsilon^{k-1}} \frac{\lambda\rho^k - 1}{(\lambda - 1) + k\lambda(\rho - 1)} \tag{3-3}$$

式中：ε——压缩比；

k——绝热指数；

λ——压力升高比；

ρ——预胀比。

从以上三种理论循环热效率公式可知，要提高发动机的热效率，应尽量提高压缩比 ε 和绝热指数 k；在混合加热循环中，当加热量和压缩比不变时，应尽量提高压力升高比 λ（此时预胀比 ρ 下降）。

实际发动机循环受到各种损失和因素的影响：工质具有不同的成分、比热容、分子数和不同的高温分解特性等。因此，直接影响发动机工作过程的组织和热效率。由于换气损失、传热损失、时间损失、燃烧损失、涡流和节流损失、泄漏损失、机械损失等不可避免地存在（表 3-1、表 3-2），发动机的热效率远远小于理想循环的热效率。

热量分配的大致情况 表 3-1

名称	汽油机	柴油机
理论循环热效率 η_t	0.54～0.58	0.64～0.67
指示热效率 η_i	0.30～0.40	0.40～0.45
各种损失使热效率下降 工质比热容变化	0.1～0.12	0.09～0.1
燃烧不完全及热分解	0.08～0.1	0.06～0.09
传热损失	0.03～0.05	0.04～0.01
提前排气	0.01	0.01

机械损失分配情况 表 3-2

机械损失名称		占机械损失功率 P_m 的百分比（%）	占指示功率 P_i 的百分比（%）
摩擦损失		62～75	8～20
其中	活塞及活塞环	45～60	
	连杆、曲轴轴承	15～20	
	配气机构	2～3	
驱动各种附件损失		10～20	1～5
其中	水泵	2～3	
	风扇	6～8	
	机油泵	1～2	
	电器设备	1～2	
带动机械增压器损失		6～10	
泵气损失		10～20	2～4
总功率损失			10～30

提高发动机的热效率，关键是组织好进排气过程、喷油过程、燃烧过程，减少各种损失。主要措施有：提高压缩比、稀燃技术、直喷技术、增压中冷技术、可变进气技术、改善进排气过程、改善混合气在汽缸中的流动方式、改进点火配置提高点火能量、优化燃烧过程、电控喷射技术、高压共轨技术、低散热技术、减摩擦技术等。

二、影响发动机轻量化的因素

汽车发动机节能，除上述提高自身热效率措施外，发动机节约材料、轻量化也是节能的重要方面。它不仅节约了金属材料、降低了制造成本，而且还意味着整车有效载荷的增加、无效载荷油耗的减少。

影响发动机产品制造过程中材料消耗多少的指标是比质量 m_e(发动机质量功率比),而影响比质量大小的主要因素又是升功率 P_L。P_L越高,表明发动机工作容积利用率越高,发出一定数量的有效功率的发动机尺寸就越小。因此,不断提高 P_L的水平以获取更强化、更轻巧、更紧凑的发动机也是历来发动机工程技术人员所追求的目标。

升功率 P_L的表达式为:

$$P_L \propto \frac{H_\mu}{l_o} \cdot \frac{\eta_{it} \cdot \eta_m}{\phi_a} \cdot \frac{1}{\tau} \cdot \phi_c \cdot n \cdot \rho_s \tag{3-4}$$

式中:H_μ——燃料低热值;

l_o——化学计量空燃比,即燃烧 1kg 燃料所需的理论空气质量;

η_{it}——指示热效率;

η_m——机械效率;

ϕ_a——过量空气系数;

τ——行程数;

ϕ_c——充量系数;

n——发动机转数;

ρ_s——进气密度。

从式(3-4)可以分析出影响升功率 P_L的各因素。目前,最主要的措施有:通过合理组织燃烧过程,以降低过量空气系数 ϕ_a;改善发动机换气过程,提高充量系数 ϕ_c;提高发动机转速 n,以增加发动机单位时间内汽缸做功的次数;采用增压技术,以增加进气密度 ρ_s。此外,还可以应用现代设计理论和方法,在结构上采用大刚度、轻量化、低摩擦设计,以及采用高强度轻质材料,也是发动机节材、轻量化的重要途径之一。但这部分不作为本章介绍的内容。

第三节　提高充量系数的技术

一、采用多气门机构

提高发动机性能的核心问题是改善燃烧,而改善燃烧的关键是扫气好、提高充量及形成良好的混合气。现代发动机已经多气门化,每缸三气门、四气门、五气门及六气门都有,相应的进排气道的数量、气门的排列形式及气道形式的种类也比过去多。理论分析和试验结果表明,多气门能明显地提高发动机的性能。

图 3-2 所示是某缸径为 80mm 汽油机的几种进气门设计方案,表 3-3 给出了进气门喉口流通截面积与汽缸截面积的比值情况。在表 3-3 中,若采用进气门倾斜来增加进气门直径(一进一排二气门方案),可以使进气门与汽缸的面积之比由 12.2% 提高到 20.2%,同时也相应地增加了排气门的流通面积,这样在进气阻力减小的同时,排气阻力也有所减小。若在气门倾斜的基础上,再增加进排气门数,如采用三进二排五气门方案,气门直径为 24mm 时,进气门面积之和可以达到汽缸面积的 27%。

采用四气门或五气门方案的优点不只是增加了进排气流动面积,减小了流动阻力损失。对于汽油机,这种方案可以使火花塞中央布置,以缩短火焰传播距离,提高发动机的抗爆性,因而可以采用更高的压缩比,提高汽油机的燃油经济性。对于柴油机,可以实现喷油器的垂直中置，对混合气形成和空气利用也极为有利。正因为如此，现代小型高速发动机越来越多地采用多气门方案。

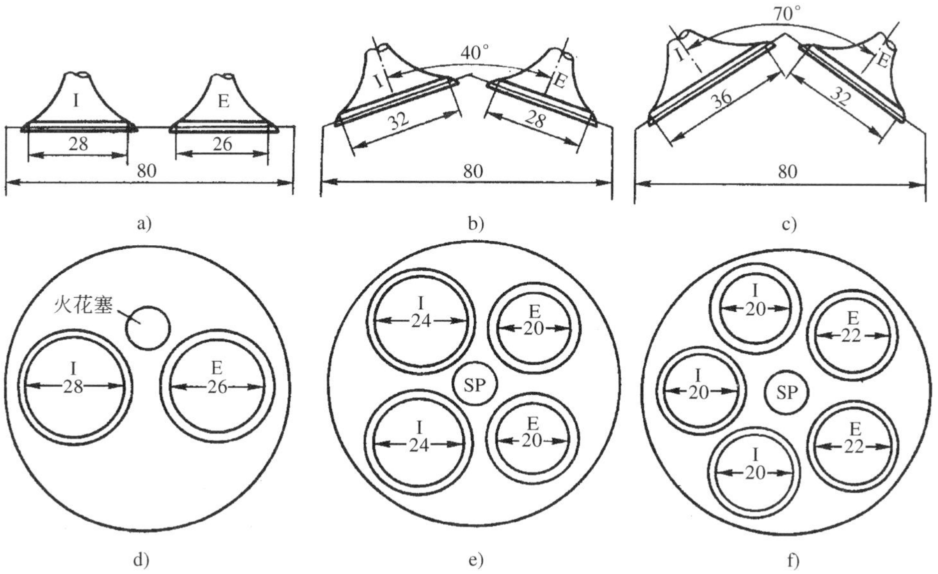

图 3-2　不同进气门数的方案比较（单位：mm）

I-进气门；E-排气门

进气门流通截面积与气缸截面积的比值　　表 3-3

进气门数目	直径（mm）	倾斜角（°）	流通截面积（mm^2）	占汽缸截面积的比例（%）
1	28	0	612.75	12.2
1	32	20	804.25	16.0
1	36	35	1017.8	20.2
2	24	0	904.8	18.0
2	28	20	1225.5	24.4
3	20	0	942.8	18.8
3	24	20	1357.2	27.0

图 3-3 所示是一个 2L 排量的四气门发动机与同排量二气门发动机的性能比较。显然，采用顶置凸轮轴四气门技术，可以使发动机的功率提高 15% ~30%，转矩增大 5% ~10%，经济性能也得到改善。对于缸径 $D<80$mm 的点燃式内燃机，若采用二进二排的四气门结构，在汽缸盖中间部位往往难以布置即便是最小尺寸的火花塞，这时只好适当缩小进气门直径。而若采用三进二排的气门结构，既能充分利用汽缸外围尺寸，又能在汽缸中心布置火花塞。图 3-4 所示是采用五气门（三个进气门，二个排气门）的发动机与四气门发动机的比较，其高速性能得到进一步改善。对于排量较小（1.5L 以下）的四缸小型轿车用汽油机来说，也有采用二进一排的三气门结构，既可以发挥多气门的优越性，同时结构又相对简单。

图 3-5、图 3-6 为某轿车直喷汽油机由二气门改为四气门后，动力性、经济性及排放性改善情况。

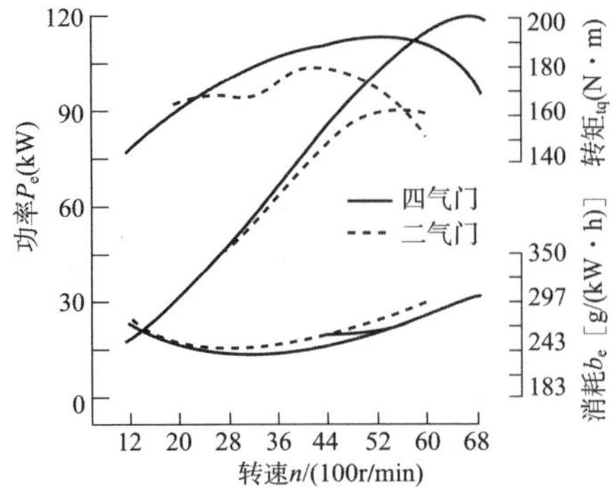

图 3-3　四气门与二气门发动机的性能比较

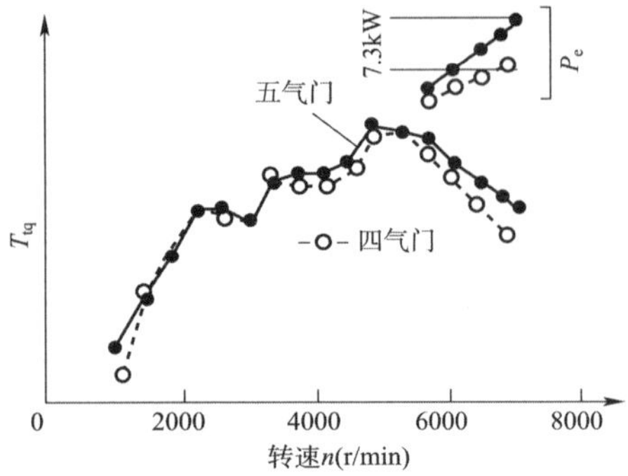

图3-4　五气门发动机与四气门发动机性能比较

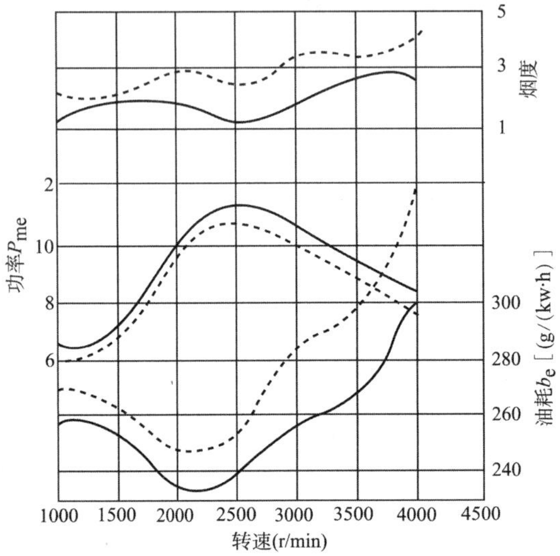

——四气门　- - - -二气门

图 3-5　二气门及四气门柴油机性能指标比较图

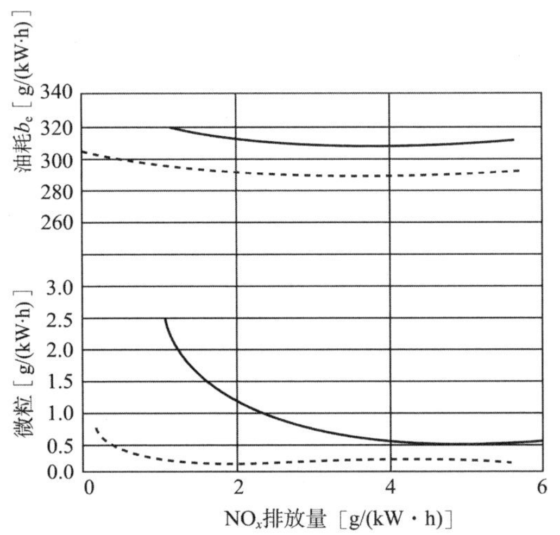

- - - -二气门　——四气门

图 3-6　二气门及四气门柴油机油耗及有害排放物对比图

二、采用可变配气系统技术

进气门和排气门专司对发动机充量交换过程的控制。其特性参数主要是三个：气门开闭相位，气门开启持续角度（指气门保持打开状态所持续的曲轴转角）和气门升程曲线。这三个特性参数对发动机的动力性、经济性和排放性能有重要影响。通常将气门开闭相位和气门开启持续角度统称为气门正时。随着发动机负荷和转速的改变，这三个特性参数的最佳选择是不同的。

进气门开启相位提前，一方面为进气过程提供了较多的时间，特别有利于解决高转速时进气时间不足的问题；另一方面，如果进气门开启过早，气门重叠角增大，有更多的废气进入进气管，随后又同新鲜充量一起返回汽缸，造成了较高的内部废气再循环率，可降低油耗和NO_x排放，但同时也导致起动困难、怠速不稳定和低速工作粗暴。

进气门关闭相位推迟，一方面在高转速时有利于利用高速气流的惯性提发动机高充气效率，另一方面在低转速时又会将已经吸入汽缸的新鲜充量重又推回到进气管中。

气门升程增大，一方面在高负荷时有利于提高充气效率，另一方面在低负荷时又不得不将节气门关得更小，造成更大的泵气损失和节流损失。

综上所述，出于不同目标的考虑，对气门特性参数提出了不同要求。为了提高标定功率，要提早开启、推迟关闭进气门，并提高进气门升程；为了提高低速转矩，要提早关闭进气门；为了改善起动性能并提高怠速稳定性，则要推迟开启进气门，减小气门叠开。显然，进气门特性参数对发动机的影响比排气门特性参数更大，进气门关闭相位的影响比开启相位大。

但是，传统的气门正时只能设计成对某一个转速或狭小的转速范围最有利于提高其体积效率。于是，人们想到能否设计成气门特性参数可变的进、排气门系统，以便达到使各种工况都能优化的目的。这就是可变配气系统。可变配气系统按驱动方式分为机械式和电子控制无凸轮机构两类。目前商品化的系统有可变凸轮机构（Variable Camshaft System，VCS）和可变气门正时（Variable Valve Timing，VVT）及其组合，基本可以实现可变气门正时、可变气门升程和可变气门持续角等功能。

可变配气系统的效果可归纳为以下 6 个方面：

（1）提高标定功率。

（2）提高低速转矩。

（3）改善起动性能。

（4）提高怠速稳定性。

（5）提高燃油经济性。据估计，可变配气系统提高燃油经济性的潜力可达 20%。这是因为在部分负荷工况只要缩短或延长进气门开启持续角度和/或降低进气门升程，不必减少节气门开度便能减少进气量，从而减少进气管真空度造成的泵气损失和节气门的节流损失；低速时降低气门升程至 1mm 左右能增强紊流，加速燃烧，改善冷起动和怠速性能而节油。同时，缩减气门叠开角还能减少进气和排气过程的互相干扰。燃油经济性得以提高还因为在怠速工况通过缩减气门叠开角减少残余废气提高怠速稳定性，从而可以在较低转速下达到稳定的怠速运转。而这在我国采用的（ECE + EUDC）循环中对节油起着重要作用。在全负荷工况如果能够增大气门升程，则减小了气门节流损失，也有利于提高燃油经济性。

（6）降低排放。因为低转速时减小气门叠开角可减小新鲜混合气窜入排气管的数量，从而减少 HC 排放。中等负荷和中等转速时增大气门叠开角可提高内部排气再循环的废气再循环（EGR）率，从而减少 NO_x 排放。

1. 可变气门正时技术（VVT）

根据负荷和转速调节配气相位可以控制充量系数和缸内残余废气量。如果发动机用不同凸轮轴分别驱动进排气门，而且一根凸轮轴不是通过另一根驱动，则可以用图 3-7 所示的相位可变凸轮轴达到移动配气相位的目的。凸轮轴的相位借助一个螺旋花键套 1 的移动来改变。花键套内孔的直齿花键与凸轮轴 3 端头的花键啮合，它的外螺旋花键与驱动链轮 4 的螺旋花键孔啮合。当花键套 1 在油压作用下克服回位弹簧 2 的弹力轴向移动时，3 与 4 相对角位移 $\Delta\varphi_c = 10° \sim 20°$。油压用电磁阀控制，机油通过中空的凸轮轴供给。

从图 3-8 上可以看出，采用 VVT 技术可以使得发动机的低速转矩得到大幅度的提高。

2. 气门升程可变

可变凸轮机构一般都是通过两套凸轮或摇臂来实现气门升程与持续角的变化，即在高速时采用高速凸轮，气门升程与持续角都较大，而在低速时切换到低速凸轮，升程与持续角均较小。

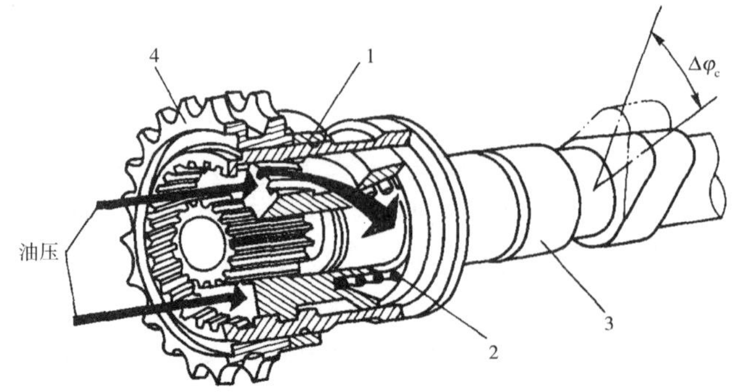

图 3-7　相位可变的凸轮轴构造示意

1-螺旋花键套;2-复位弹簧;3-凸轮轴;4-驱动链轮

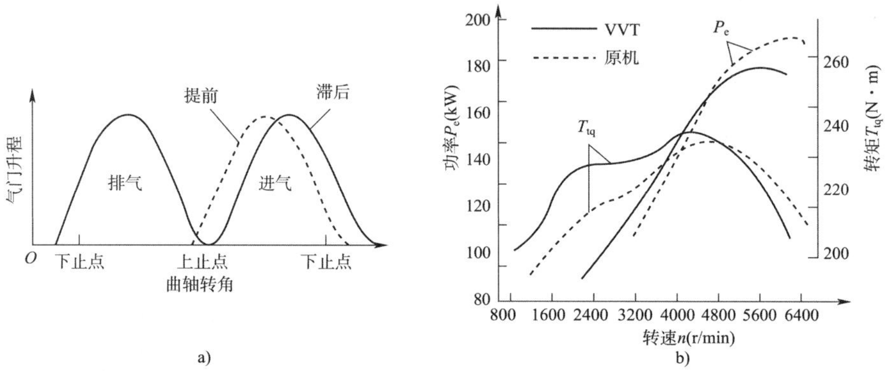

图 3-8　VVT 对发动机性能的影响

日本三菱公司为了减少泵气功损失,更大地提高汽车的动力性能及降低有效燃油消耗率,研制开发了多模式可变气门定时机构(MIVEC)。它有三种运行模式,即高速、低速和排量可变。

三菱公司采用上述多模式可变配气机构发动机的主要参数见表 3-4。

发动机多模式可变气门定时机构参数　　表 3-4

项目		MIVEC		常规的配气机构
发动机型式		四缸直列		四缸直列
缸径×冲程(mm)		ϕ81.0×77.5		ϕ81.0×77.5
排量(cm^3)		1597		1597
燃油		优质		优质
压缩比		11.0		11.0
气门驱动		四气门双顶置凸轮轴		四气门双顶置凸轮轴
气门定时及升程	凸轮模式	低速凸轮	高速凸轮	
	进气门			
	开(°,上止点前)	17	47.5	19
	关(°,下止点后)	31	72.5	53
	升程(mm)	5.5	10	9.2
	排气门			
	开(°,下止点前)	41	70	60
	关(°,上止点后)	15	35	16
	升程(mm)	6.8	9	9.5

该机构采用两根顶置凸轮轴，凸轮外形轮廓设计分高速及低速两类，控制两个进气门及两个排气门的开关。由电控单元根据发动机工况改变的需要，发出指令给专用液压油泵及液压电磁阀，让液压油进入对应该凸轮的摇臂油压活塞上（图3-9），将摇臂卡紧在摇臂轴上，让摇臂能跟随凸轮动作，分别实现上述三种工作模式及表3-4中的气门定时气门升程的变化。设置专用液压油泵是为了根据发动机工况需要，在上述三种模式中进行迅速而稳定地切换。

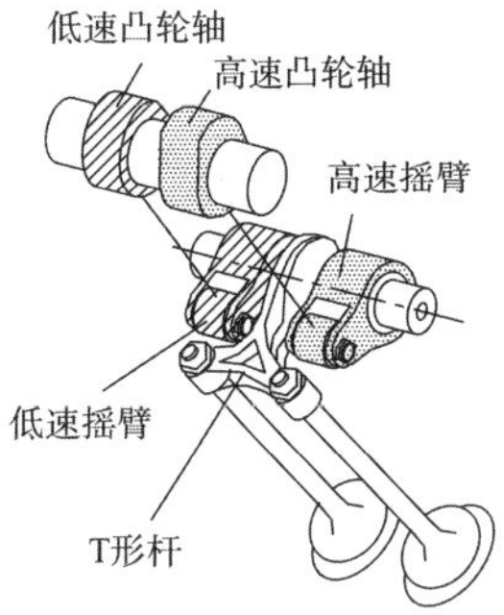

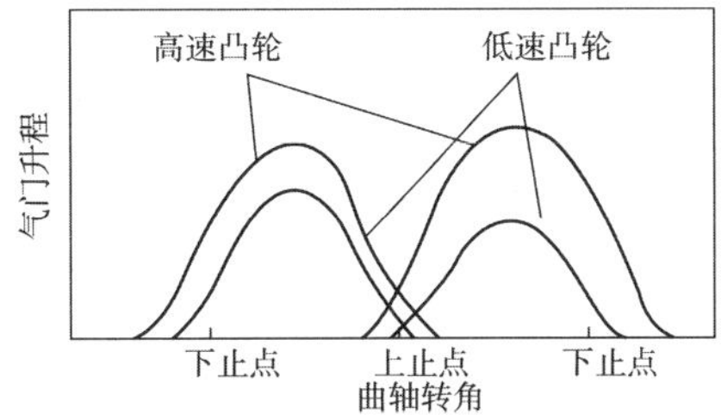

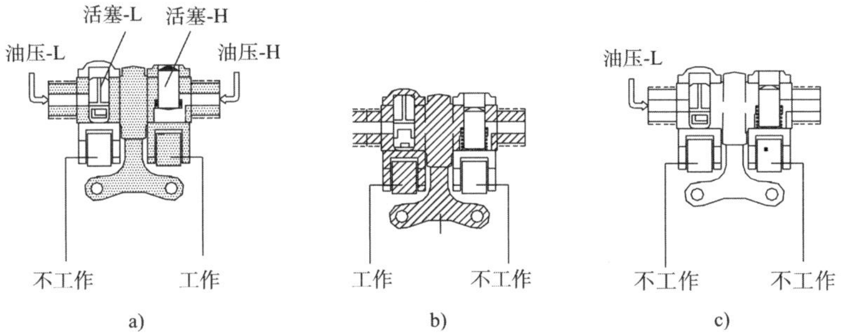

图3-9　MIVEC的凸轮及摇臂机构

a）高速凸轮模式；b）低速凸轮模式；c）气门不工作模式

发动机在高速工况，压力高的液压油进入摇臂轴的右端油道［图3-9a）］，将其中活塞-H向上推，使高速摇臂杆与摇臂轴卡紧在一起，于是高速凸轮通过高速摇臂杆及T形杆，控制气门的开关。此时摇臂轴左端并无压力高的液压油进入，其中液压小活塞-L并未被压上去，于是左端低速摇臂杆并未起作用。发动机低速工况，液压油则进入摇臂轴左端油孔，将其中小活塞向上压，使低速凸轮能带动左端低速摇臂杆工作。此时右端高速摇臂杆中小活塞并无液压油将其压上去，因此不工作［图3-9b）］。当摇臂轴两端都无高压液压油输入时，于是两个气门都不工作［图3-9c）］。

上述发动机采用多模式可变配气机构后，当两个汽缸停止工作，发动机的泵气功损失减少了约一半，能合理控制进气涡流，充分利用高速工况下进气门关闭前形成的较高进气脉冲波等。与采用常规的配气机构相比，按日本典型的试验循环，发动机的最大功率增加了21%，高转速下的转矩显著提高，有效燃油消耗率降低约16%。

图3-10为采用多模式可变气门定时机构的发动机性能特性曲线。

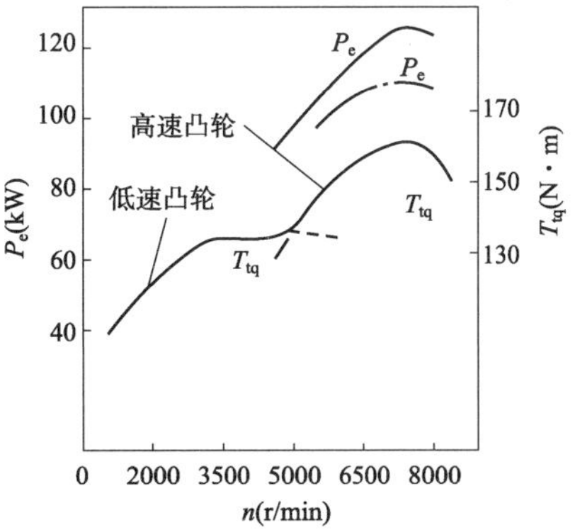

图3-10　MIVEC发动机性能特性

图 3-11 所示为一种可使进气门升程曲线连续变化的凸轮机构。一个特殊形状的杠杆 2 插在凸轮轴 3 与气门摆臂 6 之间。杠杆受偏心轴 1 控制。通过偏心轴移动杠杆 2 的位置即可改变气门升程曲线和开启持续角,从而改变发动机进气量和负荷高低,因而不必用节气门控制负荷。另外,进排气的相位还可用图 3-7 所示的结构加以调整。

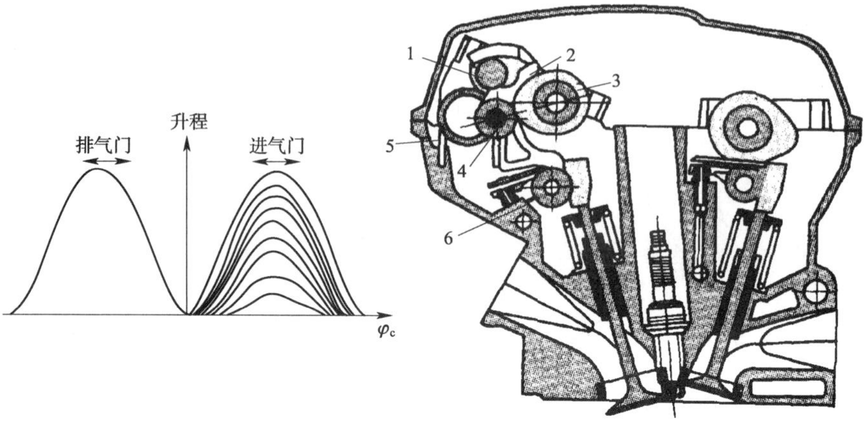

图 3-11 进气门升程和曲线连续可变的凸轮机构

1-偏心轴;2-杠杆;3-凸轮轴;4-杠杆的滚轮;5-复位弹簧;6-气门摆臂

3. 电磁气门机构

电磁气门驱动(Electromagnetic Valve Actuation)是利用电磁铁产生的电磁力驱动气门。AuraSystems 公司、FEV 公司和通用汽车公司,分别提出了工作原理基本相同的、采用双弹簧双电磁铁的气门驱动方案。

电磁气门驱动机构主要由两个相同的电磁铁(共用一个衔铁),两个相同的弹簧和气门组成(图 3-12)。发动机不工作时,激磁线圈 2 和 5 均不通电,气门 1 半开半闭;发动机起动时,气门驱动装置初始化,控制系统根据曲轴转角,判定气门在这一时刻应有的开、关状态,使两线圈中的一个通电。电磁力克服弹簧力,将气门 1 关闭或开启。气门处于开启状态时,线圈 5 断电,线圈 2 通电,使电磁力等于或大于弹簧力,以保持气门开启。要使气门关闭时,线圈 2 断电,衔铁和气门在弹簧力的作用下向上运动;在气门接近关闭位置时,线圈 5 通电,电磁力帮助气门(衔铁)快速运动至关闭位置。此后线圈 5 继续通电,使气门保持在关闭状态。需要开启时,线圈 5 断电,衔铁和气门在弹簧力作用下向下运动。如此循环往复。

Aura 公司的电磁气门驱动机构,在转速为 10000r/min 的汽油机上演示时,气门由关闭位置到最大升程位置的过渡时间为 3ms,气门的落座速度为 0. 1m/s,初始化线圈电流为 15 ~25A,气门在关闭位置或最大升程时,线圈电流为 1. 5 ~4. 0A。Aura 公司称,采用其电磁气门驱动机构使发动机油耗降低 7% ~10%,功率增加 14% ~16%,转矩增加 16%,HC、CO 和 NO_x 排放分别降低 34% ~37%、33% 和 50%。

从理论上说,电磁气门驱动控制方便,结构较为简单,是比较容易得到的无凸轮轴气门驱动方式。它的主要问题是气门落座冲击大,电磁响应速度不够高,能量消耗及尺寸过大。气门落座冲击是由电磁驱动的特点所决定的,此问题不易解决。气门驱动要求电磁铁做到高速、强力、大行程并且体积足够小,而要同时完全满足这四方面的要求是很困难的。

4. 电液气门驱动

电液气门驱动(electrohydraulic valve actuation)的工作原理,是将气门与一个液压活塞相连接，通过电磁阀控制液压缸内高压和低压液体的流入和流出，从而控制液压活塞—气门的运动。近年来，有多家机构对电液气门驱动进行过或正在进行研究。Giffiths 等人的电液气门驱动系统，可在发动机转速为 3000r/min 时保持稳定性和良好的气门运动精度。Lotus 公司的电液气门驱动系统，能在发动机转速为 4000r/min 的情况下正常工作，在单缸机上进行过取消节气门以电液气门驱动控制负荷的研究。Ford 公司的电液气门驱动系统，液压活塞与气门相连，活塞上端面的液压腔可连通高、低压源，下端面的液压腔则只能连通高压源。通过两个电磁阀的适时开、闭可实现气门的开启和关闭。利用所谓液压摆（hydraulic pendulum）的概念，使液压能与活塞的动能相互转换，一方面可大大减小系统能耗，同时可使气门在比较理想的加速特性下运动，可得到比较理想的气门落座速度。驱动单个气门的实验表明，该电液气门驱动系统可达到相当于发动机转速在 8000r/min 下的响应速度，气门落座速度可降到 0.1m/s 以下。

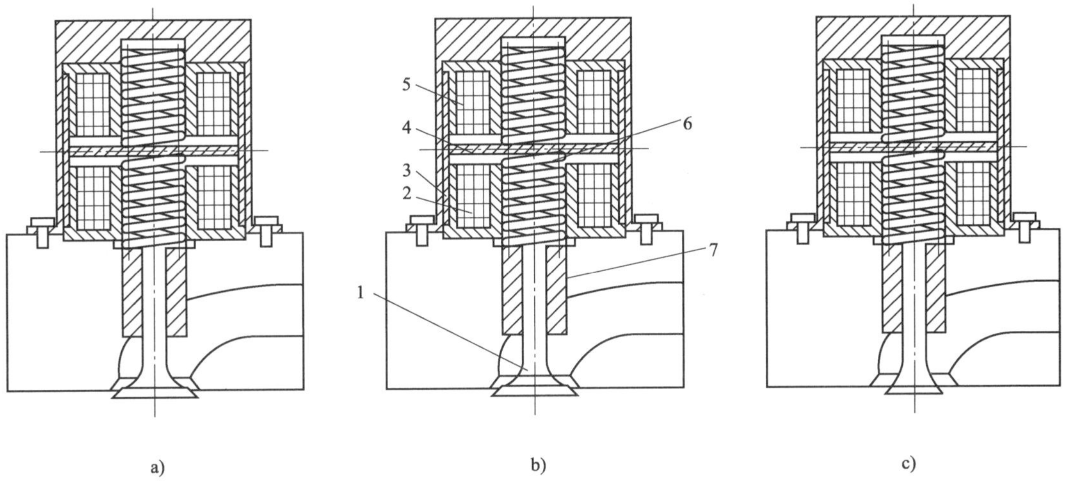

图 3-12　电磁式气门驱动原理

a）未通电；b）气门全闭；c）气门全开

1-气门；2、5-线圈；3-电磁铁；4-衔铁；6-弹簧；7-气门导管

这种电液式无凸轮轴气门驱动系统，可使发动机的气门的定时、升程与速度连续变化。它既不需要凸轮也不需要弹簧，而利用压缩油液的弹性能，在气门的开启与闭合期间，使气门加速或减速，这就是液压摆或液压振动体的原理。像机械摆（振动体）一样，液压摆也包括势能向动能的转化，以及伴随最小能量损失的动能转化为势能。加速时，液体压力能转化为气门的动能；减速时，气门运动的动能转换为液体压力能。这样的转化发生在气门开启、关闭过程。对动能的再利用是此系统低能耗的关键。据估计，16 气门 2.0L 的发动机，在低负荷时平均耗能 125W，发动机转速为 1500r/min，能量转化效率达 80%。

图 3-13 为电液式无凸轮轴气门驱动系统原理。该系统有高压油源和低压油源。一个双作用、单活塞杆的液压缸的活塞与发动机气门导杆顶部相连。活塞上腔既可以与高压油源相连，也可以与低压油源相连，活塞下腔始终与高压油源相通。活塞无杆腔的油压作用面积，比有杆腔的油压作用面积要大。发动机气门开启由一个高压电磁阀控制，气门加速时开启，减速时关闭。低压电磁阀的开关控制气门的闭合。该系统还包括高压止回阀和低压止回阀。

气门要开启时，高压电磁阀开启，高压油液经由电磁阀推动活塞使气门向下加速。当高压电磁阀关闭时,高压油液被切断,此时低压止回阀由于活塞上腔的油压还比较高,使其不能开启。因此当活塞由于惯性而继续运动时,使液压活塞上腔压力下降,然后活塞继续下降并减速,而当活塞上腔的油压降到足以使低压止回阀开启时,低压油源会经此止回阀向活塞上腔充油。当气门向下运动停止时,低压止回阀关闭,发动机气门锁在开启的位置。

气门关闭过程与气门开启在原理上是类似的。低压电磁阀打开,活塞上面压力降至低压油源的压力,作用于活塞上下作用面的压力差使发动机气门加速向上。然后,低压电磁阀关闭,而高压止回阀由于开启压力比较高,此时高压止回阀打不开,因此活塞上腔压力由于活塞的上升,其上腔的油液受到压缩而油压升高,使活塞减速。当活塞上腔油压升高到足够高时,推开高压止回阀,活塞上腔的油液通过高压止回阀压流回高压源。

液压摆是一种无弹簧系统。图 3-14 是一种该系统的气门升程、速度、加速度与时间的理想关系曲线。由于不含弹簧,气门可以等加速度、等减速度运动,这使得气门运动所需的作用力与有弹簧的系统相比要小得多。

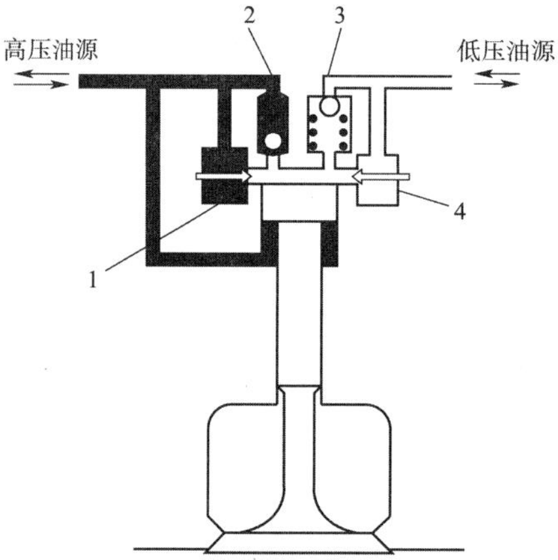

图 3-13 Ford 公司的电液式无凸轮轴气门驱动系统原理

1-高压电磁阀;2-高压止回阀;3-低压止回阀;4-低压电磁阀

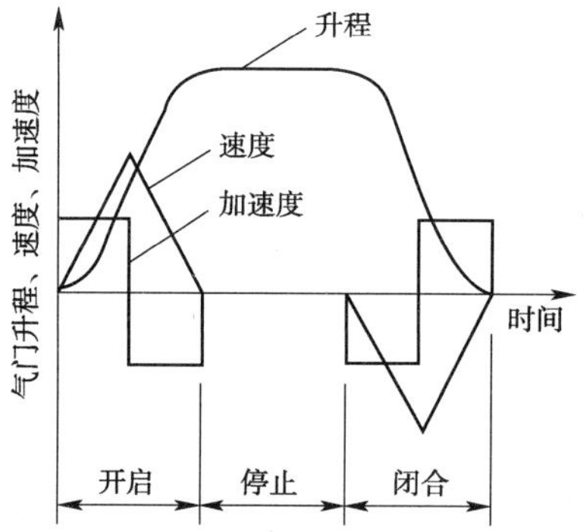

图 3-14 气门升程、速度与加速度曲线

图 3-15 所示为气门开、关过程的详细步骤,与此相对应的机械摆对应图也已列出。

第一步,如图 3-15a)所示,高压电磁阀打开,高压油液进入气门活塞上腔。这时活塞上下表面作用油液压力相等,但面积不等,产生了指向下方的持续作用力,使气门打开并加速。低压电磁阀与两个止回阀保持关闭。

第二步,如图 3-15b)所示,关闭开启的高速电磁阀,气门因有惯性而继续向下运动,使活塞上腔压力下降,低压止回阀开启,活塞上面充满低压液体。同时活塞的向下运动把高压油液从活塞下腔压回到高压油路,由此回收了第一步中用于气门加速的部分能量。选定高、低油压的比率,使净作用力指向上方,气门减速直到其动能为零,运动停止。此时开启的低压止回阀关闭,活塞上面油液滞留下来,阻止活塞向上运动,此时因活塞两面都受到油压作用,气门保持在固定的开启位置不动,如图 3-15c)中第三步所示。气门可长期在开启位置不动。

第四步,如图 3-15d)所示,表示气门关闭的初始阶段,开启低压电磁阀,使活塞上腔与低压油路接通,作用于活塞上的净作用力向上,气门向上加速关闭,把油液从活塞上腔压回到低压油源，而高压电磁阀及两个止回阀在气门加速期间关闭。

第五步，如图3-15e)所示，关闭低压电磁阀，使活塞上腔不再与低压油源接通。但由于此时气门具有一定惯量，它仍然继续向上运动，使活塞上腔压力升高，高压止回阀打开，活塞上腔与高压油源接通。气门活塞的向上运动，把活塞上腔内的油液压回到高压油源，活塞下腔体积不断变大，里面充满了来自高压油源的液体。因为活塞下腔的容积改变只是活塞上腔变化的一小部分，液体净流动会流入高压油源。同时由于气门开启，能量又可再次回收。这样，气门每往复运动一次，系统能量就回收二次。

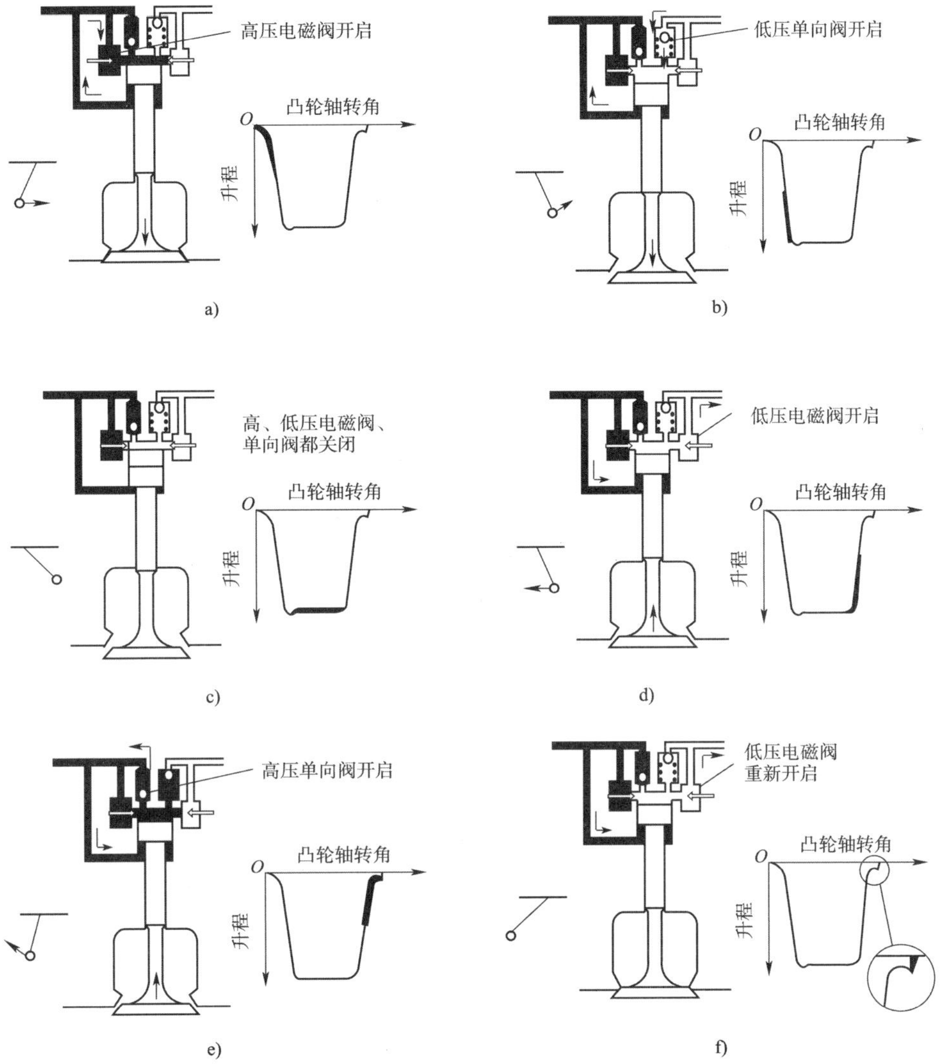

图3-15　Ford公司的电液式气门驱动系统的气门运动过程

a)高压电磁阀开启，气门开启加速；b)低压止回阀开启，气门开启减速；c)高、低压电磁阀和高、低压止回阀全关闭，气门全开；d)低压电磁阀开启，气门关闭加速；e)高压止回阀开启，气门关闭减速；f)低压电磁阀再次开启，气门落座

当气门能量为零时，其运动停止，止回阀关闭。理论上这应与气门落座关闭时的位置一致，但这极难做到。较实用的办法是在气门达到其准确落座位置小于1mm之前，使其完全停止，然后再打开闭合的低压电磁阀，又把活塞上腔与低压油源接通，活塞下腔的高压油使气门到达完全关闭的位置。

第六步，气门的位置如图 3-15f) 所示。此后打开的低压电磁阀再次关闭。循环的剩余时间内，两个电磁阀与两个止回阀都关闭，活塞上腔压力等于低压油源压力，活塞下腔较高的压力使气门保持紧密闭合。

三、合理利用进气管动态效应

进气门的开启和活塞的运动是一种扰动，会在进气系统产生膨胀波。这个膨胀波从进气门出发，以当地声速传播到管端。因为进气系统的管端是敞开的，膨胀波在此膨胀变成压缩波并同样以当地声速反向传回进气门。如果这个压缩波传到进气门时进气门开启着，那么由于这个压缩波引起的质点振动方向与进气气流方向一致，进气气流因此而得到增强，汽缸充量系数将会提高，转矩也将增大。这种效应称为进气管动态效应。四冲程发动机要利用好这一效应必须满足下列条件：

$$L = \frac{c \cdot \varphi_{se}}{24 \cdot n} \tag{3-5}$$

式中：L——进气管长度，m；

c——当地声速，m/s；

φ_{se}——进气有效持续角，℃A；

n——发动机转速，r/min。

由此可见，为了获得最佳充量系数，应使进气管长度与发动机转速相匹配。当 φ_{se} 为定值时，为了提高低速转矩，应增大进气管长度；反之，为了提高高速转矩(进而提高额定功率)，应减少进气管长度，如图 3-16 所示。若要两者兼得，必须使进气管长度因转速而调整。

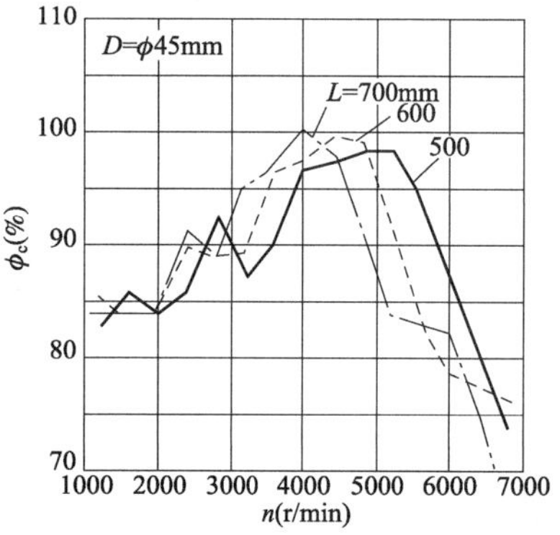

图 3-16 进气管长度对进气波动效果的影响

德国 Pierburg 公司和 Audi 公司合作开发了 V6 发动机的可变进气管长度电子控制系统。如图 3-17 所示，该系统为每一个汽缸的进气歧管装了一个活门 1。活门开启时，空气通过活门以较短的路径进入汽缸，如黑色箭头所示；活门关闭时，空气不得不绕道以较长的路径进入汽缸，如白色箭头所示。活门只有全开和全闭两个位置，由膜片阀 2 控制。膜片将膜片阀分成两个空腔，靠近活门的空腔通大气；另一个空腔内装有弹簧顶着膜片，并通过一个电磁阀与真空泵相连(图 3-17 中未示出)。膜片通过拉杆与活门相连。发动机转速超过设定的门槛值时，ECU 发信号给电磁阀，将真空泵与膜片阀的一个空腔连通，该空腔内的弹簧不抵另一个空腔内大气压力的作用，在大气压力作用下膜片得以通过拉杆开启活门，使进气管长度缩短。发动机转速低于这个门槛值时，电磁阀切断从真空泵到膜片阀的通路，膜片分隔开的两个空腔内都是大气压力，膜片在弹簧压力作用下通过拉杆关闭活门，使进气管长度加长。

Audi V6 发动机由于采用了可变进气管长度电子控制技术而在整个转速范围内获得了较为平坦的转矩曲线。当活门关闭时取较长的进气管长度，因此在较低的转速(约 3000r/min)出现最大转矩，如图 3-18 虚线所示，这正是汽车所需要的；但高转速时转矩陡降，影响了最大功率。反之，当活门开启时取较短的进气管长度，因此在较高的转速(约 4600r/min)出现最大转矩，如图 3-18 实线所示，使最大功率明显上升；但低转速时转矩偏低，不能满足要求。虚线和实线相交于 4000r/min ，所以，Audi V6 发动机将转速门槛值定在 4000r/min，也就是说，当发动机转速升高到 4000r/min 时，ECU 发出指令开启活门，转矩曲线便从虚线转变到实线。因为转轨点的转速所对应的两条曲线的转矩相等，所以转轨时不会发生转矩的突变，汽车的平顺性不受影响。实现可变进气管长度电子控制之后，既可以获得令人满意的最大转矩，又能获得较高的最大功率。

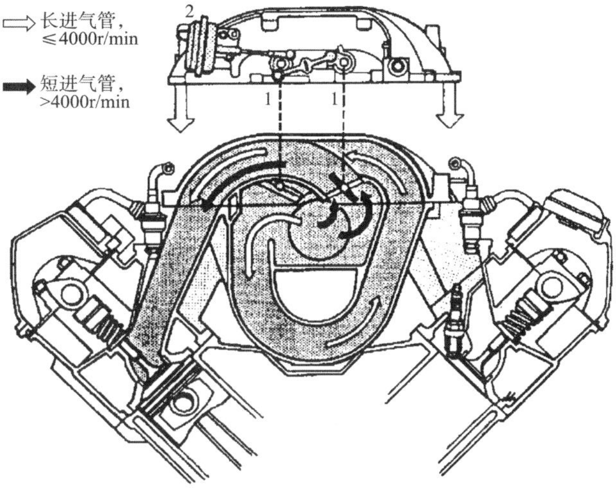

图 3-17 Audi V6 发动机的可变长度进气管

1-活门；2-膜片阀

图 3-19 所示为进气管长度无级变化的进气系统示意图。这种系统可利用动态效应充气，在发动机的所有转速范围内都能达到最佳效果。图 3-20 所示的是使用长度不可变、二级可变和无级可变进气管的最大平均有效压力 p_{emax} 比较。显然后者在各转速下都获得了大的 φ_c，其动力性能比前二者都好。

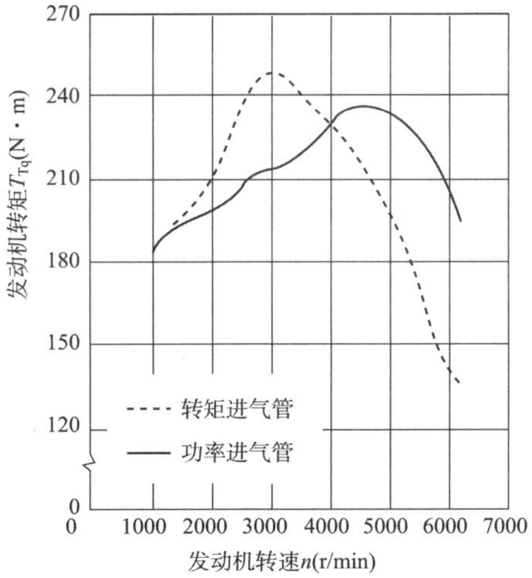

图 3-18 可变进气管长度电子控制带来的转矩增益

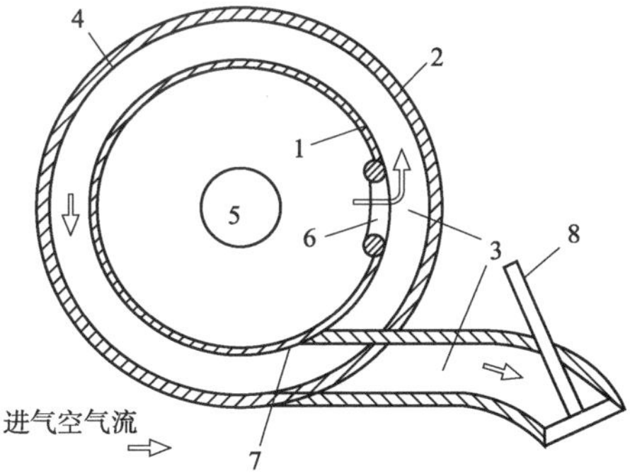

图 3-19 进气管长度无级可变进气系统示意图

1-可活动的圆筒（空气分配器）；2-固定的壳体；3-进气道；4-侧壁（用于圆筒的支承）；5-圆筒中的空气进口；6-进气道中的空气进口；7-密封垫（如弹簧片）；8-进气门

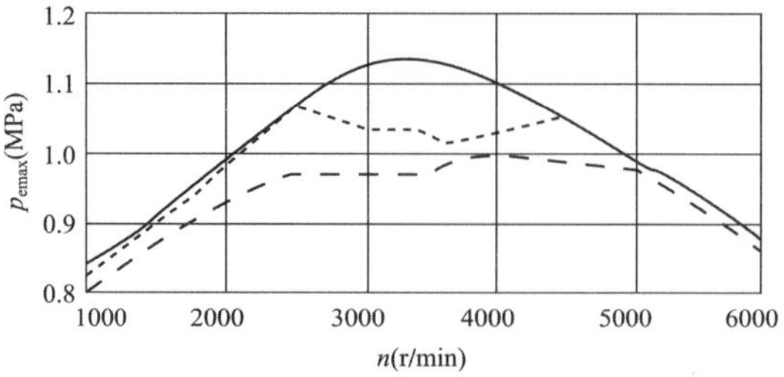

图3-20　不可变、二级可变和无级可变的进气管长的最大平均有效压力比较

第四节　汽油机稀薄燃烧技术

常规汽油机(包括化油器式和大部分进气道喷射式汽油机)混合气是均质的，一般在空燃比$\alpha = 12.6 \sim 17$范围内工作。常规汽油机的主要缺点是：为了防止发生爆燃，采用较低压缩比，这导致热效率较低；浓混合气的比热容比低，使热效率降低；只能用进气管节流方式对混合气充量进行调节，即所谓量调节，这使得泵气损失较大；在化学计量比附近燃烧，其有害物排放特别是NO_x排放较高。总之，常规汽油机，特别是用三元催化转换器的汽油机，过量空气系数必须控制在$\varphi_a = 1$左右，从而限制其性能进一步提高。

稀薄燃烧汽油机是一个范围很广的概念，只要空燃比$\alpha > 17$，且保证动力性能，就可以称为稀薄燃烧(简称稀燃)汽油机。稀燃汽油机可分为两大类：一类是均质稀燃，另一类为分层稀燃。而分层稀燃又可分为：进气道喷射分层稀燃方式和缸内直喷分层稀燃方式。与常规汽油机相比，稀燃汽油机同时兼顾了燃油经济性和低排放特性。

如图3-21所示为常规、非直喷稀燃和直喷式稀燃三种燃烧方式的汽油机排放特性和燃油经济性对比。

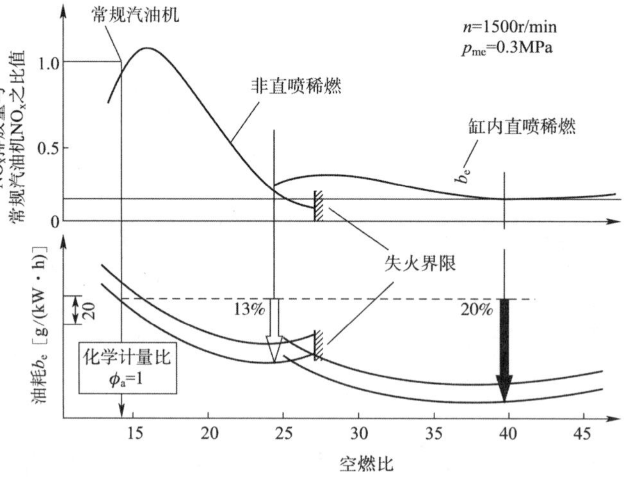

图3-21　不同燃烧方式的性能对比

一、均质稀薄燃烧技术

增大过量空气系数φ_a，使用稀薄混合气工作，可以提高压缩比ε，增大绝热指数k值，保证燃料完全燃烧，所以是提高汽油机经济性、降低排气污染的有效方法。稀薄燃烧技术按照

点火方式不同，主要分为点燃和压燃两种。

汽油机的稀薄混合气压缩燃烧技术（Homogeneous Charge Compression Ignition，HCCI）有如下特点：

（1）HCCI 燃烧属于多点大面积同时压缩着火，没有火焰传播前锋面，燃烧放热速率和等容度远比传统的火花点燃火焰传播的方式高，因此指示热效率得到明显改善。

（2）HCCI 采用稀薄均匀混合气，并引入大量 EGR，局部燃烧温度可以控制在 1800K 以下，消除了热 NO 的基本生成条件。

（3）由于是稀薄燃烧，进气节流可大大减少或完全不节流，改善了传统汽油机节流损失过高的缺点。

（4）采用均质混合气燃烧，理论上不生成炭烟。

（5）采用 HCCI 燃烧模式的汽油机可以大幅度降低油耗，但这种模式在实际汽油机上很难控制其稳定燃烧。另外，HCCI 在汽油机上能够稳定工作的范围很窄，目前也还不能适应传统车用发动机的需求。

对于火花点火式汽油机稀薄燃烧技术，目前采取的主要措施是增强紊流，缩短火焰传播距离，依次多点喷射等，以加速燃烧。现介绍如下两种。

1. 火球高压缩比燃烧室

如图 3-22 所示，燃烧室主要部分位于缸盖上凹入的排气门下方，它的直径很小，所以结构紧凑并有一定挤气面积，可形成较强的挤气紊流。同时，在进气门的浅凹坑处开一浅槽与主要燃烧室连通，在上止点前，一部分进入进气门凹坑的充量通过浅槽切向进入主要燃烧室，产生一个有控制的涡流运动。当活塞下行时，燃气又以高速形成反挤流运动，这样就大大提高了燃烧速度。这种燃烧室在燃用研究法辛烷值 97 的汽油时，试验汽油机压缩比从 8.5 提高到 16，一般可达 13～14，有与一般汽油机相同的 p_{zmax}，可以燃烧稀薄均匀混合气，空燃比达到过 26，最经济的空燃比为 19。图 3-23 给出这种燃烧室性能与一般汽油机的比较，可见它的耗油率低，甚至比分隔式燃烧室的柴油机还好，污染可达欧洲标准，比质量仍处在汽油机范围内，制造成本也不比一般汽油机高。但它必须使用高辛烷值汽油，对缸内积炭比较敏感，需要严格控制压缩比、混合气浓度和点火定时，并应有爆震反馈系统来控制爆震发生。

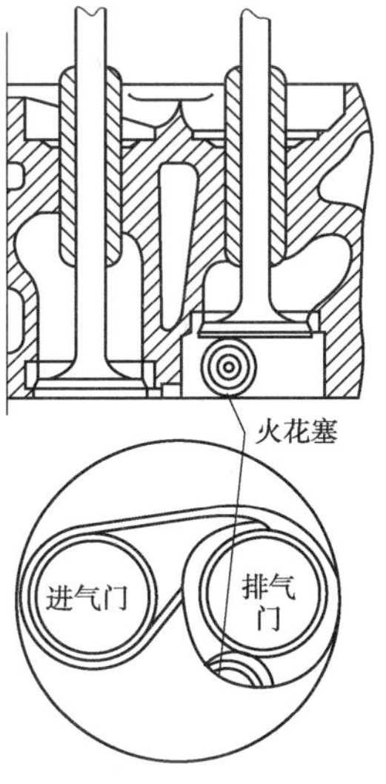

图 3-22　火球高压缩比燃烧室

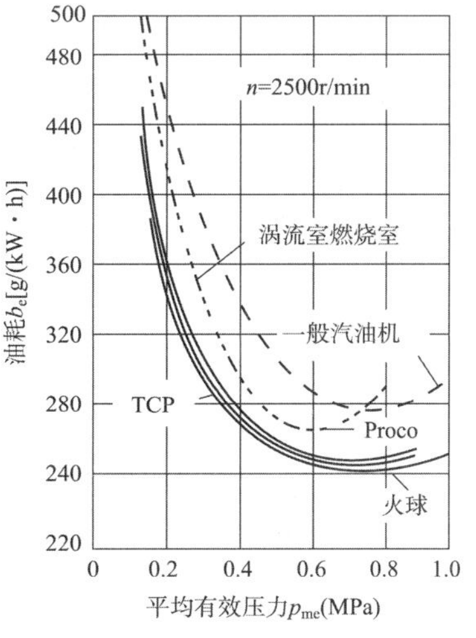

图 3-23　各种发动机油耗比较

2. 碗形燃烧室

如图 3-24 所示,它采用很紧凑的活塞顶凹坑,火焰传播距离短,挤气面积大,紊流强,火花塞位于凹坑内。这种形式的里卡多 HRCC 燃烧室在使用研究法辛烷值 99 的汽油时,压缩比从 9 提高到 13,最经济的空燃比为 21.5,可以在 $\alpha = 16 \sim 22.5$ 的范围内运行。由于压缩比提高和挤流增加,使滞燃期明显缩短,火焰传播速度增加,因而采用推迟点火(上止点前 5°~6°),这也使爆燃不易产生,并有利于稀混合气着火。HRCC 燃烧室的燃油经济性明显提高,排污降低,图 3-25 示出 Ford Kent-1.6(L)常规汽油机和 HRCC 汽油机的性能比较。

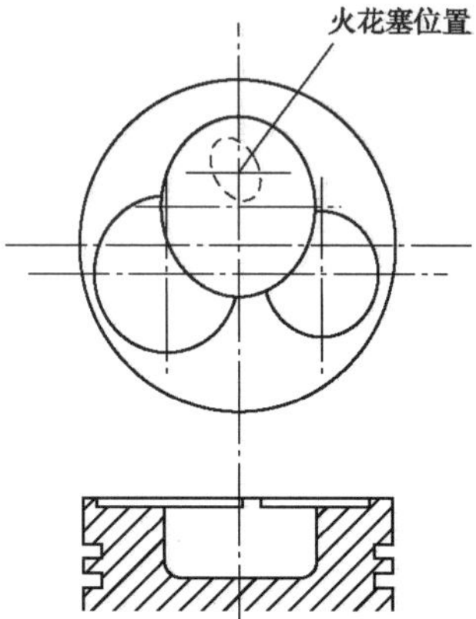

图 3-24 碗形燃烧室

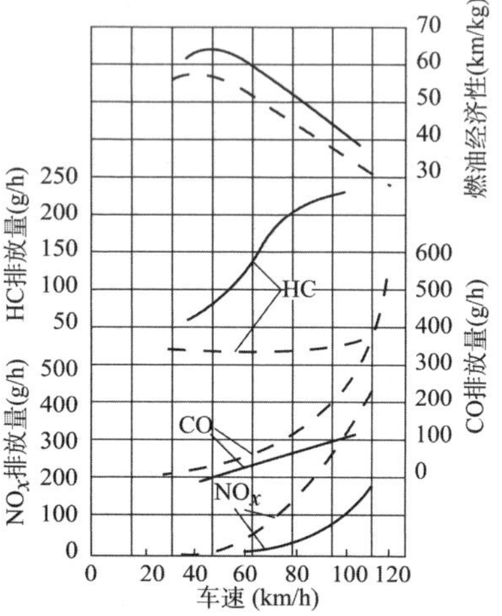

图 3-25 HRCC 发动机与常规发动机油耗和排污的比较
实线-HRCC;虚线-常规

碗形燃烧室已在保时捷轿车发动机上得到应用,TOP 924 汽油机压缩比 $\varepsilon = 12.5$,与普通型比较,油耗降低 10% ~12%。

二、分层燃烧技术

(一)分层燃烧系统

为合理组织燃烧室内的混合气分布,即在火花间隙周围局部形成具有良好着火条件的较浓混合气,空燃比在 12 ~13.4,而在燃烧室的大部分区域是较稀的混合气,两者之间,为了有利于火焰传播,混合气浓度从火花塞开始由浓到稀逐步过渡,这就是所谓的分层燃烧系统。

1. 进气道喷射的分层燃烧方式

(1)轴向分层燃烧系统。此燃烧系统利用强烈的进气涡流和进气过程后期进气道喷射,使利于火花点火的较浓混合气留在汽缸上部靠近火花塞处,汽缸下部为稀混合气,形成轴向分层(图 3-26),它可以在空燃比 22 下工作,燃油消耗率可比均燃降低 12%。

(2)横向分层燃烧系统。横向分层燃烧系统是利用滚流来实现的,如图 3-27 所示为四气门横向分层燃烧系统示意图。在一个进气道喷射的汽油生成浓混合气,在滚流的引导下经过设置在汽缸中央的火花塞,在其两侧为纯空气,活塞顶做成有助于生成滚流的曲面。此燃烧系统经济性比常规汽油机提高 6% ~8%,NO_x 含量(体积分数)下降 80%。

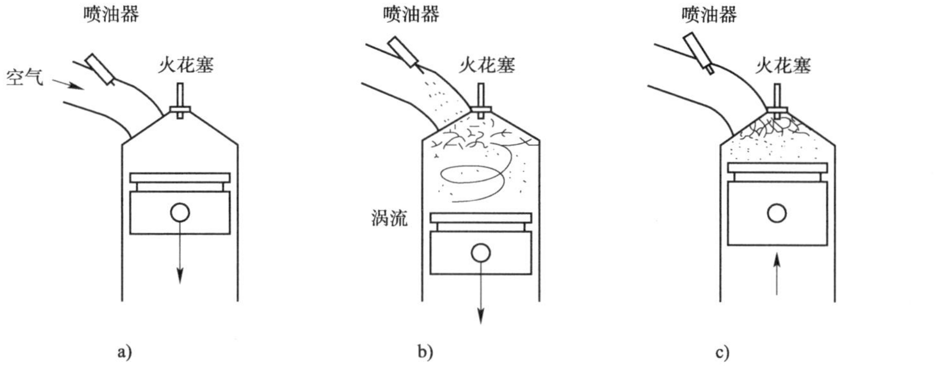

图 3-26　轴向分层燃烧系统

2. 缸内直喷分层燃烧方式

缸内直喷(GDI)燃烧系统可实现均质混合气燃烧、分层混合气燃烧以及均质混合气压燃燃烧(HCCI)。以下主要介绍缸内直喷分层混合气燃烧系统。

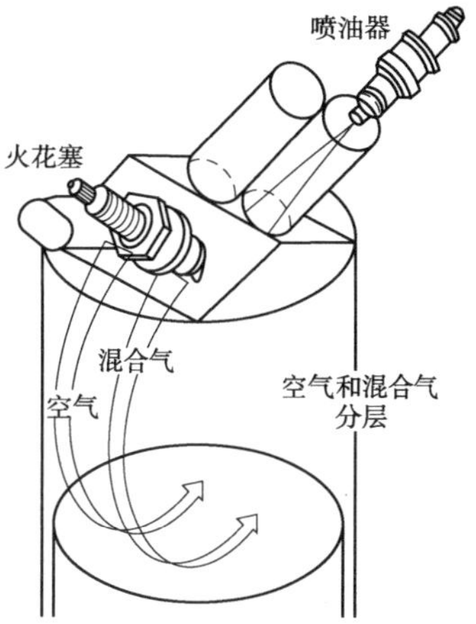

图 3-27　横向分层燃烧系统

缸内直喷分层混合气燃烧主要依靠由火花塞处向外扩展的由浓到稀的混合气,目前实现方法有三种,即借助于燃烧室形状的壁面引导方式,依靠气流运动的气流引导方式和依靠燃油喷雾的喷雾控制方式。前两种方式都有可能形成壁面油膜,是造成 HC 排放高的主要原因;后一种方式则与喷雾特性、喷射时刻关系密切,但控制起来比前两种要难。

GDI 发动机部分负荷时在压缩行程后期喷油,形成分层混合气,空燃比 α 为 25 ~ 40 或更大;高负荷时在进气行程早期喷油,形成均质混合气,α 为 20 ~ 25 或理论空燃比,或最大功率空燃比。

GDI 发动机具有以下优点:

(1)燃油经济性提高,部分负荷经济性改善可达 30% ~ 50%,一般为 20%。

(2)由于燃油直接喷射到缸内,发动机瞬态响应改善。

(3)起动时间短。

(4)冷起动 HC 排放改善。

采用 GDI 方式燃油消耗率低的主要原因是接近柴油机的燃烧及负荷调节方式(但保持外源点火),具体分析如下。

(1)由于稀混合气燃烧时 N_2 和 O_2 双原子分子增多,气体的比热容比增大(大约由 1.3 增大到 1.4),可使理论循环热效率有较大提高。

(2)由于燃油在缸内气化吸热使压缩终点温度降低,因而爆燃可能性减小,压缩比可以提高(一般可由 10 提高到 12),由此可使燃油消耗率改善 5% 以上。

(3)由于燃烧放热速率提高等,可使燃油消耗率改善 2% ~ 3%,而怠速时改善 10% 以上。

(4)由于取消了进气节流阀,泵气损失可降低 15%。

(5)中小负荷时,周边区域参与燃烧的程度较小,气体温度降低,使传热损失减小。

然而,GDI 发动机存在以下问题和困难,需要进一步改进:

(1)难以在所要求的运转范围内使燃烧室内混合气实现理想的分层。分层燃烧对燃油蒸气在缸内的分布要求很高,通常喷油时刻、点火时刻、空气运动、喷雾特性和燃烧室形状配合必须控制得十分严格,否则很容易发生燃烧不稳定和失火。

(2)喷油器内置汽缸内,喷孔自洁能力差,容易结垢,影响喷雾特性和喷油量。

(3)低负荷时 HC 排放高,高负荷时 NO_x 排放高,有炭烟生成。

(4)部分负荷时混合气稀于理论空燃比,三元催化转换器转化效率下降,需采用选择性催化转化 NO_x。

(5)汽缸和燃油系统磨损增加。

(二)典型缸内直喷燃烧系统

1. 三菱缸内直喷分层充量燃烧系统

图 3-28 所示为三菱汽车公司的一款 GDI 发动机结构图以及主要设计参数。与传统的进气道喷射 4G93 汽油机相比(表 3-5),采用了很有特色的立式进气道,以保证高度的滚流(纵涡)及充量系数;滚流与单坡屋顶型加极富特征的弯曲顶面活塞形成的燃烧室配合,在火花塞周围形成浓混合气;为追求喷油雾化特性使用了旋流式广角度(伞喷)喷油器,喷射压力为 5.0MPa。

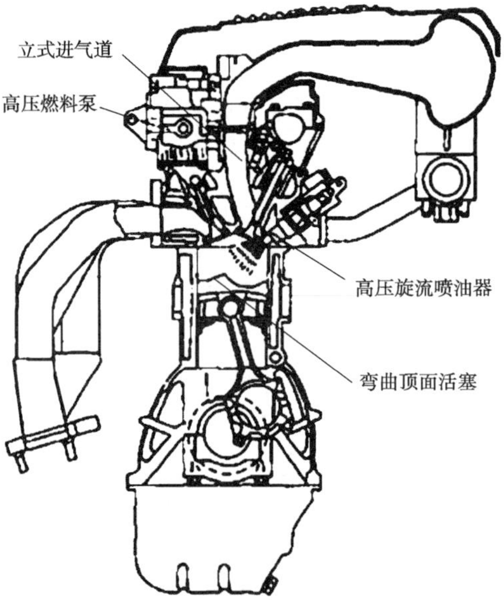

图 3-28 三菱公司 GDI 发动机结构图

GDI 发动机与传统型汽油机相比主要设计参数 表 3-5

型号		4G93 缸内直喷	4G93 传统型
缸径×冲程(mm)		81.0×89.0	81.0×89.0
总排气量(mL)		1834	1834
汽缸数		直列 4 汽缸	直列 4 汽缸
进排气阀	形式	DOHC	DOHC
	阀数	吸气 2 阀,排气 2 阀	吸气 2 阀,排气 2 阀
压缩比		12.0	10.5

续上表

燃气室	单坡屋顶型(弯曲顶面活塞)	单坡屋顶型
进气道	立式	普通方式
燃料供应方式	缸内直接喷射	进气道喷射
喷油压力(MPa)	5.0	0.33

GDI 发动机相对于同系列的进气道喷射式汽油机的性能改善效果如图 3-29 所示。由图可知,由于转矩波动的改善,使稀燃界限扩大至空燃比 $\alpha=40$ 以上,较化学计量比工作的普通汽油机节油 35%[图 3-29b)]。由于采用稀燃方式并能保证燃烧安定性,怠速时的稳定工作转速可由 750r/min 降低到 600r/min,由此节油 40%[图 3-29a)]。同时,在 $\alpha=40$ 的稀燃条件下,NO_x 排放可降低 60% 以上,若同时采用 30% 的 EGR,NO_x 排放将降低 90% 左右,如果再采用选择还原型稀燃催化剂,NO_x 排放则将降低 97%[图 3-29c)]。

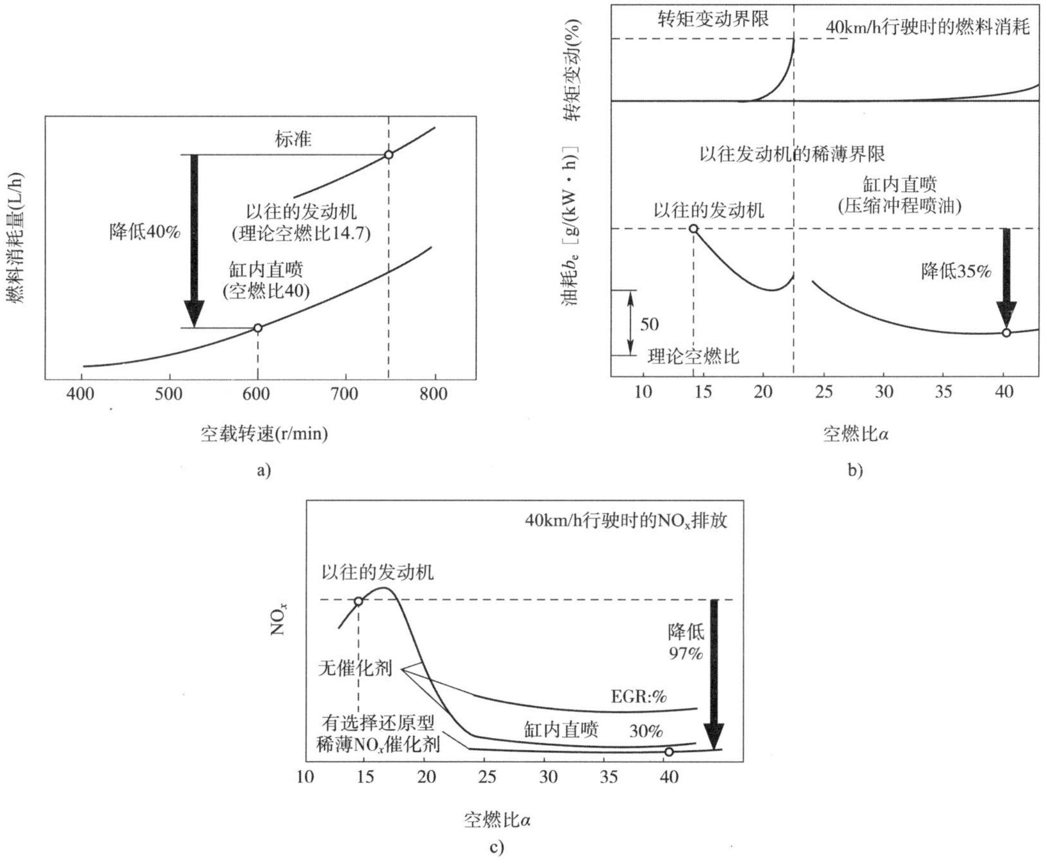

图 3-29　三菱公司 GDI 发动机性能改善效果

2. 丰田缸内直喷分层充量燃烧系统

丰田公司的 D-4 缸内直喷式稀燃发动机燃烧系统如图 3-30 和图 3-31 所示。通过安装在进气道上的电子涡流控制阀(E-SCV),形成不同角度的斜向进气涡流。燃烧室为半球屋顶形,活塞顶部设有唇型深皿凹坑,与进气涡流旋向以及高精度的喷油时间和喷油方向控制相配合,在火花塞周围形成较浓的易点燃混合气区域。为抑制扩散燃烧所产生的黑烟,采用高压(8~

13MPa)旋流喷油器，可实现高度微粒化（喷雾粒度小于 5μm）。为控制分层燃烧时 NO_x 的产生，采用了电控 EGR 系统。装有紧凑耦合三元催化转换器和吸附还原型稀燃催化器。

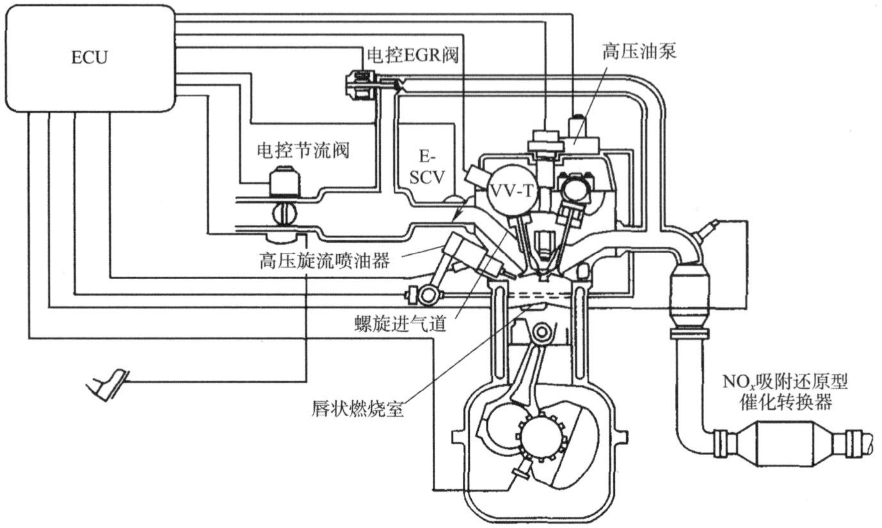

图 3-30　丰田 D-4 缸内直喷式稀燃汽油机

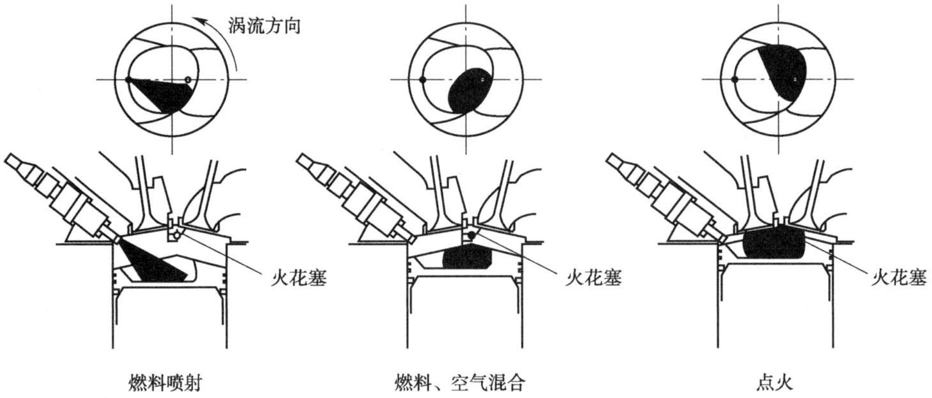

a)

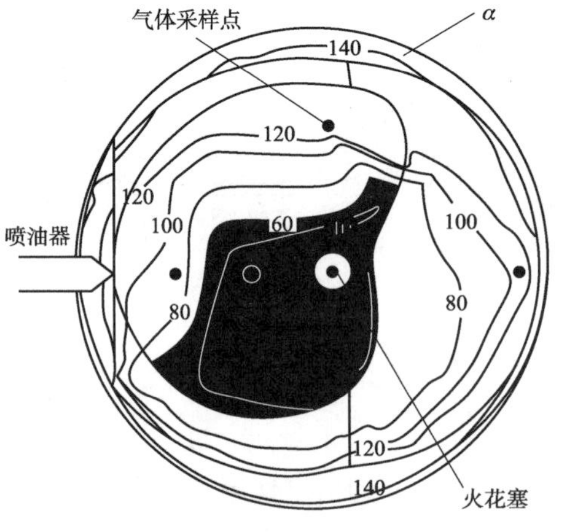

b)

图 3-31　丰田 D-4 发动机燃烧室混合气形成

a)燃气混合过程；b)缸内混合气浓度分布

缸内直喷式稀燃汽油机都采用灵活的电喷控制系统，以保证所有工况下都能稳定燃烧。如图 3-32 给出的 D-4 稀燃发动机控制方法所示，低速低负荷时，在压缩行程后期喷油，形成明显的分层燃烧，而在高速大负荷时，进气行程就开始喷油，以形成完全的均质化学计量比燃烧。在分层燃烧与均质化学计量比燃烧领域之间，有弱分层燃烧和均质燃烧两个区域。

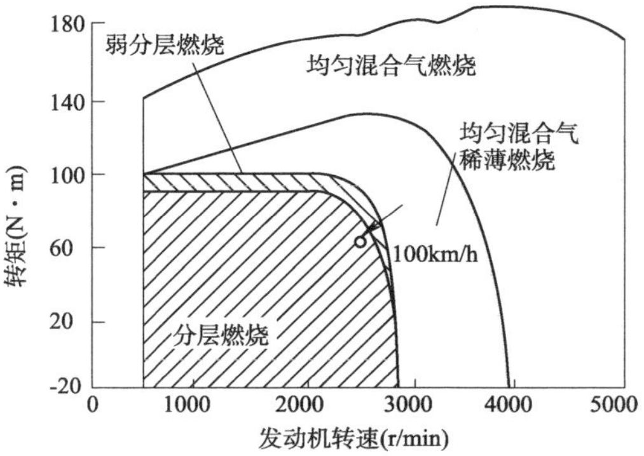

图 3-32　D-4 稀燃发动机控制方法

在装用 D-4 发动机、车重 1250kg 的自动变速器轿车上所做的日本 10·15 工况法试验中，实现了 17.4km/L 的低燃油消耗率，比同排量的传统汽油机轿车节油 35%。

第五节　废气涡轮增压发动机

由于废气涡轮增压可以明显提高发动机动力性，降低油耗及排放，因此，现代缸径小于 100mm 的汽车发动机越来越多地采用废气涡轮增压技术。

一、废气涡轮增压发动机性能

1. 增压柴油机

增压的目的在于提高功率，因为伴随着空气量的增加，相应地增加了循环供油量，即可增加功率。同时，在排量和发动机质量基本不变的条件下，比质量、升功率和平均有效压力指标也大大提高。

就改善经济性而言，柴油机增压后，平均指示压力 p_{mi} 大大增加，而其平均机械损失压力 p_{mm} 却增加不多，因此，机械效率 η_m 提高；同时，由于增压适当加大了过量空气系数 ϕ_a，使燃烧过程得到一定改善，其指示热效率 η_{it} 往往也会有所提高。此外，增压机大多做泵气正功，也会使指示热效率提高(图 3-33)。如果增压和非增压发动机功率相同，则增压发动机可以减少排量，显然，这样使机械损失减少，燃油消耗率降低。另外，由于发动机排量减少，整台发动机体积、质量都会减少，这样对降低整车油耗也有利。发动机采用增压后，还可以在保证原有

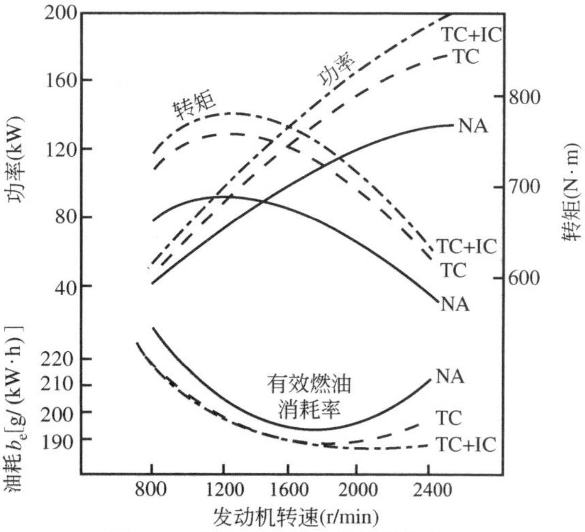

图 3-33　增压后发动机性能的提高

NA-自然吸气；TC-涡轮增压；TC + IC-增压加中冷

功率和一定转矩下，适当降低转速。这样，由于机械损失和磨损减少，对改善燃料经济性有利。

从排气污染和噪声角度来看，由于增压柴油机有较充足的过量空气系数，有害气体（HC、CO）排放量一般为非增压机的1/3～1/2，如果措施得当，例如，采用增压中冷技术，可显著减少 NO_x 排放。由于增压后，柴油机着火延迟期缩短，压力升高率降低，可以使燃烧噪声减少，同时，由于涡轮增压器的设置，使进、排气噪声也有所减少。

但是，涡轮增压柴油发动机也存在一些弱点，主要体现在低速转矩特性和加速性下降等方面。低速时，由于增压压力下降，转矩 T_{Tq} 的增量明显比高速时低，这就使转矩特性在低速段很不理想，影响汽车加速性能及爬坡性能。起动时，由于未建立增压压力，而增压机的压缩比 ε 又比较低，所以起动、着火有一定困难。此外，动态过程中，气体压力反应缓慢，增压器叶片也有较大惯性，致使各种响应都变慢，不仅进一步影响了加速及起动性能，也因过渡过程拖长而使此时的排放和经济性能变差。

2. 增压汽油机

汽油机增压同样可以提高功率和转矩。但汽油机增压后，压缩终点和温度都加大，实质上相当于使压缩比提高；另一方面，汽油机混合气浓度范围窄，其空燃比接近化学当量比。因此，爆燃倾向加剧，热负荷更加严重。若燃料辛烷值不提高，就必须采取降低压缩比、推迟点火等相应措施，其结果会导致热效率的下降。此外，汽油机增压同样存在低速转矩特性和加速性能下降的问题。

近年来，由于电子技术及增压中冷技术的广泛应用，汽、柴油机增压技术存在的共同问题，已得到较好地解决。例如：电子可变涡轮喷嘴环截面控制、电控增压压力控制等技术的应用可以有效改善低速转矩特性和动态特性；电控燃油喷射技术，实现了定时和转矩特性（油量特性）的优化；特别是电控爆燃控制、电控废气再循环控制以及增压中冷技术的采用，对防止增压汽油机爆燃和降低热负荷十分有利。

二、增压压力控制

发动机增压时要防止增压器超速及增压压力过高。涡轮增压器超速可能损坏压气机及涡轮旋转零部件，造成严重事故。增压压力过高则可能使汽油机发生爆燃，使柴油机机械负荷及热负荷过高。控制增压压力有三种办法：①排气旁通，减少进入涡轮的排气及其能量；②部分增压空气返回到压气机入口或大气中，减少入缸的空气量；③通过电脑自动控制。

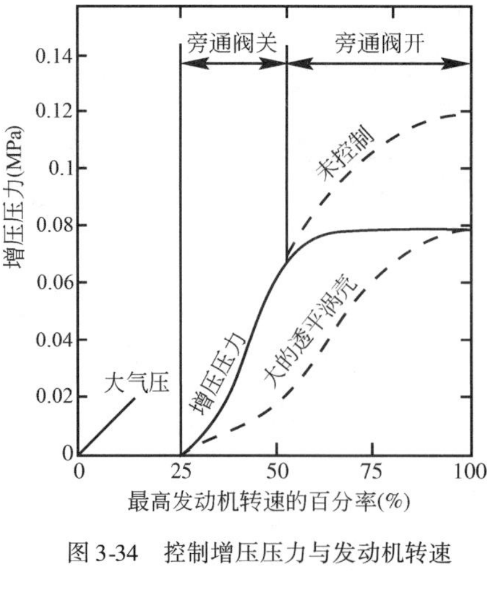

图3-34　控制增压压力与发动机转速

1. 排气旁通

涡轮增压发动机的离心式压气机，通常在1/4发动机额定转速以下的转速范围内，出口空气压力增加甚微。高于该转速后，压力逐步上升（图3-34），如果不采用排气旁通，则压力沿着虚线上升，会超过发动机能承受的最高增压压力。因此要采取排气旁通或别的措施，使其压力控制在允许值以下，图中所示为0.09MPa以下。在一定具体条件下，采用大的涡轮及涡壳,也可以使压力较低,如图中虚线所示,但这是不经济的。

为了防止涡轮增压器的超速及增压压力过高,可以采用提升阀(图 3-35)等措施来控制排气旁通的通道。旁通阀的开、关是由膜片作用器控制的。后者通过涡壳或排气管中压力的变化使其工作。在一些负荷高的特别运转工况下,将会有 30% 左右的排气从旁通阀排出,以保持适度的增压压力。

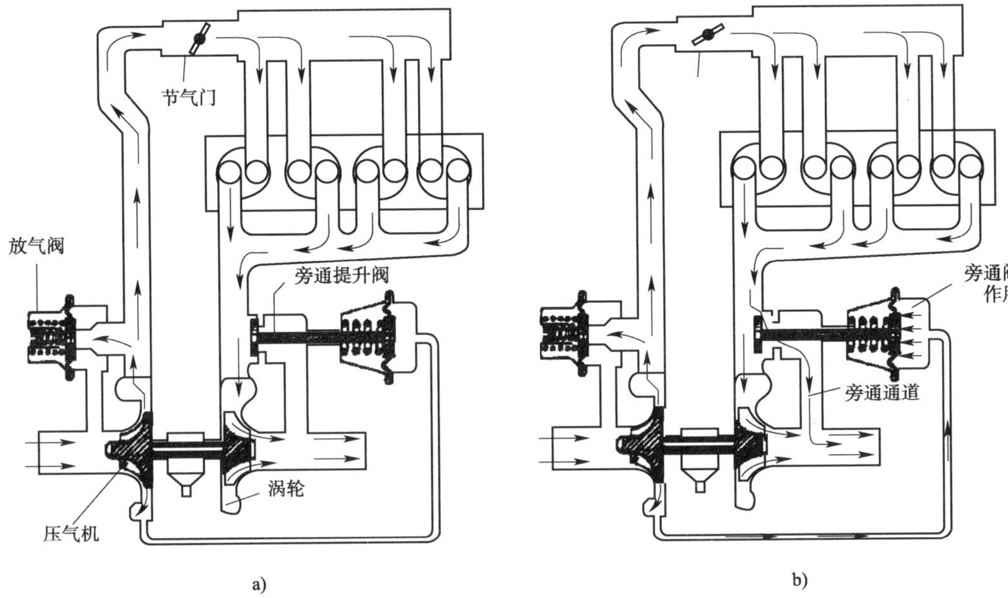

图 3-35　排气旁通增压系统

a)旁通阀关;b)旁通阀开

提升阀的阀杆较长而且与排气直接接触,因此壳体外部应设计散热翅片,以提高散热效果。还有用空气冷却旁通阀的结构,如图 3-36 所示。提升阀杆的上部有中心孔通道,将从压气机出口有压力的空气引入旁通阀的壳体内,冷却阀后排出。另一方面,从阀杆与阀导向管间隙渗入的排气,也由压缩空气从排气旁通管路中压到排气管中,减轻旁通阀及膜作用器的热负荷。

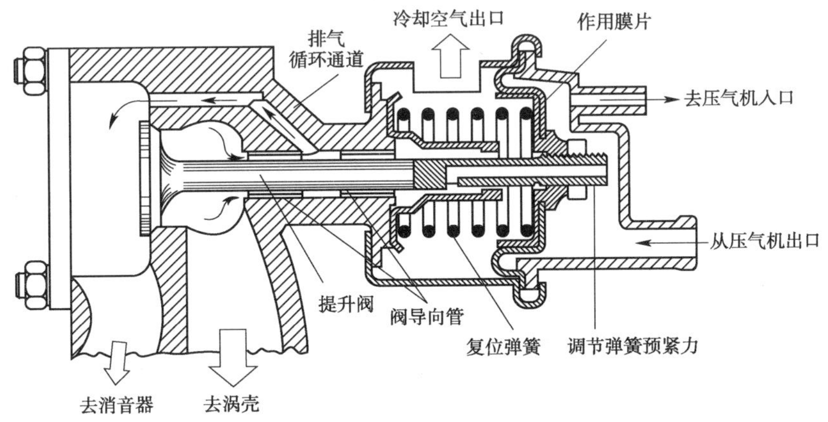

图 3-36　旁通阀及膜片作用器的冷却

控制排气旁通阀的开、关有两种方法,一是由压气机出口的增压空气控制(图 3-35),另一方法是由排气背压及压气机入口处形成的真空度联合控制(图 3-37)。前一种方法是用软管将压气机涡壳空腔与膜片作用器的空腔连接起来，传递压气机出口处空气压力变化信号。当发动机在正常的稳定状态下工作，增压压力不高，提升阀是关闭的[图3-35a)]。当增压压力超过某一规定值时，提升阀打开，部分排气不进入涡轮，而由旁通管直接排入大气中，因此涡轮转速不会上升，压气机出口压力也保持在限定值以下。

在用排气背压及压气机入口处真空度联合控制时，当发动机在中等转速部分负荷工作时，排气背压通过钢管传递，作用在膜片作用器的膜片上，使旁通阀部分打开[图3-37b)]，实现控制增压压力的目的。如果发动机在中速、高速大负荷工况工作，输入涡轮的排气能量增加，使压气机转速及出口压力进一步上升，此时压气机入口处真空度增大，其影响与排气背压同时作用在膜片作用器上。使旁通阀打开[图3-37c)]，更多的排气从旁通阀排入大气中，使增压压力保持在一定范围内。

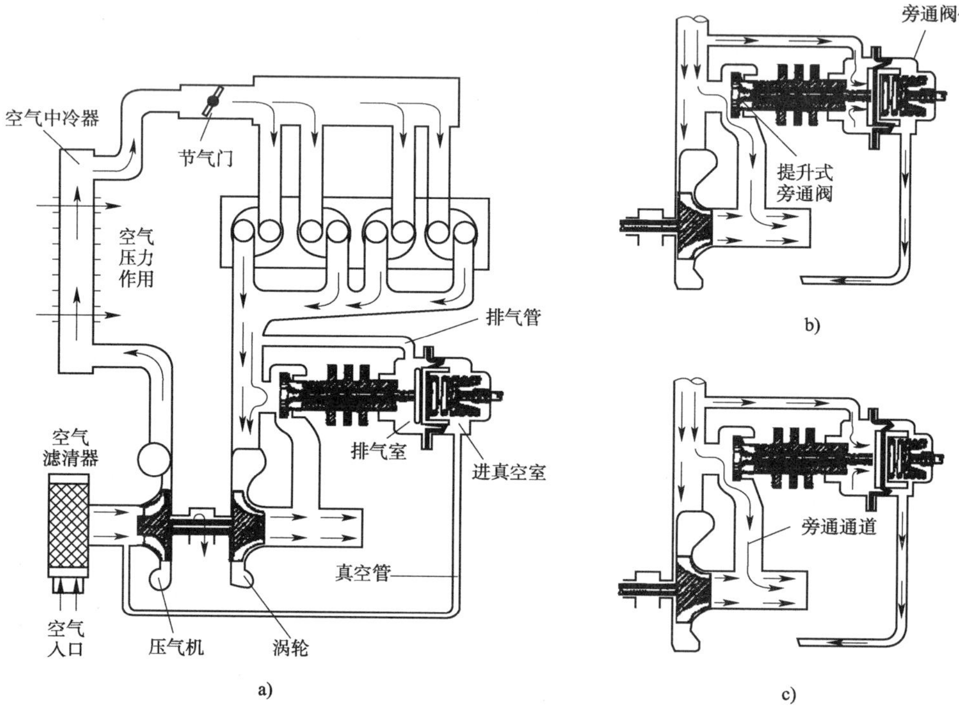

图3-37　排气背压及压气机入口处真空度控制的增压系统

a)旁通阀关；b)旁通阀部分打开；c)旁通阀全开

2. 空气旁通

控制增压压力另一种方法是让部分增压空气不进入汽缸，仍然回到压气机入口处(图3-35)或者是限制进入压气机的空气(图3-38)。前一种方法由于部分增压空气未被利用，又消耗了部分涡轮的功，对增压发动机的效率有一些影响。后一种方法是将化油器的节气门通过杆件与空气直接进入汽缸的旁通进气道中一阀门连接在一起。当节气门开度很小，例如小于1/3开度，那么旁通进气道中的阀门打开[图3-38a)]，大部分空气不经过压气机直接进入汽缸中。当节气门开度大于1/3开度时，旁通进气道中阀门关闭，空气进入压气机，从而使发动机在一定增压压力下工作[图3-38b)]。

3. 自动控制

上述控制旁通阀的弹簧有一定的刚度，对发动机转速、缸内燃烧状态迅速变化的反应灵敏度差，因此最好采用较弱的弹簧以及电磁线圈控制旁通阀。

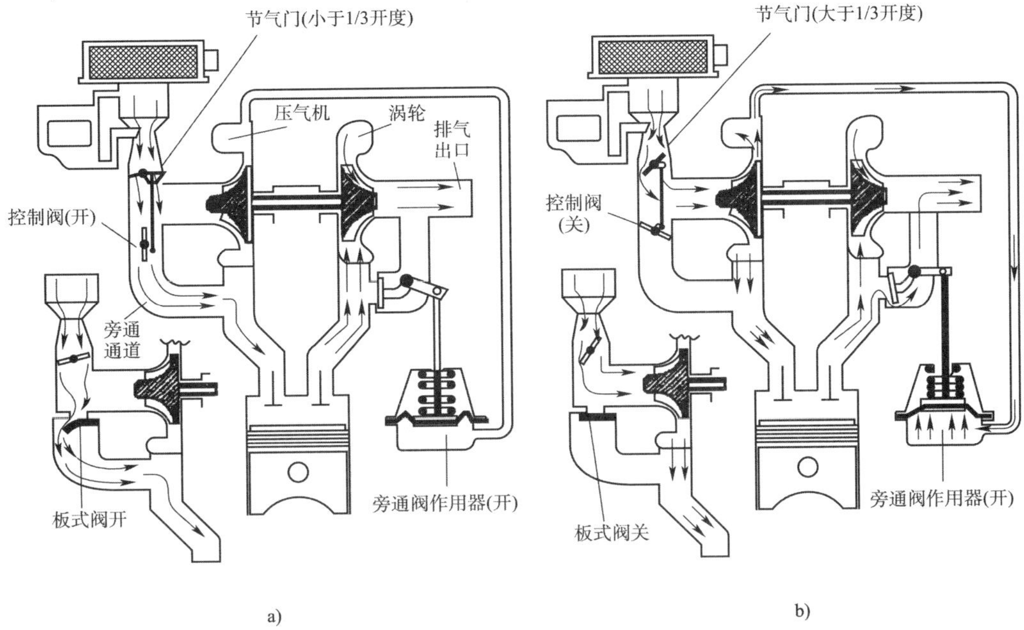

图 3-38　空气旁通的增压系统

a）低速轻负荷工况；b）高速重负荷工况

该系统主要由微处理机、压力传感器、转速传感器（图 3-39 中表示通过分配器提供转速变化信号）及敲缸传感器组成。输入信号经过处理后，微处理器给电磁线圈发出指令，控制旁通阀开或者关。

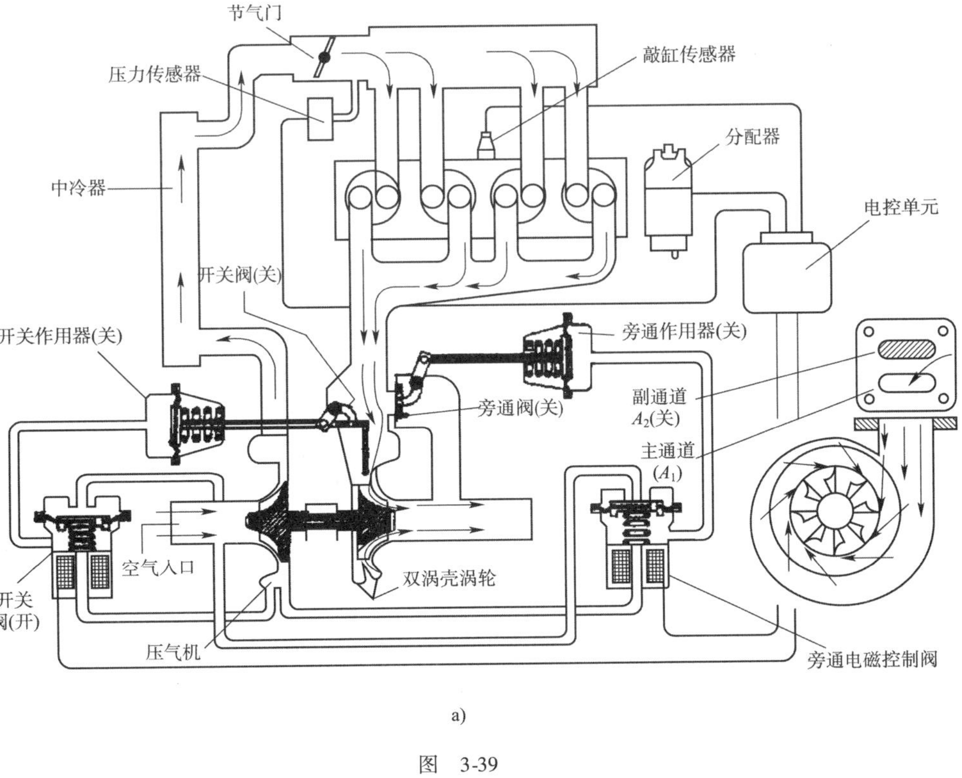

a)

图　3-39

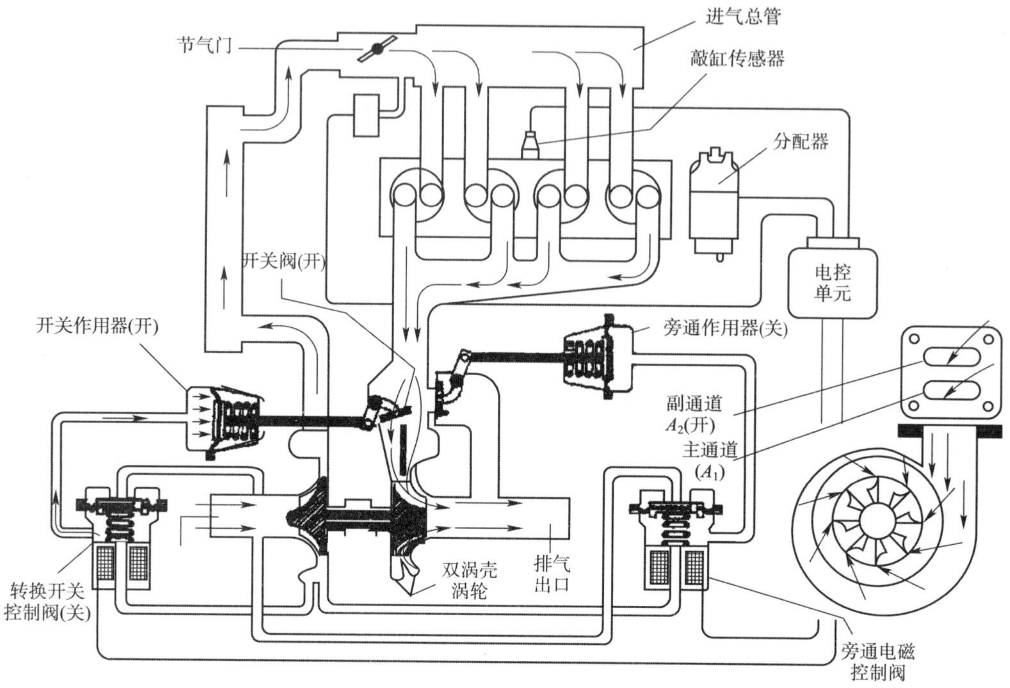

b)

图 3-39　双通道涡壳增压系统

a)低速轻负荷工况;b)高速重负荷工况

由于采用了微处理器控制,在发生敲缸征兆时,可以自动推迟点火提前角,避免敲缸,因此采用这种控制系统的汽油机增压后,可以不降低压缩比,采用原先使用的汽油。

三、可变涡壳通道及喷嘴环流通截面的涡轮

为了使涡轮增压器适应发动机工况的变化,进一步提高性能,可以采用可变涡壳通道及喷嘴环流通截面的技术。

1. 双涡壳通道的涡轮

涡轮的涡壳入口通道由壁板分隔成两个通道,然后再汇总到涡轮叶轮边缘入口处。于是涡壳入口流道分成两部分入口 A_1 及 A_2(图 3-39)。在涡壳总入口通道处,有与转换开关控制阀相连的开关平板阀。平板阀的开关是由电控单元及电磁阀来控制。当平板阀关闭时,涡壳 A_2 通道被关闭,排气仅从 A_1 通道流向涡轮喷嘴环[图 3-39a)]。当平板阀打开时,排气则从 A_1 及 A_2 两个通道流向涡轮[图 3-39b)]。

发动机在低速工作时,排气仅通过截面为 A_1 的通道流向涡轮[图 3-39a)]。由于流通截面较小,排气流速增加,并以接近 90°的角度冲向涡轮的叶片,推动叶轮旋转的能量大,于是涡轮及压气机的转速都迅速增加。而在发动机转速较高时,平板阀门开启。排气经过 A_1 及 A_2 两个通道流向涡轮,气流速度较低,并以钝角射向叶片,于是涡轮及压气机保持在适度的转速上。

使用小的涡壳通道 A_1 可以提高发动机低速时涡轮工作响应敏捷性,减小其滞后现象。同时使用 A_1 及 A_2 通道时,实现涡轮增压器转速及增压压力自我调节的作用,并且可以减小排气背压,改善了发动机的充气及热效率。

2. 可变涡壳通道的涡轮增压系统

涡壳通道流通截面因曲面形阀门不同开度而改变[图 3-40a)及 b)]。如果压气机叶轮

直径为 53mm，涡轮直径为 49.9mm。那么通过曲面形阀门的转动，可以将通道由最小的流通截面 313mm^{2}变到最大的流通截面 858 mm^2。

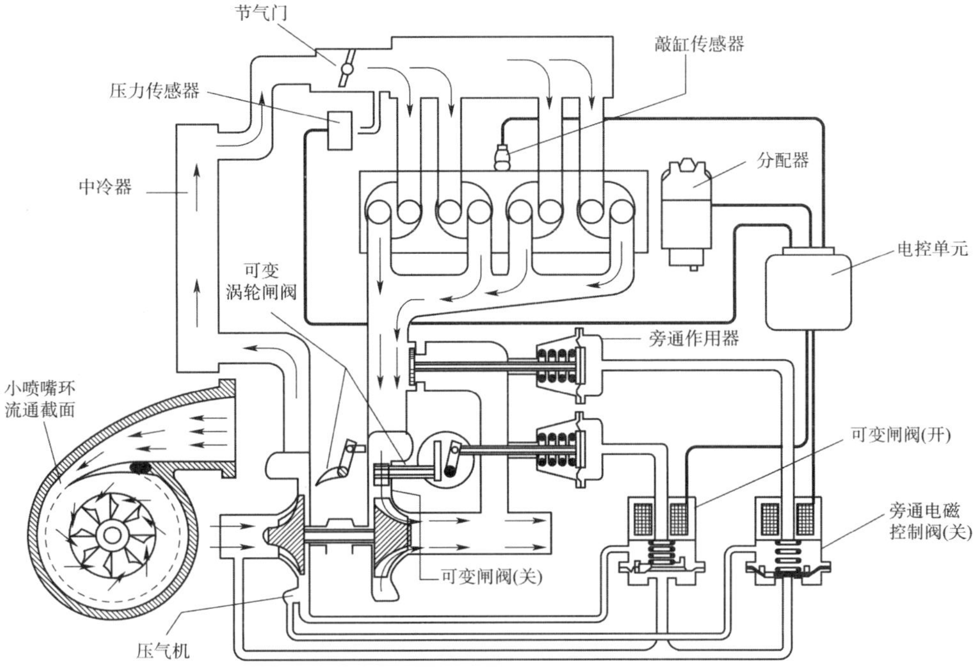

a)

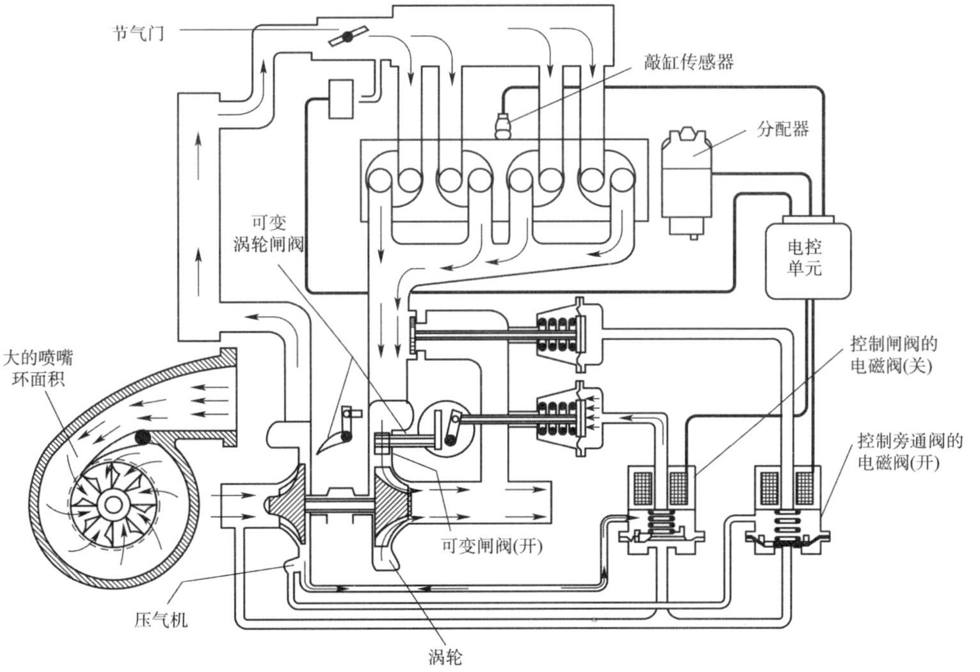

b)

图 3-40　可变涡壳通道截面的增压系统

a) 低速运转闸阀关；b) 高速运转闸阀开

曲面形阀门由膜片式作用器操纵,后者本身由可变阀角度控制器控制。控制器可以让增压空气的压力传递到膜片上,使曲面形阀开启,让通道打开。需要时,放走增压空气,让曲面形阀关掉部分通道[图3-40a)]。流通截面减小后排气流速及撞向涡轮叶片的冲量增加,于是涡轮增压器轮转速及增压压力上升。如果流通道截面扩大[图3-40b)],其结果则相反。

由于曲面形阀门的转动是逐步连续的,也就是说流通截面大小的变化可以是连续无级的,并且由微处理器控制。另外,同样可以通过排气旁通阀控制增压器的转速及增压压力。这样在较大程度上改善了增压系统的工作性能。

3. 可变喷嘴环流通截面的涡轮

可变喷嘴环流通截面的涡轮可用通常的涡壳,然而在叶轮圆周上面,安装一个多个叶片角度在上面可以同步转动的圆盘[图3-41a)及b)],叶片转动角度一般可达30°。叶片的转动是由电控单元通过执行机构实现的。这样就形成了流通截面可变的喷嘴环。

在发动机低速、低负荷工况,叶片转动使流通截面变小,排气流速增加,并以较小的角度、较大的冲量推动涡轮高速旋转[图3-41a)]。而当发动机在高速及较大负荷工作时,叶片的转动使流通截面变大,于是排气流速减小,并以较大的角度、较小的冲量推动涡轮旋转[图3-41b)]。于是增压器的转速及增压压力被控制在适当的水平上。

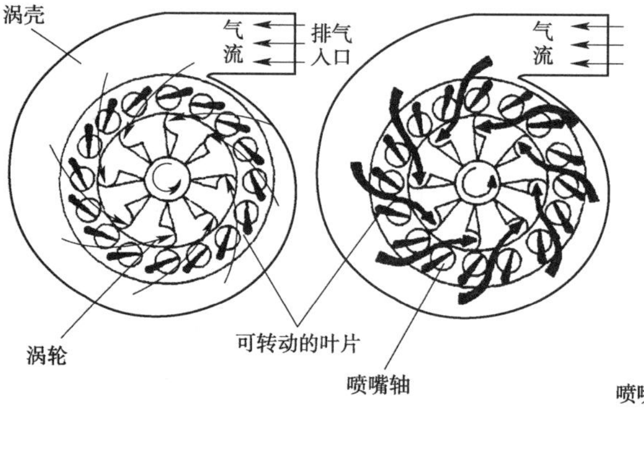

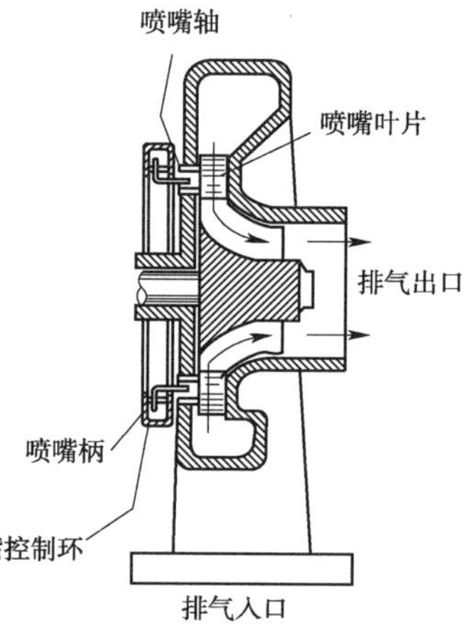

图3-41　喷嘴环流通截面可变的涡轮

a)喷嘴叶片接近关闭状态;b)喷嘴叶片接近全开状态

这种增压方案结构较复杂,成本也较高,但是它可以改善涡轮增压器的响应特性,可以在发动机高负荷减小排气背压,提高充量系数及热效率。可以将增压器设计得更合理,匹配得更好。

图3-42表示通常的增压器、无叶涡轮增压器及可变喷嘴环流通截面增压器增压压力的比较。由图可知,发动机在低转速时,可变喷嘴环流通截面增压器有较高的增压压力,满足了低速大转矩的要求,而在发动机高转速时,增压压力并没有超压现象而可控制到接近带放气阀增压器所产生的增压压力(图3-34),众所周知,放气阀放气对排气能量是一个极大损失,如同涡轮处于极差的效率下工作,而采用可调截面喷嘴的涡轮则处于较高效率下工作,排气能量得到充分利用,有利于提高发动机经济性。

四、汽油机增压系统的常用措施

1. 电控汽油喷射系统

电控汽油喷射系统在增压汽油机上应用，成功地摆脱了增压器与化油器匹配的困难，为汽油机增压技术奠定了基础。通过电控技术的应用，还为在汽油机增压系统中实现爆燃控制、放气控制、排放控制、增压器可变技术的应用等综合控制带来了方便。图3-43为增压汽油机的电子控制系统。另外，现代汽油机上多气门机构的普遍应用（如双顶置凸轮轴四气门机构DOHC4），更加充分地发挥了增压技术的优势，对促进整机高速动力性起了重要的作用（图3-44）。

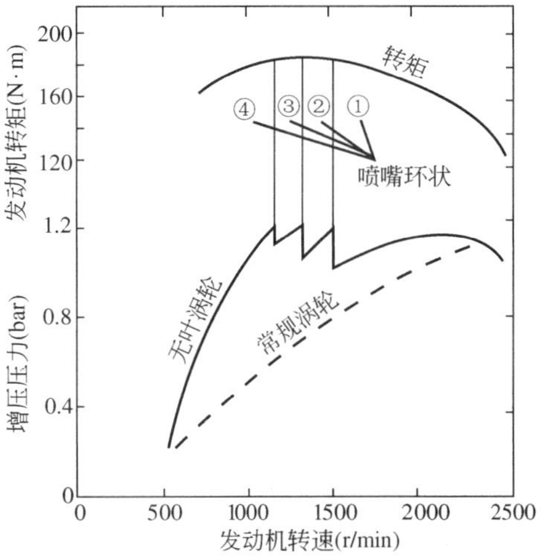

图3-42　不同形式涡轮增压器增压压力的比较

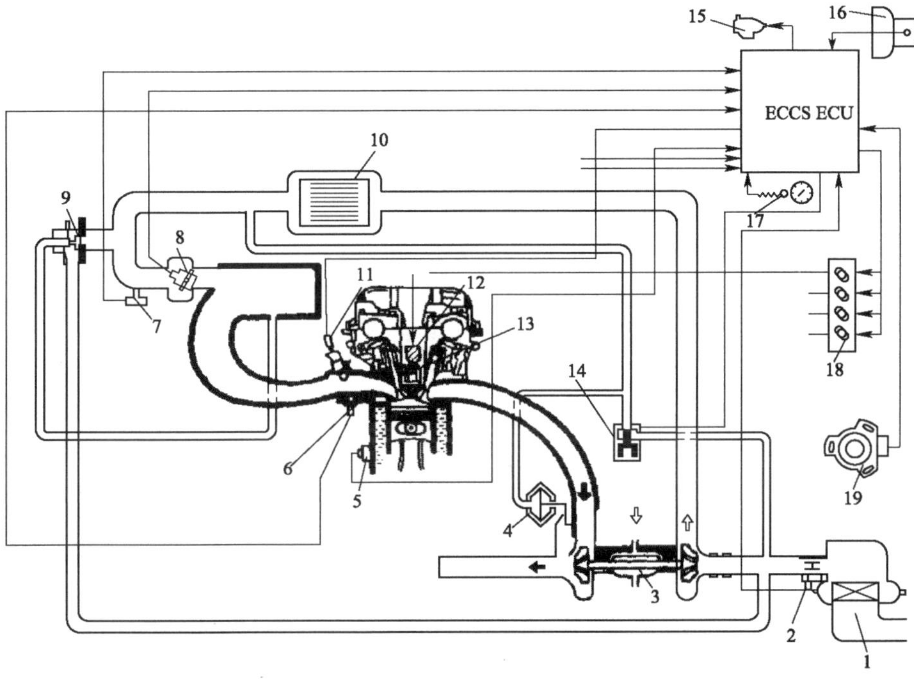

图3-43　增压汽油机的电子控制系统

1-空气滤清器；2-空气流量计；3-涡轮增压器；4-放气阀；5-爆燃传感器；6-冷却液温度传感器；7-增压压力传感器；8-节流阀位置传感器；9-EGR阀；10-中冷器；11-喷嘴；12-点火线圈；13-火花塞；14-比例式压力控制电磁阀；15-电动汽油泵；16-变速器空挡位；17-车速传感器；18-点火正时控制信号；19-曲轴转角传感器

2. 电控爆燃控制

为克服因增压而带来爆燃倾向的增大，可采用为消除爆燃的点火提前角自适应控制。图3-45为爆燃控制的输入处理回路。图3-46为对爆燃进行控制过程的波形图。通过爆燃传感器检测其爆燃信息，将输出波形进行滤波处理，并判定有无爆燃发生以及爆燃发生的强弱，然后由微机进行分缸控制。首先延迟发生爆燃那一缸的点火提前角，待爆燃消除后，自适应地逐步加大点火提前角，使发动机处于既不发生爆燃，又处于较为理想的工作状态。采用爆燃控制以后,可以在避免发生爆燃的前提下,最大限度地发挥整机潜力(图3-47)。

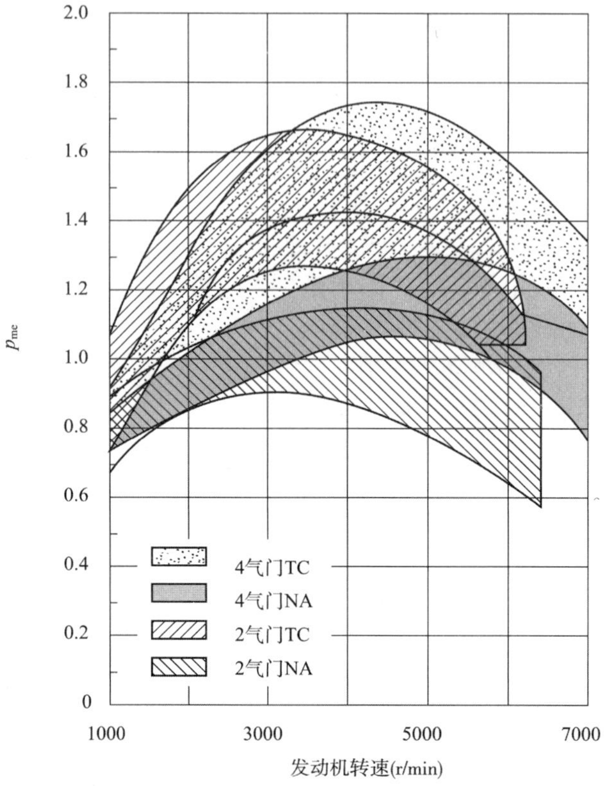

图3-44 四气门机对增压机型的影响

TC-增压;NA-自然吸气

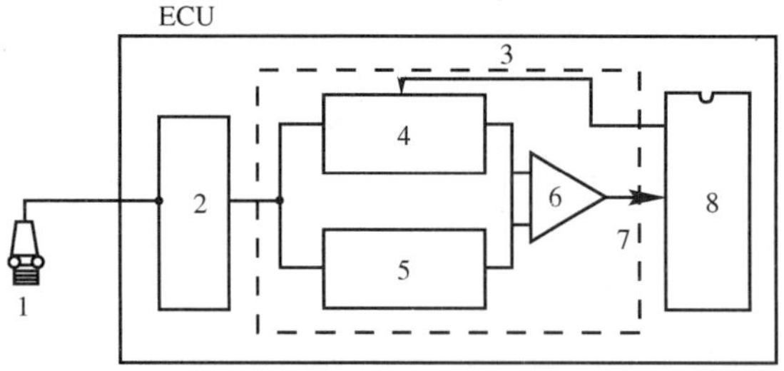

图3-45 爆燃控制的输入处理回路

1-爆燃传感器;2-滤波回路;3-爆燃判定区间信号;4-峰值检测;5-比较基准;6-爆燃判定;7-爆燃信号;8-微机

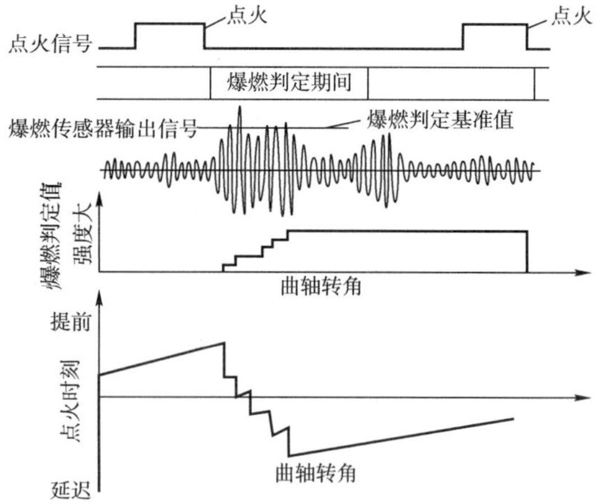

图3-46 爆燃控制过程的波形图

3. 增压中冷

增压空气进行中冷,对增加充量、降低热负荷、消除爆燃均十分有利。例如,对增压的爆燃极限进行系统试验表明(图3-48):对于确定的燃料辛烷值及确定的ϕ_a值,降低增压空气温度,可提高增压压力。在图3-49中,增压压力为0.184MPa,增压空气温度从110℃下降到66℃,则汽油机功率从260kW上升至300kW,有效燃油消耗率从245g/(kW·h)下降到210g/(kW·h),点火提前角从23°提前到30.5°。由此可见,增压汽油机采用中冷后,对提高功率、降低油耗、减轻爆燃都是有利的。

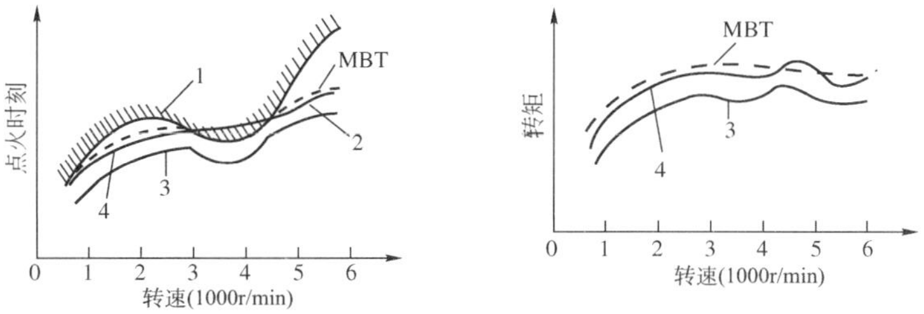

图3-47　点火时刻和爆燃的关系

1-爆燃范围;2-余量幅度;3-无爆燃控制时;4-有爆燃控制时; MBT-最大转矩的点火提前角

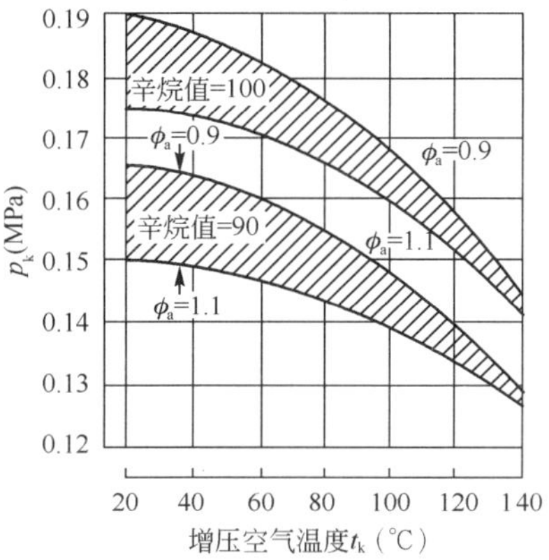

图3-48　t_k对p_k、ϕ_a、燃料辛烷值的影响

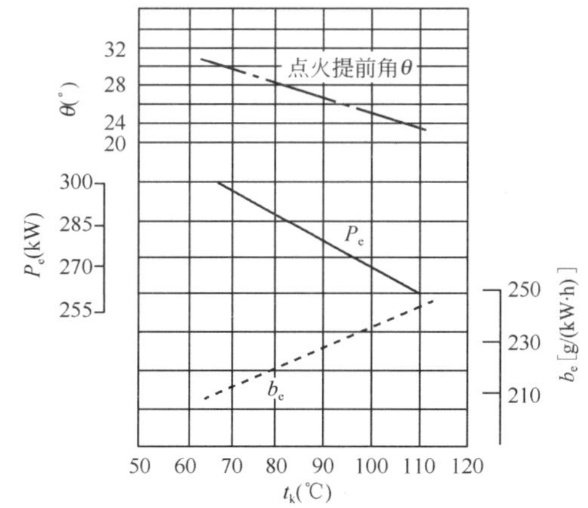

图3-49　增压空气温度对发动机性能的影响

第六节　汽油机燃油喷射与点火系统电子控制

一、系统发展简述

汽油机电控燃油喷射与点火系统是汽油机中最早开发应用,也是最重要的电控系统。

早在20世纪初、中期,机械式汽油喷射装置就已用于航空活塞式汽油机和少量高级小轿车汽油机中。汽油喷射是利用油泵、油嘴直接将计量好的汽油在进气过程中喷到气门口或汽缸内实现预混合的一种技术。它基本上能克服化油器除排污一项之外的其他缺点,性能上有很大改进。但由于机械喷射系统结构复杂、成本高,不可能在大量生产的车用汽油机中得到推广。

电控加上汽油喷射则使情况大为改观。不仅喷射装置的机械结构大为简化,还可以利用氧传感器的反馈控制和三元催化转换器使各项气体排放污染物达到最低水平。电控汽油喷射装置(主要指多点喷射)除具有汽油喷射制备混合气的各种优点之外,还具有电子控制的其他各种优越性,加上优良的排放控制性能,以使当前发达国家的车用汽油机几乎毫无例外地应用电控燃油喷射技术。

电控汽油喷射系统能发挥如此大的作用,是同电控点火系统的组合应用分不开的。

点火装置是影响汽油机性能的另一个重要系统。点火系统由最初的机械断电器点火系统,发展为晶体管触点点火系统(TAC),再进一步发展为各种无触点的点火系统,进而再发展为数字式电控点火系统。点火系统的性能,如点火提前特性、点火闭合角控制特性、点火能量以及抗爆燃性能等都有了极大的改进和提高。这些优越的性能与电控汽油喷射技术相配合,使得近代汽油机的性能达到了一个新的高度。

二、复合功能的电控多点燃油喷射与点火系统

电控汽油喷射系统有单点喷射与多点喷射之分。单点喷射就是在原汽油机化油器喉管位置处设置一个喷嘴供各缸之用,如图3-50a)所示;多点喷射则是各缸有单独的喷嘴供油,如图3-50b)所示。单点喷射虽然结构简单,但解决不了各缸性能不均匀的缺点。多点喷射则因各缸可自行调控,再加之喷油与进气互不干扰,所以各缸的均匀性和进气系统的设计,均可达最优水平。

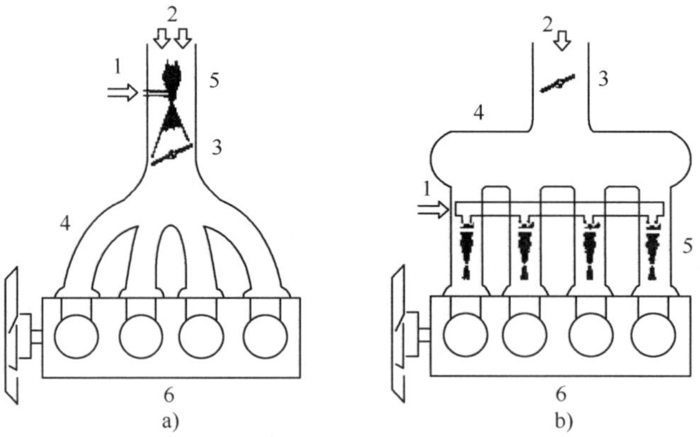

图3-50 汽油机单点与多点电控燃油喷射系统

a)单点喷油系统示意图;b)多点喷油系统示意图

1-燃油入口;2-空气入口;3-节气门;4-进气歧管;5-喷油器;6-发动机

多点燃油喷射与电子点火相结合,使用同一电控单元(ECU)控制,并且具有发动机和动力传动系统的管理功能,这种系统称为复合功能的电控多点燃油喷射与点火系统。这是当前汽油机中应用最广泛的系统之一。下面以德国Bosch公司开发的Motronic系统为例,

说明其工作原理和各种功能。

(一)工作原理

图 3-51 为 M_2-Motronic 系统示意图。由图可明确分辨出汽油机的进气、排气、供油、点火及燃烧室诸系统,并了解系统沿线的各种元件、结构以及附设的传感器装置。

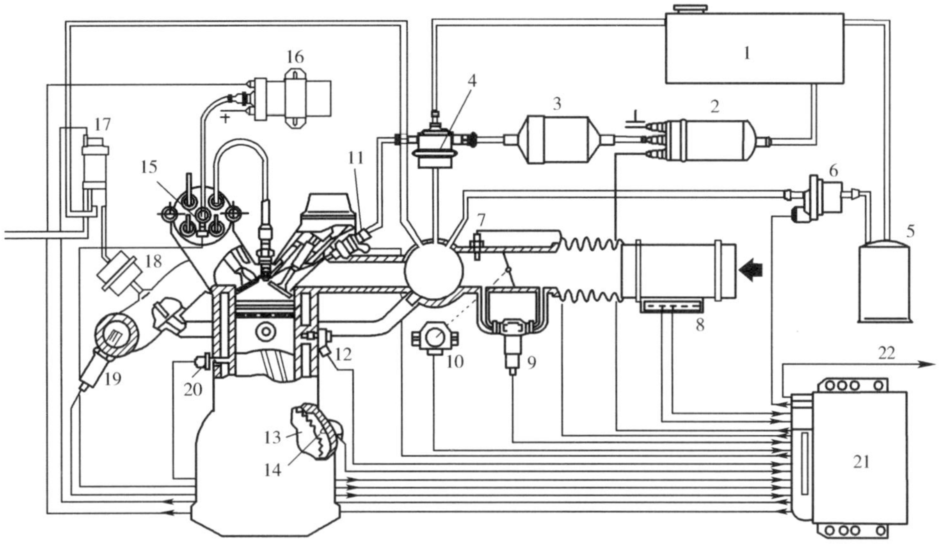

图 3-51 M_2-Motronic 示意图

1-油箱;2-电动汽油泵;3-滤清器;4-燃油压力调节器;5-活性炭过滤器;6-油箱通风阀;7-进气温度传感器;8-热线空气质量测量仪;9-怠速调整器;10-节气门开关;11-喷油器;12-爆燃传感器;13-飞轮;14-转速和标识传感器;15-相位传感器;16-点火线圈;17-压力调节器;18-废气再循环阀;19-氧传感器;20-温度传感器;21-电控单元;22-诊断

仅就电控系统的工作原理而言,首先是各传感器及有关的信息都输送到图 3-51 上 21 所示的电控单元 ECU 中。ECU 接收信号后,根据系统中储存的数据(软件),求出对应于该工况的点火提前角、喷油持续时间(供油脉宽)和点火闭合角等参数,再命令执行器完成上述指令而进行正常运行。图 3-52 表示了系统中一些控制软件的 MAP 图,它是各工况对应的控制参数数值的曲面图形。而本系统的执行器,就是图 3-51 上的电动汽油泵 2、喷油器 11、油箱通风阀 6、怠速调整器 9、点火线圈 16、压力调节器 17 和废气再循环阀 18 等部件。

电控系统有两种控制模式,一种为开环控制,即根据输入 ECU 的信息直接按控制特性 MAP 图(图 3-52)的数值直接输出;另一种则为闭环控制,即 ECU 输出执行的结果再次反馈回 ECU 中进行误差判断,重新调整输出,经多次反复直到满足要求为止。采用闭环反馈控制的目的是为了避免元件制造误差、元件老化、机械磨损等各种原因所形成的控制偏差,以保证较高的控制质量。Motronic 系统正常行驶条件下供油脉宽的控制就是典型的反馈闭环控制,此时利用装于发动机排气管上的氧传感器 19 反馈回排气中氧的浓度,ECU 据此算出这一瞬间的真实空燃比值,经过与所要求的理论值比较后,对喷油量进行修正。其效果是使大多数工况的真实空燃比始终处于三元催化转换器所需的“窗口”之内,保证它有效的排气净化效果。

(二)控制功能

1. 喷射控制

喷射控制指的是对喷射持续时间(脉宽)的控制。发动机在不同工况条件下对空燃比的要求各不相同。由于环境对充量的影响,空燃比确定后并不等于喷油量就不变。喷油量确定后,由于蓄电池电压变化等因素也不等于喷油脉宽就不变。此外,加、减速等动态条件下油量还有所变化。可见喷油脉宽的控制要考虑很多因素。

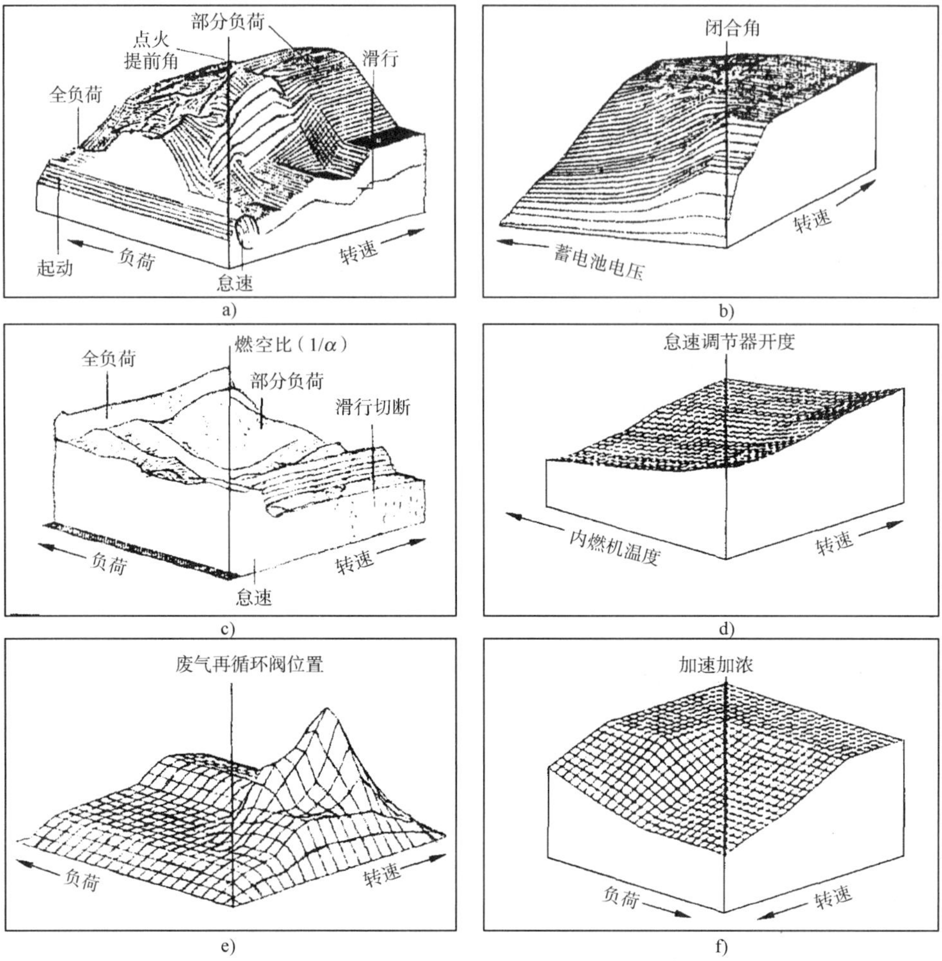

图 3-52 Motronic 特性场

a)点火提前角;b)闭合角;c)燃空比(1/α);d)怠速调节器开度;e)废气再循环阀门位置;f)加速加浓

首先以标准大气压力和进气温度 20℃状态下按化学计量比确定的循环油量为基本数据,然后进行如下调控。

1)稳定工况供油控制

建立如图 3-52c)所示的稳定工况混合气燃空比 1/α❶ 的 MAP 控制图。在进行氧传感器反馈控制的工况中,燃空比为化学计量燃空比,其余为开环控制。开环部分包括:大负荷、全负荷加浓;小负荷和怠速工况提供较浓混合气;超速断油。

在图 3-52 中与起动有关的工况未设定燃空比控制,而是按起动所需油量直接控制。

2)冷起动及起动后暖机的供油控制

发动机起动转速过低,变化又急剧,难于直接测定空气质量流量,所以起动油量是根据冷却液温度通过直接查表(ECU 中软件)而得,如图 3-53 所示。

---

❶ 混合气燃空比是空燃比 α 的倒数。西方国家常以燃空比表示混合气浓度。

起动所需较大的油量可以通过两种方法获得：一种是通过各缸喷油器延长喷油脉宽而得，Motronic 即为此法；另一种则是专设冷起动阀来补充油量。

冷起动后发动机进入暖机阶段。此时由于温度仍很低，还需要供给较大的油量。暖车初期随时间变化而供给不同油量称为起动后加浓，其值与冷却液温度有关，延续时间约为30s。之后发动机只需少量加浓即可，它也将随冷却液温度不同而得到调节。图 3-54 即为暖车加浓系数 F 随时间变化之一例。

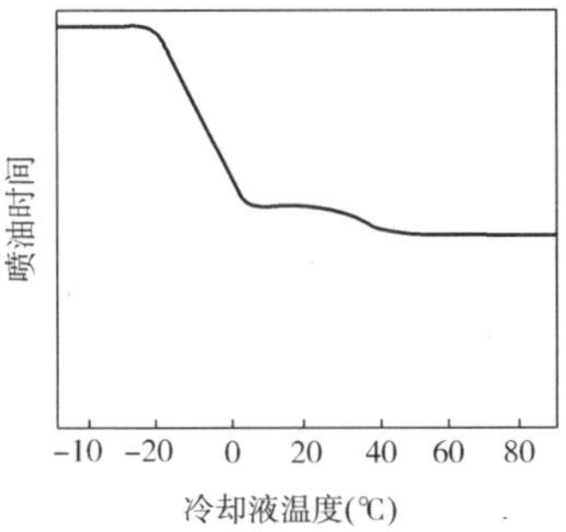

图 3-53　起动时冷却液温度与喷油时间的关系

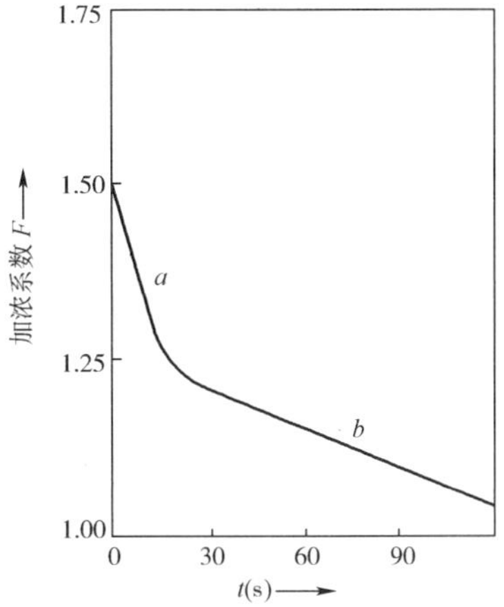

图 3-54　暖车加浓系数 F 随时间的变化
a-时间因素占主要部分；b-发动机温度因素有关的部分

3）加、减速工况的供油控制

在标准状态化学计量比喷油量基础上，还要随不同加、减速速率进行加浓或变稀。

（1）加速加浓。

ECU 将根据节气门开启速率来判断发动机处于何种加速状态。加速加浓的基本量如图 3-52f）所示。加速加浓量还取决于发动机冷却液温度和加速持续时间（速率），如图 3-55 所示。

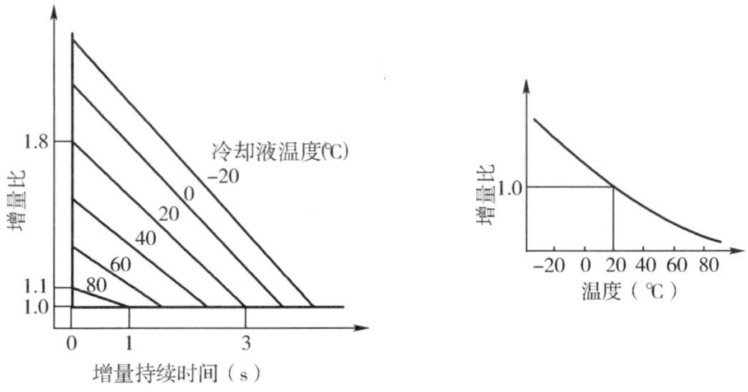

图 3-55　加速增量示意图

（2）减速减油或断油。

减速时应减少供油量以避免混合气过浓。当加速踏板全松进行滑行时，为了节油和避免排放恶化，还要求断油。

4）怠速转速与怠速油量控制

发动机怠速运转时节气门全关，进气量主要由图 3-51 上怠速调整器 9 所控制的旁通气道供给。节气门全关后,ECU 不断接收发动机的转速信号,并与控制程序中设定的最佳怠速转速对比,向怠速调整器发出指令,调整旁通气道以控制怠速转速。图 3-52d)是 ECU 中控制怠速调节器开度的 MAP 图。怠速油量则由怠速转速、空燃比、大气状态及蓄电池电压等修正后的数值提供。

5)大气状态及蓄电池电压的油量修正

对标准大气状态算出的油量还要进行如下修正:

(1)温度修正进气量与进气温度有关,高于 20℃要减油,低于 20℃则要加油。

(2)大气压力修正大气压力下降,空气稀薄要减油。这对高原行车有较大意义。

(3)蓄电池电压修正电压下降会引起喷油率下降,故要增大喷油脉宽来补偿。

2. 点火控制

点火系统的控制主要包括点火提前角控制、点火闭合角控制和爆燃控制等内容。

1)点火提前角控制

图 3-52a)为大量试验得到的发动机全部稳定工况范围内的点火提前角控制 MAP 图。但是实际运行时,还要进行很多修正,包括冷却液温度修正、加减速修正、起动触发信号提示(按起动要求调提前角)和辛烷值调节器设置(考虑汽油品质对爆燃及提前角影响)等。

2)点火闭合角的控制

点火闭合角是指点火初级线圈通电的时间(角度)。它直接影响初级线圈电流和点火能量的大小。闭合时间太长又会使线圈过热。对点火闭合角的控制不仅取决于发动机转速,还取决于蓄电池电压。图 3-52b)就是 ECU 中的点火闭合角控制 MAP 图。

3)爆燃控制

爆燃传感器安装在发动机机体上,如图 3-51 之 12 所示。它能测取机体的声波,并向 ECU 发出相应的压电电压信号,爆燃是否出现及其强度都可由此信号加以判别。ECU 接收此信号后,就会按一定程序自动推迟点火时间。有了这种功能,就可以使用大一点的提前角以改善动力、经济性能。因为无爆燃控制时,为防止爆燃,事先要留下较大的提前角裕量,即点火提前角总是调得小一些。

3. 其他参数的控制

(1)利用图 3-52e)所示的 MAP 图进行废气再循环控制。图 3-51 之 18 为废气再循环阀。

(2)油箱通风调节。图 3-51 之 6 为油箱通风阀。

(3)其他如凸轮轴控制(配气相位)、离合器控制、灭缸控制等。

4. 自行故障诊断

ECU 可以不断监视和发现电控系统的故障,向驾驶员及时显示。在有故障但仍能运行时,允许使用某一固定的参数值或代用程序以保证车辆可驶到附近维修点进行检修。

以上所述是复合功能的电控多点燃油喷射与点火系统的主要功能。还有一些功能未一一列举。并不是任何发动机都需要所有功能,要依具体情况而定。目前,由于氧传感器与三元催化转转器配套使用对降低有害排放物有突出功效,汽油机的废气再循环在欧洲已不再采用。

三、多点燃油喷射系统的喷射时序对性能的影响

存在三种不同的各缸喷射时间与顺序的安排方案,即如图 3-56 所示的同时喷射、分组

喷射与顺序喷射。

1)同时喷射[图3-56a)]

在发动机一个循环的720°曲轴转角中,各缸喷油器同时喷油一次或两次。这种喷射方式不需要各缸的判别信号,结构简单,控制也较简易。其缺点是各缸喷油时刻距进气时间的间隔彼此差别较大;喷入的燃油在气道内停留的时间不同,导致各缸混合气品质不均,影响各缸工作均匀性。

2)分组喷射[图3-56b)]

将多缸机的喷油器分为2~3组,各组在一循环中同时喷射一次。此方式的结构及控制程序均较同时喷射复杂一些,但各缸间的差异也小一些。各缸工作均匀性有所改善。

3)顺序喷射[图3-56c)]

各缸按发火顺序的先后都在进气初期进行喷射。由于每缸都需要单独的控制线路,所以结构及控制方式都比较复杂,但各缸混合气品质最为均匀。这种方式正日益获得广泛的应用。

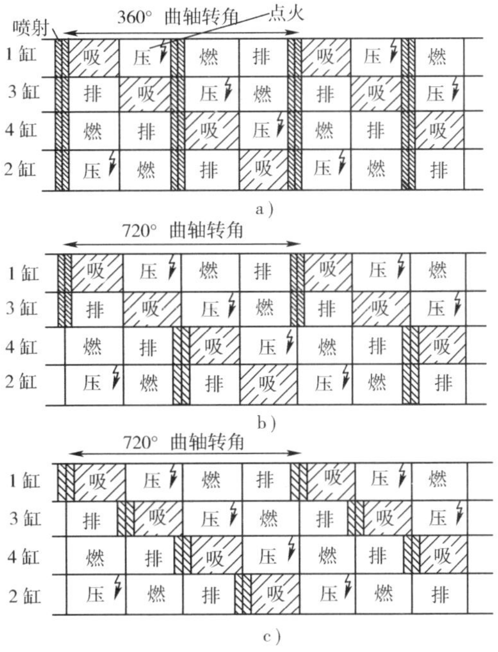

图3-56 喷油定时示意图

a)同时喷射方式;b)分时喷射方式;c)顺序喷射方式

第七节 柴油机燃油喷射系统电子控制

一、系统发展简述

20世纪70年代以来,全球环境状态的日益恶化,人们能源危机意识的加强,以及CO_2排放被认为是促进温室效应产生的事实,都对柴油机的排污和经济性能提出了更高的要求。世界各国推出的排放法规和某些国家的能源法规都更加严格。为了应付这一挑战,改进柴油机燃油喷射系统是十分关键的环节。将传统的机液喷油系统改造为电脑控制、机电一体化的喷油系统,并进而实现以控制喷油系统为主的整机电脑综合控制与管理,已成为一个极为重要的发展方向。

柴油机电控技术的发展约比汽油机滞后十年。滞后的原因除了汽油机是轿车主要动力,对电控需求最为迫切之外,柴油机电控燃油喷射技术的难度较大也是重要因素。

就电控燃油喷射而言,汽油机主要是低压管内或气门口喷射,对喷射定时没有严格要求;柴油机则是高压缸内喷射,而且要求在毫秒级的时间内完成喷油定时、喷油率及喷油压力的精确控制,难度是显而易见的。统计资料表明,重型载货汽车电控泵喷嘴使用的电磁控制阀,与汽油机的电磁喷油器相比,承受压力高了300~500倍,启闭速度则要快10~20倍。

当前,西方发达国家的大部分柴油轿车和轻型客车都使用了直列式或转子式电控柴油喷射系统,并正向更新型的电控高压共轨系统转化。重型载货柴油车也广泛使用了泵喷嘴型或单体泵型的电控装置。各种各样新型电控系统的开发正方兴未艾。正因为如此,人们把电控喷射技术看作柴油机问世以来继机械喷射技术、增压技术之后的第三个里程碑。

与机械控制方式相比，柴油机电控喷射有以下优点：

（1）电控技术能使控制更为全面和精确，比之原有的机械或机、液控制更易实现性能优化并对相互矛盾的要求进行合理的折中，这样就能使燃油消耗率和有害物的排放量大幅度下降。

（2）由于机械或机、液控制在结构、工艺上的复杂性和局限性，很多已被证明是有效改善性能的措施，如预喷射或多次喷射、喷油率与喷油压力的精确控制等均难以实现，采用电控后有助于满足这些控制要求。

即便机械或机、液控制能实现的项目，如油量正、负校正，增压补偿，供油提前等，也因每一项都得增加附属装置而使成本上升、可靠性下降，远不如电控软件增减来得简便。

（3）采用电控技术后，控制对象和目标大为扩展，除常规稳态性能调控外，还可扩展到各种过渡过程的优化控制、故障自动监测与处理、操作过程自动化以及自适应控制等，最终发展成为整机的电脑管理系统，从而使整机性能与可靠性得到大幅度的提高。

从图3-57中看出，随着排放法规的不断强化，柴油机的燃油经济性不但未下降，反而越来越好。此外，图中还清楚地表明，在改善柴油机经济性方面，燃油系统的作用是巨大的。可以说，降低柴油机污染物以及油耗已成为今天柴油机工程师们追求的主要目标。

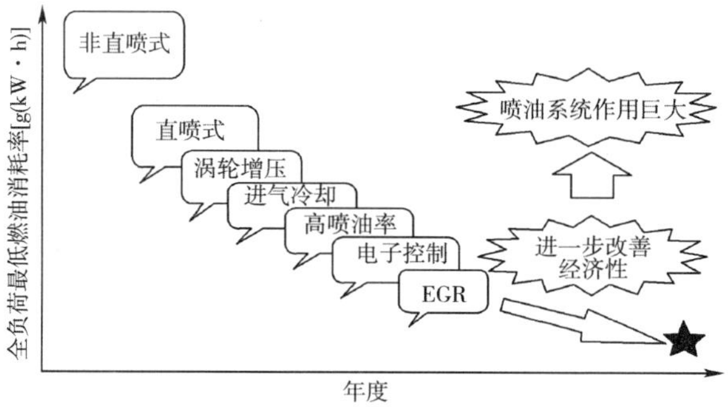

图3-57　柴油机燃油消耗与相应的技术措施

二、类型与性能特点

柴油机的电控燃油喷射系统在短短的一二十年间，从控制特点看，已由第一代的位置控制式系统向第二代的时间控制式系统发展；从结构原理看，时间控制式系统又由传统的柱塞脉冲式喷油系统发展出与之共存的共轨式喷油系统。

（一）位置控制式电控燃油喷射系统

这种系统的特点是不改变传统喷油系统的工作原理和基本结构，只是由电控装置取代机械调速器和提前器，对油量调节杆（直列泵）和溢流环套（VE分配泵）的位置以及油泵主、从动轴的相互位置进行低频连续调节，以实现油量和定时的控制，所以叫作位置控制系统。

图3-58是日本电装公司批量生产的VE分配泵用的ECD-V1型位置控制式电控燃油喷射系统。该系统最早应用于日本丰田2L-TE型4缸增压、缸径×冲程为92mm×92mm非直喷柴油机上。该机标定功率70.5kW，标定转速4 000r/min。ECD-V1是将Bosch VE型分配泵改为电控喷油泵。该系统保留了VE型分配泵控制油量的溢油环套（也叫滑套），取消了机械调速机构。它采用一个比例电磁铁（线性电磁铁），通过一根杠杆来控制泵油柱塞上的滑套，实现喷油量控制，并且有滑套位置传感器作反馈信号，实现闭环控制。该位置传感器

为螺管差动变压器式位移传感器。

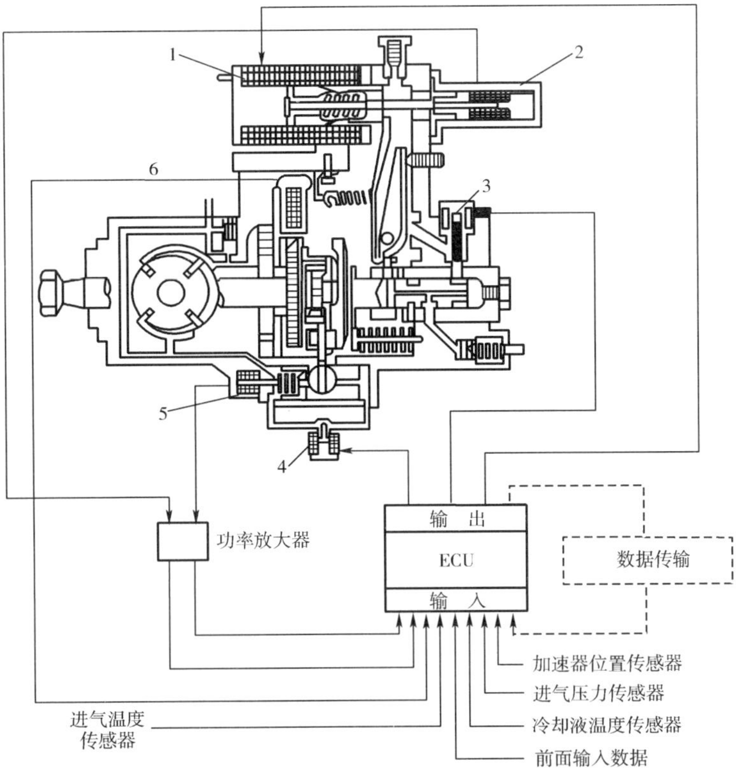

图 3-58 日本电装公司 ECD-V1 电控燃油喷射系统

1-溢油控制电磁线圈;2-溢油环位置传感器;3-断油线圈;4-供油定时控制阀;5-供油提前器位置传感器;6-发动机转速传感器

机械式喷油定时装置是由装在滚柱座上的定时活塞的位置来确定的,定时活塞高压侧与输油泵相接,压力由发动机的转速和负荷决定。定时活塞的位置是由高压侧的压力与低压侧的弹簧负荷之间的平衡结果决定的。在电子控制系统中,在定时活塞的高、低压腔之间用了一个定时控制阀,如图 3-59 所示。该控制阀是一个二位二通的电磁开关阀,该阀根据电控单元的指令实现开、关,从而实现喷油定时控制。定时活塞位移传感器检测定时活塞的位置,并将此位置反馈给电控单元,以实现喷油定时的闭环控制。该位移传感器也是差动变压器式位移传感器。

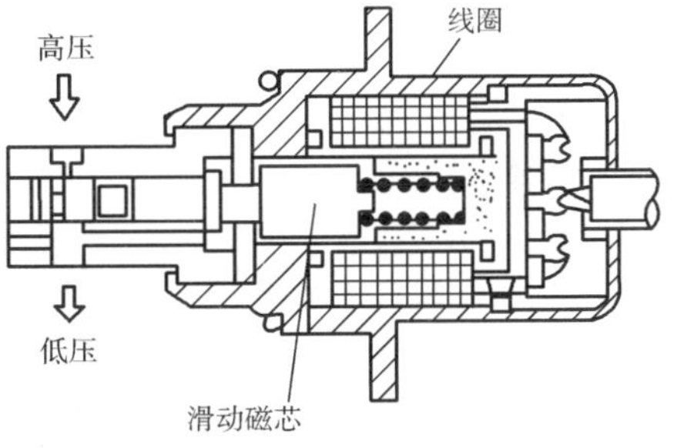

图 3-59 定时控制阀

位置控制式电控燃油喷射系统生产继承性强,安装方便,在西方国家已投产多年。但它显然只是对传统喷油系统的初步电控化改造。由于未变更原有喷油装置,喷射特性保持不变,一般不能对喷油率和喷油压力进行调控❶。此外,由于不是对油量和定时进行直接控制,存在不少中间环节,控制响应慢,也做不到各缸的独立控制。

❶ 有一种被称为可变预行程的 TICS 位置控制系统,对柱塞套进行额外的上、下移动控制,能改变行程从而实现部分喷油率的调控。此类系统虽有应用,但结构极复杂,控制效果也不如时间控制系统,只能是过渡性的措施。

（二）时间控制式电控燃油喷射系统

这类系统的特点是利用安装在高压油路中的高速、强力电磁溢流阀来直接控制喷油始点和喷油量，与汽油机的电控喷油系统原理相似。不同点在于还可通过实时变更电磁阀升程或改变高压油路中的油压来实现喷油率和喷油压力的控制。它具有每缸一阀（直列泵）、能分缸调控和响应快等优点，已成为当前柴油机电控喷油系统的主要发展方向。如前所述，时间控制式电控燃油喷射系统又有两种类型。

1. 时间控制式柱塞泵脉冲喷油系统

此类系统仍保持传统的柱塞往复运动脉冲供油方式，直接由电磁溢流阀控制油量和定时，柱塞副只起加压、供油作用，没有油量调节功能。为此取消了专用于调节油量和定时的机构，如调速器、提前器、供油调节杆、柱塞斜槽乃至出油阀组件等。这样一来，喷油泵机械系统的结构大为简化，油泵缸体及柱塞副的刚度加强，承压能力相应提高。

1）时间控制型电子控制分配式喷油泵

如图3-60所示，日本电装公司ECD-V3是典型的时间控制型电子控制分配式喷油泵，与位置控制型电子控制分配式喷油泵相比，取消了原VE泵上的溢油环，而在泵的泄油通路上设置了一个电磁溢流阀，其油量控制原理见图3-61。在柱塞泵油阶段，当电磁溢流阀断电时，溢流阀打开，高压燃油立即卸压，停止喷油。喷油始点并不取决于电磁溢流阀关闭的时刻，而是取决于分配泵平面凸轮的行程始点，这与机械控制采用溢油环来改变喷油终点以控制油量方式是一样的。电磁溢流阀打开越晚，喷油量越多。平面凸轮行程始点，也即是图3-61上泵角度信号上的无齿段终点信号。泵角度传感器装在滚轮环上，这样即使喷油正时有变化时，由于泵角度传感器（图3-62）随着滚轮环一起移动，泵油角度并不改变，泵油始点与无齿段终点相对位置也始终不会变，其工作原理见图3-63。

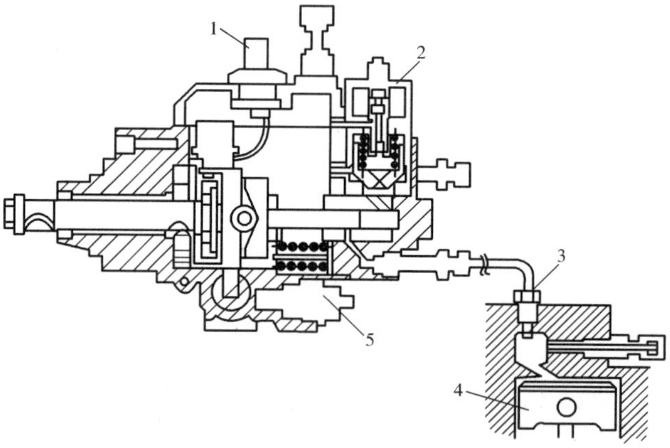

图3-60　日本电装公司ECD-V3系统

1-发动机转速传感器；2-溢油控制阀；3-发火定时传感器；4-发动机；5-喷油定时控制阀

如图3-64所示，电磁溢流阀采用双重阀的结构形式，辅助阀为小电磁阀，其开闭受ECU控制；主阀为液压阀，其开闭受燃油压力控制。其工作过程，如图3-65所示。

压缩喷射。如图3-65a）所示，柱塞右移，高压室燃油压力升高，高压燃油经主阀上的小孔作用在主阀的右侧。ECU向辅助电磁阀线圈通电，辅助阀关闭，此时主阀左右两面的燃油压力（压强）相等。但由于主阀右边的受压面积大于左边的受压面积，故主阀右边的总压力大于左边的总压力，此压力差的作用加上弹簧的弹力作用将主阀压紧在阀座上，使溢流通路关闭，高压室的燃油经高压油管由喷油器喷出。

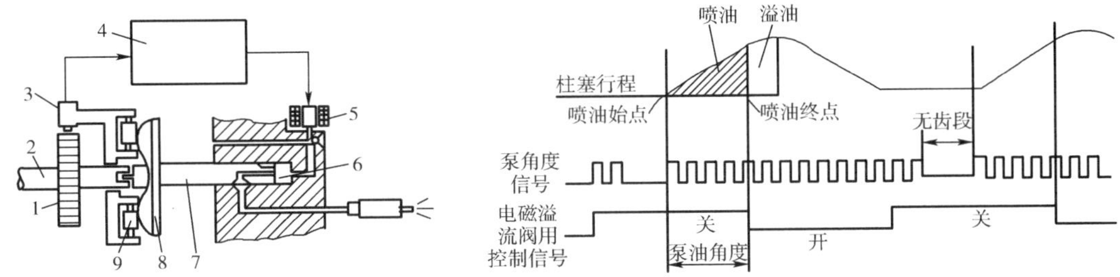

图 3-61　油量控制原理图

1-泵角度脉冲发生器;2-泵驱动轴;3-泵角位移传感器;4-电子控制器;5-电磁溢流阀;6-高压腔;7-柱塞;8-平面凸轮;9-滚轮

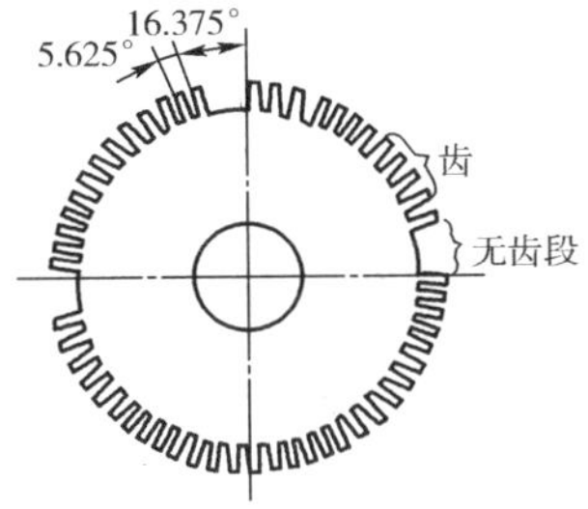

图 3-62　喷油泵角度脉冲发生器

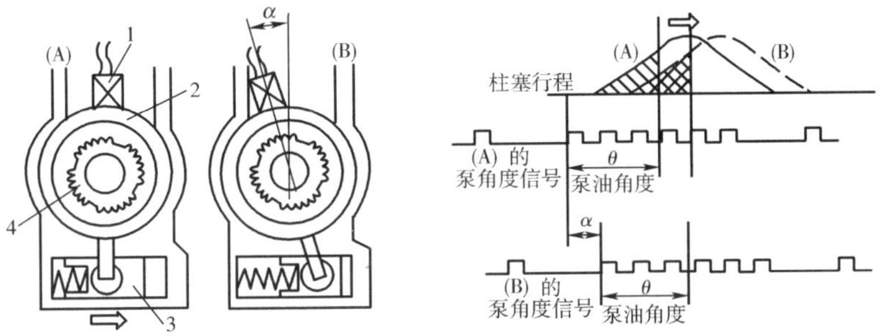

图 3-63　喷油定时控制时的泵油角度与柱塞行程图

1-泵角位移传感器;2-滚轮环;3-提前器活塞;4-泵角度脉冲发生器

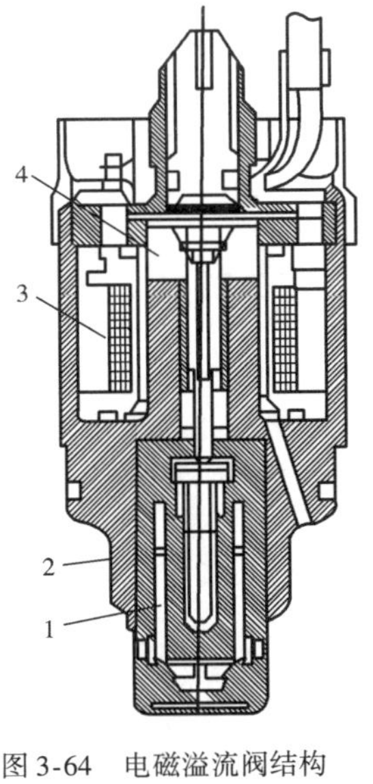

图 3-64　电磁溢流阀结构

1-主阀;2-辅助阀;3-电磁线圈;4-电枢

辅助溢流。如图3-65b)所示,停止喷油时,ECU切断辅助电磁阀线圈中的电流,辅助电磁阀打开,燃油从主阀右边流出,使主阀右边的油压迅速降低。

主溢流。如图3-65c)所示,一旦辅助电磁阀打开将主阀右侧油压泄掉,主阀左侧高压油将主阀压开,高压室的燃油迅速流入低压室,从而压力迅速降低,喷油器停止喷油。

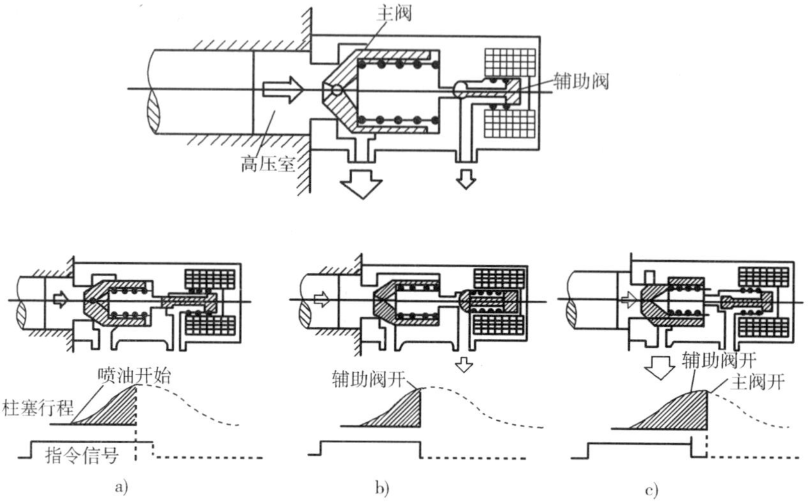

图3-65　电磁溢流阀的工作原理

a)压缩喷射;b)辅助喷射;c)主溢流

这种双重阀的控制方式,因辅助电磁阀的质量及磁滞影响都很小,加上控制油腔的容积很小,故具有很高的响应速度。

喷油正时控制机构取消了提前器活塞位置传感器,反馈信号来自曲轴角度传感器的曲轴位置信号和泵角度传感器的无齿段信号间的相位差。同时,ECD-V3还在汽缸内设置了一个燃烧始点光电传感器(图3-66),它通过测定燃烧闪光产生的电信号,对喷油正时进行补偿调节,而消除柴油品质(十六烷值)、大气压力变化对柴油机性能的影响。

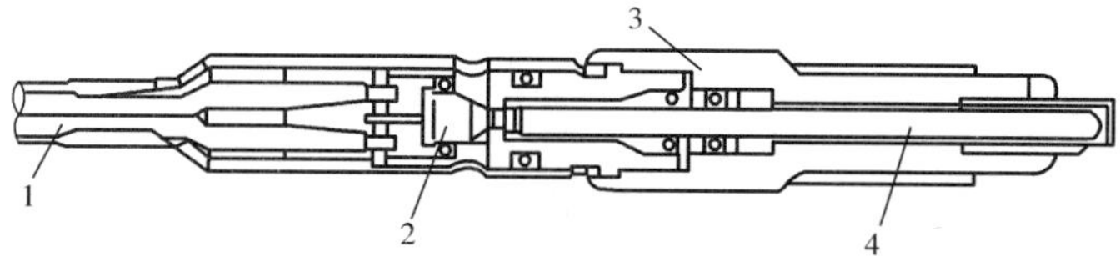

图3-66　燃烧始点光电传感器

1-信号导线;2-光电晶体管;3-壳体;4-石英晶体棒

值得指出的是,ECD-V3分配泵中仍有提前器存在(由图3-60中控制阀5控制)。利用原VE泵的液压提前装置可以进一步扩大提前角的调控范围。因为分配泵是由一个电磁阀控制多个汽缸,各缸分配到的工作角度较小,若无额外机构补充调控,必然带来提前角变化范围不够的局限。

2)电控单体泵

直列式喷油泵分成两大类:一类是合成式喷油泵,另一类是分列式喷油泵。合成式喷油泵一般是2缸以上,最多可达12缸,即12个泵油单元组合。

分列式喷油泵,尤其是单缸分列式泵,即单体泵,具有下列主要优点。

(1)能承受很高的泵端压力。其原因如下:①由于分列泵的结构特点,泵体具有很好的刚度;②单体泵可以分别安装在距喷油器的最近处,只需很短的高压油管,因此油管的刚度很好;③可以减小高压系统的有害容积;④凸轮和轴承受力较大的部件,都有一定的空间进行加强。因此,分列式泵,尤其单体泵能够承受很高的泵端压力,一般比合成式直列泵要高,有利于实现高压喷射。

(2)功率覆盖面大。单体泵由于不受缸心距的限制,柱塞直径尺寸有较大的选择范围,加上泵体刚度很好,因此有条件采用大直径柱塞,凸轮基圆直径和升程都有增大的余地。所以供油量、供油速率都可以相应提高,使功率覆盖面十分广阔。最小的单缸功率为 1kW,最大单缸功率可达 1000kW。远远超过了合成式直列泵所能达到的单缸功率。

时间控制式的电控单体泵,则是利用两位两通的常开式高速电磁开关阀实现喷油量、喷油定时的联合控制。图 3-67 示出 Bosch 公司的 EUP 系列电控单体泵。利用一个菌状的锥阀,不通电时,锥阀口开启,泵油柱塞向上运动压油,柱塞上腔的油液流回油箱。当电磁阀通电,锥阀口关闭时,柱塞上腔的油液压向高压油管,使高压油管—喷油器中的油压上升,实现喷油。显然,电磁阀的关闭时刻就可实现喷油定时的控制。而电磁阀关闭时间的长度即可实现喷油量的控制。单体泵采用高速电磁开关阀实现喷油量与喷油定时的功能以后,其结构可大大简化,泵油柱塞上的螺旋槽可取消,柱塞结构大大简化,出油阀、油量调节的齿杆也可取消。当然,这里泵油柱塞还是像传统的合成式直列泵,由发动机曲轴通过凸轮轴来驱动。因此,仍摆脱不了发动机的转速对喷油过程的影响。

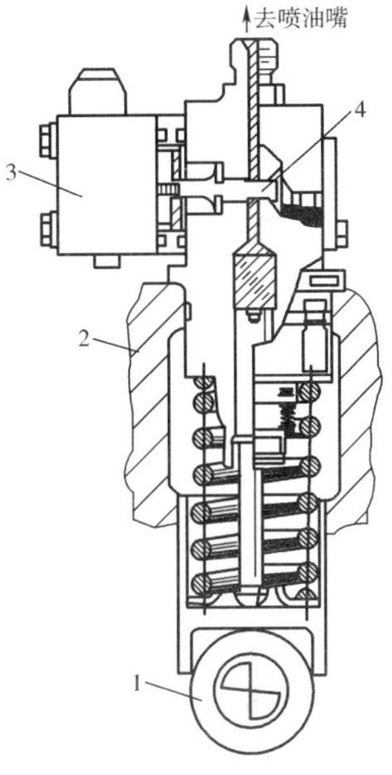

图 3-67　EUP 电控单体泵结构
1-挺柱体滚轮;2-发动机;3-高压电磁阀;4-阀芯

EUP 系统喷油压力可达 130 ~ 160MPa。德国道依茨公司最新研制的 FM1012,FM1013 柴油机就是采用 EUP13 电控单体泵。

(3)电控泵喷嘴。

泵喷嘴就是将泵油柱塞和喷油嘴合成一体,安装在缸盖上。泵喷嘴由于无高压油管,所以可消除长的高压油管中压力波和燃油压缩的影响,高压容积大大减少,因此喷射压力可很高。电控泵喷嘴压力目前可达 200MPa。它的驱动机构比较特殊,必须是顶置式凸轮驱动机构。电控泵喷嘴则像电控单体泵一样,也是采用一个二位二通的高速电磁开关阀。如图 3-68 所示,当泵油柱塞在顶置凸轮的驱动下,向下运动压油时,若此时菌状的电磁锥阀开启,则柱塞下腔并不能建立起高压油。当电磁阀通电,菌状锥阀关闭,柱塞下腔的油压才能升高,从而实现喷油。显然,这里电磁阀关闭的时刻,就基本上是喷油的开始。电磁阀关闭时间的长短就决定了喷油量的多少。因此,用一个二位二通电磁开关阀,就实现了喷油定时与喷油量的联合控制。因此,控制自由度很大,同时泵喷嘴机械部分可大大简化。

另外泵喷嘴的泵油凸轮型线一般为等速型,而直列泵的柱塞升程速率曲线,一般为典型的切线型。这种等速型的特点保证了当供油定时改变时,其喷油压力不受影响,从而给电控带来便利,直列泵的凸轮型线工作段会随其预行程的改变而改变其喷油特性。泵喷嘴的另一个特点是其柱塞速度并不高。对应凸轮转速为 1000r/min 时,柱塞升程速率最大仅为 2.4m/s,而直列泵达到 3.3m/s,两者速率的差异导致了在相同的许用接触压力下,泵喷嘴所容许的喷油压力就高一些。由此可见，泵喷嘴的高喷油压力是从其内部柱塞的液压作用获得的，而不是依靠高的泵油柱塞速度。

美国 Detroit（底特律）公司的 DDEC 系统电控泵喷嘴，就是将泵油柱塞和喷油嘴合成一体，然后安装在一个壳体里，柱塞泵油时产生的高压燃油立即进入喷油嘴，无高压油管。电控泵喷嘴系统取消了机械式泵喷嘴上用于控制供油量的螺旋槽，而用高速电磁阀来控制喷油定时和喷油量，因此是属于时间控制类电控燃油喷射系统。美国 Detroit 公司 DDEC 系统的泵喷嘴喷油系统如图 3-68 所示，泵喷嘴结构和工作原理如图 3-69 所示。当装在泵喷嘴旁边的电磁阀开启时，柱塞虽已泵油，但由于电磁阀开启，油液经电磁阀泄走，不能建立油压。当电磁阀关闭，柱塞即向喷油嘴泵油，喷油嘴即可喷油。电磁阀再打开，高压油立即卸压，喷油嘴迅即停止喷油。电磁阀的关闭和打开由 ECU 控制。由于电控泵喷嘴将柱塞和喷油嘴、电磁乏技装在一个壳体内，又没有高压油管，高压闭死容积很小。因此可产生更高的喷射压力，DDEC 喷射压力为 100MPa。同时减少了密封表面和密封接头，电控泵喷嘴系统有很好的可靠性。

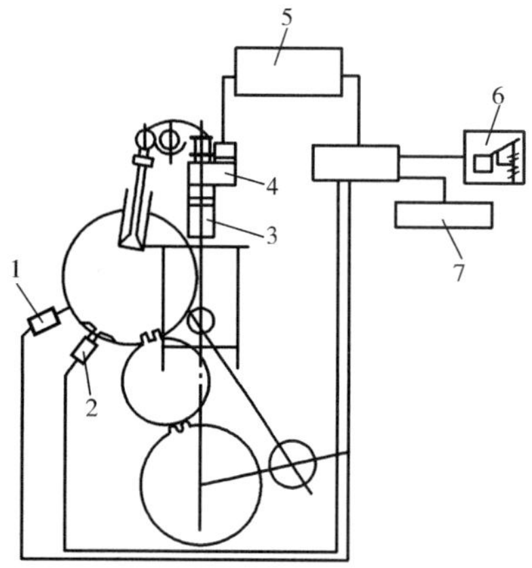

图 3-68　DDEC 电控泵喷嘴喷射系统
1-转速和曲轴位置传感器；2-喷油定时传感器；3-电控泵喷嘴；4-控制电磁阀；5-电子分配器；6-加速踏板位置；7-传感器

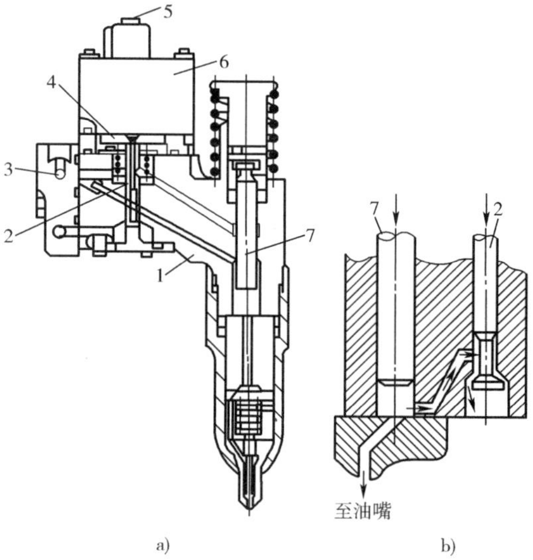

图 3-69　DDEC 系统电控泵喷嘴结构和工作原理
a）结构；b）工作原理
1-锻造壳体；2-电磁阀阀芯；3-燃油通道；4-衔铁；5-接线柱；6-电磁铁；7-柱塞

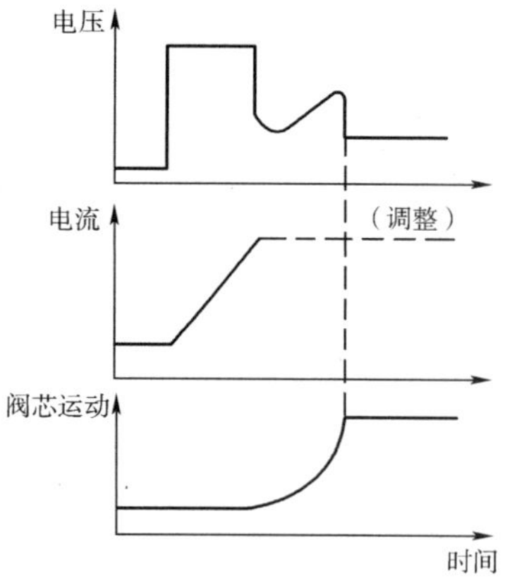

图 3-70　电磁阀关闭点检测

电磁阀为了实现高速的开、关，其设计采用了短行程、小质量、压力平衡式菌状锥阀和低电感线圈的平面盘形电磁铁，并通过检测电磁阀的关闭时刻作为反馈信号来实现闭环控制。DDEC 系统采用电磁铁线圈电压波形作为检测信号，为此对电磁铁的电流要有一个调节器予以调节，如图 3-70 所示。当衔铁开始移动后，电磁铁线圈中电压产生跃变而电流在逐步增加，当电磁铁中电流达到某一值后维持不变。当衔铁运动停止时，电压突然下降到仅需维持电流保持不变的低水平。这个电压突降可以很方便地检测到。用这种方法来检测电磁关闭点精度，可达到 ±0.25°曲轴转角。这种检测方法也可排除电源电压变化时造成的供油量和喷油正时波动。图3-71所示为从ECU指令开始到电磁铁线圈电流、电压变化,阀芯的运动,喷射压力和针阀升程的相互关系。

英国Lucas公司的EUI系统电控泵喷嘴结构如图3-72所示。与美国底特律公司DDEC系统不同处在于EUI系统柱塞套压入壳体中去。电磁阀的响应速度更快,喷射压力更高,可达200MPa,而且可以实现针阀两级升程和预喷射。由于实施时间控制,其喷油量和喷油定时控制更加灵活和符合使用要求,可进行各缸间喷油量分别控制和每缸各次间喷油量控制,也可以为实现低怠速而切断部分汽缸供油控制等。

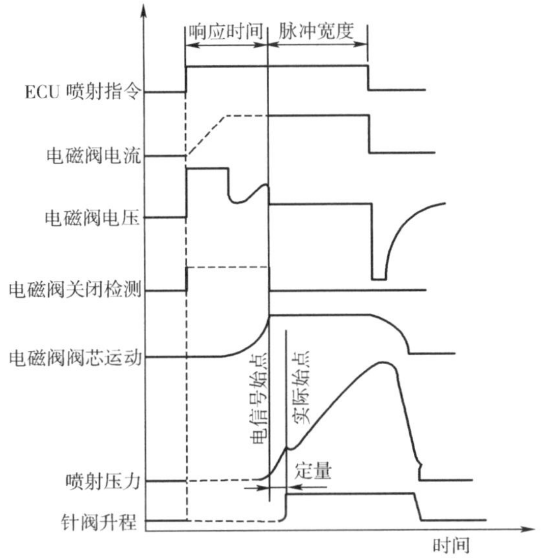

图3-71　电信号和喷射之间的关系

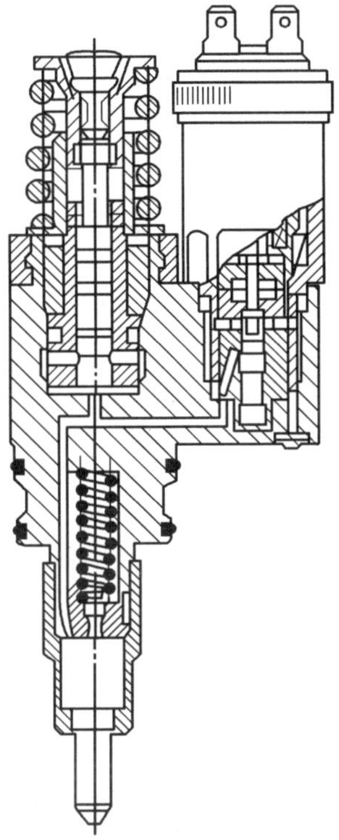

图3-72　Lucas公司的EUI系统

EUI电控泵喷嘴是一个系列产品,可满足从小缸径到中等缸径各种柴油机的需要,其结构参数见表3-6。

EUI电控泵喷嘴结构参数　　表3-6

参数	EUI50/100	EUI150	EUI200	EUI230
柱塞行程(mm)	9	11/13	15	18
柱塞直径(mm)	8	9	10	11
额定转速(r/min)	5000	3000	2400	2000
供油量(mm^3/循环)	120	160	240	300
喷射压力(MPa)	200	200	200	200

英国Lucas公司的EUI电控泵嘴系统已经商品化多年。美国卡特公司的3176B、C-10和C-12、3406E等柴油机都采用了EUI系统,其中C-0和C-12是卡特公司1996年推出的产品。两种柴油机都是6缸、直喷、增压中冷,缸径×冲程分别为125mm ×140mm和130mm×150mm,标定功率分别为206kW和246kW,标定转速均为2100r/min。EUI系统还应用到美国

迪尔公司1996年推出的两种柴油机上：一种是6缸10.5L，127mm ×138mm，另一种是6缸12.5L，127mm × 165mm，标定转速都是2100r/min，功率分别为221 ~ 276kW和257 ~ 368kW。

2. 时间控制式共轨喷油系统

这种系统不再应用传统的柱塞脉动供油泵原理，而是先将柴油或者其他传递压力的工质，如机油，以高压（喷油压）或中压（10MPa左右）状态蓄积在被称为共轨（commonrail）的容器中，然后利用电磁三通阀将共轨中的压力油引到喷油器中完成喷射任务。

（1）共轨中若为与喷油压力相同的柴油，则此油直接进入喷嘴盛油槽（针阀腔）开启针阀进行喷射，这就是"高压共轨"系统。其工作方式与多点汽油喷射无异，只不过因为压力比汽油喷射高了几百倍，结构更为复杂而已。

日本电装公司的ECD-U2高压共轨式喷油系统（图3-73）就是此类系统之一。该系统的主要硬件是输油泵、共轨、喷油器和各种传感器。输油泵的结构有多种形式，不同的发动机可以选用不同的输油泵。一般来说，大型柴油机选用类似于直列泵的供油泵，小型柴油机可选用类似于分配泵的供油泵。供油泵的主要作用是将低压燃油加压成高压燃油，并将高压燃油供入共轨之中。燃油压力是由通过调节供入共轨中的燃油量来控制的。供油泵内设有压力控制阀（PCV）。它根据电控单元ECU送来的电信号，使PCV阀在适当的时刻开启和关闭来控制供油量，最终控制共轨内的压力。

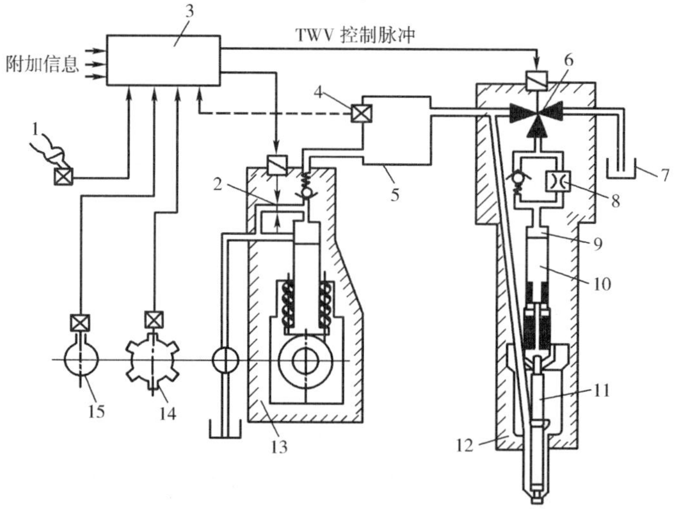

图3-73　ECD-U2 系统示意图

1-加速踏板位置传感器；2-油泵压力控制阀（PCV）；3-电控装置；4-燃油压力传感器；5-共轨管；6-三通阀（TWV）；7-燃油箱；8-节流孔；9-控制室；10-液压活塞；11-喷嘴；12-喷油器；13-高压供油泵；14-发动机转速传感器；15-汽缸识别传感器

供油泵产生的高压燃油由共轨分配到各个汽缸的喷油器中。燃油压力由设置在共轨内的压力传感器测出，并由反馈控制系统控制，使根据发动机转速和发动机负荷设定的压力值和实际压力值始终一致。

喷油器控制喷油定时和喷油量。这是通过开启二位三通高速电磁阀（TWV）进行控制的。当开启三通阀时，针阀上部控制室内的高压燃油经过节流孔流出、燃油回路切换，喷油嘴腔内的燃油压力高于针阀开启压力，针阀升起，喷油开始。当关闭三通阀时，通过节流孔将高压燃油附加到控制室内，针阀下降，喷油结束。因此，三通阀的通电时刻控制喷油始点，三通阀的通电时间控制喷油量。

由于任何形式输油泵输出的油液的流量和压力都是脉动的,因此共轨的基本作用是滤波和稳压,并储存高压燃油,向各个汽缸上的喷油器分配燃油。

高压输油泵的结构和工作原理。高压输油泵的结构如图3-74所示,和传统系统的直列泵结构相似,通过凸轮和柱塞机构使燃油增加,各柱塞上方配置控制阀。凸轮有单作用型、双作用型、三作用型及四作用型等多种。图3-74中所示为三作用型凸轮。采用三作用型凸轮,可使柱塞单元减少到1/3。向共轨中供油的频率和喷油频率相同,这样可使共轨中的压力平稳。

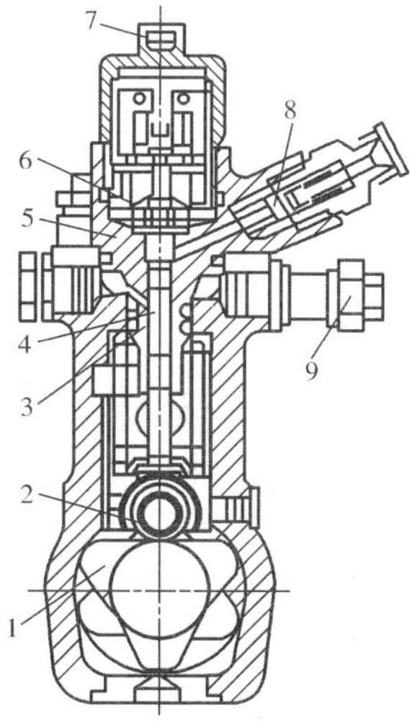

图3-74 ECD-U2系统的高压输油泵结构

1-三次工作凸轮;2-挺柱体;3-柱塞弹簧;4-柱塞;5-柱塞套;6-油泵压力控制阀(PCV);7-接头;8-出油阀;9-溢流阀

供油泵的基本工作原理如图3-75所示。①柱塞下行,控制阀开启,低压燃油经控制阀PVC流入柱塞腔;柱塞上行,但控制阀中尚未通电,控制阀仍处于开启状态,吸进的燃油并未升压,经控制阀又流回低压腔。②满足必要的供油量定时,控制阀通电使其关闭,则回油流路被切断,柱塞腔内燃油被升压。因此,高压燃油经出油阀(止回阀)压入共轨内。控制阀关闭后的柱塞行程与供油量对应。如果使控制阀的开启时间(柱塞的预行程)改变,则供油量随之改变,从而可以控制共轨压力。③凸轮越过最大升程后,则柱塞进入下降行程,柱塞腔内的压力降低。这时出油阀关闭,压油停止。控制阀处于断电状态,控制阀开启,低压燃油将被吸入柱塞腔内,即恢复到①状态。

压力控制阀(PVC)。控制阀的作用是用于调整共轨内的燃油压力。方法是调整供油泵供入共轨内的燃油量。所以,向控制阀通电和断电的时刻就决定了供油泵向共轨内供入的供油量。

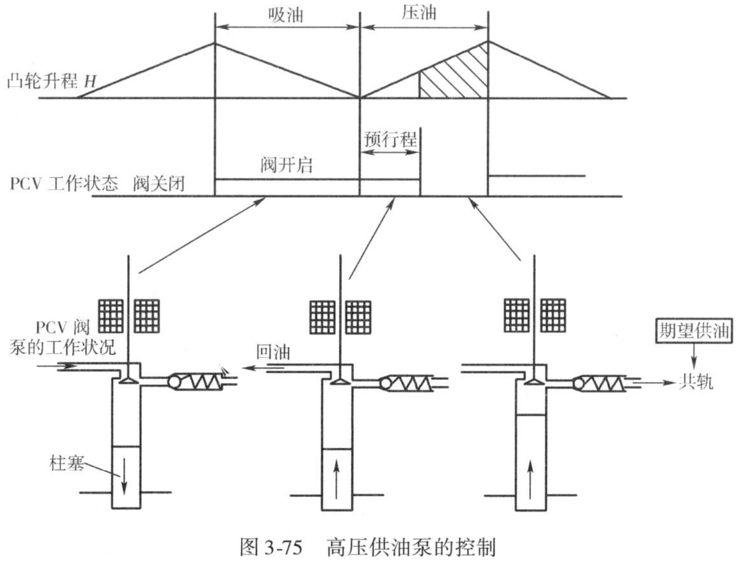

图3-75 高压供油泵的控制

共轨。共轨部件的结构如图3-76所示。共轨将供油泵输出的高压燃油经稳压、滤波后,分配到各个汽缸的喷油器中去。在共轨上装有共轨压力传感器、液流缓冲器和高压溢流阀。液流缓冲器和高压油管相连,将高压燃油送入喷油器中。和高压溢流阀相连的油管可使燃油流回油箱。液流缓冲器也可使共轨内和高压管路内的压力波动减小，以稳定的压力将高压燃油供入喷油器。而且一旦发生流出的油量过多等情况时，为了不至于损坏发动机，液流缓冲器如图 3-77 所示，它可将燃油通路切断，停止供油。

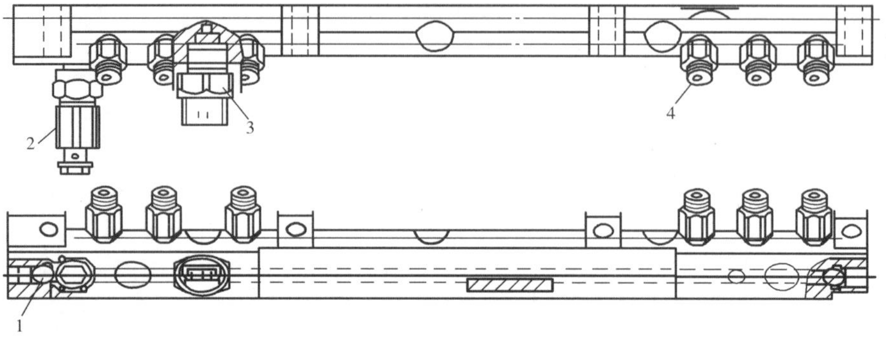

图 3-76　共轨部件

1-封套；2-高压溢流阀；3-共轨压力传感器；4-液流缓冲器

高压溢流阀的结构如图 3-78 所示。此阀常闭，当共轨油压超过设定值时，此阀开启泄油，使压力降低，以此维持共轨内的压力。

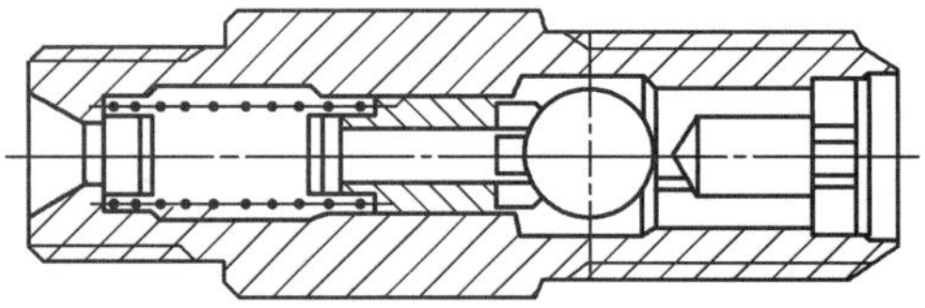

图 3-77　液流缓冲器

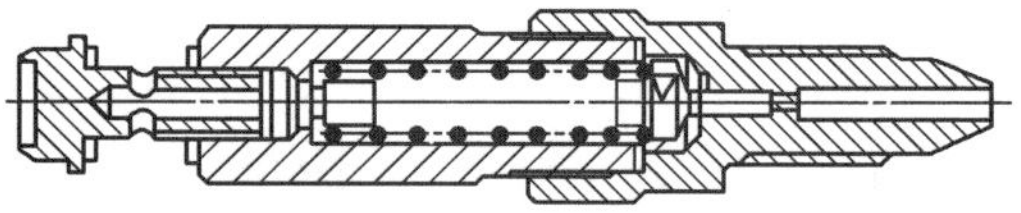

图 3-78　高压溢流阀

共轨压力传感器安装在共轨上，随时检测共轨内的燃油压力。共轨内的高压燃油经高压油管，送到安装在汽缸盖上的喷油器内，经喷油器内的喷油嘴将燃油喷入燃烧室内。

电控喷油器。根据电控单元 ECU 送来的电子控制信号，喷油器将共轨内的高压燃油以最佳的喷油定时、喷油量、喷油率喷入发动机燃烧室中。图 3-79 示出了二位二通高速电磁阀控制的喷油器的作用原理。

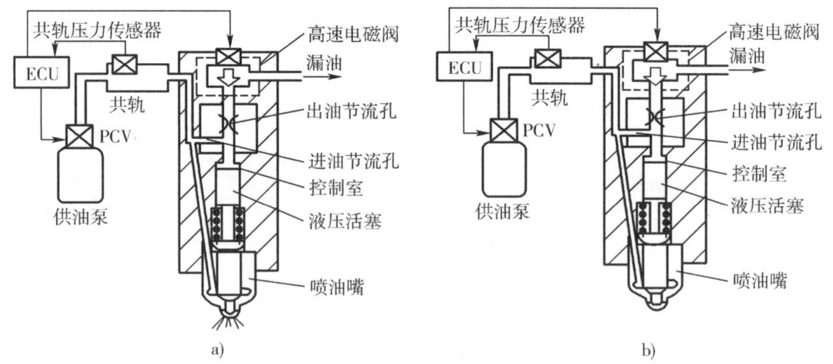

图 3-79　二位二通高速电磁阀控制的喷油器

a）二位二通高速电磁阀开启状态；b）二位二通高速电磁阀闭合状态

喷油器的主要零件是喷油嘴、控制喷油率的节流孔、液压活塞和高速电磁阀。喷油器中的高速电磁阀有两种结构：二位二通电磁阀和二位三通电磁阀。图 3-73 中是二位三通阀，图 3-79 中是二位二通阀。初期阶段，在 ECD-U2 系统中采用二位三通阀。由于二位三通阀的燃油泄漏问题严重,已经被废止。在新结构的 ECD-U2 系统中,都采用二位二通阀结构。

喷油器控制喷油量和喷油定时,通过二位二通电磁阀的开启和关闭进行控制。当二位二通阀开启时[图 3-79a)],控制腔内的高压燃油经出油节流孔流入低压腔中,控制室中的燃油压力降低,但是,喷油嘴压力腔的燃油压力仍是高压。压力室中的高压使针阀开启,向汽缸内喷射燃油。当二位二通阀关闭时[图 3-79b)],共轨高压油经控制室的进油节流孔流入控制室,控制室的燃油压力升高,使针阀下降,喷油结束。

二位二通阀的通电时刻确定了喷油始点,二位二通阀通电时间确定了喷油量。这些基本喷油参数都由电子脉冲控制的。

二位二通阀通过控制喷油器控制室内的压力,来控制喷油的开始和喷油终了。节流孔既控制喷油嘴针阀的开启速度,也控制了喷油率形状。

液压活塞的作用是将控制室内的油压作用力传递到喷油嘴针阀上。二位三通电磁阀的结构如图 3-80a)所示。二位三通阀有两个阀体:内阀(固定)和外阀(可动)。两阀同轴,精密地配合在一起。内阀和外阀分别具有各自的密封锥面。其工作原理如图 3-80b)所示。不喷油状态,电磁线圈处于不通电状态,外阀在弹簧力和高压油压力的作用下关闭阀口,而切断泄油通道,控制室内是共轨的高压燃油使喷油嘴针阀关闭,不喷油。

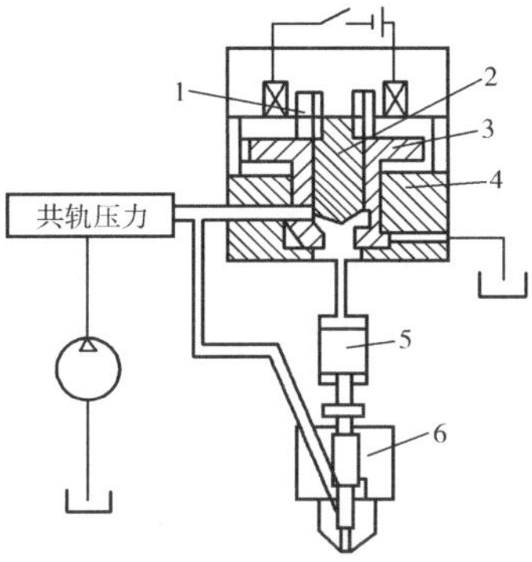

a)

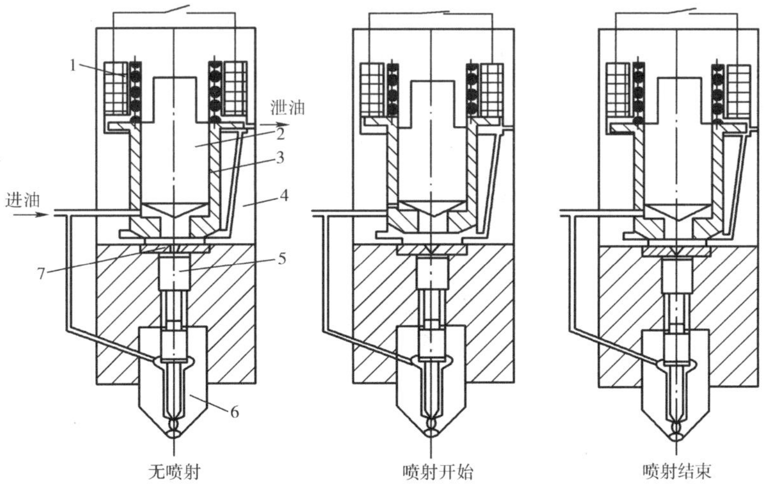

b)

图 3-80 二位三通阀的结构和工作原理

a)二位三通阀的结构;b)二位三通阀的工作原理

1-弹簧;2-内阀;3-外阀;4-阀体;5-液压活塞;6-喷油嘴;7-节流孔

喷油开始状态，电磁阀开始通电，外阀在电磁铁的作用下开启阀口，并关闭共轨与控制室的油路，控制室的油液通过固定的节流孔 7 流出，使控制室的油压下降，即针阀尾部的压力降低，针阀开启，喷射开始。如果持续通电，则针阀上升到最大升程，达到最大喷油率状态。

喷油结束状态，电磁阀断电，在弹簧力和燃油压力的作用下，外阀关闭阀口，并打开共轨与控制室的油路，共轨内的高压燃油流入喷油器的控制室内，针阀快速关闭，喷油迅速结束。喷油始点和喷油延续时间由指令脉冲决定，与转速及负荷无关。因此，可以自由控制喷油时间。

ECD-U2 高压共轨喷油系统是完全的“时间—压力调节系统”。喷油量是由喷油器电磁阀通电脉冲宽度决定的。以共轨压力为参数改变脉冲宽度，可以得到一条线性的喷油器喷油量特性。利用这一特性，在发动机全部工作范围内，可以方便地得到如目标设定的调速特性，实现理想的喷油率 MAP 图。

(2)若泵入共轨腔中的是中压机油，则它进入喷油器后将类似传统泵喷嘴中的凸轮，对喷油器中的活塞上方施压。此活塞再通过柱塞压缩下方的柴油，使其增为喷射的高压而通到喷油嘴中类似常规喷嘴进行喷射。此种系统另有燃油供油及回油油路，又称为“液压泵喷嘴系统”。

图 3-81 是美国 Caterpillar 公司推出的 HEUI 液压泵喷嘴系统。其特点如下：①它是一种中压共轨电控液压式喷射系统；②系统的共轨中不用燃油而用柴油机润滑油，因此系统中有润滑油和燃油两套油路；③采用机油共轨油道油压驱动燃油增压活塞，对燃油增压，实现高压喷油；④利用高速开关电磁阀控制共轨油道中机油进出增压活塞，实现燃油压力的上升与下降，从而实现喷油的定时控制；⑤通过采用预喷射量孔控制初期喷油率来实现预喷；⑥喷油压力与柴油机转速和负荷无关。

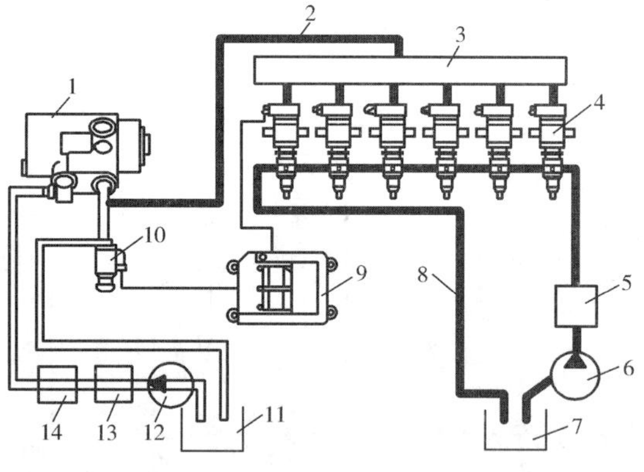

图 3-81　美国 Caterpillar 公司 HEUI 系统

1-高压机油泵；2-机油油管；3-高压机油共轨；4-HEUI 喷油器；5-燃油滤清器；6-输油泵；7-燃油箱；8-燃油回油管；9-ECU 电控模块；10-RPCV 压力控制阀；11-机油箱；12-机油泵；13-机油冷却器；14-机油滤清器

HFUI 系统中机油通过机油泵，从柴油机油底壳经机油滤清器和冷却器送到高压机油一泵以及柴油机润滑系统。此处低压机油管路油压为 300kPa。高压机油泵是一个柴油机齿轮驱动的斜盘式轴向柱塞泵。共轨中机油压力由压力传感器将信号反馈给 ECU（电控模块），ECU 控制共轨压力控制阀进行压力调节。共轨中油压按柴油机最佳性能所确定的目标值，控制在 4～23MPa 之间。机油从液压式喷油器直接回到柴油机气门罩框下边，再流回到油底壳，不再需要机油回油管道。燃油输油泵把燃油经燃油滤清器输送到液压式喷油器。燃油系统输油压力为200kPa，由普通调压阀调节。

电控液压式喷油器由三部分组成：电磁阀、增压活塞和活塞套、喷油嘴，其结构如图3-82所示。电磁阀控制喷油开始和喷油结束，它由阀芯、衔铁和电磁线圈组成。中压机油从共轨通过柴油机汽缸盖上铸造的油道进入电磁阀阀芯的下方。当电磁线圈通电时，衔铁带动阀芯向上运动，打开下阀口，关闭上阀口，切断了机油回油孔，使中压机油进入增压活塞上方，推动增压活塞下行，使增压活塞下面的燃油压缩。燃油进油道处有止回阀封闭，燃油只有通过喷油嘴喷出。由于增压活塞的大、小活塞面积比很大，就可使增压活塞下方的燃油压力大幅度上升，实现燃油的高压喷射。

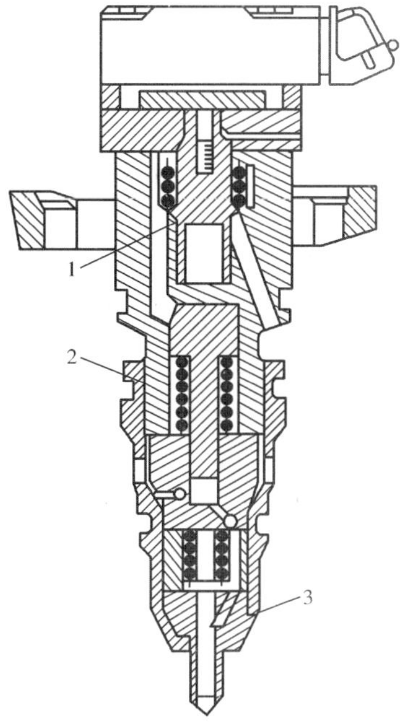

图3-82　HEUI 喷油器结构
1-电磁阀；2-增压活塞和活塞套；3-喷油嘴

喷射一直持续到电磁阀线圈断电。在电磁阀弹簧力作用下，阀芯下移，高压机油通过已开启的上阀口流出到气门罩框区，压力迅即下降。增压活塞在弹簧力的作用下迅速上行，同时在喷油嘴弹簧作用下，针阀立即关闭，停止喷油。燃油以输油泵输出压力通过球形止回阀进入增压活塞下方，为下次喷油做准备。电磁阀通电时刻决定了喷射始点，通电的持续时间决定了喷油量。增压活塞的大、小活塞面积比为7:1，考虑到容积效率损失，喷射压力可达150MPa。图3-83为HEUI系统的响应特性波形图。峰值电流使电磁阀的上升响应速度加快。电磁阀驱动电压110V，功率消耗45W。在峰值电流后降为维持电流，以减少系统能量消耗。

HEUI系统可实现预喷射，但要在增压活塞和活塞套上增加精密的回油孔道，通过回油控制来实现，其结构如图3-84所示。在增压活塞上的小回油孔与活塞套上回油孔尚未打开前，有一段预喷射行程。当增压活塞上的小回油孔与活塞套上的回油孔接通时，预喷射停止。当增压活塞上小回油孔越过活塞套上回油孔后开始主喷射。

HEUI系统采用机油作为共轨工作油的主要原因是解决热工况下燃油黏度降低、易泄漏和汽化所造成的热起动困难。使用机油后解决了热起动问题，但冷起动又有困难。考虑到机油和柴油机汽缸盖等金属热膨胀不同，在机油管道中增加一个储油槽，以减少这种由热膨胀量不同引起的机油管路中可能出现的气泡或真空，保证在低温度下高黏度机油能顺利地流到高压输油泵中去。这个储油槽可以和泵组合在一起，也可以装在主机上，可在－40℃条件下启动，启动时间只有30ms（1～2转），喷射压力可迅速提高到30～120MPa。

HEUI系统的喷油压力可以不受柴油机转速的制约，并且通过电控的方法，实现对喷油始点和喷油终点的灵活控制。通过合理的设计喷嘴结构来实现较理想的喷油速率形状。采用预喷射孔还可以实现预喷。但HEUI系统没有将高压的建立过程和燃油的喷射过程完全分开，喷油量受喷油压力的影响。另外，在喷射过程中，当燃油压力降到无法克服针阀弹簧力时，即使电磁阀仍处于通电状态，针阀也会关闭，从而停止喷油。尽管HEUI系统没有将高压的建立过程与燃油的喷射过程完全分开，在这点上与其他的共轨式喷油系统不同，而具有泵喷嘴喷油系统的特点。但从该系统在喷油压力的可控制性（喷油压力不受柴油机转速的影响)，以及采用共轨机油来进行燃油增压的工作特点来看，其又具有共轨式喷油系统的明显特征，因此以前都将HEUI系统归类于中压共轨式喷油系统。

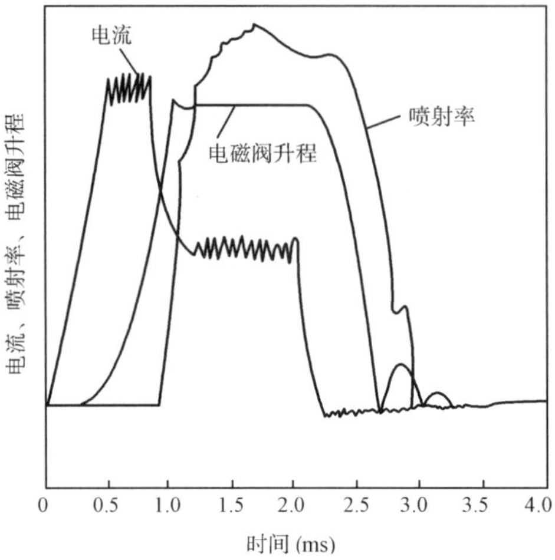

图3-83　HEUI响应特性图

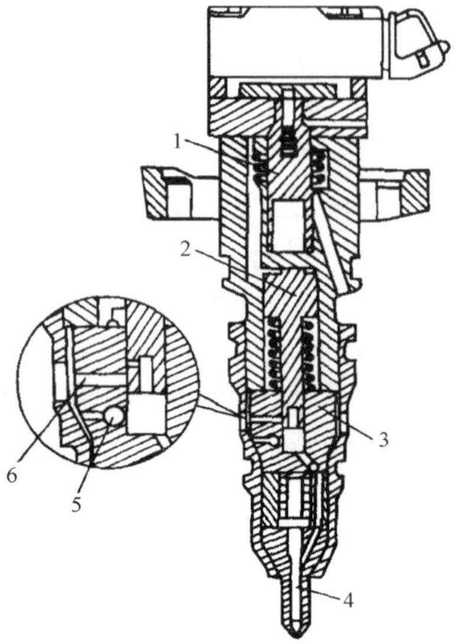

图3-84　HEUI系统的预喷射结构

1-控制阀；2-增压活塞；3-活塞套；4-喷油嘴；5-进油孔；6-精密回油孔

HEUI系统喷油器中，既有燃油又有机油，增压活塞上下腔这两种油的彻底隔离比较困难。

HEUI系统在美国Navistar公司7.3L直喷增压V8的T444E型柴油机上应用，该机缸径×冲程为104.4mm×106.2mm，标定功率160.3kW，标定转速3000r/min。HEUI系统也装在Caterpillar公司自己的3126车用柴油机上，该机6缸，7.2L，直喷增压中冷，标定功率130kW，标定转速2200r/min。HEUI系统已扩大应用到Caterpillar公司的3116、3408E、3412E和Navistar的DT446等机型上，使用范围已扩大到6种机型。

三、以电控喷射为主的柴油机电子管理中心的主要功能

一个较完善的以电控喷射为主的柴油机电子管理中心，可以实现下述各项功能。

1)目标喷油量控制

可按要求来设计任何模式(全程、两极或其他)的油量调速曲线，以及包括起动加浓、转矩校正在内的“校正外特性”曲线。若有需要，还可利用转速反馈达到调速率为零的等速控制曲线。

图3-85为高压共轨系统油量控制特性线之一例。此时柴油机加速踏板的位置只是一种控制信号，反映驾驶员的一种意愿。不像汽油机那样加速踏板控制的是节气门，反映了进气充量随转速变化的物理特性。

2)目标喷油定时控制

根据排放、油耗、功率和其他性能指标如噪声、冷起动等多方面的综合要求，来确定各工况所需的最优化定时值，如图3-86所示。

以上两项是最基本的控制功能。

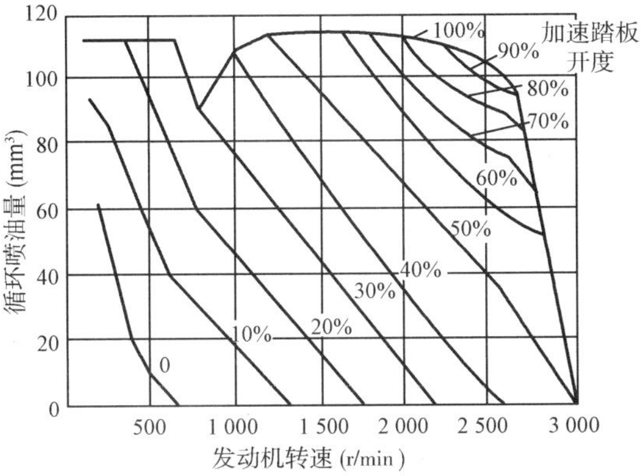

图 3-85　ECD-U2 电控系统油量控制特性(实际测试线与软件程序编制线基本重合)

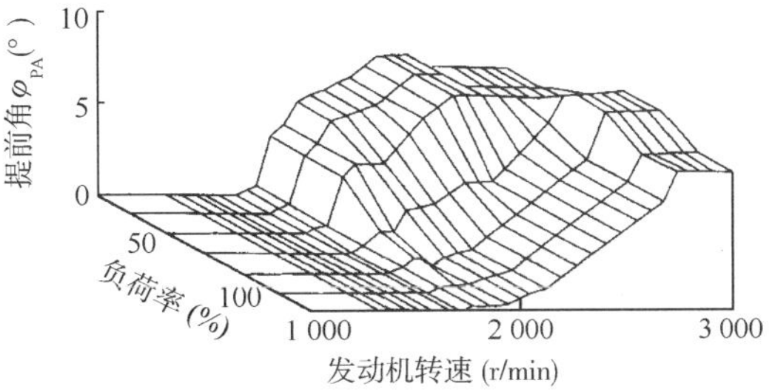

图 3-86　定时控制脉谱(MAP)图例

3)油量及喷油定时的补偿控制

根据环境状态及某些运行状态参数的变化对目标喷油量和定时进行补偿控制。这些参数包括大气压力、大气温度、冷却液温度、柴油油温等。此时将试验归纳出的经验公式或数据输入 ECU 供其发出执行指令时选用。

4)冷起动及怠速稳定性控制

冷起动油量和定时都由起动转速、加速踏板位置以及冷却液温度、燃油温度共同决定,并按一定程序实现冷起动—暖机—怠速的全过程。

怠速转速波动较大主要是各缸供油不均、燃烧不匀所引起。可通过检测怠速时各缸所对应的曲轴转速信号的波动情况进行分缸油量补偿以稳定转速。这是负荷反馈检测的一种方法,在低、怠速时比较准确,但高速时因惯性对转速信号的影响加大,转速信号波动变小,以致难于准确检测各缸的转速偏差。这一问题正在研究解决中。

5)过渡性能与烟度控制

可通过对过渡过程中油量和定时的综合补偿来满足最佳过渡性能和降低烟度的要求。例如增压柴油机开始加速时,通过加大供油提前角可使加速转矩加大,并减小冒烟量。此外控制喷油量不超过冒烟界限也是一例。

6)喷油规律与喷油压力的控制

对于时间控制式的共轨喷射系统,可以通过控制电磁阀升程和调节共轨腔中的压力达到控制喷油率、喷油压力和预喷射油量的目的。这是其他类型的系统难以做到的。

7)其他参数及性能的控制

目前,能实现的控制项目很多,但并非每个项目都是需要的,取决于具体的要求。这些项目有:增压油量与增压时进气量的补偿控制,废气再循环控制,增压器涡轮机喷口的可变截面控制,可变气门定时、可变进气涡流、可变进气管长度的控制,暖机时对进、排气的节流控制,部分停缸控制等。

此外尚有柴油机低油压保护、增压器工作状态保护、传动系统的配套控制以及故障自动诊断功能、故障保险功能等。

第八节　发动机可变压缩比技术

压缩比是汽缸总容积与燃烧室容积的比值,其表示活塞由下止点运动到上止点时汽缸内气体被压缩的程度，是衡量发动机性能的重要参数，是影响发动机效率最重要的因素之一。一般来说，压缩比越高，发动机性能就越好。但目前，大多发动机一经设计好其压缩比是固定不变的。固定的压缩比不能充分发挥发动机的性能，如在小负荷、低转速运转时，发动机的热效率低，相应地，其综合性能就差，这时可以用较大的压缩比；而在大负荷、高转速运转时，若压缩比过高，则容易发生爆燃并产生很大的热负荷和机械负荷，这时可用较小的压缩比。随着负荷的变化连续调节压缩比，可以最大限度地挖掘发动机的潜力，使其在整个工况区域内有效提高热效率，进而提高发动机的综合性能。

在增压汽油机中，为了防止爆燃，其压缩比低于自然吸气式发动机。在增压压力低时热效率降低，使燃油经济性下降。特别在涡轮增压发动机中由于增压度上升缓慢，在低压缩比条件下转矩上升很缓慢，形成所谓的增压滞后现象。即发动机在低速时，增压作用滞后，要等到发动机加速至一定转速后增压系统才起作用。为解决这个问题，可变压缩比（Variable Compression Ratio，VCR）是重要方法。即在增压压力低的低负荷工况下，使压缩比提高到与自然吸气式发动机压缩比相同或超过的程度；另一方面，在高增压的高负荷工况下，适当降低压缩比。

一、可变压缩比的实现方案

由压缩比定义可知，要使压缩比有所变化，必须从改变燃烧室容积和汽缸工作容积方面入手。通常可归纳为以下五种方案，如图3-87所示。

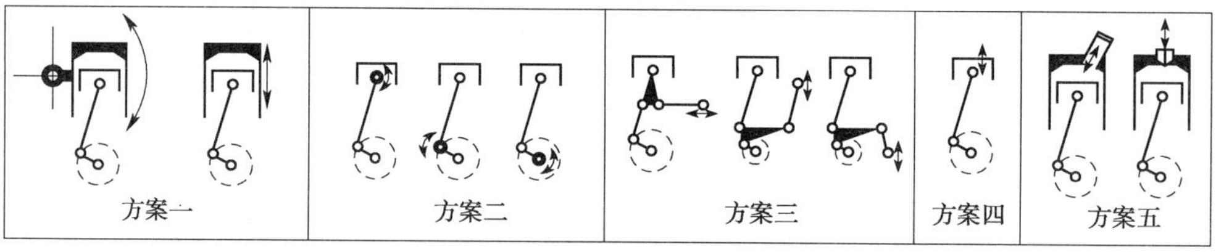

图3-87　可变压缩比技术方案分类

方案一是汽缸盖活动方式，瑞典萨博公司生产的SVC（Saab Variable Compression）发动机，利用液压调节装置将整体汽缸盖及汽缸相对于曲轴箱转过一个角度，从而改变燃烧室容积，同时相应地改变了压缩比。但是，该型发动机可活动部分质量大，其移动需要很大的能量，成本高。

方案二是偏心衬套方式，具体又可分为活塞销偏心衬套方式、曲柄销偏心衬套方式和曲轴偏心衬套方式。如德国FEV公司生产的VCR发动机，曲轴支承在一个偏心轮上，通过使偏心轮转过一个角度，来改变曲轴在竖直方向上的位置，因而活塞上下止点的位置也相应改变，实现了压缩比可变。但是，这种方案由于输出轴位置要移动，所以必须考虑与变速器结合或配合的问题，必须对驱动系统进行补偿，具有很强的针对性，不便于大量生产推广。

方案三是多连杆方式，即把连杆分为两部分，改变两者的夹角以实现改变连杆长度的目的。多连杆方式目前还存在一些问题，如发动机外形尺寸增加，运动学的改变使惯性力增加，振动和噪声也增加，而且由于可活动部件增加将导致摩擦损失相应增加。

方案四是可变活塞方式，通过改变活塞销与活塞顶面的距离来实现可变压缩比的目的。它包括液压活塞和压力自适应活塞两种。液压活塞质量大，不易于高速旋转，而且响应有滞后，需要几个热机循环的时间。压力自适应活塞很好地弥补了这一缺点，其压缩比的改变不需要附加控制力，活塞顶面高度完全取决于发动机缸内压力的大小。

方案五是燃烧室容积可变方式，通过设置在汽缸内的副活塞往复运动改变燃烧室容积。这种调节方案对密封要求高，为保证副活塞在高温高压工况下持久工作，必须对其进行冷却；另外，对燃烧室布置的不合理改变还会导致放热损失增加，发动机热效率减小。

二、几种典型 VCR 发动机介绍

1. 萨博 SVC 发动机

图 3-88 所示为萨博 SVC 发动机。它是一台直列 5 缸，每缸 4 气阀的发动机，排量为 1.598L，配有高增压值的机械增压器。萨博 SVC 变压缩比技术是通过活塞运动到上止点位置的变化来改变燃烧室容积，从而改变压缩比的。其压缩比范围可在 8:1 ~ 14:1 之间变化。在发动机小负荷时采用高压缩比以节约燃油，在发动机大负荷时采用低压缩比，并辅以机械增压器以实现大功率和高转矩输出。

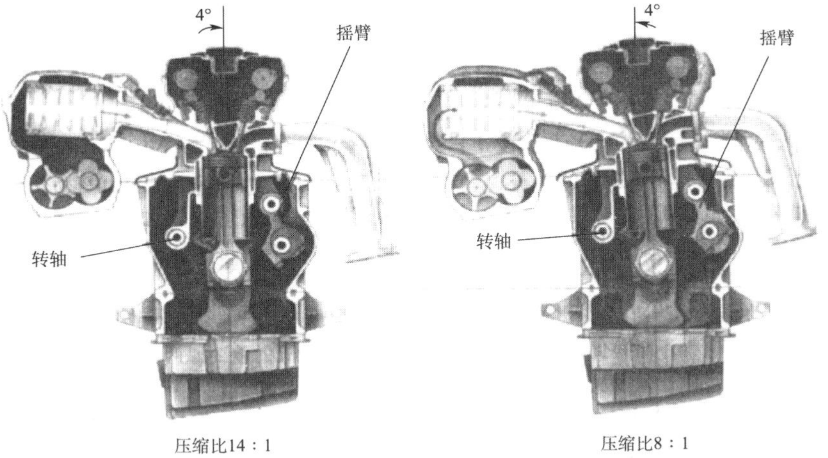

图 3-88　萨博 SVC 发动机

萨博 SVC 发动机可分为上下两部分，其上半部分的汽缸盖和汽缸铸成一体，下半部分为曲轴箱。上下两部分通过一组摇臂动态连接在一起的。工作时曲轴箱的位置相对不变，在 ECU 的控制下，右侧摇臂转动会推动汽缸盖和汽缸绕其转轴中心偏斜一个角度，其偏斜角度最大可达 4°。汽缸体和汽缸盖这个“整体”在偏离垂线开始旋转的时候，汽缸的上止点与曲轴的距离会缩短，而且是随着角度的增加，与曲轴的距离就越短。在到达曲柄连杆要和汽缸体相碰的临界时停止旋转。此时汽缸的上止点与曲轴的距离最近，燃烧室的容积达到最大，压缩比最小。与之相反，在这个“整体”没有旋转的情况下，压缩比最大。这样萨博的 SVC 变压缩比技术，就可以实现根据当时的工况由 ECU 来控制压缩比的变化，实现动力输出及燃油消耗的最佳化。

由于萨博 SVC 采用了这种方法，因此它采用较大增压值，甚至是强增压。由发动机原理知道，一般涡轮增压发动机不愿意采用大增压有个很重要的原因，就是增压越大，迟滞就越明显。但是由于萨博 SVC 采用了变压缩比技术，低速时可以提供高压缩比，保持发动机以正常的压缩比进行工作，减少甚至消除迟滞现象；在涡轮增压器工作达到最大化时又可降低压缩比，防止增压过大引起爆燃。在这两种情况下，压缩比的变化由于得到了 ECU 的控制，所以是一个连续的线性变化，使发动机在每一种情况下都能得到最佳的工作效率。

萨博 SVC 发动机的 CO、HC 排放值平均可降低 30%，百公里油耗为 8.3L，最大功率可达 168kW，最大转矩为 305N · m，且对代用燃料自然适用。

2. 法国 MCE-5 发动机

法国 Development 公司生产的 MCE-5 可变压缩比发动机，其压缩比可变的方式本质上属于多连杆方式，如图 3-89 所示。该发动机的压缩比可从 7:1 ~ 20:1 做无级的变化，压缩比从最大到最小的变化过程仅需约 100ms，具有很高的精度，工作过程中没有撞击、噪声以及活塞侧向力，摩擦损失也大幅下降。这种发动机热效率可提高 20% ，燃油经济性可提高 35% 。图 3-89 中，曲轴通过连杆和摆杆连接，摆杆的左右两侧都是齿轮，右侧齿轮与位置可变的控制架上的齿条啮合来控制摆杆的位置，左侧齿轮与活塞连杆上的齿条啮合，并通过导向滚子控制活塞的上下运动。工作时，根据发动机不同工况的需要，通过伺服电机来操纵控制齿杆凸轮轴，改变控制杆的位置，液压执行器也随之运动，使控制齿杆带动摆杆运动，摆杆位置发生变化后，活塞上止点和下止点的位置也发生变化，从而实现可变压缩比。如液压执行器使控制齿杆向上运动，则在摆杆作用下活塞向下运动，由此在活塞行程不改变的情况下，因上止点位置下降，必然导致燃烧室容积变大，故压缩比减小；反之，压缩比增大。

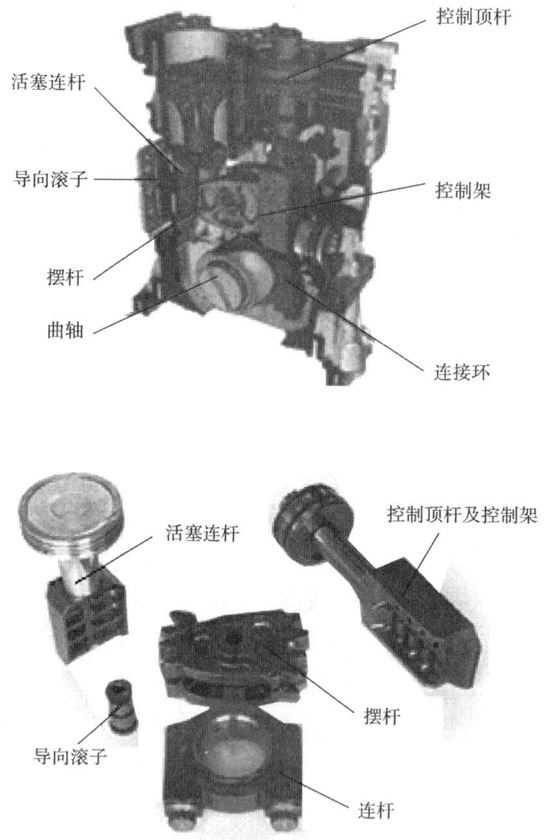

图 3-89　法国 MCE-5 发动机

3. 多连杆 VCR 发动机

图 3-90 为日产公司开发的一款用于涡轮增压的 VCR 发动机，在 100km/h 等速行驶时，其燃油消耗可降低 13%，而且在高压缩比时燃烧性能良好，即使在大量废气再循环的工况下燃烧性能仍然稳定。该款发动机在曲柄销转动部位安装有下连杆，下连杆的右端通过上连接销与上连杆连接，左端通过控制销与控制杆上端连接，控制杆下端被铰接在控制杆偏心

主轴颈上。

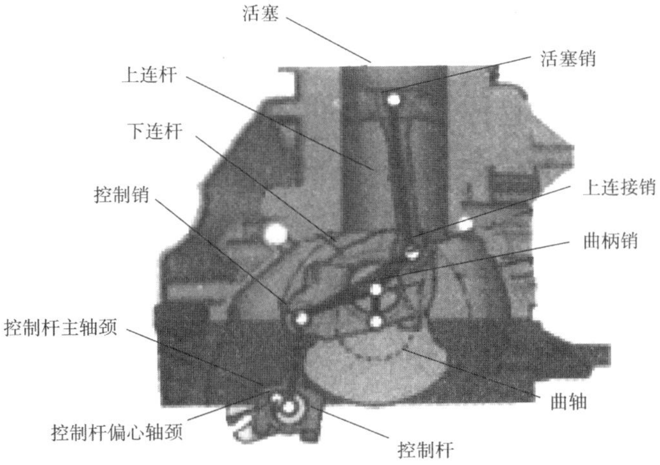

图 3-90　多连杆 VCR 发动机

多连杆 VCR 发动机压缩比改变的原理：移动控制杆偏心轴颈的中心向上使下连杆围绕曲柄销顺时针旋转，因而拉动上连杆向下，并使活塞上止点和下止点的位置同时下降以降低压缩比。相反，控制杆偏心轴颈的中心向下移动可以提高压缩比。在 ECU 控制下，发动机根据转速与负荷来改变压缩比。

在低速低负荷时采用高压缩比 14:1，以获得提高燃油经济性的最佳效果；随着负荷的增加，减小压缩比以防止爆燃发生；在全负荷时采用高增压，其压缩比设为最低值 8:1。

三、可变压缩比技术的优点与展望

1. 可变压缩比技术优点

（1）发动机热效率提高。采用 VCR 后，无论何种工况，发动机总在爆燃限制条件下工作，可获得最佳热效率。

（2）适合于多元燃料驱动。可变压缩比使得汽油机在所用燃料种类方面非常机动灵活，因为可变压缩比汽油机总是以最适合于所选用燃料的压缩比条件工作。例如，甲醇是一种经常被用来代替汽油的代用燃料，其马达法辛烷值为 88，而研究法辛烷值为 108。因此，在高转速下，甲醇达到了实际上跟汽油相同的抗爆燃性；而在低转速下则相反，它的抗爆燃性远远超过汽油。可变压缩比汽油机能够充分利用这种高抗爆燃性，更好地利用燃料的能量。

（3）有利于降低排放。为了使催化转换过程能够顺利地进行，三元催化转换器必须达到 400℃左右的工作温度。冷发动机起动后需要经历一段所谓的“起燃时间”才能达到这一温度，为 1 ~2min。在起燃时间尚未结束之前，三元催化转换器对排放的净化转化作用十分有限。采用可变压缩比，与推迟点火一样，能够降低热效率进而提高单位排量的废气热流量，迅速地加热三元催化转换器，就可以缩短起燃时间，明显地降低冷起动和暖机阶段排放。在部分负荷工况，针对 HC 随着压缩比增大而升高的现象，一方面，VCR 发动机可以接受较大的废气再循环率，因而能够更多地降低 NO_x 排放；另一方面，在较高负荷下通过提高压缩比能够提高热效率，增大转矩，可以部分地替代混合气加浓的程度，因而降低对混合气加浓的要求，这样就可以扩大闭环控制的工况范围，进一步降低有害物质 CO、HC 的排放。

(4)提高运行稳定性。传统的固定压缩比汽油机在冷机怠速阶段，为了加热三元催化转换器，要大幅度地减小点火提前角以降低热效率。这样一来就会明显地降低转矩，有可能使得发动机运行不稳定。在全负荷工况为了减少增压汽油机的爆燃倾向性也要依靠减小点火提前角。但是，过多地减小点火提前角会导致转矩下降较大，使得发动机运行不稳定。可变压缩比汽油机可以先通过减小压缩比，在一定程度上降低热效率，然后根据实际的转速变动情况在较小范围内调节点火提前角，使得发动机在冷机怠速和全负荷时平稳地运行。另外，通过提高压缩比可以提高转矩，抵消高的废气再循环率给发动机运行带来的负面效应。

(5)实现发动机小排量化，使发动机结构更紧凑，比质量更高。

2. 可变压缩比技术存在的问题

(1)VCR发动机一般都结构复杂，通常需要对发动机结构进行大幅改变，有时加工困难。

(2)新增的控制及辅助机构等可活动零部件导致了振动、摩擦损失和磨损的增加，也使发动机质量增加。大质量体的移动需要耗费很大一部分能量。

(3)适时准确地改变发动机压缩比，需要相应的高精度控制设备，匹配难度大。

(4)当压缩比过高时，对燃气的密封要求会更高。

(5)研发及制造成本高。

3. 可变压缩比技术的展望

(1)随着发动机相关理论、计算机技术、电子技术、结构优化设计等的飞速发展，可变压缩比技术会越来越多地应用在发动机上，它可使发动机的各项性能在各工况变化范围内得到优化。

(2)VCR技术使未来的发动机趋向于小型化、节能环保且能提供强大的动力。

(3)未来的VCR发动机应具备与现有发动机之间的互换性，以推动产量。

(4)未来的VCR发动机应与先进的电子控制系统相配合，以尽可能精确地连续调节压缩比，使其满足不同的工况和使用要求，获得更高的效率。

(5)应加大可变压缩比技术研发投入，结合VVT、GDI、HCCI、涡轮增压、稀薄燃烧等新技术来改善和提高发动机的综合性能。

第九节　发动机其他节能技术

一、分缸断油(闭缸技术)

由“汽车理论”课程学习可知，汽车的行驶阻力由坡度阻力、加速阻力、滚动阻力和空气阻力四部分组成。其中，空气阻力与车速的平方成正比，滚动阻力随车速增大而略有增加，其余两项与车速无关。汽车低速行驶时，以前面三项为主，阻力几乎与车速无关，所以对发动机的功率要求与车速成正比；但高速行驶时，阻力以空气阻力为主，大体上与车速平方成正比，所以对发动机的功率要求与车速的三次方成正比。经济型轿车对车速要求较低，可是豪华型轿车对车速要求很高，甚至可达200km/h以上，所以后者装备的发动机功率甚至可达前者的10倍。这种大功率轿车在都市中行驶时，功率要求不会比经济型轿车大许多，所以只利用了发动机标定功率的很小一部分。汽油机在这种低工况下运行时,经济性和排放性能都极差。如果在低工况下切断一部分汽缸的燃油供应,那么,其余各缸就会工作在经济性和排放性能都大为改善的工况区域,一旦这几个缸不能满足功率要求,停油各汽缸便单独地或成组地恢复供油并点火工作。这种工作方式称为分缸断油或闭缸技术。

图3-91以6缸机为例示出了分缸断油电子控制的原理。部分负荷时ECU通过设在燃油系统中的阀门切断右面3个汽缸的燃油供应,只有左面3个汽缸得到燃油供应并点火工作,一部分废气被送回进气管。进气总管中设有ECU控制的阀门,可将这两组汽缸的进气歧管分隔开,所以回流废气可经进气管流入已经断油的3个汽缸,再经过专门为这一组汽缸设置的排气管排出。让废气流入断油汽缸的目的是保证发动机整体上温度分布均匀,提高断油汽缸中机油的温度以减少摩擦损失和磨损。全负荷时,各汽缸一起工作,进气总管中的阀门将两组汽缸的进气歧管接通,各缸都得到新鲜空气和燃油供应。

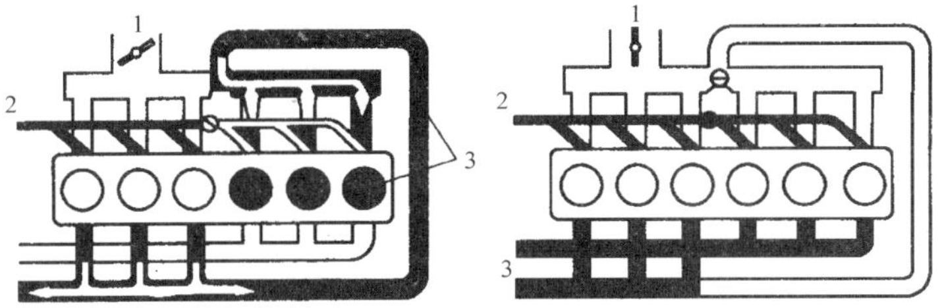

图3-91　分缸断油分子控制

1-空气;2-燃油;3-废气

闭缸技术在国外已有应用。例如,保时捷研制的V6发动机,可以闭缸一半,在公路上行驶,节油率可达16%,在市内行驶,节油率可达28%;日本三菱汽车公司2L排量发动机采用闭缸技术,怠速时节油率42%,车速40km/h时节油率22%,车速60km/h时节油率可达16%。

二、与变速器换挡相关的发动机控制

变速器换挡控制属于汽车底盘电子控制的范畴,不在本节讲述内容范围以内。这里只介绍一下其中与发动机控制有关的问题。

变速器换挡控制可降低油耗、改善换挡舒适性并提高可传递的功率和变速器寿命。它可与发动机电子控制系统做成一体,如图3-92所示。所需的输入信号由发动机负荷传感器7、发动机转速传感器8、节气门开关6以及变速器输出轴转速传感器9、变速器挡位开关2、程序模块开关3和加速踏板终端开关4等提供。执行器是变速器液压系统压力调节器、电磁阀14和故障信号灯15。

在平路上行驶时,汽车对发动机的功率需求由车速唯一地确定。发动机功率等于转矩和转速的乘积。为了实现某一车速,发动机功率和转速可以有不止一种的组合,由变速器传动比决定。每一种组合对应于发动机的一个工况点和一个有效燃油消耗率。ECU会选择其中比油耗最低的一种组合所对应的变速器传动比。为此目的的设置的程序模块称作节油程序模块。当然还有其他程序模块可供选择,例如手动换挡程序模块和运动驾驶程序模块等,分别适应不同的要求。

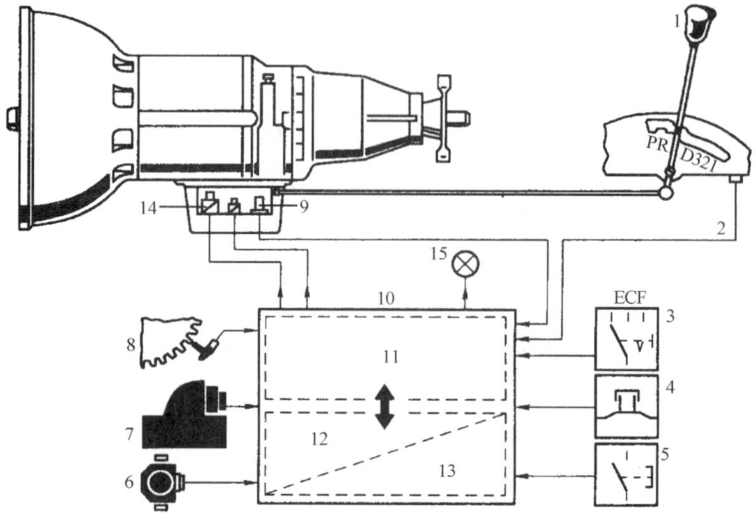

图 3-92 变速器电子控制系统

1-挡位选择杆;2-挡位开关;3-程序模块开关;4-加速踏板终端开关;5-牵引力控制开关;6-节气门开关;7-发动机负载传感器;8-发动机转速传感器;9-变速器输出轴转速传感器;10-电子控制单元;11-变速器控制;12-点火控制;13-喷油控制;14-换挡阀和变矩器阀;15-故障信号灯

变速器电子控制换挡时可推迟点火以降低发动机转矩。全负荷时换挡本来是特别危险的。推迟点火使得全负荷换挡就跟部分负荷换挡一样平稳。换挡结束以后,点火正时恢复正常。

三、进气量电子控制

1. 进气量电子控制的必要性

发动机转矩实质上取决于每循环输入的燃油量。驾驶员对加速踏板的操纵,实际上是对发动机提出转矩需求的一种表达。传统的汽油机均质混合气,空燃比变动范围很小,调节进气量就能调节转矩,称为量调节,所以加速踏板以机械方式直接连着节气门,往下踩加速踏板就能增大节气门开度,增加进气量,增加转矩。但是,这种调节方式在现代电子控制汽油机中受到了挑战,因为它排除了以电子方式影响进气量的可能性,而这种可能性正是许多场合下所需要的。

(1)通过节气门以外的装置调节进气量的场合:不用节气门,只要通过调节进气门的升程和开启相位也可调节进气量。但是此时无法通过加速踏板以机械方式直接调节进气门。

(2)某些电子控制项目中为了改善平顺性而要求逐步改变转矩的场合:在倒拖、分缸断油、稀薄燃烧、变速器换挡和防抱死制动等电子控制过程中,都会伴随着对发动机转矩需求的改变。转矩突变将破坏汽车行驶的平顺性,应予防止。为了实现转矩的平稳过渡,可以采取逐步增大或逐步减少点火提前角的方法,也可以采取逐步改变进气量的方法。目前多数发动机采取前一种方法,但这样做影响了点火提前角的优化,增加了油耗。后一种方法比较理想。但是由于这些控制都是以电子方式完成的,驾驶员根本无从知晓,也就无法通过加速踏板改变进气量来实现转矩的平稳过渡。即使驾驶员能够及时地察觉上述的过渡过程而想要通过改变进气量来实现转矩的平稳过渡,也不可能通过人工操作做到过渡过程的绝对平稳。只有当进气量也实现电子控制之后才有可能通过改变进气量实现转矩的平衡过渡。

(3)为了迅速加热三元催化转换器而在暖机阶段推迟点火的场合：为了迅速加热三元催化转换器，可在暖机阶段推迟点火，提高排气温度。但由此引起了平均有效压力和转矩的下降。为了补偿这一损失，要求在加速踏板位置保持不变的情况下自动增加进气量。

(4)牵引力电子控制、发动机限速控制和汽车限速控制的场合：过去，这些电子控制项目都要求发动机短暂而频繁地断油。这使得三元催化转换器的温度频繁地起伏波动，一方面影响了转化效率，另一方面给三元催化转换器的载体增加了突变热负荷。为了解决这一问题，要求在加速踏板位置保持不变的情况下自动调整进气量。

(5)现代汽油直接喷射发动机中：低负荷范围可实现稀薄燃烧，因而可让节气门全开，通过改变喷油量调节转矩，以达到减少泵气损失的目的；高负荷范围则仍通过节气门调节转矩。这种发动机的节气门不能以机械方式直接与加速踏板连接，而必须以电子方式控制。

2. 进气量电子控制系统的组成

进气量电子控制俗称电子油门（E-GAS），又称导线驾驶（Drive-by-Wire）。目前一般都采用节气门调节进气量，用节气门作为进气量电子控制的执行器，如图3-93所示。所以称之为节气门电子控制（Electronic Throttle Control，ETC）。

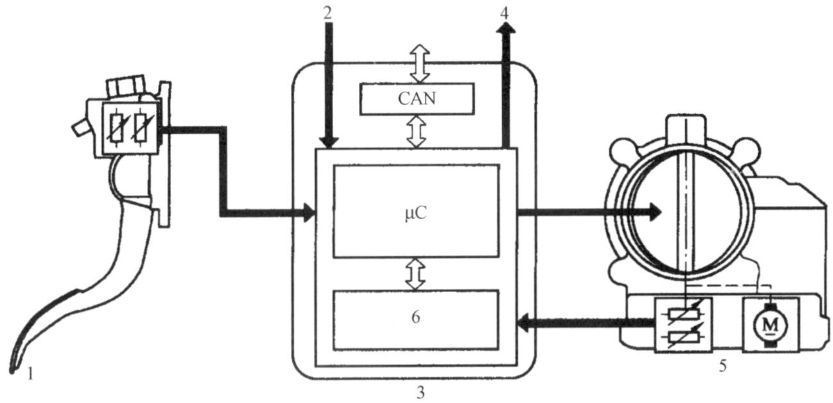

图3-93　进气量电子控制系统

1-加速踏板模块；2-各种传感器；3-发动机ECU；4-各种执行器；5-节气门装置；6-监测模块

加速踏板不再以机械方式直接与节气门连接。这类系统的加速踏板实质上是一个电位计，称作加速踏板模块，它的输出电压信号反映了加速踏板的位置，它起一个传感器的作用。在采用自动变速器的场合，加速踏板终端开关也纳入加速踏板模块之中。ECU将它的信号看作驾驶员关于对发动机转矩需求的一种表达。但加速踏板位置和节气门位置之间并不存在一一对应的关系，这与传统的模式根本不同。ECU除了根据加速踏板位置及其改变速度以外，还要考虑其他传感器的信号，如节气门转角、进气量、转速、冷却液温度以及汽车底盘电子控制信号等，经过计算后确定节气门应有的开度，然后发出指令给节气门装置的直流电机。该直流电机通过一台两齿轮减速器驱动节气门轴。节气门位置信息通过节气门位置传感器反馈给ECU，借此实现节气门位置的闭环控制。这种控制方式避免了机械式加速踏板杆系中诸如间隙、摩擦和磨损引起的误差。

由于ETC提高了经济性、动力性、安全性，并降低了排放，它正在被越来越多的轿车发动机所采纳。

四、停车—起动运行电子控制

据资料显示,汽车在城市行驶工况中,停车时常常不关闭发动机,怠速运行时间占总运行时间的比例为20% ~30%,而怠速油耗占总油耗的5%左右。因此,如果停车时关闭发动机,取消怠速,对改善整车燃料消耗损失大有好处。如前文所述,怠速转速电子控制是为了减少怠速燃油消耗和使怠速稳定。达到同样目的另一种办法是采取停车—起动运行。当离合器脱开、汽车停住或只是以大约 2km/h 的速度蠕行时,发动机在几秒钟内就自动关闭。这种情况主要发生在都市交通信号灯前面或堵车时,借此可节省燃油并减少排放。重新起动发动机时只要将离合器踏板踩到底,并将加速踏板踩下达其行程 1/3 以内就可以了。此时 ECU 会令起动机转动,并按照起动程序模块控制喷油和点火。这样,省去了人工起动操作的麻烦。

停车—起动运行虽然节省了怠速燃油,但增加了起动燃油的消耗。因此,严格限制起动燃油的消耗就成了特别重要的任务。

五、发动机冷却风扇控制

冷却系统的主要任务是保证发动机在正常的温度下良好工作。由于汽车发动机的使用工况和工作环境千变万化,因此对于冷却系统的工作要求也是很不相同的。在大部分运转工况下,冷却系统的能力往往是过剩的,据实验资料,汽车在90%以上的运行时间仅靠迎面风就能保证正常冷却,并不需要风扇冷却。但是,传统的结构,只要发动机运转,风扇就被驱动,而驱动风扇消耗的功率与转速的三次方成正比,通常占发动机有效功率的5% ~10%,并且产生较大的风扇噪声。由此可知,冷却风扇是汽车发动机中耗能较多、噪声较大而利用率较低的附件。

近年来在汽车发动机上采用各种自动式(如硅油式、机械式、电磁式和电动式)风扇离合器控制风扇的风量以改变冷却强度的方法日益增多,结构日臻完善。这不仅能减少发动机功率损失,节约燃油,而且还能提高发动机使用寿命,降低发动机的噪声。

机械式风扇离合器。图 3-94 所示是以形状记忆合金作为温控和驱动元件的机械式自动风扇离合器,它的基本结构是典型的机械式锥形摩擦离合器。主动件 5 通过滑键与主动轴 1 连接。从动件 3 安装在滚动轴承 2 的外圈上,滚动轴承的内圈安装在主动轴上。风扇安装在从动件上(图中未画出)。

安装在主动件上的螺旋弹簧 7 是用形状记忆合金材料制造的,这种合金材料具有形状记忆效应和超弹性特性,它在临界温度点具有大幅度改变形状的特点,是温控元件的理想材料。该结构中的螺旋弹簧 7 兼有温控和压紧两个作用。

图 3-95 所示为形状记忆合金螺旋弹簧特性曲线。当螺旋弹簧处的环境温度为 T_1 时,弹簧处于较短状态。随着环境温度的升高,螺旋弹簧快速伸长,当环境温度上升到 T_2 后,温度再升高时,弹簧几乎不再伸长。当环境温度由 T_2 下降到 T_3 时,螺旋弹簧长度几乎不变。当环境温度由 T_3 下降到 T_4 时,螺旋弹簧快速缩短,缩短到环境温度为 T_4 时,弹簧几乎不再缩短。

台架性能试验表明:汽车发动机在小负荷工作时,散热器后面的空气温度在 50℃ ±3℃以下时,形状记忆合金螺旋弹簧保持原来形状,使风扇离合器处于分离状态。当汽车发动机的负荷逐渐增加,使流经风扇离合器的气流温度上升到 50℃ ±3℃ 以上时,形状记忆合金螺旋弹簧开始伸长,使风扇离合器逐渐接合,风扇转速也随之增加。当环境温度上升到60℃时,螺旋弹簧快速伸长完毕,离合器完全接合,使风扇转速与主动轴转速相等。

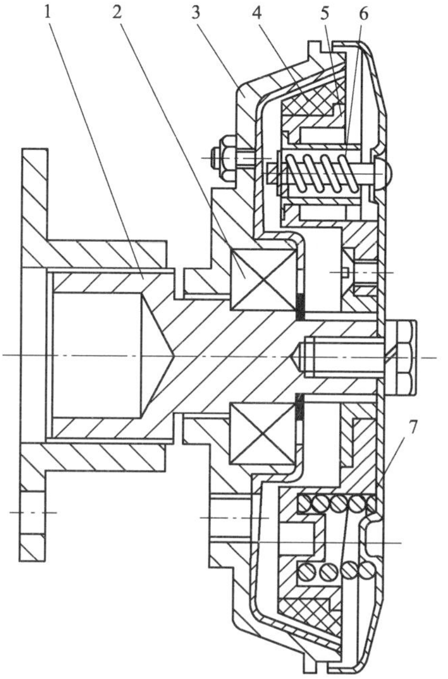

图3-94　机械式风扇离合器

1-主动轴;2-滚动轴承;3-从动件;4-摩擦片;5-主动件;6-复位弹簧;7-形状记忆合金螺旋弹簧

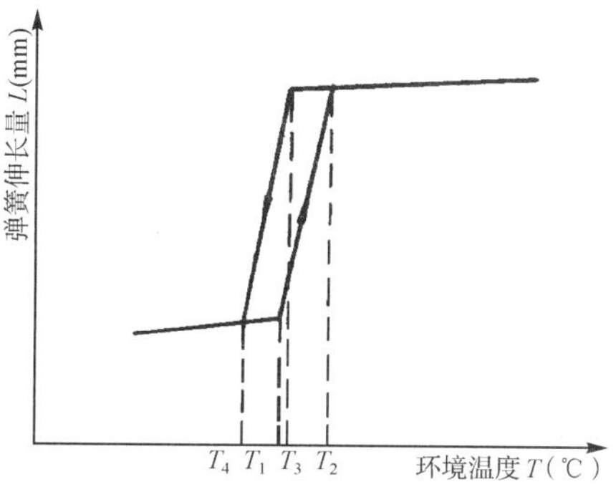

图3-95　形状记忆合金螺旋弹簧特性曲线

当环境温度下降到54℃时,离合器开始分离,风扇转速逐渐降低。环境温度下降到40℃时离合器完全分离,风扇只在轴承摩擦力矩驱动下低速旋转。

实践表明,这种记忆合金控制的机械式风扇离合器温控灵敏度较高,可保持发动机冷却液温度在合适的范围内,使汽车节省燃油达2%～4%,同时它还具有结构简单、工作可靠、易于维修等优点。

电动风扇。很多轿车发动机的水冷系统采用电动风扇,尤其横置发动机前轮驱动的汽车,电动风扇由风扇电动机驱动并由蓄电池供电,所以风扇转速与发动机转速无关。

我国生产的红旗CA7220、奥迪100、捷达和桑塔纳等轿车均采用电动风扇(图3-96),且风扇转速均为两挡。风扇转速由温控热敏电阻开关控制。当冷却液流出散热器的温度为92～97℃时,热敏开关接通风扇电动机的1挡,风扇转速为2300r/min。当冷却液温度升高到99～105℃时,热敏开关接通风扇电动机的2挡,这时风扇转速为2800r/min。若冷却液温度降到92～98℃时,风扇电动机恢复1挡转速。当冷却液温度降到84～91℃时,热敏开关切断电源,风扇停转。

在有些轿车发动机上,电动风扇由电脑控制。如受发动机舱尺寸所限,冷却风扇通常不是直接装在曲轴前端,而是与散热器做成一体,散热器常为长方形,两台冷却风扇并列布置,各由一台电动机驱动,ECU根据输入信息控制冷却风扇电动机。如图3-97所示,当ECU未给冷却风扇继电器2、3和4发出信号时,两台电动机都不通电;当ECU只发出信号给冷却风扇继电器2并使它接通时,冷却风扇电动机5和6串联,风扇低速旋转;当ECU同时发出信号给冷却风扇继电器2、3和4并使它们都接通时,冷却风扇电动机5和6并联,风扇高速旋转。

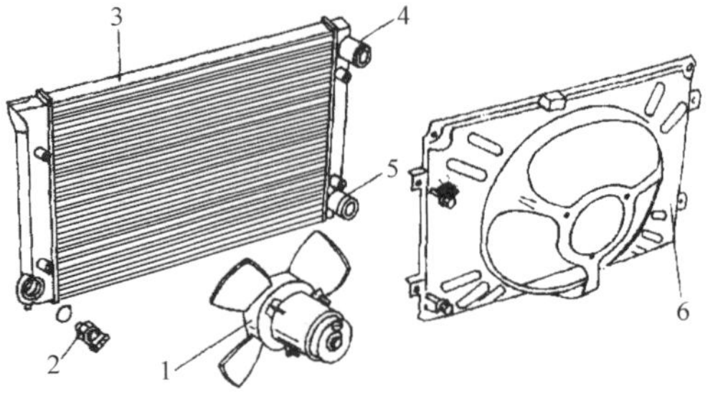

图3-96 电动风扇、散热器及导风罩(捷达轿车)

1-电动风扇;2-温控热敏电阻开关;3-散热器;4-散热器进水管;5-散热器出水口;6-导风罩

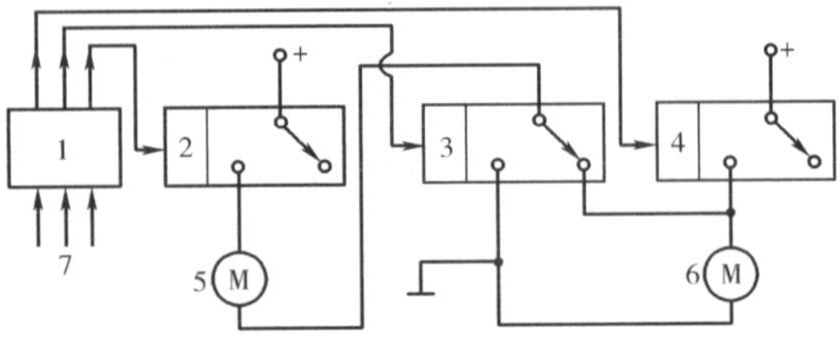

图3-97 冷却风扇电子控制系统

1-ECU;2、3、4-冷却风扇继电器;5、6-冷却风扇电动机;7-输入信号

电动风扇的优点是结构简单,布置方便,发动机燃油经济性得到改善。此外,由于不需要检查、调整或更换风扇传动带,从而减少了维修的工作量。

开发一台先进的发动机,不是一两种技术所能达到的,一定是各种科学技术的综合运用结果。中国汽车工业从新中国成立以来,从无到有,从小到大,从弱到强,一步步走到今天,展现了中国汽车工业科技人员艰苦奋斗、勇攀高峰的优秀传统。

2020年9月16日,中国装备制造业的领军企业潍柴集团,在山东济南举行发布会,正式发布全球首款突破50%热效率的商业化柴油机。中国内燃机国家检测机构中国汽车技术研究中心有限公司、国际权威内燃机检测机构德国TV南德意志集团将热效率达到50.26%的认证证书颁发给潍柴集团。潍柴集团开创了五大专有技术——协同燃烧技术、协调设计技术、排气能量分配技术、分区润滑技术、智能控制技术,有效解决高效燃烧、低传热、高可靠性、低摩擦损耗、低污染物排放、智能控制等一系列世界级难题,使柴油机本体热效率达到50.26%,并满足国六/欧Ⅵ排放要求,在全球率先具备了量产和商业化条件。

2020年9月21日,广汽传祺公司发布了热效率超过42%的第四代2.0ATK发动机。该发动机采用阿特金森循环、15.6超高压缩比以及低温冷却外部EGR等技术,基于广汽GCCS燃烧控制系统,通过协同优化燃油喷射、缸内流动,实现在15.6超高压缩比和大EGR率下缸内燃烧过程的高效与清洁。在热管理方面,采用缸体缸盖分开水套和缸体分层水套设计,加上电子水泵、温控模块,实现精确的按需冷却控制,进一步降低整车能耗。在降低摩擦方面,采用全可变机油泵、低张力活塞环、凸轮轴滚动轴承、DLC涂层等技术,最终实现了42.10%有效热效率。

上述案例表明,随着替代燃料的应用、新型燃烧技术的进一步发展,以及电控技术的进步,即使在新能源汽车的强烈冲击下,传动内燃机的节能减排潜力仍然还有进一步挖掘的可能。

复习思考题

1. 什么是发动机充量系数?
2. 什么是发动机稀薄燃烧?

3. 什么是废气涡轮增压?
4. 提高发动机热效率的主要措施有哪些?
5. 影响发动机节能的主要因素有哪些?
6. 简述发动机可变配气系统节能的基本原理。
7. 实现发动机进气管长度可变的方式有哪些?
8. 汽油机稀薄燃烧技术的基本原理是什么?
9. 柴油发动机采用废气涡轮增压技术节能的基本原理是什么?
10. 发动机采用可变压缩比的优点有哪些?

第四章　汽车底盘与车身节能技术

汽车底盘可将发动机的动力转变为牵引力使汽车行驶，并满足汽车转向、制动等各种行驶工况的要求。由于发动机的动力必须经过汽车底盘传动系统——离合器、变速器、传动轴、减速器、差速器和半轴传递给驱动车轮，传动系统效率的高低，直接影响到汽车动力性和燃油经济性的好坏。而汽车车身节能主要包括注重车身造型减少空气阻力和实现车身轻量化两个方面的节能技术。空气阻力所消耗的功率与车速的三次方成正比，就是说在车速低的时候，空气阻力功率消耗所占比例不大，在车速高的时候，空气阻力将是主要的阻力。车身质量约占汽车总质量的30%，所以汽车车身的轻量化对减轻汽车自重、提高整车燃料经济性至关重要。

本章主要阐述汽车传动系统与发动机匹配、自动变动器、超越离合器和制动能量回收等汽车底盘节能技术和原理；车身造型的发展、汽车空气动力学概念、车身结构轻量化技术，以及节能的原理。要求了解汽车底盘技术与汽车节能的基本关系，熟悉汽车传动系统与发动机匹配节能、自动变动器、超越离合器和制动能量回收等技术的主要内容，掌握其节能的基本原理。掌握汽车空气阻力分析方法，熟悉降低空气阻力系数 C_D 的途径，了解车身造型发展的历史、车身结构轻量化设计激光拼焊板（TWB），以及优化车身结构轻量化设计和车身结构轻量化材料的发展趋势。

第一节　汽车传动系统与发动机匹配

由于发动机输出的转速和转矩不能满足车辆驱动轮所需的转速和转矩，必须设立传动系统，通过传动系统改变传动比，调节发动机的性能，将动力传至车轮，以适应外界负荷与道路条件变化的需要。因此，汽车动力性能的好坏，不仅取决于发动机，而且在很大程度上依赖于传动系统以及传动系统与发动机的匹配。同样，汽车经济性能的好坏也与传动系统发动机的匹配密切相关。

一、传动系统匹配节能

汽车传动系统的功能是将发动机发出的动力传给驱动车轮，使两者很好地匹配。传动系统中对燃油经济性有重要影响的是变速器和驱动桥。发动机的转矩、转速与汽车牵引力和速度之间的匹配，主要通过主减速器和变速器的减速作用，以提高汽车的牵引力。传动系统的这种减速增矩程度用传动比 i 表示，其数值如下：

$$i = i_D i_k = \frac{n}{N} \tag{4-1}$$

式中：n——发动机转速，r/min；

N——汽车驱动轮转速，r/min；

i_D——主减速器传动比；

作用于汽车驱动轮的牵引力 F 等于：

$$F=\frac{iM_e\eta}{r_k}\times 9.81(\mathrm{N}) \tag{4-2}$$

式中：M_e——发动机转矩，N·m；

η——传动系统效率；

i——传动系统传动比；

r_k——驱动轮半径，m。

传动系统的最小传动比 i_{min} 应保证汽车能在平直良好路面上克服滚动阻力和空气阻力并以相应的最高车速行驶，而传动系统的最大传动比 i_{max} 应保证汽车能克服最大行驶阻力并具有适当大小的最低车速。为了达到最大传动比，需通过变速器与主减速器串联传动，因此传动系统最大传动比 $i_{max}=i_D i_{kmax}$。一般机械式变速器的传动比挡数为 3～5 挡。在起动及爬坡时，选用传动比较大的（低速）挡位，在平路高速行驶时，可选用传动比较小的（高速）挡位。当变速器高速挡传动比 $i_k=1$ 时，变速器不起减速作用，仅靠主传动器减速 $i=i_D=i_{min}$。

在汽车设计过程中，当发动机性能和汽车的常用行驶工况确定后，合理选择传动比，进行传动系统与发动机的匹配优化，可使汽车的使用性能最大限度地发挥出来，从而改善燃油经济性。如图 4-1 所示，AB 线为发动机万有特性的最佳燃油消耗曲线，R 区为发动机的常用工作区，显然 R 区距 AB 线越近，发动机燃油经济性越好。汽车行驶时的车速等于：

$$V=0.377\frac{nr_k}{i_D i_k}(\mathrm{km/h}) \tag{4-3}$$

当车速一定时，发动机转速可以在等功率线 P 上任一点工作。因此可以通过减小 i_D 或 i_k，使发动机在较低转速下工作，亦即使发动机万有特性上的工作点沿着该节气门开度下的等功率线由下向上、由右向左移动，实现节油。例如当发动机在转速 n_3 工作时，离经济区较远，要使发动机切换到燃油经济性较好的 n_4 工作，可通过减小传动比来实现。

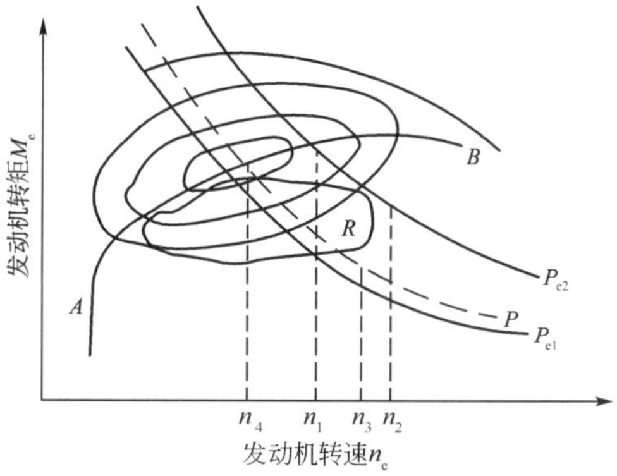

图 4-1　发动机与传动系统匹配示意图

变速器的传动比范围、挡位数、传动比分配规律和主减速比等参数都影响整车的燃油经济性，在满足汽车动力性能的前提下，优化传动系统各参数，使汽车常用工况处于发动机最佳经济区或接近最佳经济区，则可有效地降低汽车的燃油消耗。

二、传动系统参数的合理匹配

汽车动力传动核心部分即从发动机→变速器→驱动桥→轮胎，对于汽车的燃油经济性而言，在很大程度上受这些总成的影响。因此，在整车参数和发动机确定后，必须根据汽车的不同用途进行传动系统的优化匹配，才能得到节能的效果。

1. 合理选择变速器参数

在汽车动力传动部分设计中，变速器的最小传动比是由汽车最高车速确定的。确定最大传动比时，要考虑三方面问题：最大爬坡度、附着力及汽车最低稳定车速。汽车性能对于传动比有以下主要要求。

①最大传动比（最低挡传动比）应能保证实现能在给定的最大爬坡度路段行驶和正常行驶中在最大爬坡度条件下的顺利起步。

②最小传动比（最高挡传动比）应能达到设计要求的最高车速。

③应使汽车能顺利而迅速地加速，具有较好的坡道行驶性能以及保证汽车在常用工况下的行驶经济性。同时，在最高挡与最低挡之间，应有适当数量的中间挡以及合理分配的传动比。

变速器的传动比范围、挡位数以及传动比间隔等参数与汽车的动力性、经济性有着密切的关系。不同类型的汽车，由于其使用条件不同，对整车性能要求不同，且汽车本身的比功率不同，具有不同的挡位数及传动比间隔。所以，在传动系统参数匹配中，确定变速器的传动比范围、挡位数以及传动比间隔是一项非常重要的工作。

1）传动比范围与挡位数

最低挡传动比与最高挡传动比之比（即传动比范围）扩大，可以明显地改善汽车的燃油经济性和动力性。传动比间隔过大会造成换挡困难。因此，扩大传动比范围的最好做法是增加挡位救，例如增加一个超速挡，或者增加一个直接挡。

就动力性而言，挡位数多，增加了发动机发挥最大功率附近高功率的机会，提高了汽车的加速与爬坡能力。就燃油经济性而言，挡位数多，增加了发动机在低燃油消耗率区工作的可能性，降低了油耗。所以增加挡位数会改善汽车的动力性和燃油经济性。

轿车的行驶车速高，比功率大，最高挡的后备功率也大，最高挡的驱动力与1挡驱动力间的范围小，即i_{tmax}/i_{tmin}小。因此，过去美国装备手动变速器的轿车，常用操纵方便的3挡变速器；而注重节约燃油的国家，如欧洲各国，选用发动机的排量较小，则常用4挡变速器。近年来，为了进一步节省燃油，装用手动变速器的轿车普遍采用5挡变速器，也有采用6挡变速器的。

轻型货车和中型货车比功率小，所以一般采用5挡变速器。重型货车的比功率更小，使用条件也更复杂，如矿山用重型汽车，行驶道路变化很大。重型牵引车要拖带挂车，有时要求有很大的驱动力。重型车辆发动机工作时间长，油耗量大，且本身自重很大，增加挡位数不会过多地增加汽车的制造成本，所以一般采用6挡至十几个挡的变速器，以适应复杂的使用条件，使汽车具有足够的动力性与良好的燃油经济性。

越野汽车的使用条件最复杂，还要经常牵引火炮或挂车，所以i_{tmax}/i_{tmin}的比值很大，其传动系统的挡位数较同吨位的普通货车常多一倍左右。

在变速器中，挡位数超过5个（指前进挡）会使结构大为复杂，同时操纵机构也相应复杂。为此常在变速器后接上一个2挡或3挡位的副变速器。越野汽车因要求多轴驱动，故采用分动器。

2）传动比间隔

挡位数多少影响到挡与挡之间的传动比比值，即传动比间隔。传动比间隔过大，会造成换挡困难。一般认为传动比间隔不宜大于1.8。变速器各挡传动比确定一般有两种方法，即等比级数分配或渐进式传动比分配。

采用等比级数分配，传动比间隔为常数。以4挡变速器为例，各挡传动比关系为：

$$i_1 = i_2 q = i_3 q^2 = i_4 q^3 \tag{4-4}$$

图 4-2 为等比级数分配传动比变速器的特性场。由图可见,等比级数分配传动比使得相邻两挡特性场与理想转矩曲线间形成的空隙(又称为变速器空隙)是均匀的,面积相等。

等比级数分配传动比的优点是使发动机总在同一转速范围内工作,因而可以从动力性和经济性角度选定最佳转速范围。但实际上换挡不可能在瞬间完成,换挡必然带来车速降低。由于受空气阻力影响,高速区域换挡车速降低量远大于低速区域。因此,较高挡间传动比的比值应小于较低挡间传动比比值,才能保持发动机工作的转速范围不变。载货汽车的使用车速范围较窄,可以基本上采用等比级数分配传动比。

现代轿车使用车速范围大,多采用渐进式传动比分配。以 4 挡变速器为例,其各挡传动比关系为:$\frac{i_3}{i_4}=q_1q_2^0$,$\frac{i_2}{i_3}=q_1q_2^1$,$\frac{i_1}{i_2}=q_1q_2^2$。其中,$q_2=1.1\sim1.2$。

渐进式传动比分配,与等比级数分配相比较,高挡间的车速差明显减小。图 4-3 为渐进式传动比分配的特性场。从图可以看出,低挡变速器空隙比高挡大得多。

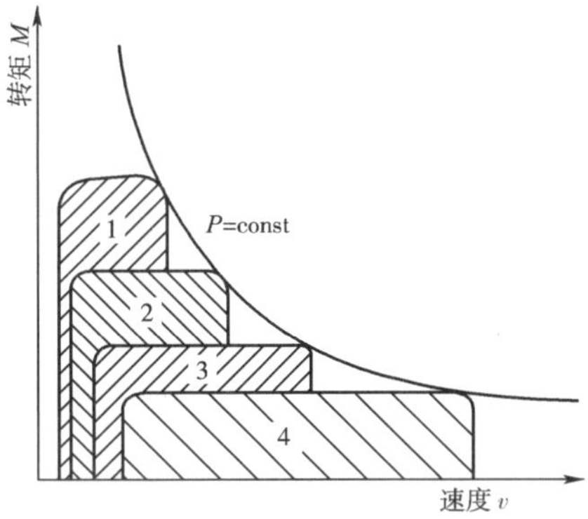

图 4-2 等比级数分配传动比的特性场

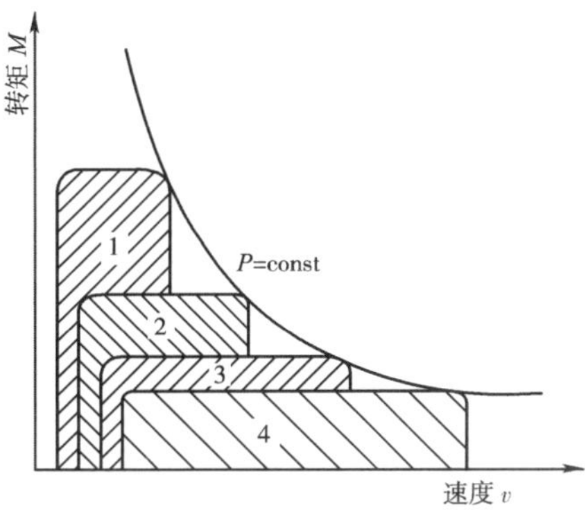

图 4-3 渐进式传动比分配的特性场

现代汽车理论认为:传动比间隔越小越节油,换挡也越轻便;且汽车多在高挡位位置工作,换挡频次也大大多于低挡。因此,高挡的传动比间隔应比低挡小。鉴于这个原因,英国马丁博士提出了偏置等比级数的传动比分配方法。

这种传动比分配方法的特点是发动机在各挡的工作转速范围均不一样,低挡宽、高挡窄。这样在低挡由于转速过宽会使燃油经济性恶化,但因其利用率较低(例如 5 挡变速器 1、2、3 挡的路程总利用率仅 10% ~15%),影响不大。同时,在高挡区间,发动机的转速范围可以限制在较窄的经济转速区工作(因其利用率较高),因此总的燃油经济性有所改善。

2. 合理选择驱动桥的参数

选择驱动桥参数,主要就是确定主减速器传动比。在动力装置其他参数不变的条件下,若要选定最佳主减速器传动比,可根据燃油经济性与动力性的计算,绘制如图 4-4 所示的不同 i_0 时的燃油经济性—加速时间曲线。该曲线通常大体上呈 C 形,所以又称之为 C 曲线。图中的纵坐标是 0 ~96.6km/h 时的加速时间(单位为 s),横坐标为美国环境保护署(EPA)循环工况的燃油经济性[单

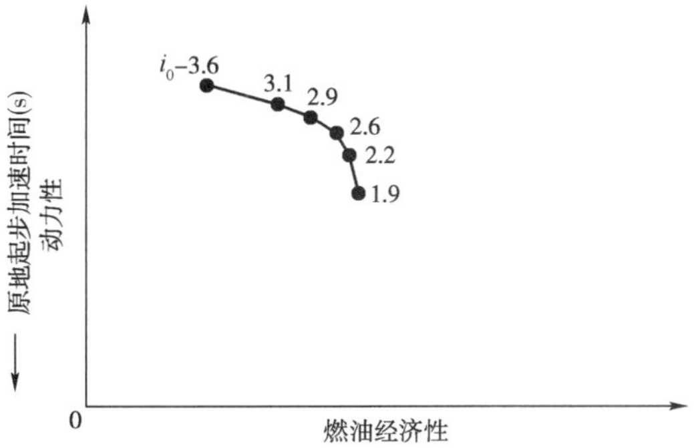

图 4-4 不同 i_0 时的燃油经济性—加速时间曲线

位为 km/L(或 mile/gal)]。计算出不同 i_0 值时的加速时间与每升燃油行驶公里数后，即可作出图示曲线。曲线表明，i_0 值较大时，加速时间较短但燃油经济性下降；i_0 值较小时，加速时间延长但燃油经济性改善。若选定 2.6 作为主减速器传动比，则能兼顾汽车的燃油经济性与动力性。若以动力性为主要目标，则可选用较大的 i_0 值；若以燃油经济性为主要目标，可选用较小的 i_0 值。

3. 变速器与主减速器传动比的匹配节能

在初步选择变速器与主减速器参数之后，可拟定供选用参数数值的范围，进一步具体分析计算不同参数匹配下汽车的燃油经济性与动力性，然后综合考虑各方面因素，最终确定动力装置的参数。在不改变发动机的条件下，可利用 C 曲线从数种变速器中选择合适的变速器和合适的主减速器传动比。

图 4-5 是一实例。图上绘制了数种变速器的 C 曲线。图 4-5a)是 3 挡变速器与 4 挡变速器的 C 曲线。图 4-5b)是 4 挡变速器与 5 挡变速器的 C 曲线。3 挡变速器与 4 挡变速器均具有直接挡，由于 4 挡变速器的变速范围广，所以汽车动力性有所提高。5 挡变速器具有超速挡，汽车的燃油经济性与动力性均有显著提高。图 4-5c)是装用三种不同传动比的 5 挡变速器 A、B、C 时汽车的 C 曲线。可以根据设计汽车的主要目标选用其中的一个，并根据其 C 曲线确定主传动比。图 4-5c)上还画出了三条 C 曲线的包络线，称为“最佳燃油经济性—动力性曲线”。它表示三种 5 挡变速器与不同传动比主减速器匹配时，在一定加速时间要求下燃油经济性的极限值。

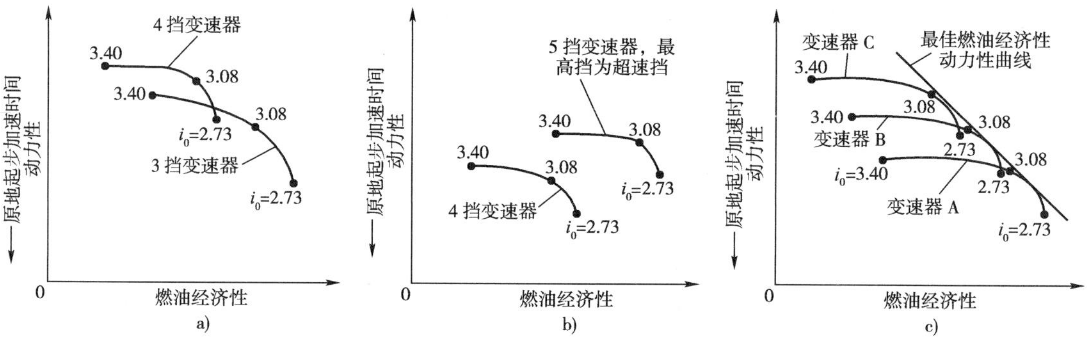

图 4-5　装用不同变速器时的燃油经济性—加速时间曲线

三、纯电动汽车驱动系统

从第一辆汽车诞生至今，汽车底盘技术已经历经上百年的发展历程。从整个底盘系统来看，传动系统、转向系统、悬架系统、制动系统等各种子系统技术已经非常成熟。然而，对于纯电动汽车而言，动力系统的改变使得底盘系统也必须进行针对性的优化调整。例如，动力系统减速器接口，应当综合参考全新的输入信息实施修改，抑或是进行再次设计；动力转向系统同样需要全新的转向动力源，零部件、管路均需要实施针对性的调整。

纯电动汽车的驱动系统由驱动电机与驱动操纵系统共同组成，其结构形式不同，采用的驱动系统也不同。纯电动汽车的驱动系统包括集中驱动系统和分布驱动系统两种。任何一种电动机均可与不同的传动系统组合形成集中驱动系统或分布驱动系统，并组成不同形式的系列化纯电动汽车。

经过几十年的发展，新开发和研制出来的纯电动汽车动力性能已经可以与内燃机汽车相媲美。纯电动汽车的驱动系统比内燃机汽车的驱动系统更加先进,结构更为紧凑。现代纯电动汽车大多数装备了专用电动机,有利于实现机电一体化和自动控制。

1. 集中驱动方式

集中驱动系统大部分是由电动机、变速器和差速器等组成的。它采用单电动机驱动代替内燃机,而传统内燃机汽车零部件和结构不改变,故设计制造成本低,但传动效率低,通常用于小型电动汽车。按照有无变速器,它又可分为传统驱动形式、电动机—驱动桥组合形式和电动机—变速器一体化形式。

1)传统驱动形式

传统驱动形式的驱动系统主要包括电动机、变速器、差速器以及半轴。它用电动机替代发动机,但仍然使用内燃机汽车的传动系统,包括离合器、变速器、传动轴和驱动桥等总成,其结构复杂,效率低,无法充分发挥电动机的性能。传统驱动形式包括电动机前置、驱动桥前置,电动机前置、驱动桥后置等多种形式,

如图 4-6 所示为传统后驱动布置形式。为了能使纯电动汽车在满足动力性能需求下兼顾经济性能,将纯电动汽车匹配多挡变速器,匹配多挡变速器的动力传动系统在多个挡位的配合使用下,可降低对电动机性能的要求,提升车辆动力性能的同时延长续驶里程,但是挡位的增加会使纯电动汽车传动系统结构变得复杂、降低传动效率,增加车身质量与成本。因此,变速器通常有 2 ~3 个挡位,可以提高纯电动汽车的起动转矩,增加低速时纯电动汽车的后备功率。这种布置形式一般用于改造型纯电动汽车。

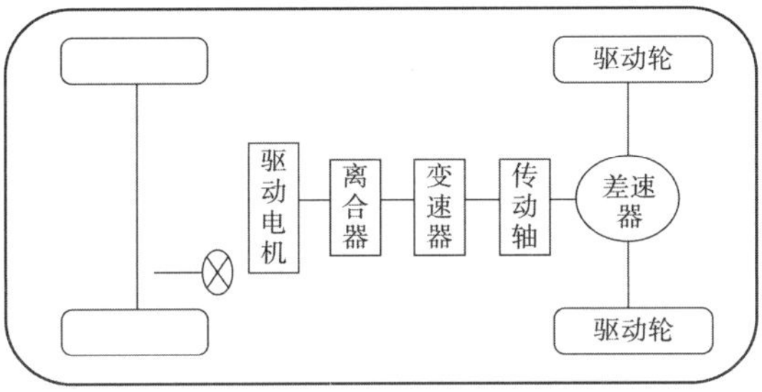

图 4-6　传统后驱动布置形式

2)电动机—驱动桥组合驱动布置形式

电动机—驱动桥组合后驱动布置形式如图 4-7 所示。它取消了离合器、变速器和传动轴,但具有减速差速机构,把驱动电机、固定减速比的减速器和差速器集成为一个整体,通过 2 个半轴来驱动车轮。

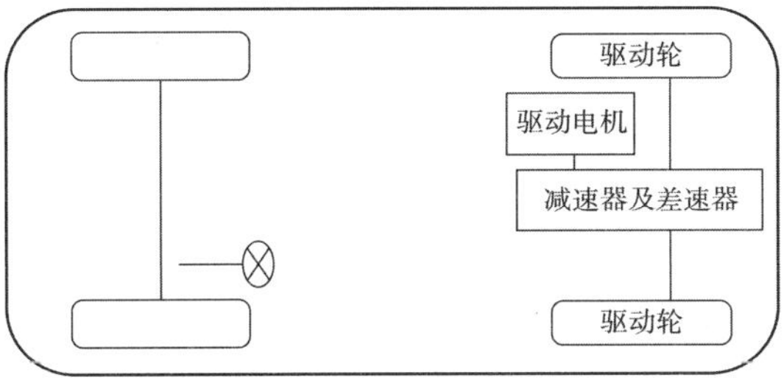

图 4-7　电动机—驱动桥组合后驱动布置形式

此种布置形式的整个传动长度比较短,传动装置体积小,占用空间小,容易布置,可以进

一步降低整车的质量;但对电动机的要求较高,不仅要求电动机具有较高的起动转矩,而且要求具有较大的后备功率,以保证纯电动汽车的起动、爬坡、加速超车等动力性。一般低速纯电动汽车采用这种布置形式。

电动机—驱动桥组合后驱动布置形式采用的驱动桥与内燃机汽车驱动桥不同,需要纯电动汽车专用后驱动桥,如图 4-8 所示。

图 4-8　纯电动汽车专用后驱动桥

3)电动机—变速器一体化驱动布置形式

电动机—变速器一体化后驱动布置形式如图 4-9 所示,相比单一的电动机驱动系统,一体化驱动系统可以综合协调控制电动机和变速器,最大限度地改善电动机输出动力特性,增大电动机转矩输出范围,在提升纯电动汽车动力性的同时,使电动机最大限度地工作在高效经济区域内。变速器一般采用 2 挡自动变速器。

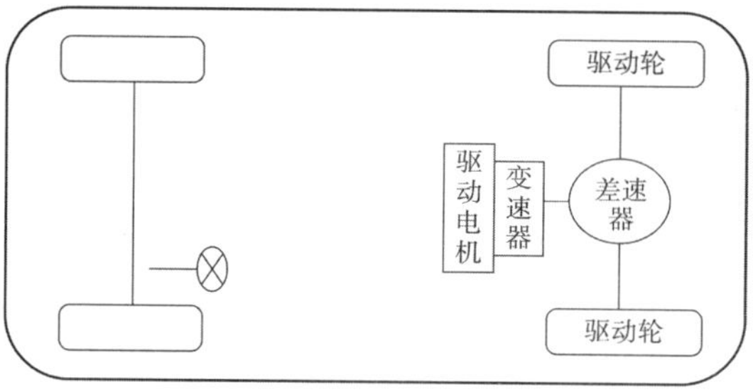

图 4-9　电动机—变速器一体化后驱动布置形式

图 4-10 所示为某企业开发的电动机—变速器一体化驱动组件,该驱动组件以一体化为前提来设计电动机和变速器,省去了用于从后方连接的部件及空间,从而将轴向尺寸缩小了约 35%。

图 4-10　电动机—变速器一体化驱动组件

2. 分布驱动方式

分布式驱动纯电动汽车主要结构特征是将驱动电机直接安装在驱动轮内或者驱动轮附

近，具有驱动传动链短、传动效率高、结构紧凑等突出优点。电动机既是汽车信息单元，同样也是快速反应的控制执行单元，通过独立控制电动机驱/制动转矩容易实现多种动力学控制功能。

1）轮边电机驱动布置形式

轮边电机可以设置在纯电动汽车的两个前轮、两个后轮或四个车轮的轮毂旁，成为前轮驱动、后轮驱动或四轮驱动的纯电动汽车。

每个电动机的转速可以独立地调节控制，通过电子差速器来解决左右半轴的差速问题，使得纯电动汽车更加灵活，在复杂的路况上可以获得更好的整车动力性能。由于采用电子差速器，传动系统体积进一步减小，节省了空间，质量也进一步减轻，提高了传动效率。轮边电机示意图如图4-11所示。

图4-11　轮边电机示意图

轮边电机后驱动布置形式如图4-12所示，电动机直接连接轮毂，两个车轮转动没有直接连接，这种电动机称为轮边电机。轮边电机与减速器集成后融入驱动桥上，采用刚性连接，减少高压电器数量和动力传输线路长度；优化后的驱动系统可降低车身高度、提高承载质量、提升有效空间。

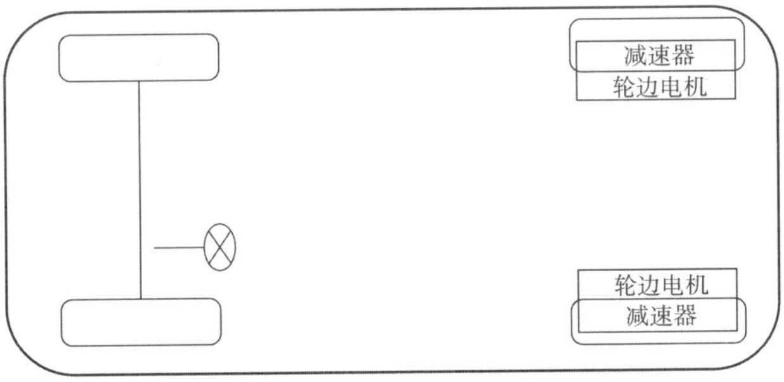

图4-12　轮边电机后驱动布置形式

因此，一般客车会使用这种驱动形式，因为客车有较大的轮拱空间可供电动机使用，同时客车需要较低的车身高度、较大的载重量等，所以轮边电机对于客车有明显提升作用。

目前，比亚迪K9纯电动客车就是使用轮边电机布局（图4-13）。由于轮边电机布局的优势，使得K9拥有一级踏步全通道低地板，有效增加车内空间，同时还能方便乘客上下车，特别是对腿脚不方便的乘客，使其体验更加便利。

2）轮毂电机驱动布置形式

轮毂电机相比起轮边电机更加极致，将电动机直接安装在车轮上，轮毂就是电动机的转子,转向节就是定子。装有轮毂电机的车辆理论上能够明显降低动力系统的零件数量以及体积,对车内空间实用性和利用率有明显提高。同时电池布局能够更加自由,甚至可以在相同设计下有效增加车辆的电池容量,增加车辆续驶里程。

轮毂驱动系统包括两种结构:一种是内定子外转子结构,其外转子直接安装在车轮的轮缘上,因为这种结构没有机械减速机构提供减速,所以一般要求电动机为低速转矩电动机;另一种就是通常的内转子外定子结构,其转子作为输出轴与固定减速比的行星齿轮变速器太阳轮相连,而车轮轮毂与其齿圈连接,这样可以提供较大的减速比来放大其输出转矩。轮毂驱动系统如图4-14所示。

图4-13　比亚迪K9

图4-14　轮毂驱动系统

根据纯电动汽车上轮毂电机的布置形式,纯电动汽车也可以分为双前轮驱动、双后轮驱动和前后四轮驱动。轮毂电机后驱动布置形式如图4-15所示。

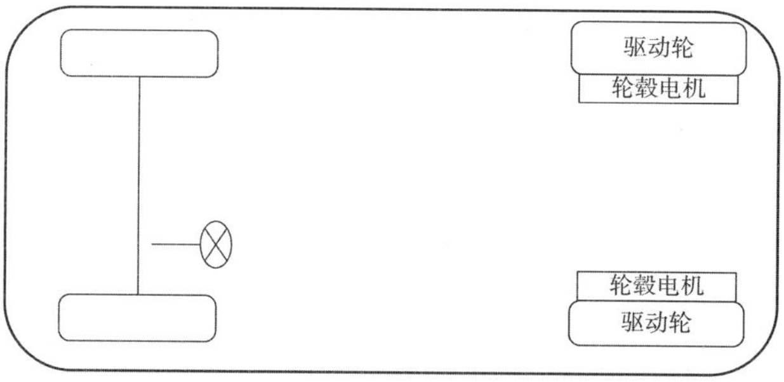

图4-15　轮毂电机后驱动布置形式

如图4-16所示为搭载轮毂电机的广汽概念车iSPACE纯电动汽车,它大大减少了零部件数量和动力系统的体积,让车辆的动力系统变得更加简单,大大提高了车内空间的实用性和利用率。每个车轮独立的轮毂电机相比一般电动汽车,也省掉了传动半轴和差速器等装置,同样节省了大量空间且使传动效率更高。将动力电池放置在传统的发动机舱中,而将辅助蓄电池、电机控制器、充电机等布置在车尾附近,根据实际需要,可以在车辆上灵活地布置电池组。

从另一个方面来看,在满足目前空间需求的前提下,使用轮毂电机驱动的车辆在体积上可以变得更加小巧,这将改善城市中的拥堵和停车难等问题。同时,独立的轮毂电机在驱动车辆方面灵活性更高,能够实现传统车辆难以实现的功能或驾驶特性。

图 4-16　搭载轮毂电机的广汽概念车 iSPACE

第二节　自动变速器

汽车驾驶性能的好坏，除与汽车本身的结构有关外，还取决于正确的控制和操纵。自动变速器能通过系统的设计，使整车可以根据使用要求，实现行驶时离合器操纵与换挡操纵的自动化，以获得最佳的燃料经济性和动力性。

一、自动变速器概述

机械齿轮变速器因采用机械传动，故传动效率高、工作可靠、结构简单，但整车的驾驶性能与驾驶员的技术水平有很大关系。例如，发动机处于非经济转速区域内运转与处于经济转速区域内运转相比较，其燃油消耗率相差近一倍。此外，变速器挡位不同，传动效率的高低也有所不同。因此，要让汽车在每一种负载、路况下都能同时兼顾发动机的最低油耗和变速器的最高效率，即使对职业驾驶员而言也不是容易的事，而依靠自动变速技术，按照预先设定的最佳规律变换挡位就能实现。

目前，自动变速器的种类大致可分为三类：液力自动变速器（Automatic Transmission，AT）、机械无级变速器（Continuously Variable Transmission，CVT）以及电控机械式自动变速器（Automated Mechanical Transmission，AMT）。

机械无级变速器（CVT）可以实现传动比的连续改变，从而得到传动系统与发动机工况的最佳匹配，提高整车的燃油经济性和动力性。同时，由于无换挡跳跃，减缓了汽车变速过程中的换挡冲击，从而改善了驾驶员的操纵方便性和乘员的乘坐舒适性，所以它是理想的汽车传动装置。

液力自动变速器（AT）消除了离合器操作和频繁的换挡，使驾驶操作简便省力。驾驶者只需控制加速踏板与制动踏板即可控制车辆 ，减轻了驾驶者的劳动强度，提高了行车的安全性。同时，因采用液力传动，发动机和传动系统是弹性连接，能缓和冲击，使挡位变换不但快而且平稳，提高了汽车的乘坐舒适性。

由于液力传动存在着液力损失，与机械传动相比其效率较低，最高效率也只有 0.85 ~ 0.9，因而在正常行驶时油耗较高，经济性差。但通过与发动机的匹配优化，采用综合式液力变矩器、锁止式液力变矩器，增加挡位数等措施，可使液力自动变速器接近机械无级变速器的效率水平。此外，随着汽车技术的迅速发展，尤其是汽车液力自动变速器性能的不断改进提高，以及最佳换挡理论的实践，使液力自动变速器能按照汽车所获得的最佳油耗规律进行自动换挡。因此,在城市内使用时,已经有可能比装用机械变速器的车辆更节油。表4-1是同一轿车装有液力和机械两种变速器时油耗比较的结果。

同一轿车装有液力和机械两种变速器时油耗比较　　表4-1

公司、车型	变速器	等速油耗(L/100km)		城市油耗(L/100km)
		V = 90km/h	V = 120km/h	
RENAULT 30TS(法国)	5MT	8.5	11.6	17.3
	3AT	9.1	12.1	16.3
AUDI 100GL5E(德国)	5MT	6.4	8.3	13.3
	3AT	8.3	10.5	13.2
BMW 728i(德国)	5MT	8.1	10.4	17.8
	3AT	9.6	12.1	17.4
BENZ 280SE(德国)	4MT	9.1	11.3	17.4
	4AT	9.4	11.7	16.8

基于上述原因,本节将对液力自动变速器中综合式液力变矩器、锁止式液力变矩器和机械无级变速器的有关结构和原理进行介绍。

二、综合式液力变矩器

综合式液力变矩器和普通液力变矩器的结构基本相同,仍由泵轮、涡轮和导轮组成。不同之处在于它的导轮不是完全固定不动的,而是通过单向离合器支承在固定于变速器壳体的导轮固定套上。单向离合器对导轮有单向锁止作用,使导轮只能朝顺时针方向旋转(从发动机前面看),但不能朝逆时针方向旋转。单向离合器的具体结构见本章第三节。

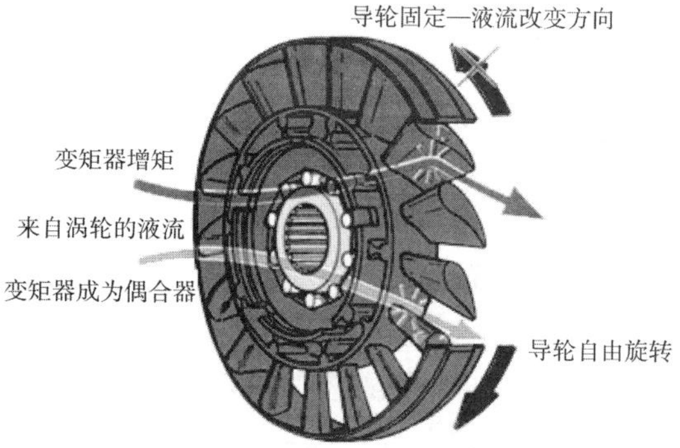

图4-17　导轮工作过程示意图

综合式液力变矩器具有“变矩”和“偶合”两种工作状态。如图4-17所示,当涡轮转速较低时,从涡轮流出的液压油从正面冲击导轮叶片,对导轮施加一个朝逆时针方向旋转的力矩,但由于单向离合器在逆时针方向具有锁止作用,将导轮锁止在导轮固定套管上固定不动,此时该变矩器具有一定的增矩作用,变矩系数 $K>1$。当涡轮转速增大到某一数值时,液压油对导轮的冲击力与导轮叶片之间的夹角为0,此时变矩系数 $K=1$。若涡轮转速继续增大,液压油将从反面冲击导轮,对导轮产生一个顺时针方向的转矩,由于单向离合器在顺时针方向没有锁止作用,所以导轮在液压油的冲击作用下开始朝顺时针方向旋转,由于自由转动的导轮对液压油没有反作用力矩,液压油只受泵轮和涡轮的反作用力矩,因此变矩器不能起增矩作用,其工作特性和液力偶合器相同。

导轮开始空转的工作点称为偶合点。综合式液力变矩器在涡轮转速由0至偶合点的工作范围内按变矩器的特性工作,在涡轮转速超过偶合点之后按液力偶合器的特性工作。因此,这种综合式液力变矩器是利用了液力变矩器在涡轮转速较低时所具有的增矩特性,又利用液力偶合器在涡轮转速较高时所具有的高效率特性。其特性曲线如图4-18所示。

由图4-18可见，液力变矩器效率特性曲线 η_b 与液力偶合器效率特性曲线 η_a 相交，此时变矩系数 $K=1$。在传动比 $i<i_{K=1}$（变矩系数 $K=1$ 时的传动比）范围内，变矩器的效率高于耦合器，当 $i>i_{K=1}$，变矩器效率 η_b 迅速下降，而耦合器的效率 η_a 却继续增高。综合式液力变矩器即在低速时按变矩器特性工作，而当传动比达到 $i_{K=1}$ 时，转为按耦合器特性工作，从而扩大了高效率的范围，其效率特性曲线如图上实线所示。所以，综合式液力变矩器综合了“变矩”和“偶合”两种工况的优点，最高效率达92%，在转为偶合工况时，高传动比区的效率可达96%，并且结构简单，性能可靠。因此，其在高级轿车上应用广泛，在大型客车、自卸车及工程车辆上的应用也逐渐增多。

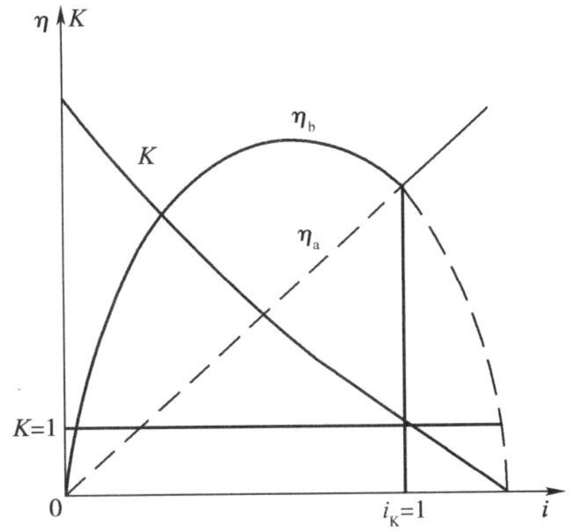

图4-18　综合式液力变矩器特性

三、锁止式液力变矩器

锁止式液力变矩器是在液力变矩器的泵轮与涡轮之间安装的一个可控制的锁止离合器。当汽车的行驶工况达到设定目标时，锁止离合器自动将泵轮与涡轮锁成一体。液力变矩器随之变为刚性机械传动，从而提高了传动效率。锁止后，消除了液力变矩器高传动比工况时效率的下降。理论上锁止工况效率为100%，从而使高传动比工况效率大大提高。由于效率的提高，液力变矩器转为热散失的无效功下降，也减少了发动机风扇的功率消耗；同时，锁止后功率利用好，也提高了汽车的动力性。实践证明，采用锁止式液力变矩器可减少燃油消耗4%～8%。

1.液力变矩器的锁止方式

目前，液力变矩器的锁止方式主要有液压锁止、离心锁止、黏性锁止等方式，其中，液压锁止为主要的锁止方式，它是利用液压系统油压产生接合，从而将液力变矩器泵轮与涡轮锁止在一起。

液压锁止式液力变矩器内有一个由液压操纵的锁止离合器。如图4-19所示，锁止离合器的主动盘即为变矩器壳体，从动盘是一个可做轴向移动的压盘，它通过花键套与涡轮连接。压盘背面（图中右侧）的液压油与变矩器泵轮、涡轮中的液压油相通，保持一定的油压（该压力称为变矩器压力）；压盘左侧（压盘与变矩器壳体之间）的液压油通过变矩器输出轴中间的控制油道与阀板总成上的锁止控制阀相通。锁止控制阀由自动变速器ECU通过锁止电磁阀来控制。

自动变速器ECU根据车速、节气门开度、发动机转速、变速器液压油温度、操纵手柄位置、控制模式等因素，按照设定的锁止控制程序向锁止电磁阀发出控制信号，操纵锁止控制阀，以改变锁止离合器压盘两侧的油压，从而控制锁止离合器的工作。当车速较低时，锁止控制阀让液压油从油道B进入变矩器，使锁止离合器压盘两侧保持相同的油压，锁止离合器处于分离状态，这时输入变矩器的动力完全通过液压油传至涡轮，如图4-19a）所示。当汽车在良好道路上高速行驶，且车速、节气门开度、变速器液压油温度等因素符合一定要求时，ECU即操纵锁止控制阀，让液压油从油道C进入变矩器，而让油道B与泄油口相通，使锁止离合器压盘左侧的油压下降。由于压盘背面（图中右侧）的液压油压力仍为变矩器压力，从而使压盘在前后两面压力差的作用下压紧在主动盘（变矩器壳体）上，如图4-19b）所示，这时输入变矩器的动力通过锁止离合器的机械连接，由压盘直接传至涡轮输出，传动效率为100%。

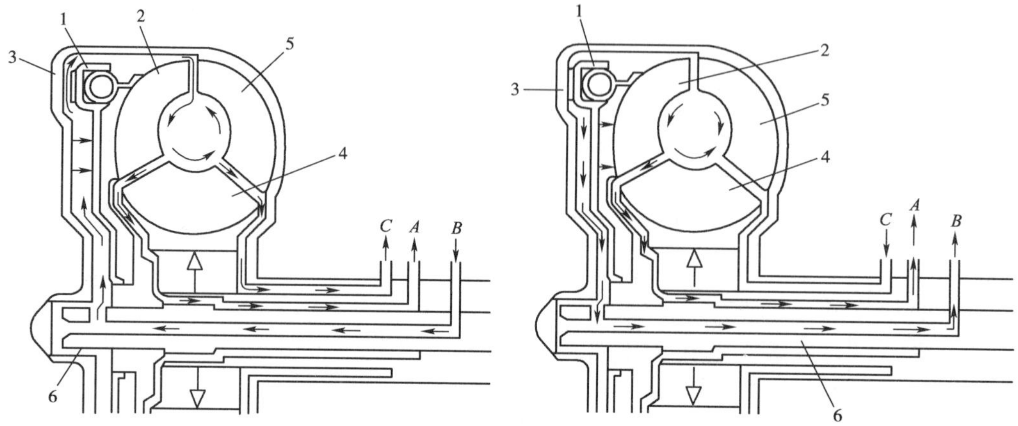

a)　　　　b)

图4-19　锁止离合器工作原理示意图

a）锁止离合器分离；b）锁止离合器接合

1-锁止离合器压盘；2-涡轮；3-变矩器壳；4-导轮；5-泵轮；6-变矩器输出轴；*A*-变矩器出油道；*B*、*C*-锁止离合器油道

2. 液力变矩器的锁止控制

锁止控制实质上就是确定在何点进行液力挡与机械挡之间的转换，即确定最佳锁止点。锁止点的选择应根据实际情况来决定，有设在耦合器工况点，也有设在对应最高效率点，或者设在它们中间。一般来说，对于以提高效率为主要目的的城市大客车、载货汽车等，可将锁止点定在最高效率点附近；而轿车还需兼顾舒适性，则以定在耦合器工况点附近为宜。

为了实现所要求的锁止控制，一般可采用单参数控制和双参数控制两种方案。单参数控制包括以涡轮转速、车速和挡位为参数进行控制。双参数控制，包括以泵轮和涡轮转速为参数的控制方式、以涡轮转速和节气门开度为参数的控制方式，以及以车速和节气门开度为参数的控制方式。

以涡轮转速进行控制，主要就是根据已确定的锁止点，再由液力变矩器与发动机共同工作时的转速，计算出涡轮转速以进行锁止控制。这种控制结构简单实用，但因无节气门参与控制，致使锁止点只能按某一节气门开度来获取，从而不能保证其他节气门开度均有好的动力性与燃油经济性。

以车速进行控制是一种高挡锁止方案。车速必须达到一定值时才可锁止。它可避免低挡范围内频繁锁止，减少由此引起的冲击与磨损，多用于城市客车。

以挡位进行控制与车速控制相似，锁止控制规律取决于自动换挡范围变速杆所处位置。如变速杆在D_3（自动变速器会在1～3挡内换挡）位置，只有变速器处于第3挡工作时，才可锁止。

以泵轮和涡轮转速或以涡轮转速和节气门开度两个参数共同进行控制，可以克服用单参数控制的缺陷，使各节气门开度下都在较为理想的锁止点锁止。

以车速和节气门开度为参数的控制方式是目前轿车中常用的方式。在节气门开度一定时，只有当车速达到设定值时才锁止，不同节气门开度下其锁止点的车速不同。这一方式可以实现高挡锁止而低挡不锁止，以避免低挡范围内频繁锁止，减少由此引起的冲击与磨损。

3. 液力变矩器的滑差控制

完全锁止对提高汽车燃油经济性有利，故其锁止范围有尽可能扩大的趋势。在发动机高速、节气门开度小状态下，由于转矩波动不大，因此液力变矩器锁止与否，对乘员的舒适性影响不大；但当发动机工作在低速或节气门开度较大工况时，由于发动机的输出转矩波动较大，同时又妨碍了对振动与冲击的吸收，特别是在发动机低转速时，对舒适性影响很大。而且过低传动比锁止，当汽车紧急制动时还可能导致发动机熄火。为了解决这些问题，在液力变矩器正常工作工况与全锁止工况之间增加一个过渡的滑差控制。通过调节驱动离合器动作的油压，可以实现锁止离合器的完全分离、完全锁止和各种锁止程度的滑差控制。由于存在离合器的滑转，一部分动力经液力传递，另一部分经锁止离合器机械传递，不仅能提高传动效率，减小了振动与冲击，并且低速时可以避免紧急制动造成的发动机熄火。液力变矩器滑差控制的控制策略如下：

(1)在发动机低转速下，完全不考虑锁止，以隔离发动机低速时较大的转矩波动向变速器传递。

(2)在发动机中高转速小负荷时，转矩波动较小，这时液力变矩器完全锁止，以提高传动效率。

(3)在发动机中高转速大负荷时，转矩波动较大，保持锁止离合器一定的滑转。

四、机械无级变速器(CVT)

对于多挡变速器，增加挡位数可使驱动车辆所需功率与发动机固有的功率特性之间取得较好的匹配，从而使发动机经常保持在经济区工作，以达到节能的目的。但不能为了提高性能而过多地增加变速器的挡数，因为这样将使传动系统过于复杂，而且不便于操作。因此，多挡变速器的挡位数是有限的，发动机与汽车不可能在整个转速范围内得到良好的匹配，发动机不能经常处于最佳工况下工作。而采用无级变速器，可使发动机经常处在最有效的工作点下运转。

图4-20表示了多挡变速器与无级变速器的区别。在给定的车速下，多挡变速器只能在有限的挡位中选择其一，按其传动比使发动机工作在某一转速下，得到不同的发动机转矩和燃油消耗率。无级变速器则可以在一个发动机转速运行区域范围内来选择较为理想的工况，选择在最合适的时刻切换到最合适的挡位，得到最佳的转矩和转速组合，提高动力性；同时，也可以选择最经济的挡位，使发动机工作在最低油耗的工况区域，提高燃油经济性。

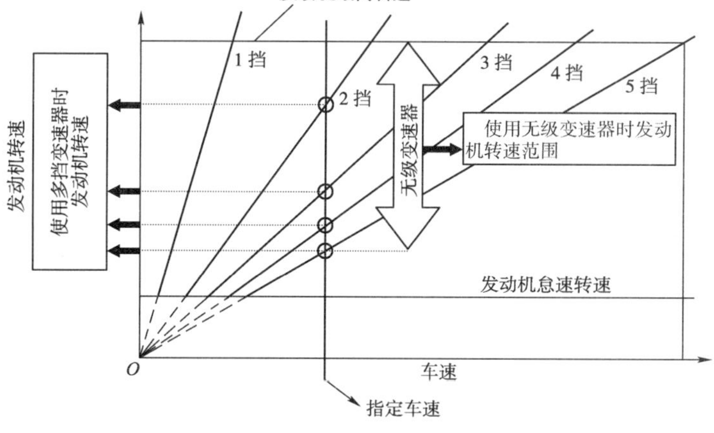

图4-20　多挡变速器与无级变速器的区别

1. 无级变速器的特点

1)经济性好

无级变速器可以在相当宽的范围内实现无级变速,从而获得传动系统与发动机工况的最佳匹配,提高整车的燃油经济性。表4-2为安装液力自动变速器和无级变速器汽车的燃油消耗对比,结果证明使用无级变速器能够有效节约燃油。

安装液力自动变速器和无级变速器汽车的燃油消耗对比 表4-2

试验油耗	液力自动变速器	无级变速器
ECE 市区循环(L/100km)	14.4	13.2
ECE 郊区/远程循环(L/100km)	10.8	9.8
90km/h 匀速(L/100km)	8.3	7.0
120km/h 匀速(L/100km)	10.3	9.2

2)动力性好

汽车的后备功率决定了汽车的爬坡能力和加速能力。汽车的后备功率越大,汽车的动力性越好。由于无级变速器的无级变速特性,能够获得使后备功率最大的传动比,所以无级变速器的动力性能明显优于机械变速器和液力自动变速器。

3)排放低

无级变速器的传动比工作范围宽,能够使发动机以最佳工况工作,从而改善了燃烧过程,降低了废气的排放量。ZF公司将自己生产的无级变速器装车进行测试,其废气排放量比安装液力自动变速器的汽车减少了大约10%。

4)成本较液力自动变速器低

无级变速器结构简单,零部件数量比液力自动变速器少,大规模生产,无级变速器的成本将会比液力自动变速器小。随着大规模生产以及系统、材料的革新,无级变速器零部件(如传动带或传动链、主动轮、从动轮和液压泵)的生产成本将降低20%~30%。

2. 机械无级变速器的结构及工作原理

无级变速可以通过多种方式实现,包括改变主、从动轮工作半径的带、链传动,改变转动元件间接触半径的摩擦传动,由液压泵和液压电机组成的改变液压电机排量的液压传动,以及前面介绍的液力变矩器等。

金属带式无级变速器的结构如图4-21所示,它主要由金属带、工作轮、液压泵、起步离合器和控制系统等组成。变速系统由主、从动轮组成;主动工作轮和从动工作轮是由固定部分和可动部分组成;工作轮的固定部分和可动部分形成V形槽,金属带在槽内与它啮合。动力传递是由发动机飞轮经离合器传到主动工作轮、金属带、从动工作轮后,再经中间减速齿轮机构和主减速器,最后传给驱动轮。

图4-22表示了无级变速器的工作原理。根据汽车的行驶工况,在控制系统的调节下,依靠液压来促使主、从动轮的可动部分轴向移动,使金属带在主、从动轮槽内处在不同的工作半径上,从而形成传动比的变化。金属带在主、从动轮上的工作半径从最小到最大是连续变化的,从而形成传动比的连续变化。当主动轮的工作半径小于从动轮的工作半径时,得到的传动比就大于1;当主动轮的工作半径大于从动轮的工作半径时,得到的传动比就小于1;当主动轮的工作半径等于从动轮的工作半径时,得到的传动比就等于1。

另一类无级变速器是链式无级变速器,虽然传动链的结构与金属带有明显不同,但链式无级变速器与带式无级变速器的工作原理是相似的。传动链类似于自行车链条,由内连接片、压板连接片和连接它们的浮动销构成,通过链轮的两侧面压紧浮动销的两端面来传递动力。

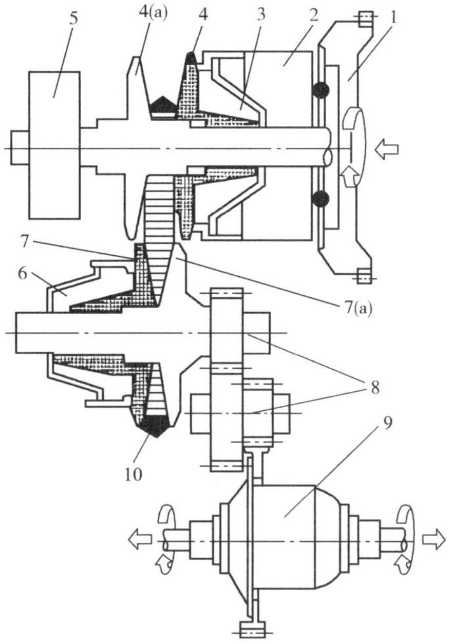

图 4-21　金属带式无级变速器的结构示意图

1-发动机飞轮;2-离合器;3-主动工作轮液压控制缸;4-主动工作轮可动部分;4(a)-主动工作轮固定部分;5-液压泵;6-从动轮液压控制缸;7-从动工作轮可动部分;7(a)-从动工作轮固定部分;8-中间减速器;9-主减速器与差速器;10-金属带

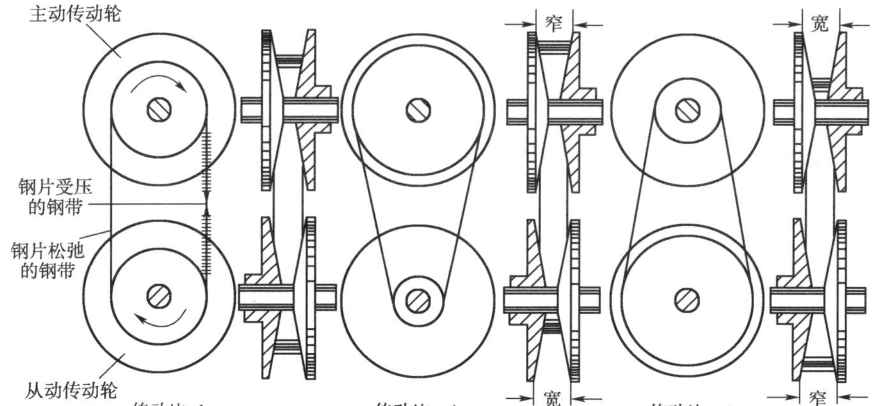

图 4-22　金属带无级变速器的工作原理

图 4-23 所示为一类被称为牵引环式的无级变速器。变速器主要由输入盘、输出盘及传动滚轮三个主要元件构成。输入盘和输出盘是同轴线的,分别连接变速器的输入端和输出端,通过传动滚轮与输入盘和输出盘之间的接触(其间存在油膜)来传递动力。改变传动滚轮转动轴线与输入、输出盘转动轴线间的夹角,就可以分别改变传动滚轮与输入盘和输出盘接触的作用半径,从而改变其传动比。

牵引环式无级变速器有良好的动态响应特性,而且能使输出端从正转连续地过渡到反转,可简化变速器的结构。可以通过增加传动滚轮的数量以及提高刚性转动体接触时的摩

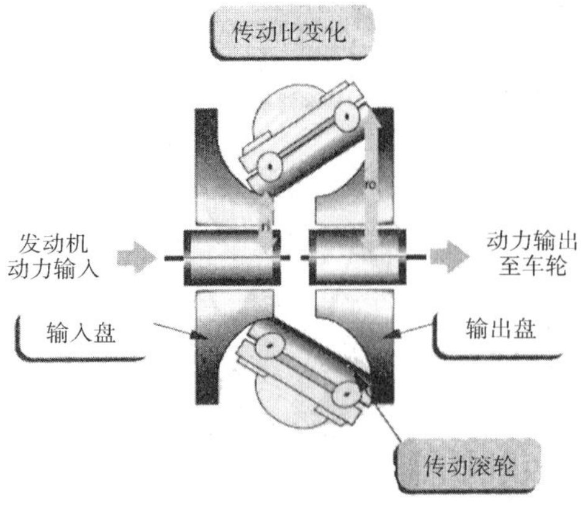

图 4-23　牵引环式无级变速器

擦因数等技术来提高牵引环式无级变速器传递转矩的能力。提高刚性转动体接触时的摩擦因数需要增大接触压力和提高油的黏度,同时也带来高温发热、磨损严重以及需要特殊的油液等问题,这也是这类变速器未能得到更多应用的主要原因。

相对于常规的齿轮传动,无级变速器不论是带式还是牵引环式,传动效率较低是其较为突出的缺陷,这在一定程度上抵消了由于应用无级变速器而使发动机工作在效率较高工况下所带来的好处。

3. 机械无级变速器的应用

从机械无级变速器的工作原理可知,其动力源直接来自发动机,故其工作范围必然也受发动机最低稳定转速的限制,所以起步阶段仍需要离合器,例如用干式离合器,工作过程与普通手动变速系统相同,起步性能较差。另一方面,无级变速是由低挡传动比和高挡传动比之比值确定的。虽然两者的比值可能达到 7 左右,似乎已满足一般要求,但由于它的高挡传动比很小,通常仅为 0.4 左右,这样,为了保证在良好道路上获得正常行驶的牵引力,其固定减速比将比同类汽车的主传动比高出近一倍。这样大的固定减速比,在汽车起步、爬坡和克服较大的行驶阻力时,会使发动机处于不利的工作区域。

基于上述原因,在汽车上单独采用无级传动的场合较少,而是常与其他传动配合使用。其典型的组合形式有如下几种。

1)CVT 与液力偶合器组成无级变速传动

图 4-24 所示为 CVT 与液力偶合器组成无级变速传动示意图,动力由发动机传给液力偶合器泵轮和涡轮,然后再传给 CVT,这样可改善起步性能。前进挡与倒挡是用前进挡离合器与倒挡制动器来控制行星齿轮减速机构而实现的。增加行星齿轮变速机构 6 是为了弥补高挡超速传动比太小的不足。动力最后经主减速器和差速器传给驱动车轮。ECU 根据装在主减速器上的速度传感器节气门开度信号与发动机节气门传感器的节气门开度信号,控制伺服缸的油压,改变工作轮固定部分与可动部分之间的距离,从而达到 CVT 在该工况下所要求达到的传动比。

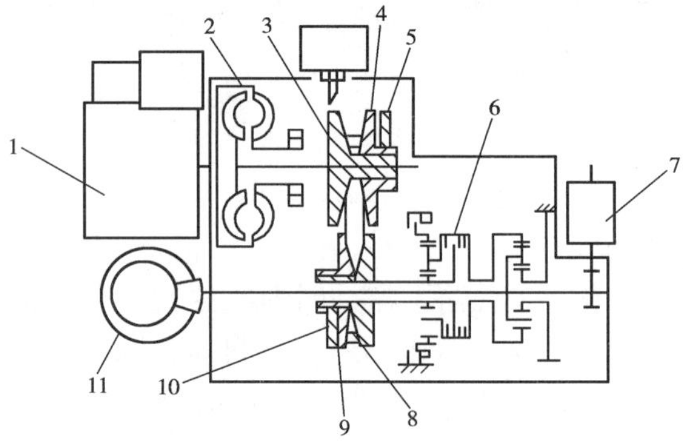

图 4-24　CVT 与液力偶合器组成的无级变速传动

1-发动机;2-液力偶合器;3-固定工作轮;4、9-可动工作轮;5、10-伺服缸;6-行星齿轮变速机构;7-速度传感器;8-传动带;11-主减速器

2) CVT 与电磁离合器组成无级传动

图 4-25 所示为用磁粉式电磁离合器与 CVT 组成的无级传动系统,简称"ECVT"。在离合器主、从动部分之间有密闭空间,内放 30 ~ 50μm 的磁化钢微粒(磁粉),密闭空间外缠绕有线圈。通电后散状磁粉在磁场中开始"凝固",即磁粉在磁场中形成磁链,把从动轮与电磁铁连在一起。通电电流越大磁链数就越多,磁链强度也越强,则磁粉离合器传递转矩的能力也越大。当电流大到足以使磁粉离合器主、从动部分牢牢地接合在一起时,离合器便停止打滑。磁粉的黏结力特性正比于电流值,所以对离合器的接合时间和力的控制,可用发动机节气门开度与车速两个参数来控制线圈中电流的大小和通电时间的长短。

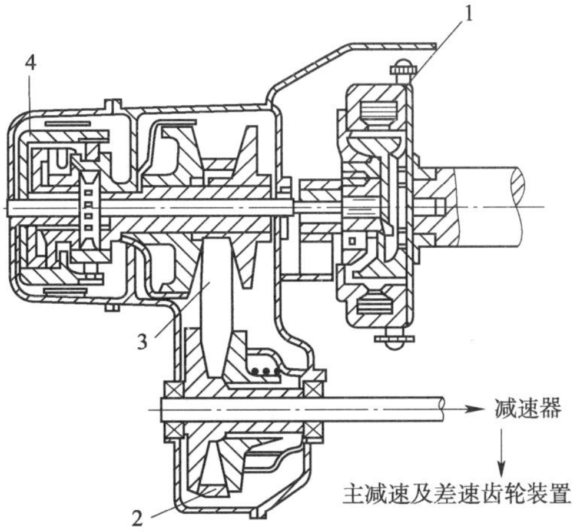

图 4-25　CVT 与电磁离合器组成的无级变速传动
1-电磁离合器;2-工作带;3-CVT;4-行星齿轮变速器

这种离合器结构简单,容易实现转矩平稳增长,主、从动部分不接触,无磨损,而且电磁铁与从动轮之间的间隙在工作中不发生变化,故无须调整间隙,且允许主、从动部分存在较长时间的滑磨。因此,它不仅很理想地解决了装用 CVT 车辆的起步问题,而且与装用液力耦合器的 CVT 车辆相比,可以防止变速时爬行和消除始终存在的滑转损失。但它要求磁粉材料的化学物理性能要稳定。

3) 双状态无级传动

液力偶合器、电磁离合器等仅能解决起步平稳问题,因其均不变更转矩,所以并未扩大 CVT 总传动比范围。但如用液力变矩器组合,就不仅能提供最佳起步性能,而且由于它的变矩作用扩大了总传动比的变化范围,降低了 CVT 自身的变化范围,从而使 CVT 传动易于调节到使发动机处于最佳燃油经济性工况下工作。所谓双状态即是当起步和低速时液力变矩器工作,当速度增加至变矩器偶合点工况时,转换到 CVT 传动,此时变矩器转换成耦合器工况下工作。这种先为液力无级变速,后转为"纯机械无级变速"的组合,称为双状态无级传动。

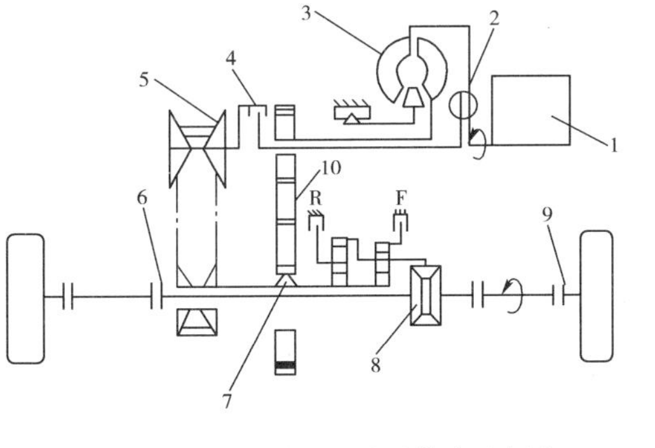

图 4-26　双状态无级变速传动示意图
1-发动机;2-扭转减振器;3-变矩器;4-转换离合器;5-工作轮;6、9-内、外侧万向节;7-单向轮;8-差速器;10-传动链;R-倒挡离合器;F-前进挡离合器

图 4-26 是双状态无级变速传动的示意图,液力变矩器的功率通过传动链 10 传至差速器 8,CVT 无级传动与其平行布置。这种组合在传动比 7:1 范围内,可提高 30% 的效率,在不降低起步、爬坡等性能条件下,主减速比可相应降低 30%,故即使在公路上行驶,仍可提高燃油经济性 5% ~9%。因有液力变矩器而起步特别平顺,当加速行驶接近变矩器偶合点工况时,转换离合器 4 开始动作、CVT 开始工作。传递变矩器动力的传动链 10 的传动比,基本上与 CVT 钢带传动的低挡传动比相同,故当由液力变矩传动转换到 CVT 传动时,车辆在重载大节门开

度下工作,转换离合器基本上能与 CVT 的工作轮同步转换。因此,从液力无级变速换入纯机械无级变速非常平顺。

五、双离合器式自动变速器(DCT)

传统的手动变速器使用一台离合器,换挡动作分为三个动作:离合器分离→变速拨叉拨动同步器换挡(前挡齿轮分离/新挡齿轮啮合)→离合器接合,这三个动作是分先后进行的,驾驶员须踩下离合器踏板,令不同挡的齿轮做出啮合动作,而动力就在换挡期间出现间断,令输出表现有所断续。双离合器式自动变速器有 2 个离合器用于动力换挡和起步。每个离合器与变速器的一根输入轴相连,构成两路动力传递。一个离合器控制奇数挡(1 挡、3 挡、5 挡和倒挡),另一个离合器控制偶数挡(2 挡、4 挡和 6 挡)。这样,不需要中断从发动机到变速器的动力传送就可以换挡。

DCT 主要由多片湿式双离合器、三轴式齿轮变速器、自动换挡机构和电子控制液压控制系统等组成,如图 4-27 和图 4-28 所示。变速器的输入轴是由 2 根同心轴构成,其中外轴(输入轴 2)空心,镶套在内轴(输入轴 1)上。输入轴 1 与离合器 1 相连,输入轴 1 上的常啮齿轮分别与 1、3、5 挡齿轮相啮合;输入轴 2 与离合器 2 相连,输入轴 2 上的常啮齿轮分别与 2、4、6 挡齿轮相啮合;倒挡齿轮通过倒挡轴齿轮与输入轴 1 的常啮齿轮啮合。即离合器 1 负责 1、3、5 挡和倒挡,离合器 2 负责 2、4、6 挡。当使用不同挡位时,相应离合器接合。

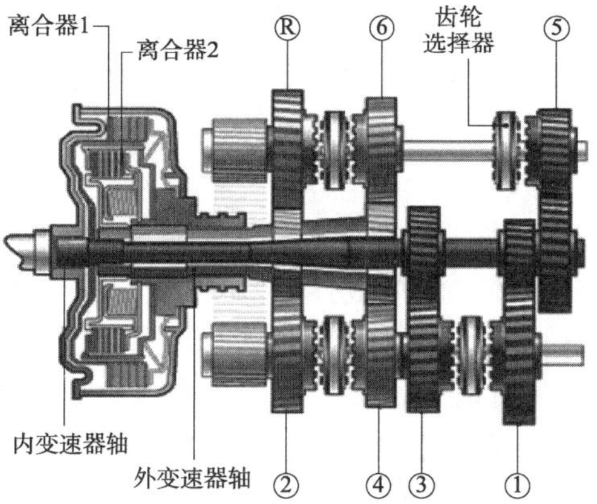

图 4-27 DCT 结构图

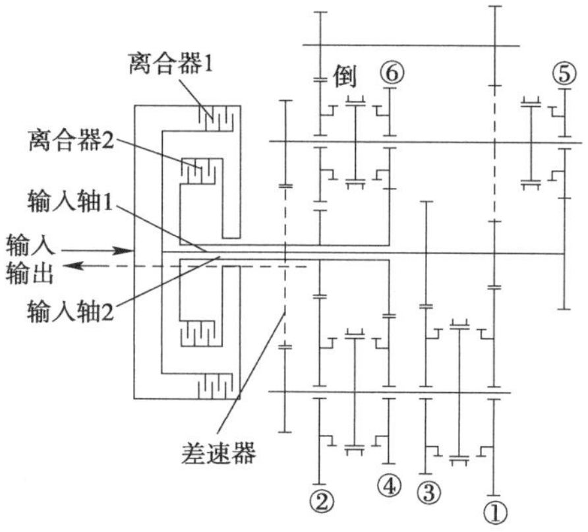

图 4-28 DCT 结构示意简图

DCT 的多片湿式双离合器的结构与液压式自动变速器中的离合器相似,但尺寸要大很多。DCT 多片湿式双离合器利用液压缸内的油压和活塞压紧离合器,油压的建立由 ECU 指令电磁阀来控制。其 2 个离合器的工作状态是相反的,不会发生 2 个离合器同时接合的情况。

DCT 的挡位转换是通过挡位选择器来操作的。挡位选择器实际上是一个液压电机,推动拨叉就可以进入相应的挡位,由液压控制系统来控制它们的工作。在液压控制系统中,有 6 个油压调节电磁阀,用来调节 2 个离合器和 4 个挡位选择器的油压压力;另有 5 个开关电磁阀,分别控制挡位选择器和离合器的工作。

DCT 的工作过程比较特别。由于奇数挡和偶数挡被安置在不同的分变速器中,当某挡齿轮啮合时,与其相邻的上下两挡齿轮处于自由状态,此时由变速器控制逻辑判断下一挡位,提前将处于自由状态的目标挡齿轮啮合,待车辆达到最佳换挡点时,当前挡离合器分离,同时目标挡离合器接合,从而实现不中断转矩传输的换挡。

现以 1 挡升 2 挡为例，介绍 DCT 的换挡过程。在 1 挡起步行驶时，动力传递路线如图 4-29 中粗线所示，离合器 1 接合，通过输入轴 1 到 1 挡齿轮，再通过中间轴传递到差速器输出。同时，图中 2 挡的接合套已经接合，表示 2 挡已经被选中，但由于此时离合器 2 是分离的，所以 2 挡的动力传递路线实际上并没有进行动力传递，只是预先选好挡位，为接下来的升挡做准备。当需要升入 2 挡时，ECU 指令电磁阀将离合器 1 断开、离合器 2 接合，变速器自然进入 2 挡、退出 1 挡，同时 3 挡的接合套预先结合，动力传递路线如图 4-30 中粗线所示。因此，在 DCT 的工作过程中，总是有 2 个挡位是接合的，一个正在工作，另一个则为下一步做好准备。

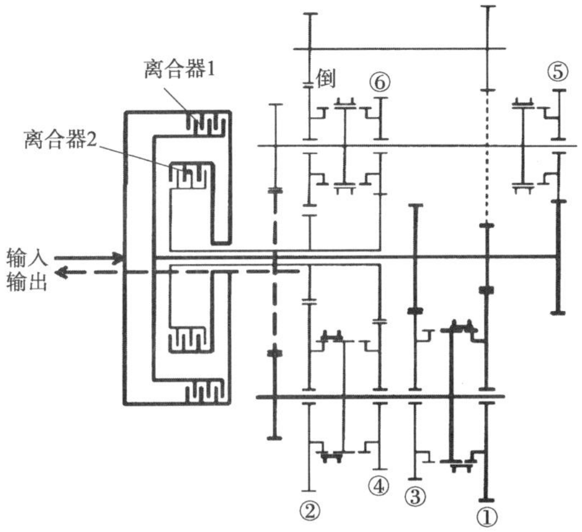

图 4-29　DCT 1 挡动力传递路线示意图

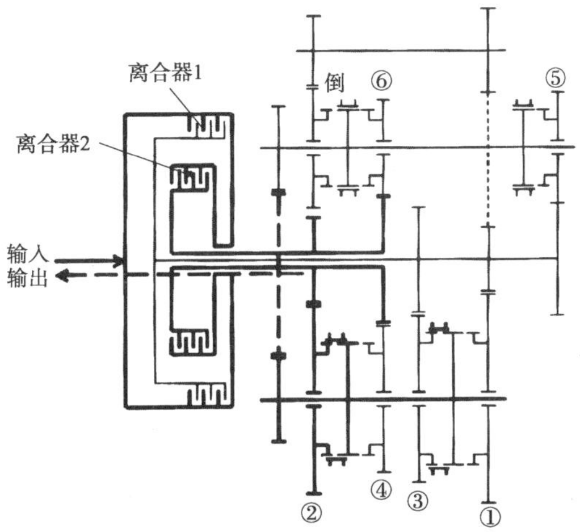

图 4-30　DCT 2 挡动力传动路线示意图

DCT 在降挡时，同样有 2 个挡位是接合的，如 4 挡正在工作，则 3 挡作为预选挡位而接合。DCT 的升挡或降挡是由 ECU 进行判断的，踩加速踏板时，ECU 判定为升挡过程，做好升挡准备；踩制动踏板时，ECU 判定为降挡过程，做好降挡准备。

一般变速器升挡总是逐挡进行的，而降挡经常会跳跃地实现。DCT 在手动控制模式下也可以进行跳跃降挡。例如，从 6 挡降到 3 挡，只要连续按三下降挡按钮，变速器就会从 6 挡直接降到 3 挡；但是如果从 6 挡降到 2 挡时，变速器会先降到 5 挡，再从 5 挡直接降到 2 挡。在跳跃降挡时，如果起始挡位和最终挡位属于同一个离合器控制的，则会通过另一离合器控制的挡位进行转换；如起始挡位和最终挡位不属于同一个离合器控制时，可以直接跳跃降至所定挡位。

第三节　超越离合器

离合器作为汽车底盘传动系统中的一个必不可少的总成，应具有既能传递动力，又能切断动力的特性，还应保证汽车能平稳地起步，变速器换挡时能减轻变速齿轮的冲击载荷，并能防止传动系统过载。

超越离合器是一种靠主、从动部分的相对运动速度变化或回转方向的变换能自动接合或脱开的离合器。超越离合器的用途主要有三个：一是变换速度。在运动链不脱开的情况下，可以使从动件获得快慢两种速度。二是防止逆转。单向超越离合器在一个传动方向传递转矩，而在相反方向转矩作用下则空转（如综合式液力变矩器中用于锁止或解除锁止导轮的单向离合器)。三是间歇运动。通过双向超越离合器和单向超越离合器的适当组合,可以实现从动部分作某种规律的间歇运动。

超越离合器在机械传动机构中早有应用,但在汽车中应用则还是近几年,是汽车节能的一种新技术。

一、超越离合器概述

汽车以一定车速行驶,当解除了发动机的驱动后,汽车在惯性作用下继续行驶,称为滑行。汽车滑行时,发动机怠速运转或不运转,只需消耗少量燃油或不耗油。因此,滑行是有效的节油操作方法,得到了广泛的应用。

滑行主要有两种:一种是经常性加速滑行。也就是加速与滑行两个过程交替进行,主要是利用加速时提高了的发动机功率,使多余的能量由汽车本身以动能的形式储存起来,在滑行时加以利用。另一种是非经常性的加速滑行。根据地形或行驶条件,在下坡或停车前的滑行可以充分利用汽车的动能和势能,使汽车上坡或行驶中所消耗掉的燃料尽可能地少浪费于制动中。

汽车滑行时的操作有不熄火滑行、熄火滑行和踩离合器滑行三种。对于熄火脱挡滑行,由于在下坡时依靠制动器来控制车速,制动器的使用时间较长而发动机又不运转,对于气压式制动装置来说,制动气压得不到补充;同时,制动器也容易发热而降低制动效能,甚至使制动摩擦片烧蚀,这些都会造成制动失灵,不能保证行车安全。另外,冬季行车时,温度下降较快,再起动时势必增加油耗,而且在严寒地区还有冻坏冷却器的可能。因此,下长坡严禁熄火脱挡滑行。

为了保证安全行车,同时实现滑行节能,提倡采用不熄火空挡滑行。此时,驾驶员须松抬加速踏板、踩离合器踏板、换空挡,操作烦琐。滑行次数增多后,驾驶员的操纵次数也同时增加。此外,滑行结束挂挡时需要空挡踩加速踏板,这样不但操作麻烦,而且浪费了燃油。

踩离合器熄火滑行,驾驶员不需换入空挡,只要踩下离合器踏板,关闭点火开关,汽车便开始滑行。这种方法的缺点是,增加了离合器从动盘和分离轴承的磨损,同时驾驶员长时间踩离合器劳动强度过大。

超越离合器具有防止逆转的作用,能够在一个传动方向传递转矩,而在相反方向转矩作用下则空转,即单向传递转矩。利用这个特性,能够实现汽车自动安全滑行。因此,在汽车传动装置中应用超越离合器,不仅能够实现滑行节能的目的,而且可以减少换挡操作,降低驾驶员的劳动强度。

二、超越离合器的结构及工作原理

汽车上使用的超越离合器为单向超越离合器。与其他离合器的区别是,单向超越离合器无须使用控制机构,它是依靠其单向锁止原理来发挥固定或连接作用的,力矩的传递是单方向的,其连接和固定完全由与之相连接元件的受力方向所决定。当与之相连接元件的受力方向与锁止方向相同时,该元件即被固定或连接;当受力方向与锁止方向相反时,该元件即被释放或脱离连接。即在主动轴与从动轴之间,只能使从动轴作一个方向回转,反方向具有空转机能。

单向超越离合器有多种型式,常用的有滚柱式和楔块式两种。

1. 滚柱式超越离合器

滚柱式超越离合器主要由外套、滚柱、滚柱保持架和棘轮等部件组成,其结构如图 4-31 所示。滚柱保持架上制有与滚柱相同数量的楔形槽,槽内装有滚柱和弹簧。正常状态下,弹簧的弹力将各滚柱推向楔形槽较窄的一端。

滚柱式超越离合器的工作原理是:如果棘轮为主动轮,且作顺时针转动,当其角速度大于外套角速度时,滚柱将因保持架和楔形槽的摩擦转动而滚向楔形槽较窄的一端分,楔紧在棘轮和外套之间,使外套随棘轮一起旋转,超越离合器处于接合状态;当外套速度超过棘轮速度时,滚柱将滚到楔形槽较宽的一端,超越离合器处于分离状态。因此,超越离合器只能单方向传递转矩。利用它的这种特性可以实现汽车的自动滑行。

图 4-31c)为楔形槽开在外座圈上的滚柱式超越离合器。

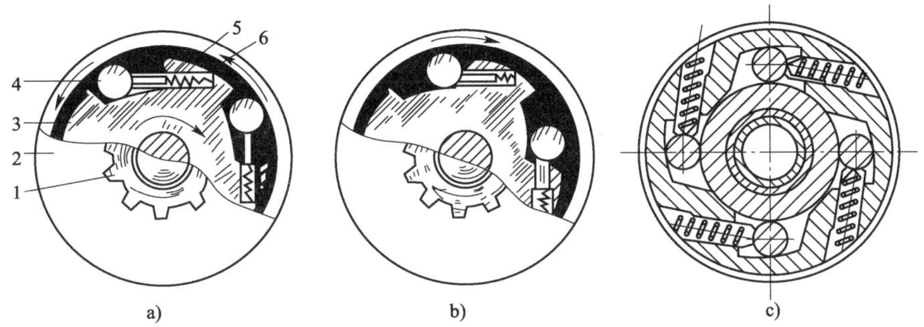

图 4-31 滚柱式超越离合器结构示意图

a)开始啮合;b)脱离啮合;c)楔形槽开在外座圈上的滚柱式超越离合器

1-棘轮;2-外套;3-滚柱保持架;4-滚柱;5-柱塞;6-柱塞弹簧

2. 楔块式超越离合器

楔块式超越离合器的构造与滚柱式类似,不同之处在于,其外环和内环上都没有楔形槽,滚子也不是圆柱形的,而是特殊形状的楔块,如图 4-32 所示。楔块的一条对角线 A 的长度略大于内外环之间的距离 B,而另一条对角线 C 的长度则略小于 B。当外环相对于内环往顺时针方向旋转时,楔块在摩擦力的作用下相对于自己的中心作顺时针转动而立起,由于自锁作用被卡死在内外环之间,使内外环无法作相对转动,单向离合器处于接合状态。当外环相对于内环向逆时针方向旋转时,楔块在摩擦力的作用下绕自己的中心逆时针旋转而倾斜,自锁解除,内外环可以相对转动,单向离合器处于分离状态。

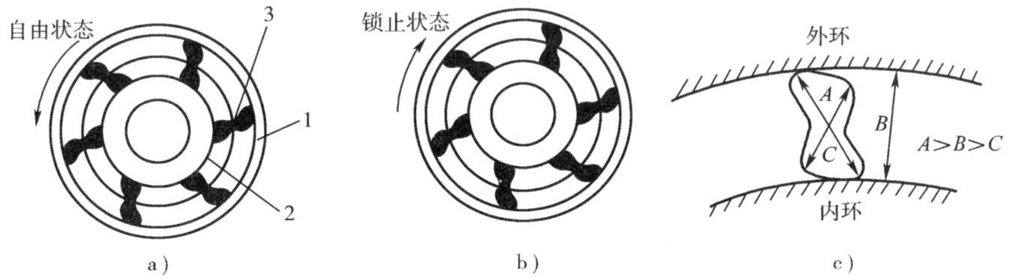

图 4-32 楔块式超越离合器结构示意图

1-外环;2-内环;3-楔块

三、超越离合器的应用

为了在保证发动机不熄火的情况下,实现滑行节能,必须在汽车滑行时,将动力传递线路中断，即切断发动机与传动系统的联系。汽车的动力传递线路是发动机—变速器—传动轴—驱动桥—轮胎。为了切断动力传递，超越离合器可以装在发动机曲轴与飞轮之间或飞轮与变速器之间，也可以装在变速器、传动轴上或驱动桥中。

1. 超越离合器装在变速器中

超越离合器安装在变速器中的结构如图4-33所示。由图可见，超越离合器装在变速器的中间轴上，原中间轴上的5挡常啮合齿轮改为与超越离合器外套一体，通过滚动轴承装在中间轴上，棘轮装在原齿轮位置上，用键与中间轴固定连接。当挂入5挡加速行驶时，棘轮作为主动轮带动与外套一体的5挡常啮合齿轮旋转，传递转矩。在滑行时，驾驶员将加速踏板抬起，使发动机转速迅速降低，变速器输入轴转速低于输出轴转速，此时，外套（即5挡常啮合齿轮）可超越棘轮旋转，使超越离合器处于分离状态，汽车便自动安全滑行。当车速降低后需再加速时，只要踏下加速踏板，使发动机转速提高，棘轮转速又高于外套，并带动其旋转，于是汽车又恢复5挡行驶。

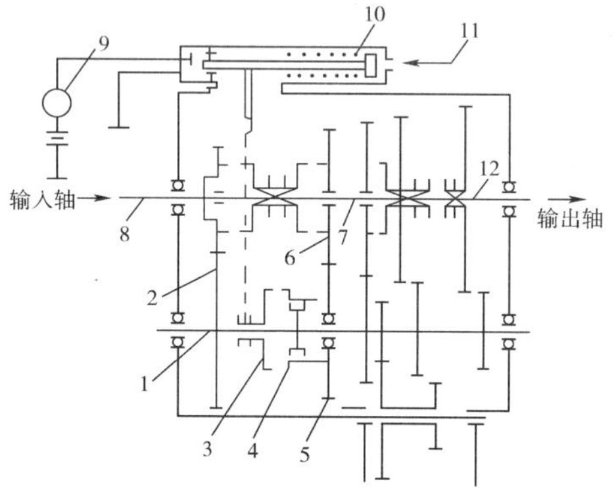

图4-33 超越离合器安装在变速器中的结构示意图
1-中间轴；2-中间轴常啮齿；3-锁止接合齿；4-超越离合器；5-5挡常啮齿；6-第二轴5挡常啮齿；7-第二轴；8-输入轴；9-指示灯；10-控制汽缸；11-气源；12-输出轴

为了不降低汽车在冰滑路面上制动的横向稳定性，超越离合器设有锁止装置，它可随时将超越离合器锁上，恢复原车性能。为使操作方便、锁止可靠，锁止装置由一汽缸控制，汽缸内活塞的一端由锁止弹簧驱动，可使接合齿锁止；另一端由压缩空气驱动，可使接合齿脱开。锁止装置的控制气阀开关安设在驾驶台上。在驾驶台上还设有一个指示灯，用以显示锁止装置是处于“脱开”还是“锁止”状态，即超越离合器是处于工作还是不工作状态。

（1）滑行。在天气、道路等情况良好，压缩空气在0.5MPa以上，安全的条件下，需要滑行时，驾驶员先将设在驾驶台上的空气阀拉开，此时指示灯亮，表示超越离合器锁止装置已“脱开”，驾驶员可将加速踏板松抬，汽车便自动滑行。需加速时，驾驶员只踩加速踏板，汽车便可恢复5挡加速行驶。

（2）锁止。行车途中遇到天气、道路情况不良或不宜滑行时，不论在任何挡位加速行驶或在空挡，驾驶员可将控制气阀推止，可立即将超越离合器“锁死”，即恢复原车性能。

2. 超越离合器装在驱动桥末端

汽车传动系统在动力传输过程中，由于系统的机械摩擦和阻尼消耗了发动机输出的部分功率，即使在滑行时，整个传动系统仍随车轮一起旋转，消耗系统的惯性力。若将超越离合器安装于传动系统末端，可使汽车在松开加速踏板即滑行时，车轮与传动系统暂时分离，使车轮旋转的动能消除了汽车在滑行时传动系统的摩擦损失和润滑油扰动阻尼，且滑行距离明显增加，节能效果将更加明显。这种形式的超越离合器称为超越滑行半轴离合器，它安装在汽车驱动桥的一侧（通常在左侧的半轴上），将半轴与半轴凸缘盘制成可相对做圆周回转运动的两部分，其结构如图4-34所示。

在汽车行驶时，通过连接在凸缘盘壳体4中的棘爪1与半轴3末端的花键啮合来传递转矩，此时相当于整体半轴。汽车在滑行时，前进棘爪从半轴花键啮合弧中脱出，此时所有棘爪都处在半轴花键的顶圆径面上，半轴无负荷，凸缘盘壳体4通过轴承5在半轴轴径上旋转，即车轮轮毂与传动系统分离，实现滑行。棘爪有前进和倒退双向作用，各由3个棘爪来承担。棘爪的径向回位是由压在其上的蝶形弹簧来实现的（图中未画出），而轴向压紧力则由调速垫片10控制。调速垫片上有不同深度的凹坑，与凹坑接触的是带有弹簧的调速销6，调速垫片的位置是由安装在端盖7上的齿扇9通过调速齿轮8来控制的。齿轮8可以根据需要用螺栓事先拧紧，这样，棘爪上的压紧力决定着棘爪在不同车速下松开加速踏板开始滑行的速度。其调速范围一般可控制在0～80km/h。"零速"即表明可以将棘爪压紧在半轴花键槽内，不再脱出，即相当于原来的整体半轴。此工况可保证安装超越滑行半轴离合器的车辆在山区行驶时不再出现滑行现象，确保安全。其他离合时的车速则通过调速齿扇和压紧凸缘及限位弹簧等机构来控制。

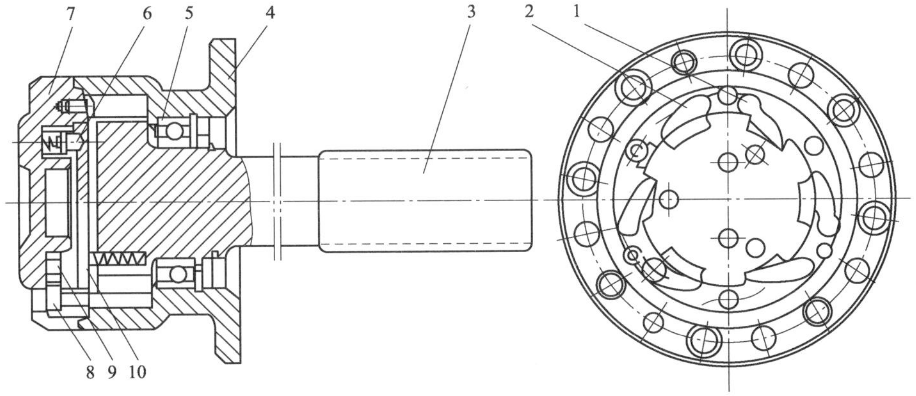

图4-34　超越滑行半轴离合器结构示意图

1-前进棘爪；2-倒车棘爪；3-半轴；4-壳体；5-轴承；6-调速销；7-端盖；8-调速齿轮；9-齿扇；10-调整垫片

超越滑行半轴离合器的工作过程是：当踏下加速踏板，传动系统各部件旋转加速达到一定转速时，欲滑行，则松开加速踏板，传动系统中各齿轮、各轴减速，处于系统末端的半轴亦减速，这时棘爪不再受半轴花键给予的圆周切向力作用，在离心力作用下从半轴末端花键的啮合弧内脱出。此时半轴凸缘盘壳体可在半轴轴径上相对滑转，因此，差速器、主减速器、传动轴、变速器、离合器直至发动机皆处于无负荷状态，使车轮摆脱了传动系统内的阻力。同时，在半轴凸缘盘与半轴分离的瞬间，车轮获得一个加速度增量，从而显著地增加了汽车滑行时的初速度，并增加了滑行距离，系统的能量得到了有效利用，达到节能效果。

3. 应用超越离合器的特点

1）操作简便

不装用超越离合器时，每完成一次滑行，驾驶员要做7个连续动作，即松开加速踏板、踏离合器踏板、换空挡、猛踩一下加速踏板、踏离合器踏板、挂挡、踏加速踏板。装用超越离合器后，完成一次滑行，驾驶员只需松、踏加速踏板两个动作，大大减轻了驾驶员的疲劳。

2）节省燃料

应用超越离合器后，一脚踩加速踏板即可挂挡加速，免去了空踩加速踏板。由于操作简便可把车速控制在经济车速范围内，也可频繁滑行节油。据使用单位测定，利用超越离合器可在原来基础上实现每百公里节油2kg以上。

3）保证安全

在实际驾车中，路遇障碍，措施应果断，应制动则制动，应加速则加速，这是行车中因势利导、安全通过的必要措施。往往急加速通过障碍物以达到避让的目的,转向盘也需急转动,这样驾驶员往往感到手忙脚乱。安装超越离合器后,驾驶员可避而不管离合器、不管变速杆,只需掌握好转向盘、踏加速踏板即可。使驾驶员减少动作,比较轻松地处理各种复杂情况,从而有利于安全行车。

4)减少机件磨损

如图4-22所示的变速器,当原车脱挡滑行时,变速器内的第二轴5挡齿轮衬套与5挡齿轮是滑动摩擦,而滑行时转速一般都比较高,所以该衬套经常烧损。超越离合器滑行不用换入空挡。衬套与5挡齿轮间无相对运动、无摩擦。原来的滑动摩擦由装在中间轴上超越离合器5挡常啮合齿轮的滚动轴承滚动摩擦所代替,大大延长了衬套的使用寿命。加速时,转矩传递得非常柔和平顺,减轻了其他机件的冲击磨损。

值得注意的是,高山地区、丘陵地带弯道多、坡度大,在这些地方行驶的汽车滑行机会少,因而不宜安装使用超越离合器。

第四节　制动能量的回收

目前汽车使用的制动装置主要形式有机械式、气压式、液压式、气液混合式等,它们的工作原理基本相同,都是利用制动装置把汽车行驶的动能通过机械摩擦方式转化为热能而消耗掉,以达到汽车制动或减速的目的。这些制动装置工作时都存在着如下缺点:

(1)制动或减速过程中不能将汽车的动能回收,动能被转换成热能而浪费了,汽车的能量利用率降低;

(2)当汽车长时间频繁制动,或因连续制动时间较长而产生大量热量,制动器常出现热衰退现象,引起制动效能降低;

(3)由于存在机械磨损,制动器的制动衬片使用寿命缩短,汽车使用经济性降低。

制动能量回收,是指汽车减速或制动时,将其中一部分机械能(动能)转化为其他形式的能量进行回收,并加以再利用的技术。汽车上采用制动能量回收,有助于提高汽车能源利用率、减少燃料消耗,减轻制动器的热负荷,减少磨损,提高汽车行驶安全性和使用经济性。

一、制动能量回收方法

制动能量回收的基本原理是:先将汽车制动或减速时的一部分机械能(动能)经再生系统转换(或转移)为其他形式的能量(旋转动能、液压能、化学能等),并储存在储能器中,同时产生一定的负荷阻力使汽车减速制动;当汽车再次起动或加速时,再生系统又将储存在储能器中的能量再转换为汽车行驶所需的动能(驱动力)。

根据不同的储能机理,汽车制动能量回收的方法有飞轮储能、液压储能和电化学储能。储能装置通过行星排或锥齿轮副与原机械传动系统构成双流传动,设法回收汽车制动能量,然后在汽车起步或加速时释放,从而达到汽车节能的目的。

1. 飞轮储能

飞轮储能是利用高速旋转的飞轮来存储和释放能量,其基本工作原理是:当车辆制动或减速时,先将车辆在制动或减速过程中的动能转换为飞轮高速旋转的动能;当车辆再次起动或加速时,高速旋转的飞轮又将存储的动能通过传动装置转化为车辆行驶的驱动力。其能量转换过程如图4-35所示。

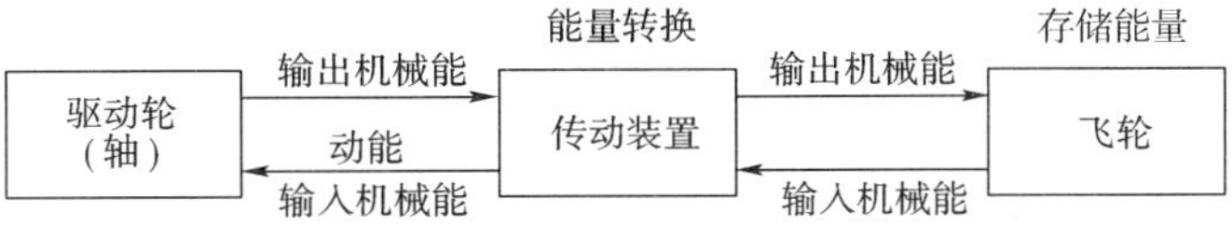

图 4-35 飞轮储能式制动能量回收系统原理图

图 4-36 为一种飞轮储能式制动能量回收系统示意图。该系统主要由发动机、高速储能飞轮、增速齿轮、离合器和驱动桥组成。发动机用来提供驱动车辆的主要动力,高速储能飞轮用来回收制动能量以及作为负荷平衡装置,为发动机提供辅助的功率以满足峰值功率要求。由于市区公共车辆具有很大的惯性,在正常行驶时又具有很高的可逆能量—动能,可以用高速储能飞轮将这些能量回收,在起步或加速过程中释放出去,既减少了能源的浪费,又提高了车辆的性能。

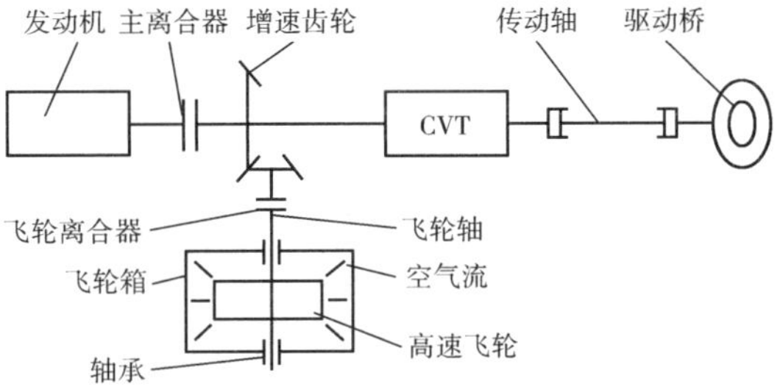

图 4-36 飞轮储能式制动能量回收系统示意图

2. 液压储能

液压储能的工作原理是:先将车辆在制动或减速过程中的动能转换成液压能,并将液压能储藏在液压蓄能器中;当车辆再次起动或加速时,储能系统又将蓄能器中的液压能以机械能的形式反作用于车辆,以增加车辆的驱动力。液压储能式制动能量回收系统工作过程如图 4-37 所示。

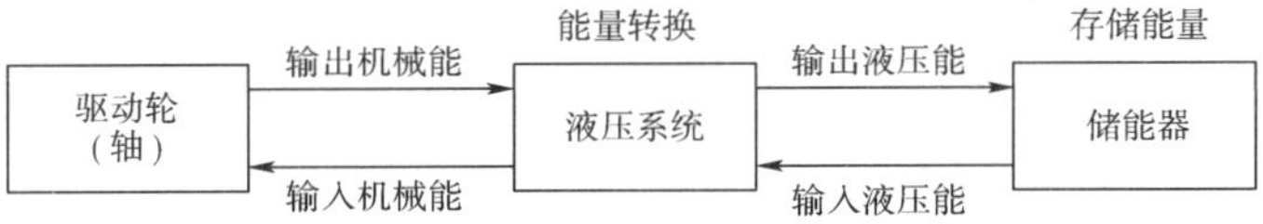

图 4-37 液压储能式制动能量回收系统原理图

图 4-38 是利用液压储能原理设计的一种制动能量回收系统。系统由发动机、液压泵/电机、液压蓄能器、变速器、驱动桥、离合器和液压控制系统组成。起动、加速或爬坡时,液压控制离合器接合,液压蓄能器与连动变速器连接,液压蓄能器中的液压能通过泵/电机转化为驱动车辆的动能,用来辅助发动机满足驱动车辆所需要的峰值功率。减速时,电控元件发出信号,使系统处于蓄能状态,将动能转换为压力能储存在液压蓄能器内,这时车辆行驶阻力增大,车速降低直至停车。在紧急制动或初始车速较高时,能量回收系统不工作,不影响原车制动系统发挥效能。

3. 电化学储能

电化学储能的工作原理是:首先将车辆在制动或减速过程中的动能,通过发电机转化为电能并以化学能的形式存储在储能器中;当车辆需要起动或加速时,再将储能器中的化学能通过电动机转化为车辆行驶的动能。储能器可采用蓄电池或超级电容器,由发电机/电动机实现机械能和电能之间的转化。系统还包括一个控制单元(ECU),用来控制蓄电池或超级电容器的充放电状态,并保证蓄电池的剩余电量在规定的范围内。其工作原理如图4-39所示。

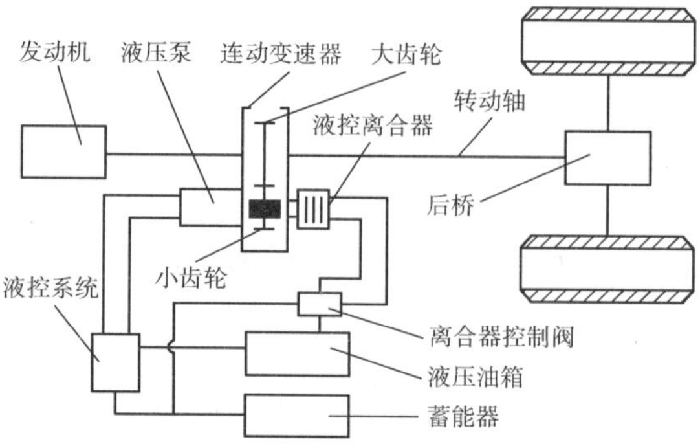

图4-38　液压储能式制动能量回收系统示意图

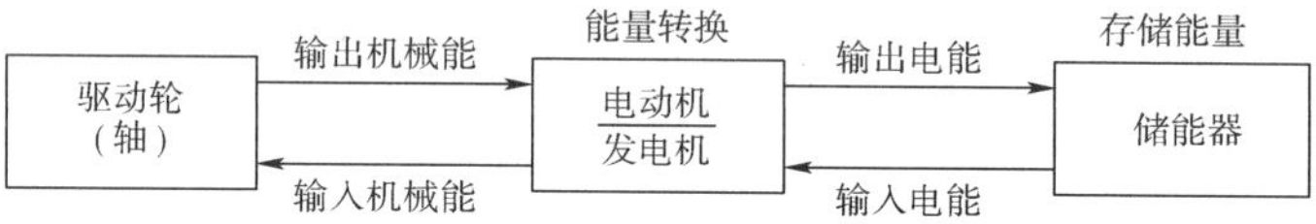

图4-39　电化学储能式制动能量回收系统原理

图4-40为一种用于前轮驱动轿车的电化学储能式制动能量再生系统。系统工作过程为:当车辆以恒定速度或加速度行驶时,电磁离合器脱开。当车辆制动时,行车制动系统开始工作,车辆减速制动,电磁离合器接合,从而接通驱动轴和变速器的输出轴。这样,车辆的动能由输出轴、离合器、驱动轴、驱动轮和从动轮传到发电机和飞轮上。制动时的机械能由电机转换为电能,存入蓄电池。当离合器再分离时,传到飞轮上的制动能,驱动发电机产生电能,存入蓄电池。在发电机和飞轮回收能量的同时产生负载作用,作为前轮驱动的制动力。当车辆再次起动时,蓄电池的化学能被转换成机械能用来加速车辆。

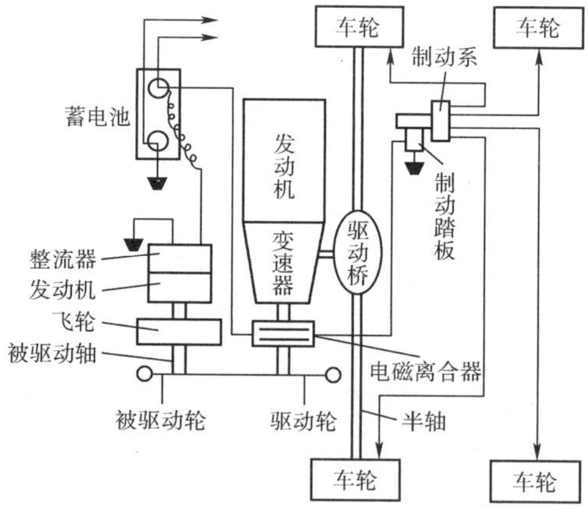

图4-40　电化学储能式制动能量回收系统示意图

在纯电动汽车或混合动力电动汽车上采用这种形式的能量回收方法很容易实现,一般采用的办法是在制动或减速时将驱动电机转化为发电机即可。

4. 各种能量存储方法的比较

飞轮式制动能量回收方法和液压式制动能量回收方法,其实质是将汽车制动或减速时的动能存储并直接释放利用,属机电一体化的能量再生系统。从制造角度看,飞轮式装置比液压式装置简单易行，造价较低但质量和体积大，意味着汽车运行将耗去更多的燃料。

其次，在制动能量回收存储的时效方面，飞轮储能装置不如液压储能装置，这是由于空气阻力和轴承摩擦引起的能量损耗，会导致飞轮储能装置的能量损耗。液压储能装置能够长期有效地储存能量，可以消除这些损失。特别是汽车长时间停车再起动时，飞轮储能装置无助于汽车的加速。

在飞轮储能装置中，提高飞轮的储能能量和能量保存效率是主要的研究问题。可用改变飞轮的形状和材料提高飞轮的转速以达到提高飞轮能量密度的目的；采用磁悬浮技术、真空技术等可以减少能耗，如正在研制中的超高速飞轮。但是，高速飞轮作为储能装置应用在汽车上还存在两大问题：飞轮的转速很高，飞轮材料容易在高速下破碎，安全性能较差，为保护乘员的安全，相应增加了系统的成本；另一方面，高速飞轮系统的动力稳定性要求高，飞轮的质量需要分布均匀，飞轮的支承也需要较大的刚度，相应提高了储能飞轮的制造成本。

液压储能装置允许发动机的速度和转矩与路面载荷相互分离，系统的运行不像飞轮储能装置那样依赖于高速飞轮的转速。液压蓄能器能够方便地储存和释放液压势能，发动机可以长时间工作在理想工况区，而不需要像电化学储能装置那样需要考虑将电池的剩余电量保持在一个规定的范围内，这就允许燃油效率的进一步提高。

飞轮储能装置一般适用于起动、制动频繁的大型汽车，例如城市公交汽车技术难点是高速飞轮的研制。液压储能装置具有零件少、成本较低、工作可靠性高的特点，同时还具有体积小、安装布置方便的优点，可适用于各种类型的大小汽车，其技术关键是比例储能器和复合可逆液压元件（电机）的研制。由于所有功率必须通过液压泵/电机转化，其中部分能量必须储存到液压蓄能器或由液压蓄能器释放，不可避免地伴随摩擦和热的损失。同时液压系统的密封性能要求高，成本昂贵。

电化学储能制动能量回收方法则是另一种具有发展前途的方案，它具有结构简单、操作方便、可靠性好、制动能量回收利用效率高的优点。目前研制的纯电动汽车和混合动力电动汽车普遍采用这种方法来实现制动能量回收，以节约能源增加车辆连续行驶能力。制约其应用的技术瓶颈仍是高性能、低成本的电化学储能器。当前作为电化学储能器的是各种可充电蓄电池和超级电容器。

近期，阀控铅酸蓄电池、镍基蓄电池具有技术成熟、成本低、可实现快速充电、比功率高的特点，可作为储能器。锂离子电池也很适合，但成本高。当前，超级电容器的低比功率使之不能单独用作电动车的能量源，但用它作为储能器（辅助能量源）则具有显著优点——充放电率高，可迅速高效地吸收和释放制动再生能量。

二、制动能量回收系统

作为制动能量的回收系统，一般应具有制动（将动能变换为可以蓄存的能量形式）、能量的释放和驱动（将释放的能量再变换为动能）的功能。回收系统有可能回收的能量仅限于制动时由制动装置转变为热能的能量部分，它不能回收因克服行驶阻力等所消耗的能量。此外回收系统本身也存在着效率等问题，因而仅借助于回收系统要使汽车重新获得制动开始时所具有的动能是不可能的。

1. 制动能量回收系统的类型

制动能量回收系统的构成因采用蓄能方法不同而有很大差异，常见的有：由发电机、电动机、蓄电池构成的电能式；由飞轮、无级变速器（CVT）构成的动能式；由液压泵/液压电机，蓄能器构成的液压式三种。

1)电能式

世界各国曾对此种形式的能量回收系统进行过大量研究,其主要缺点是必须携带大量用于蓄存回收能量的重型蓄电池。因此,研制质量轻、结构紧凑、寿命长、价格低的新型蓄电池是一项重要课题。

2)动能式(飞轮式)

采用飞轮蓄能需要无级变速器(CVT)与之配合。由于机械式CVT没有达到普及的程度,故一般以电气或液压流体作为换能介质。飞轮式制动能量回收系统很早就曾在无轨电车上有过实用的尝试。1980年前后,奔驰、菲亚特等厂家相继试制了采用该系统的新型公交车辆,但均未达到实用化的程度。此外,英国石油公司也曾一度试图将飞轮部件商品化。飞轮蓄存的能量与它的惯性质量成正比,与角速度的平方成正比,因此,若以高蓄能为目标,关键在进一步提高飞轮角速度。为此,除必须完善飞轮结构设计外,还存在着有关机壳真空技术、高速轴承、安全性和陀螺效应等方面的课题。

3)液压式

液压式制动能量回收系统由能实现动能与液压能相互转换,并具有无级变速功能的变量液压泵/液压电机和内封氮气(N_2)的蓄能器构成。该系统的主要液压件性能良好,在工程机械、工厂设备上已有许多成功应用的先例。与飞轮式系统相比,尽管它能量密度较小,但其控制简单、制造容易;而与电能式系统相比,其功率质量比较大,对于大型车辆目前已接近实用化水平。

近年来许多国家相继研制了采用液压式回收系统的城市大型客车和清扫车。常见的形式有两种:一种为全液压式,即将制动能量回收系统并列地附加到AT(自动变速器)的驱动系统上;另一种为液压—机械式,将制动能量回收系统和液压-机械传动装置组合在一起。要使液压式回收系统实用化,液压元件的轻量化,系统的可靠性、安全性、耐久性等是需要进一步研究的课题。

2. 城市客车制动能量回收系统

城市客车的突出特点是频繁制动和起动,若在制动时将车辆的动能回收,加速时再利用,则会减小起动加速噪声,降低燃料消耗量,并减小排出废气对环境的污染。图4-41为一种客车液压式制动能量回收系统。

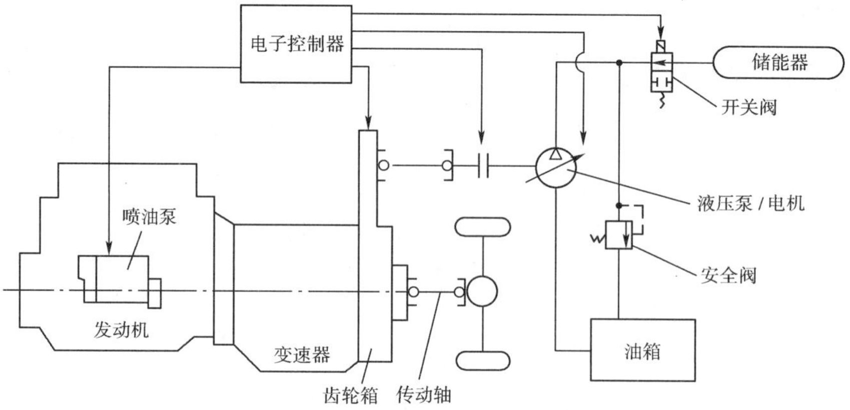

图4-41　客车液压式制动能量回收系统示意图

该系统的主要组成部分为：

(1)可逆式液压泵/液压电机，产生制动或驱动转矩；

(2)液压蓄能器，用于蓄积制动能量；

(3)齿轮箱，用于传递转矩；

(4)电子控制装置，对各部件及发动机喷油泵调速器进行控制。

客车在不同运行状态时，其能量回收系统相应的工作情况分别为：

(1)起动阶段。驾驶员进行起动操作时，开关阀打开。压力油从蓄能器中输出，驱动液压电机。即使发动机节气门开度很小，也可使车辆平稳起动。

(2)加速阶段。液压电机工作，对发动机的输出转矩起助力作用。即车辆加速时的能源不仅来自发动机，而且来自液压电机。

(3)正常运行阶段。此时仅由发动机提供车辆驱动力源。

(4)制动阶段。在驾驶员踩下制动踏板的同时，液压泵开始工作，将输出的压力油送入蓄能器，从而将车辆制动时的动能输出以油液压力能的形式蓄存起来。

为了保证制动能量回收系统具有较高的效率，应使泵/电机不工作时，蓄能器无油液泄漏；此外，泵/电机系统必须性能良好。由于液压电机多在起动和加速等低速区工作，使用频率高，故应注意低速区的容积效率等有关问题。

三、电动汽车制动能量回收与利用

当今，汽车已经和我们的工作、生活密切相关，但传统汽车所带来的环保问题令人烦恼，再加上能源问题，使得人们不得不开始探索传统内燃机汽车的替代品。电动汽车以其独有的特点受到人们的关注，从环保的角度来看，电动汽车是零排放的市区交通工具，即使加上发电厂增加的排放，总量上看，它也将使空气污染大大减少。从能源角度来看，电动汽车将使能源的利用多元化(例如可使用各种再生能源)和高效化，达到能源的可靠、均衡和无污染利用的目的。在改善交通安全和道路使用方面，电动汽车更容易实现智能化。

电动汽车的关键部件是蓄电池，蓄电池储存能量的多少是决定电动汽车续驶里程的重要因素。但是目前蓄电池技术仍然是发展电动汽车的瓶颈，未能取得突破性进展，电动汽车的续驶里程还不能满足用户的需求。如果将车辆减速时的动能转化为电能，回收入蓄电池，而不是摩擦浪费掉，这无疑相当于增加了蓄电池的容量。在现有的技术条件下，这样对于提高电动汽车的续驶里程性能方面具有重要的意义。

一般来讲，在电池充电效率为100 %，电机效率、制动回馈效率为50%，车辆总消耗能量的50 %用于获得车辆动能的设定条件下，基于能量守恒而解析计算得到：采用再生制动回收能量，可提高车辆续驶里程33%。下面简要介绍几种现有的制动能量回收装置。

1.现有的制动能量回收装置

尽管各种制动能量回收装置的原理都基本相同，即都是将车辆制动时的动能转化为电能，并给蓄电池充电，但具体的装置及其工作特点却有不同。按照有无独立的发电机，可将制动能量回收装置分为以下两种。

1)无独立发电机的能量回收装置

通过控制系统，在车辆需要减速时，将驱动电机转化为发动机工作，在为车辆减速的同时，带动发电机发电，将电能回收入蓄电池。一般有两种能量回收制动系统：前轮驱动能量回收制动系统和全轮驱动能量回收制动系统。下面以全轮驱动能量回收制动系统(结构如

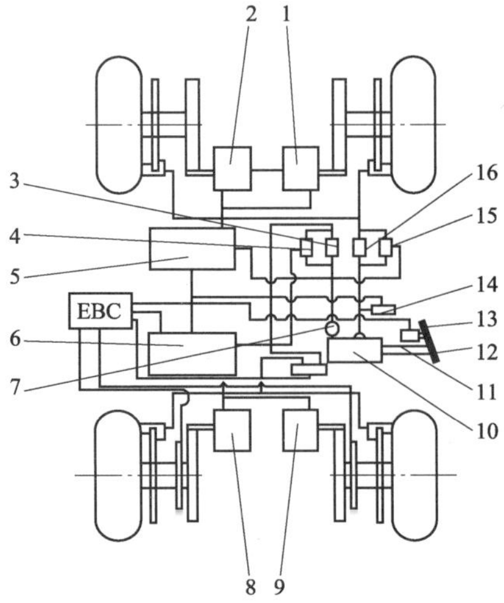

图 4-42 全轮驱动能量回收制动系统

1、2-前轴制动电机;3-后计量阀;4-后旁通阀;5-前轴电控模块;6-后轴电控模块;7-液压阀;8、9-后轴驱动电机;10-EBC 阀;11-制动主缸;12-制动踏板;13-制动开关;14-压力传感器;15-前旁通阀;16-前计量阀

图 4-42 所示)为例,介绍其工作及特点。

该制动能量回收系统由通常的液压制动系统来调节控制。由于驱动电机在较低车速下无法回收能量,因此该系统在车速低于 5km/h 时不起作用,此时只有通常的液压制动系统工作。当车速高于 5km/h 时,若驾驶员踩下制动踏板,制动主缸中的压力传感器产生一个与制动系统压力成正比的电信号。当制动系统压力未上升到计量阀导通压力时,电信号输入驱动电机的电子控制模块(ECM),主 ECM 触发旁通阀导通。此时,ECM 能量回收系统将每个车轮的驱动电机变成发电机,产生与传感器信号值成正比的反转矩,阻止车轮运转。驾驶员通过调节制动踏板力来调节控制转矩及车速。这时汽车处于"电力制动"状态。

随着制动踏板力的增大,系统最后达到最大能量回收状态。这时压力增大到一个值,使计量阀开启,制动液进入液压制动系统中,液压制动和电力制动共同作用。当汽车减速至 5km/h 以下时,ECM 切断旁通管路,断开回收系统,液压制动系统以全压力工作,此时为纯液压制动。制动踏板放松,ECM 不再起作用。

此装置结构简单,容易实现,但涉及充电电流控制、交流器控制等技术问题,以现有的技术还不能完全可靠地解决。

2)有独立发电机的能量回收装置

该装置带有发电机,且发电机与驱动电机是分别独立安装的,即将独立的发电机连接到电动汽车的驱动系统中,结构如图 4-43 所示,其中忽略了液压制动系统。

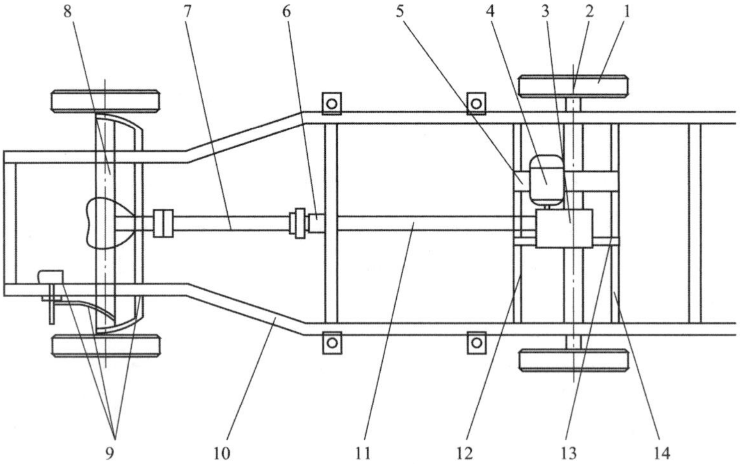

图 4-43 带发电机的能量回收装置

1-驱动轮;2-驱动轴;3-变速器和差速器;4-驱动电机;5、13-支架;6-发电机;7、11-传动轴;8-前桥;9-转向杆;10、14-车架;12-支架横梁

其工作过程是:当车辆行驶时,驱动电机 4 工作,通过变速器和差速器 3、驱动轴 2、驱动

轮1驱动车辆行驶，这时发电机6空转不工作；当车辆需要减速时，控制系统使驱动电机4停止工作。这时车辆的惯性动能拖动车轮1、驱动轴2、变速器和差速器3、驱动电机4转动，也强制带动连接的发电机6转动。此时，控制系统使发电机6通电工作，开始发电，产生一个与车辆运动方向相反的电磁力矩，作用于运动系统，使车辆开始减速。当车辆速度较低或紧急制动时，仍需要液压制动（图中未画出）。

在上述过程中，可通过控制系统调节发电机工作电流的大小来调节制动力矩。同时，把发电机所发电能回收入蓄电池，这样就完成了制动能量的有效回收。

这种方式控制可靠、经济实用，但结构较复杂。

2. 电动汽车制动能量回收需要解决的问题

从上述介绍可以看到，电动汽车回收的制动能量转化为蓄电池储存的电能。该储能方式存在功率密度低、充放电频率小、不能迅速转化所吸收的大量能量的缺点，而车辆在制动或起动时，需要迅速得到或释放大量能量，这使储能蓄电池的应用受到很大限制。

现在，各国技术人员加紧研制大容量、高性能蓄电池，从而为蓄电池储能提供应用基础。目前超级大电容蓄电池的出现可望对制动能量回收的棘手问题有一定的解决。

但是，对于电动汽车而言，更重要的是对蓄电池充电，而在电动汽车制动期间所产生的电流很容易达到较高的值，在几百安的范围内，这比蓄电池所能吸收的充电电流大得多。对于在这类场合所普遍使用的大多数蓄电池来说，最大充电电流的强度通常是蓄电池能产生之电流强度的十分之一左右。结果，在蓄电池充电不足的情况下，电制动期间产生的电能就会使蓄电池不适当地充电，这样会损害蓄电池并大大减少其预期寿命。此外，当蓄电池接近其最大充电量时，电制动期间所产生的电能就会使蓄电池过度充电，这会导致蓄电池电极上的电压将大致等于充电电路所输送的电压，或者换句话说，会导致限制或抑制电流在蓄电池中循环，大大降低电制动效果甚至使电制动效果消失。

因此，在对蓄电池充电的过程中，若能对制动能量加以调节，则有助于改善充电的效果，也能提高蓄电池的使用寿命。目前，在内燃机汽车的制动能量回收装置上，都配有二次调节机构，其产生的效果非常显著。但是，能否将这样的二次调节机构应用于电动汽车的制动能量回收，还需要进一步论证。因为这样做会使其制动能量回收装置的结构更加复杂，并且使得电动汽车的质量增加，这会减弱制动能量回收提高电动汽车续驶里程的优势。此外，从经济性方面考虑，这样做会增加电动汽车的成本，对电动汽车的市场竞争力无疑会产生影响。

第五节　车身造型

一、车身造型的发展

随着汽车逐渐走入人们的生活，汽车在社会生活中已不单单是一种运输工具，个性鲜明的汽车造型是汽车给人的第一印象，是汽车的灵魂。汽车造型技术是汽车的核心技术之一，也是塑造一个汽车品牌的关键因素。

自1886年德国工程师卡尔·本茨发明第一辆汽车以来，汽车技术的不断进步以及人们审美观和欣赏能力的不断提高，汽车造型由最初的厢型向多种多样的流线型演变。在汽车造型的发展史中，每个时期的汽车造型都有其产生的历史原因及自己的特点，都在汽车发展史上占有一席之地。

1. 最原始的汽车——马车型汽车

在汽车诞生之前,马车是最好的陆上运输工具,可以说,汽车的发展是从马车的机动化开始的。汽车发展的初期,汽车制造者的主要精力集中在汽车机械工程学的研究上,因此,这一时期汽车的外形与马车并无显著区别,被称为"无马"的马车,图4-44所示为1886年德国奔驰1号汽车。然而,随着技术的进步和汽车性能的提高,这一时期的汽车外形也发生了一些变化。1889年,戴姆勒汽车初次以钢轮代替木轮;1895年,开始使用充气轮胎;为克服迎面来风对驾乘人员的侵袭,1900年,德国人波尔舍设计了一种带球面挡风板的汽车;1905年,福特C型车开始采用风窗玻璃。马车型汽车的时代是汽车发展的初期阶段,技术尚未成熟,这时在车身造型方面还没有专门的设计人才,还没有引进空气动力学原理。

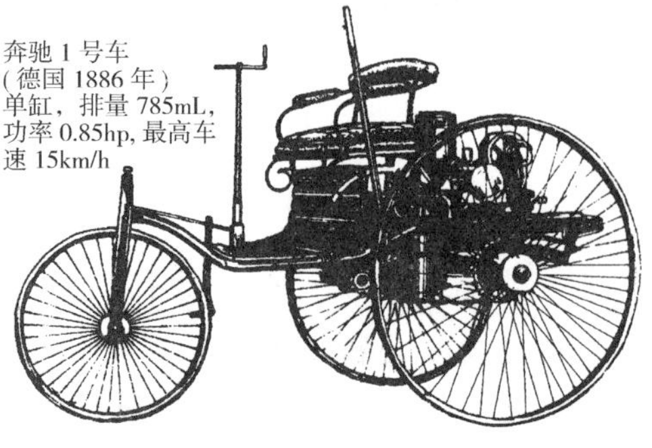

图4-44　德国奔驰1号汽车

2. 厢型车

经历了马车造型的汽车后,为了适应风雨等恶劣的天气,汽车开始封闭起来。在这个时期,汽车从整体上看是四方形的,因此可以称为厢型车,这种汽车带有车篷和车门。1908年,福特汽车厂推出的T型汽车是厢型汽车的开端,也是其典型代表(图4-45)。

1913年,美国福特汽车公司创建了流水作业线,从而使汽车从少数人拥有的奢侈品变为大众化的工业产品,于是汽车变得与社会生活息息相关起来。这种车结构紧凑、坚固耐用、驾驶简单、易于维修、价格便宜、经济实用,丝毫没有华而不实的装饰,完全是从民众立场来考虑的。在T型福特汽车的推动下,不仅美国汽车成为世界宠儿,而且为世界范围汽车文明的形成奠定了基础。20世纪20年代,美国的汽车消费者对运输方面的要求不仅只从经济实惠考虑,而且也开始追求"时髦",仅有经济、实惠优势的千篇一律T型车造型,已逐渐满足不了人们的要求。另外,厢型汽车形状阻力所占比例太大,前风窗玻璃、车顶,特别是车的后部产生妨碍汽车前进的空气涡流,汽车速度难以大幅度提高。由于不能满足人们对汽车越来越多样化和速度越来越高的要求,1926年T型汽车遭受了致命的打击,严重滞销,不得不停止生产。人们对汽车的发展越来越关注,对其造型的要求也随之升级。

图4-45　福特T型汽车

汽车生产者为了提高产品的竞争力,也纷纷开始在汽车造型上大做文章,但当时的汽车造型学还未形成系统,生产者只是简单地在一些零件上做了装饰性的改进,随之而来的是更能适合人们需要的更新造型的汽车。

3. "甲壳虫"型

厢型车阶段后期,通过风洞试验,人们发现空气阻力除与迎风面积有关外,还与汽车尾部产生的空气涡流有关。1920年,德国人保尔·亚莱通过试验发现,前圆后扁的物体阻力最小，从而找到解决形状阻力的途径。1934 年，美国密歇根大学教授雷依用汽车模型做风洞试验，测量出各种空气阻力，随后更多的研究被用于汽车设计上，流线型汽车随之产生。

1934 年，大量生产的克莱斯勒·气流牌小轿车首先采用流线型；同年，欧洲的一流汽车生产厂家，如奔驰、太脱拉等，也开始采用流线型汽车。流线型汽车中最具代表性、产量最大、影响最大的是 1937 年德国大众公司生产的“甲壳虫”，如图 4-46 所示。该车是地道的“甲壳虫”型汽车。

图 4-46　典型的“甲壳虫”型汽车

“甲壳虫”型汽车发动机后置，发动机、变速器和差速器成为一体，省去了传动轴，使地板变得平坦而车身蒙皮采用整体冲压，既轻便又坚固，工艺性好且容易维修，车身外型完全模仿“甲壳虫”的自然美，而且空气阻力小。像福特 T 型车一样，“甲壳虫”型汽车很快遍布世界。但这种流线型“甲壳虫”型汽车与厢型车相比，乘员活动空间明显变得狭小，特别是后排乘员，头顶上几乎没有空间，有一种压迫感。另外，“甲壳虫”型汽车遇到横向风具有不稳定性，受横向风作用后，车身前部易随风偏离原来的行驶路线。到 20 世纪 40 年代后半期，“甲壳虫”型汽车的全盛时期基本结束。

4. 船型

第二次世界大战结束后，福特公司于 1949 年发明了具有历史意义的新车型——福特 V8。该车采用了将整个车室置于前后两轮之间的设计方法，前方为发动机，后部为行李舱，中部为车室，并使前翼子板和发动机舱盖 ，后翼子板和行李舱盖融为一体，前照灯和散热器罩也是形成一个平滑的面，这样的造型颠覆了以往汽车造型，使整车看起来像一条小船，所以称为船型汽车，如图 4-47 所示。战争中发展起来的人体工程学被应用于福特 V8 汽车上，强调以人为主体的设计思想，设计师从驾驶员及乘客的角度出发，使汽车便于操纵，乘坐舒适。船型汽车采用普通发动机前置，风压中心大体上与汽车重心一致。加大了行李舱，增加车身纵横面积，使风压中心后移，遇到横风也不会“摇头摆尾”，无论从外形上还是从性能上都优于“甲壳虫”型汽车，解决了“甲壳虫”型汽车遇横风不稳定的问题。20 世纪 50 年代，船型汽车采用了倾斜较大的前后窗，这既不影响舒适性，也不牺牲车内空间，同时还减少了阻力。20 世纪 60 年代，船型汽车后边装饰有动感的尾翼，开始注重美学效果，但后来尾翼越来越大，并且没有实际意义，最终被时代所淘汰。1977 年，意大利车身设计室为玛莎拉蒂汽车公司设计的名为美迪其的船型汽车，代表着意大利车身设计界中所倡导的朴实、简洁、细腻、流畅的实用风格，在国际上得到了很高的评价。船型汽车的代表作是空气动力学最佳化的奥迪 100 轿车。

图 4-47　福特 V8 型汽车

从 1949 年开始，无论是美国，还是欧亚大陆，不仅是大型车，连中、小型车也采用了船型车身，直至今日仍然是船型汽车的兴盛时期。

5. 鱼型

船型汽车尾部过分向后伸出，并形成阶梯状，高速时会产生很强的空气涡流。为了克服这一缺陷，设计师们把车后窗一直倾斜到车尾部，倾斜的极限成为斜背式，由于倾斜的车背看起来像鱼的脊背,于是苗条的斜背式鱼型汽车出现了。最早问世的斜背式鱼型汽车是通用公司1952年制造的别克牌轿车。真正采用斜背式大批量生产的车型是1964年的克莱斯勒顺风牌轿车。自顺风牌轿车以后,鱼型汽车遍布世界各国。最轰动的鱼型汽车是1965年福特公司的“野马”牌轿车,如图4-48所示。从船型汽车进化来的斜背式造型,车身低,没有阶梯,前后翼子板与车身几乎成一体,斜背的倾斜比较平缓,尾部较长,围绕车身的气流也比较平顺,不会产生涡流。鱼型汽车车身比“甲壳虫”型汽车低、长、美观,具有鲤鱼的造型,横截面积小,迎面阻力小。鱼型汽车的突出缺点是对横风具有不稳定性。在车速超过100km/h以上高速行驶时,产生较大的升力,车轮附着力减小,受到横风影响,车身摆动,转向不易控制。另外,车速超过100km/h后,还存在一些细小的问题,汽车上很多部位容易产生气流噪声,如天线、后视镜、翼子板、散热器罩等。鱼型汽车由于其优越性和视觉上的美感,很容易获得人们的欣赏。在世界各地的汽车展览会上,成为人们议论焦点的大都是斜背式鱼型汽车。但是船型车身仍是主流,斜背式鱼型汽车基本上限于两门车及运动车。

图4-48　福特公司的“野马”牌轿车

6. 楔型

鱼型汽车运行时容易产生很大的升力,行驶的稳定性和操纵性降低。为了解决升力问题,设计师们把车身整体向前下方倾斜,车身后部像刀切一样平直的楔型汽车由此诞生,如图4-49所示。最早采用楔型车身的实用型轿车是1963年在注重高速安全性的基础上设计出的司蒂倍克·阿本提轿车。该车设计出来不久,司蒂倍克公司就倒闭了。由于当时这种造型超越了时代,不能被人们所理解,销量并不好,但它在汽车外型设计专家中却博得了极高的评价,至今其复制品仍在销售。而得到认可的则是,1979年意大利汽车设计大师乔治·雅罗为五十铃公司设计的以楔型车身为基础的黑桃皇后牌轿车。楔型汽车造型主要运用在赛车上,20世纪80年代的法拉利跑车是楔型造型的典型。对于高速汽车来说,楔型造型的简练、动感以及空气动力学的体现都比较符合现代人的主观要求,可以说是接近于最理想的造型。但楔型车也存在缺点,车后方视野不好,存在实用性不佳的问题。

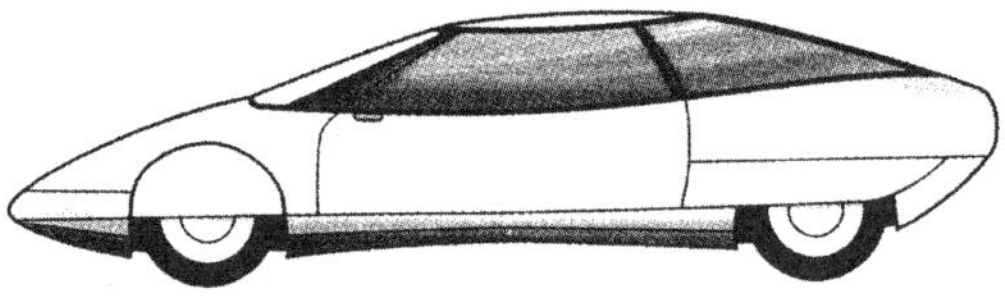

图4-49　楔型概念车

7. 子弹头型

汽车外形发展到楔型以后,升力问题基本上得到了圆满的解决,但人们追求完美的心态是永不满足的。人们又从改变轿车的基本概念上做起了文章。于是,一种新型的多用途轿车——MPV(Multi-Purpose Vehicles)问世,由于这种车的造型酷似子弹头,因此在我国,人们将其俗称为“子弹头”型汽车,如图4-50所示。而在外国,消费者将其称为“蛋形造型”。MPV不仅在外形设计上集流线型与楔型优点于一身,而且在制造加工上引进了航空航天的先进技术。进入20世纪80年代以后,克莱斯勒汽车公司道奇分部和顺风分部率先推出了“商队”和“航海家”子弹头型轿车。随后,通用、福特、丰田、雷诺和戴姆勒-奔驰等汽车公司也先后推出了自己的子弹头型轿车。子弹头型轿车车身造型一改轿车传统的二厢式和三厢式结构概念,在小型客车车型概念的基础上进一步延伸发展,使之成为既有轿车的造型风格、操纵性能和乘坐感觉等特性,又具有小型客车多乘客和大空间的优点,成为集商务、家用和旅游休闲等功能为一体的多用途车。这种造型线条流畅、色调温和、动感性强,具有鲜明的时代气息和时尚风格,并且前风窗玻璃倾斜度很大,外形圆滑,风阻系数很小,非常有利于车速的提高。子弹头型轿车一问世就备受消费者青睐,迅速风靡世界各国。

图 4-50　MPV 多功能车

纵观汽车造型的发展,轿车外形由简单的马车形演变成“子弹头”流线型,充分反映了汽车空气动力学的发展过程。普通轿车的空气阻力系数从 20 世纪 20 年代的 0.8 左右降到 30 年代至 40 年代的 0.6 左右,20 世纪 50 年代至 60 年代又进一步下降到 0.45 左右。然而,空气动力学在大量生产的车型上真正产生巨大影响还是近期的事。继 Audi100 C3iX 产生后,又有低风阻车相继问世。近年来,汽车空气动力学的研究受到极大重视,在降低空气阻力方面取得了很大进展,商品车平均空气阻力系数已降至 0.35 以下,一些先进的空气动力学设计的样车,空气阻力系数已降到 0.15 ~ 0.20,德国大众公司的 XL1 空气阻力系数为 0.189,被誉为空气阻力系数最小的量产车型。美国“探索者 5 号(Probe V)”的空气阻力系数为 0.137,已优于人们所预言的空气阻力系数 C_D为 0.15 的值。伴随着低风阻轿车的开发,车身设计趋于挺拔、大方的棱角造型,但对空气动力学有影响的关键部位,都采用圆角过渡。例如,雪佛兰轿车(Chevrolet-PP6 XT-2 Pale Truk)采用空气动力学原理进行了创造性的车身设计,发动机前置,全轮驱动,风窗玻璃就是发动机舱盖,整个发动机置于风窗玻璃之下,驾驶室内隔热采用太空时代的特殊材料。英国的捷豹概念车(Jaguar Concept Car)采用铝焊接车架及铝合金钢板焊接车身,用一个控制钮控制前后翼,汽车底部完全平滑,发动机和传动轴布置在汽车中心线上。美国通用汽车公司的 CMG 概念车,采用先进的自动调节空气弹簧悬架、电子控制四轮转向、防抱死制动系统、涡轮增压发动机,由于其先进的空气动力学外形设计,0 ~ 100km/h 加速时间小于 6s。凯迪拉克四座豪华型概念车(Cadillac Solitaire)的顶盖从风窗玻璃到后座部位是一个整体的高致密的安全网栅玻璃,车身总长 5.46m,采用 V12 型双曲轴顶置气门直接喷射式发动机。Solitaire 轿车的挡泥板罩是活动的,在正常行驶时,它与车身侧板齐平,以保持流过车身的气流流线连续。但是,在转弯时,它能自动向外移动而不影响车轮转向。该车在尾部装了多个微型摄像机,代替了普通车上的车外后视镜,以降低空气阻力。该车前悬架为独立悬架,后悬架为单横臂特殊玻璃纤维材料悬架,其空气阻力系数 C_D为 0.28。随着时代的不断进步,很多量产车的空气阻力系数已经超越了很多概念车。例如,保时捷 Taycan 的空气阻力系数 C_D为 0.22,宝马五系轿车的空气阻力系数 C_D为 0.22,奥迪 A4L 的空气阻力系数 C_D为 0.23,上汽荣威 i6 空气阻力系数 C_D为 0.25。当前的轿车与过去的轿车形状相比,车身变得长而窄,长宽比更大,车身高度更低,车身外形更加接近人体工程的极限要求。

二、车身造型设计的空气动力学概念

1. 汽车空气阻力系数

汽车行驶时,除了受到来自地面的力外,还受到其周围气流的气动力和力矩的作用。来自地面的力取决于汽车的总重、滚动阻力和重心位置。气动力和力矩则由行驶速度、车身外形和横摆角决定。

汽车所受到的气动力和气动力矩如图4-51所示，分为相互垂直的三个分力和三个绕轴的力矩。图4-51所示坐标系中，坐标原点位于前、后轴中心所在平面上，x、y 轴表示路面。在对称流（横摆角 $\beta = 0^0$）时，阻力 D 和升力 L 同时存在，另外还有纵倾力矩 PM（相对于 y 轴），三个分量 D、L、PM 完全决定了产生气动力的矢量。已知的重心位置，常被作为纵倾力矩的参考点。在有侧风的情况下，汽车的绕流是一个不对称的流场。在这种情况下，除上述力和力矩外，汽车还受到侧向力 S 的作用。另外，它还受到绕纵向轴（x 轴）的侧倾力矩 RM 及绕垂直轴（z 轴）的横摆力矩 YM 的作用。因此，由六分量 L、D、S 和 PM、RM、YM 决定了总的气动力矢量。

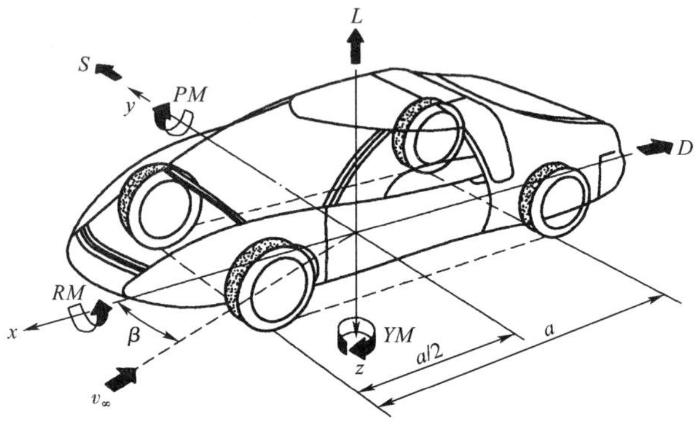

图4-51　汽车受到的气动力和力矩示意图

图4-51中各参数的物理意义是：

v_∞——合成气流相对速度，$v_\infty = \sqrt{v_F^2 + v_S^2}$；

v_F——纵向气流相对速度；

v_S——侧向气流相对速度（侧风速度）；

β——横摆角，$\beta = \arctan(v_S/v_F)$；

D——车身纵向空气阻力（x 轴方向）；

S——车身侧向空气阻力（y 轴方向）；

L——车身垂直方向的空气阻力（z 轴方向）；

PM——纵倾力矩（绕 y 轴）；

RM——侧倾力矩（绕 x 轴）；

YM——横摆力矩（绕 z 轴）；

a——轴距。

汽车的气动力、力矩和正面投影面积 A，气流动压 $q\left(q = \frac{1}{2}\rho v^2\right.$，式中，$\rho$ 为空气密度$\left.\right)$、轴距 a 的关系见表4-3。

气动力和力矩及其系数　　表4-3

气动力和力矩	系数	
横摆角 $\beta = 0°$ 时车身纵向作用的气动阻力 D	空气阻力系数	$C_D = \dfrac{D}{\frac{1}{2}\rho v_\infty^2 A}$

续上表

气动力和力矩	系　　数	
垂直于路面的升力 L	升力系数	$C_L=\frac{L}{\frac{1}{2}\rho v_\infty^2 A}$
垂直于车身对称面(x,y)的侧向力 S	侧向力系数	$C_S=\frac{S}{\frac{1}{2}\rho v_\infty^2 A}$
绕 x 轴的侧倾力矩 RM	侧倾力矩系数	$C_{RM}=\frac{RM}{\frac{1}{2}\rho v_\infty^2 Aa}$
绕 y 轴的纵倾力矩 PM	纵倾力矩系数	$C_{PM}=\frac{PM}{\frac{1}{2}\rho v_\infty^2 Aa}$
绕 z 轴的横摆力矩 YM	横摆力矩系数	$C_{YM}=\frac{YM}{\frac{1}{2}\rho v_\infty^2 Aa}$

注：ρ——空气密度，$\rho=1.2258\text{kg/m}^3$；
A——汽车迎风面积，m^2；
v_∞——合成气流相对速度，m/s；
a——轴距，m。

所有这些气动力和力矩系数都取决于气流动压 q 和汽车的正面投影面积 A，而力矩系数还与特征长度轴距 a 有关。

2. 汽车阻力特性

空气阻力所消耗的功率与车速的三次方成正比，也就是说在车速低的时候，空气阻力功率消耗所占比例不大，在车速高的时候，空气阻力将是主要的阻力来源。图 4-52 所示为行驶阻力与车速的关系，可以看到当车速为 125km/h 时，空气阻力是道路滚动阻力的两倍多。

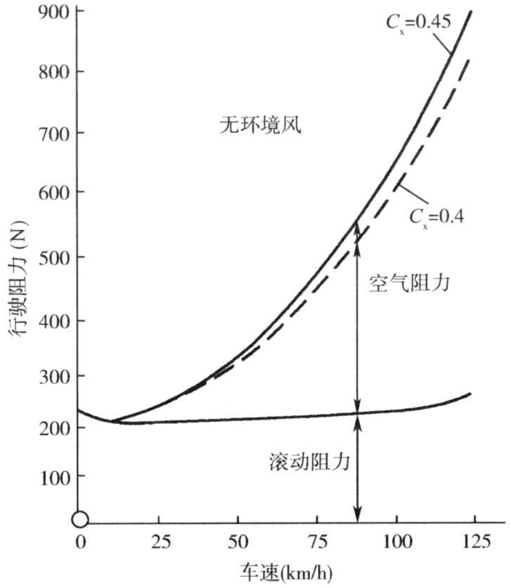

图 4-52　行驶阻力与车速的关系

1）汽车阻力分类

空气阻力可分为外部阻力和内部阻力（图 4-53）。

外部阻力系数 C'_D 可表示为：

$$C'_{D} = C_{D_0} + C_{D_i} \tag{4-5}$$

式中：C_{D_0}——形状阻力系数；

C_{D_i}——诱导阻力系数。

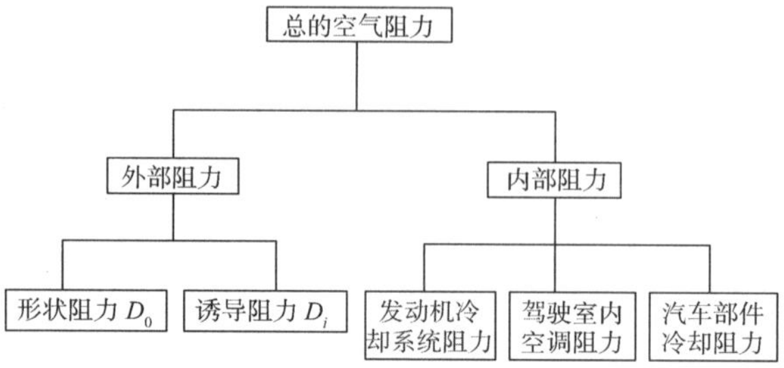

图4-53　空气阻力组成

诱导阻力是升力的水平分力，它的计算基于无黏性流；而形阻（形状阻力的简称）的计算，要计入空气黏性的所有效应。车的外部阻力是由黏性效应和涡流场所产生的，但是由于黏性流与涡流的相互作用，这两种影响并不能分开。

车身前部由于气流受到阻滞而产生压力，其合力压向车身后方，而车身后部由于气流速度降低使压力回升，其合力压向车身前部。理想流体中两个方向的合力平衡，由于汽车车身尾部产生涡流而破坏了压力平衡，其结果是前方阻止气流前进而产生的压力占优势，所以就产生了阻力。形阻主要取决于汽车车身前方阻止气流前进的压力与车身尾部使压力恢复的压力差。汽车车身前部形状相同而尾部形状不同时，由于其车身尾部分离区域大小不同，压力回升程度也不同。图4-54表明了空气阻力成分及其随车尾倾角的变化，总阻力的85%为压差阻力，其余15%为摩擦阻力。从图中看出，压差阻力的9%来自车身前端，而91%来自车身后部（其值随车身长短不同而异）。从空气阻力的形成机理来看，它是由形阻和涡阻（涡流阻力的简称）构成的。涡阻占总阻力的40%左右，它明显地取决于尾流结构。

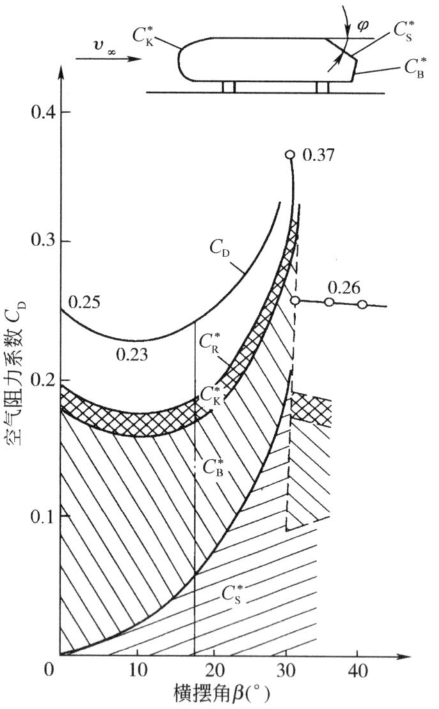

图4-54　空气阻力成分及其随车尾倾角的变化

C_D-总阻力系数；C_R^*-摩擦阻力系数；C_K^*、C_S^*、C_B^*-分别为各部分阻力系数的贡献度

2）压差阻力与表面摩擦阻力

压差阻力和表面摩擦阻力的本质来自于气流的黏性。绕流作用在车身表面，产生了压力场和切应力场，如果当地的逆压梯度超过了一定的陡度，则造成气流从车身表面分离。当气流分离时，产生的压力分布与无黏流不同，随着产生的边界层厚度的增加，切应力减小，直至分离点减至零。对表面的压力和切应力进行积分可得到压差阻力和表面摩擦阻力，它们的总和就是包括诱导阻力在内的全部外部阻力。

3）诱导阻力

诱导阻力是伴随升力而产生的阻力成分，表示为：

$$C_{D_i}=\beta\frac{C_L^2}{\pi\lambda} \tag{4-6}$$

式中：C_{D_i}——诱导阻力系数；

λ——宽长比（总宽/总长）；

β——修正系数。

图 4-55 是不同尾部外形汽车的尾流流态图。在车身尾部气流的流动中，包含着纵向的涡流。它们是由车身顶部与车身底部的压力差所产生的，这个涡流场包含着一定量的动能。它等于必须克服部分阻力的功，这部分阻力称为诱导阻力，所说的涡场则与汽车的总升力相关。

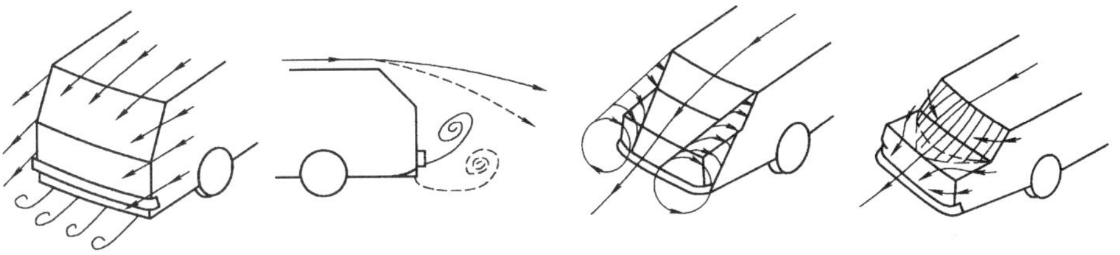

图 4-55　不同尾部外形汽车的尾流流态图

在很多情况下，对一个给定的车改型时，可以发现阻力和升力的密切关系，即在改型过程中，降低空气阻力的任何一种措施也同时产生升力降低的效果，当然也有升力反而增加的情况。图 4-56 给出改变尾部倾角对空气阻力系数 C_D 及后轴升力系数 C_{LR} 影响的一例。

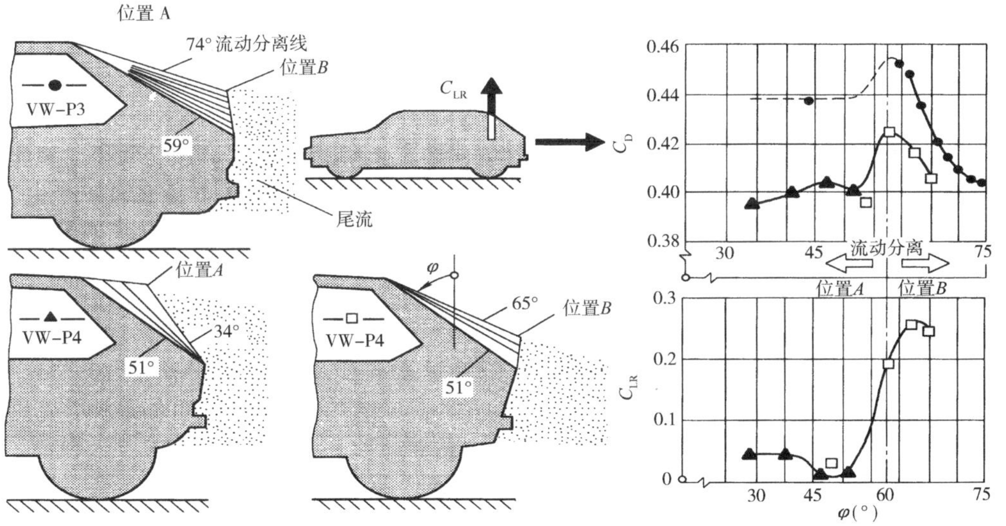

图 4-56　改变尾部倾角对气动阻力系数 C_D 及后轴升力系数 C_{LR} 影响的一例

3. 降低空气阻力系数 C_D 的措施

1）改善轿车前端形状。

图 4-57 可见改变轿车前端外形能找到使 C_D 最小的外形。

图 4-58 表示著名的福特 Probe IV 的 C_D 不同时的前窗倾角和圆弧转角，后来选定前窗倾角 65°，圆弧转角 25.5°。

2）改善后窗倾角和车顶拱度

图 4-59 表示后窗倾角对 C_D 的影响，当在 $\beta=30°$ 时 C_D 最大。

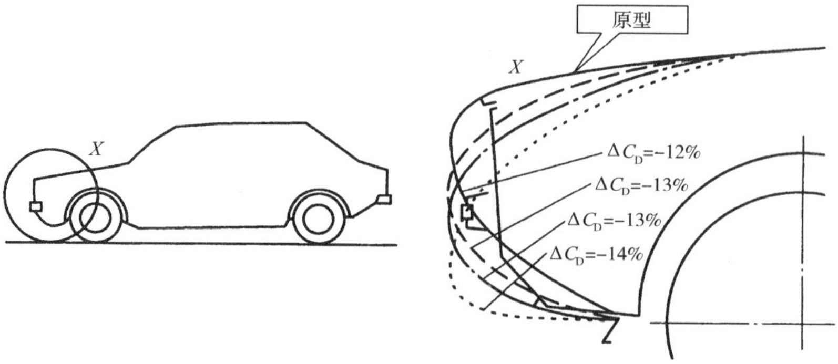

图 4-57　改善轿车前端形状

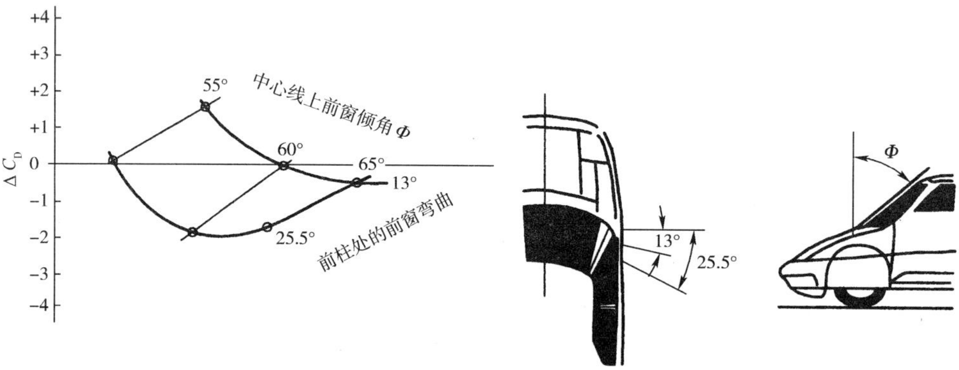

图 4-58　改善轿车前窗倾角、圆弧转角

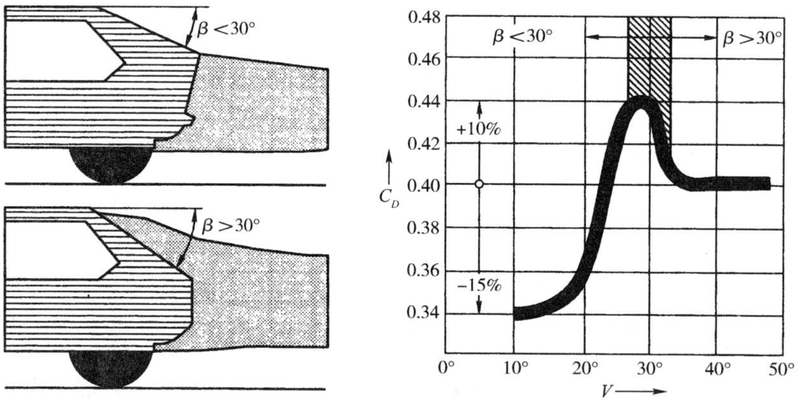

图 4-59　改善后窗倾角

图 4-60 表明轿车车身顶盖的 a_r 与 l_r 之比同 C_D 之间的关系。拱起越小，C_D 越低。

3）正确选择离地间隙

图 4-61 表示 4 种车型的离地间隙 e 对 C_D 以及升力系数 C_L 的影响。大众公司 van 离地间隙 e 为 140mm 时的 C_D 最低但 C_L 较大。雪铁龙 ID19 的 e 为 220mm 时 C_D 较低，而且 C_L 也较低。

4）放置扰流板

图 4-62 表示轿车尾部的扰流板，当其板高 Z 为 40 ~ 80mm 时，C_D 和 C_L 都较小，板高 Z 为 60mm 时可达到最低值。箱式载货汽车常常在驾驶室顶部装置导流板，以减少空气阻力。

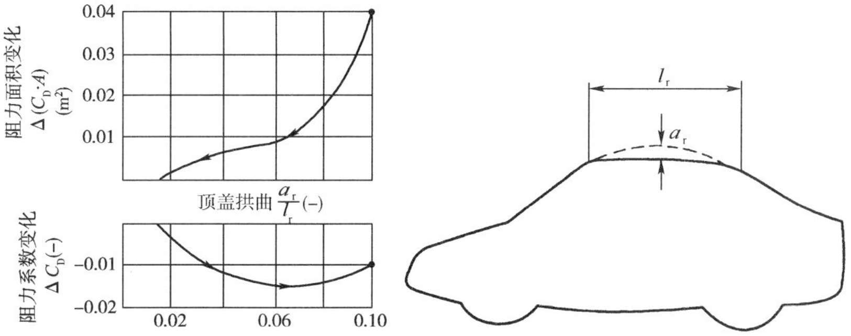

图 4-60　改善车顶拱度

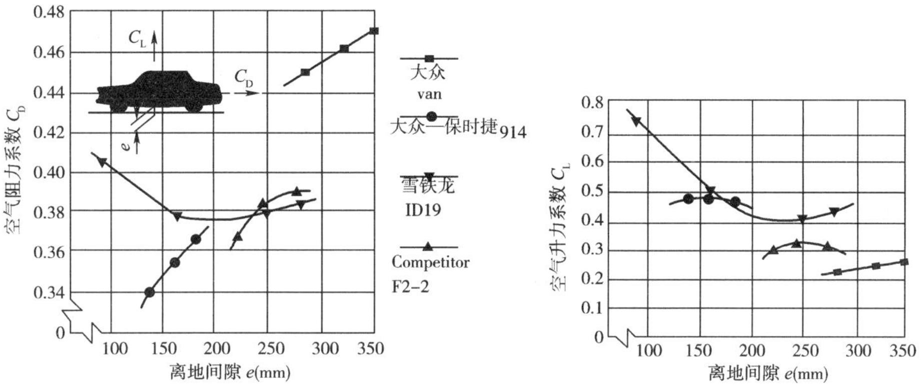

图 4-61　离地间隙 e 对 C_D 以及升力系数 C_L 的影响

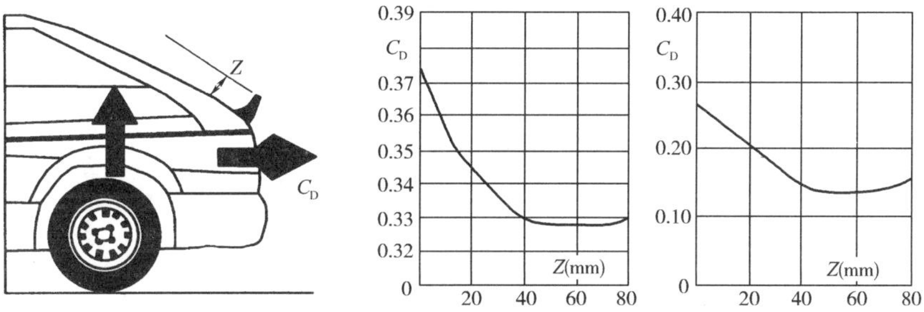

图 4-62　轿车尾部扰流板对 C_D 的影响

图 4-63 也是福特 Probe IV 的实例,后视镜长宽比为 0.875 时,C_D值最低。

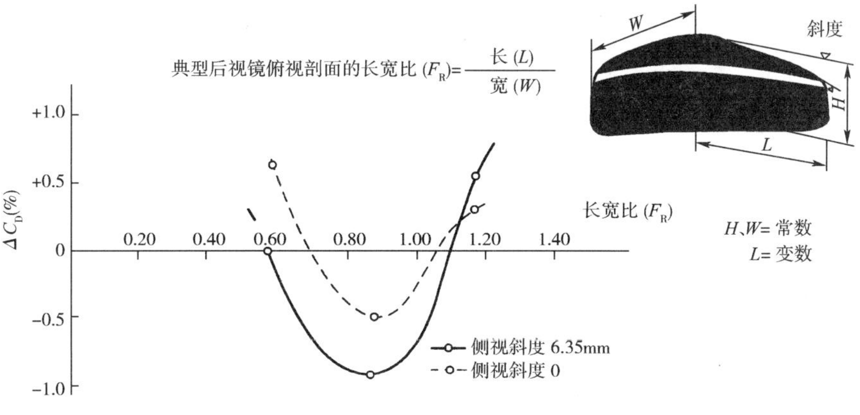

图 4-63　后视镜对 C_D 的影响

图 4-64 是福特 Probe IV 楔形车，其整体造型是比较典型的楔型风格。这种车型的空气流场较好，气流分离不明显，C_D值仅为 0.153。由于后高前低，迎角为负值，前轮 C_{L1}为 -0.281，后轮 C_{L2}为 0.211，总的 C_L为前后之差 -0.070，是比较理想的数值。

图 4-65 为丰田公司的 4500GT 轿车。它是表面平滑设计（Flash Design）的一个例子。汽车表面平滑设计是尽可能考虑车身表面细节，使之平滑过渡，气流不产生分离，降低 C_D。而且车窗采用了外黏式玻璃、平齐车灯等技术，使车身外形很平滑，进一步降低了 C_D值。

图 4-64　福特 Probe IV 楔型车

图 4-65　丰田 4500GT 车

5）优化发动机舱内流场

发动机冷却系统的主要作用是在发动机的任何工况下，都能保证发动机的各个部件得到足够的冷却，如图 4-66 和图 4-67 所示。

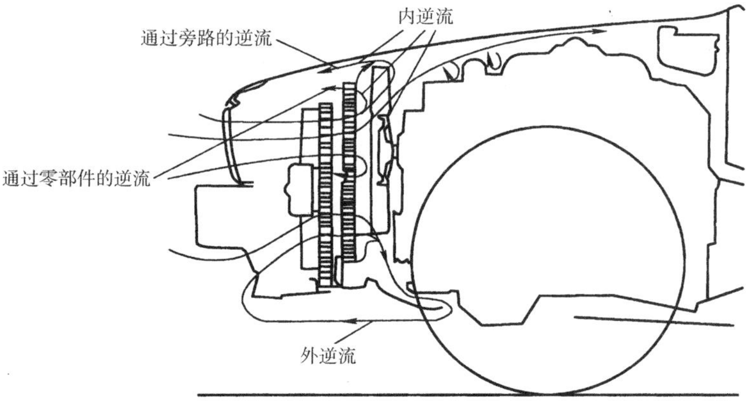

图 4-66　轿车在停车状态下冷却风扇运转时前部的空气流场

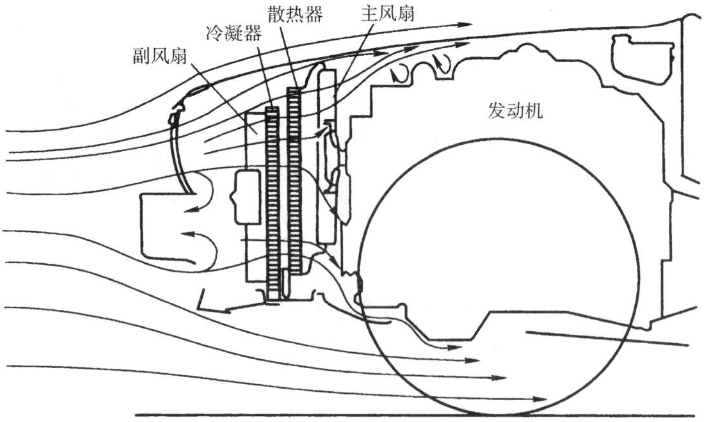

图 4-67　轿车在高速行驶状态下前部的空气流场

在行驶过程中，除了外流场（外部）阻力外，还会产生内流场（内部）阻力，其中主要是流经冷却系统的阻力。它们是气流在进出整个冷却系统时产生冲击能量损失、气流流经散热器和发动机时的压力损失，以及与车辆车身上环流的相互作用(尤其是与前轮)损耗。

图4-68表示冷却气流流过发动机舱各部位的形式，而表4-4则表示不同形式气流流过冷却系统后对汽车空气阻力系数的影响。如果冷却空气只从下部无障碍流出，会比前部封闭没有冷却空气流过时的 C_D 增加12%。

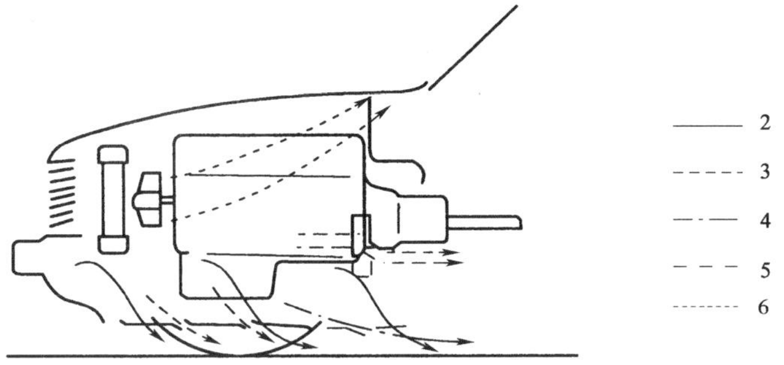

图4-68　冷却气流流过发动机舱各部位的示意图

不同形式气流流过冷却系统后对汽车风阻系数的影响　　表4-4

序　　号	气流通过形式	空气阻力系数
1	没有冷却空气(前部封闭)	0.226
2	有冷却空气(下部无障碍流出)	0.254
3	只从下部专门出口流出	0.244
4	只从下部带有窄的横向通风槽流出	0.236
5	只从侧面带有窄的横向通风槽流出	0.235
6	只从上部带有窄的横向通风槽流出	0.223

注：表中序号对应图4-68中线形编号。

通过试验，某轿车冷却气流流经冷却系统的压力损失有：

(1)冷却空气经过进气格栅的压力损失为 ΔP_G；

(2)流向散热器过程中沿程摩擦阻力和涡流而造成的压力损失为 ΔP_E；

(3)流过散热器压力损失为 ΔP_K；

(4)流经风扇的压力升高 ΔP_V。

图4-69则表示某轿车行驶时冷却系统中压力变化场和冷却空气流场，从该图中可以看出冷却空气流经发动机冷却系统的压力损失变化，压力损失小，空气阻力就小。因此，应完善冷却系统气流进出口，合理组织冷却空气气流可以减少压力损失和气流的逆流现象。这样既可以保持发动机的良好热状况，又可以减少汽车行驶阻力，达到降低燃油消耗的目的。

空气阻力系数很低的汽车往往不是单纯依靠分析和计算出来的，是要通过反复的试验研究，特别是在风洞试验的过程中形成的。

三、车身造型设计的发展趋势

未来，汽车仍然是人类的主要交通工具之一。随着人类文明和科学技术的不断进步，人们对汽车的要求也越来越高。汽车界必须更加努力地探索、设计和制造出适合未来社会需要的汽车。现在世界上的石油很大一部分是被汽车消耗掉的，许多国家都计划开发节省能源的汽车。如日本通产省计划大量推广天然气汽车；美国联邦法规定，从2000年开始，美国每10辆新车中应有一辆是电动汽车；我国《新能源汽车产业发展规划（2021—2035）》中指出2025年新能源汽车销售占比达20%，2035年纯电动汽车成为销售主流。因此，专家预测，节省能源、减少污染、安全舒适以及人性化和智能化，将是未来汽车工业追求的目标。所以无论是新能源汽车还是传统燃油汽车，减少电能消耗和减少燃油消耗量才是最实际的办法。利用空气动力技术设计出更合理的汽车造型，是达到减少阻力、降低油耗、提高燃料经济性的重要途径。目前世界上较为普遍改善汽车造型的空气动力性能方法主要有以下几种。

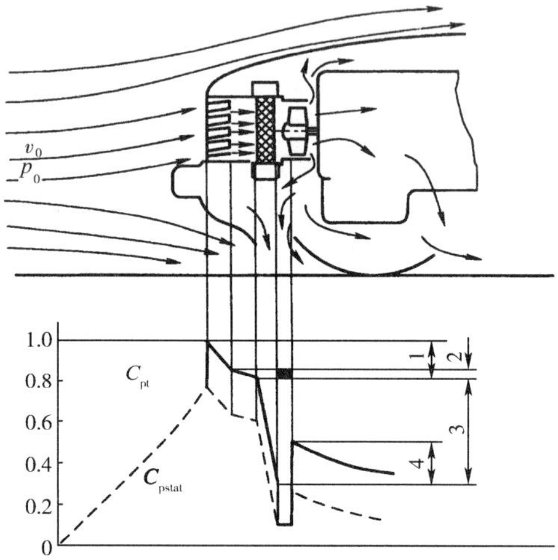

图4-69　某轿车冷却系统中压力变化场和冷却空气流场示意图

（1）车身造型进一步强调空气动力化。通常的做法是将车身设计成楔形或斜背式，车头的前部造型应尽量降低，其俯视图最好呈半圆形，前风窗与发动机舱盖和侧面的过渡部分衔接要圆滑、平顺，前风窗与水平面的夹角最好控制在25°～33°之间，而后风窗的角度恰好应在这个区间之外。

（2）发动机的布置形式。考虑到横风稳定性，即重心位置仍需采用前置前驱动。如果发动机机体本身能够缩小体积，可考虑采用中置或后置形式，采用后轮驱动。

（3）设置前、后扰流板等空气动力学附加装置，改善气流的流动状况。加设光滑平整的底板，保持车身底盘平滑性，以降低车身的阻力和升力。

（4）车身乘员舱仍要处于前后轮之间，地板要尽量降低，以获得较大的室内空间及开阔的视野，保证乘员的舒适性和安全性。车轮仍是橡胶轮胎布置在接近车身的四个边角处。

（5）优化车身细部外形，以减少车身表面的凹凸面和突起物。如门拉手平滑化，窗玻璃、门玻璃尽可能采用外偏置技术与边框平齐，泻水槽隐蔽化，后视镜设计成流线状，以降低空气阻力。

减小空气阻力的另一措施是缩小汽车的迎风面积，也就是减小车身的高度和宽度。由于车内活动空间是有最低限度要求的，所以不能随意减小高度和宽度，但可以通过四角圆化的造型设计手段使车身投影面积减小。从长远的观点看，汽车的功能各异，不同的使用目的，要求不同的速度，不同的速度也就要求程度不同的流体力学造型。可以预言，未来小客车的造型，首先应保证内部乘员的舒适性和安全性，其次外形上应具有优秀的流体力学和空气动力学性能，达到快速、节能和安全。

第六节　车身结构轻量化

一、车身轻量化技术概述

车身轻量化是现代车身设计的主流方向，而这一导向最充足的理由就是汽车节能。统计表明，普通汽车质量每减轻 100kg，可节油 0.2～0.3L/100km，而轿车的质量每减轻 100kg，可节油 0.4～0.3L/100km；另外根据大量研究表明，当整车质量减轻 10% 时，汽车的燃油经济性可提高 3.8%，加速时间减少 8%，CO 排放量减少 4.5%，制动距离减少 5%，轮胎寿命提高 7%，转向力减小 6%。白车身是整个汽车零部件的载体，其质量约占整车的 40%～60%。因此实现汽车车身轻量化是改善汽车经济性的有效方法。

汽车轻量化不但可以提高车速，还能降低油耗、减少废气排放量和改善安全性（缩短制动距离和减少碰撞惯性）。然而，汽车轻量化绝非是简单地将其小型化而已。首先应保持汽车原有的性能不受影响，既要有目标地减轻汽车自身的质量，又要保证汽车行驶的安全性、耐撞性、抗振性及舒适性，同时汽车本身的造价不被提高，以免给用户造成经济上的压力。

汽车轻量化技术包括汽车结构的合理设计和轻量化材料的使用两大方面。在结构设计方面可以采用前轮驱动、高刚性结构、超轻悬架结构和部件薄壁化、中空化，小型化及复合化等来达到轻量化的目的。在用材方面可以通过材料替代或采用新材料来达到汽车轻量化的目的。目前主要是采用高强度钢材、铝镁合金、工程塑料和各种复合材料进行汽车轻量化设计。实际上这两方面的内容是紧密结合在一起的。很多时候往往是轻量化结构设计结合轻量化材料从而实现了在整车刚度、性能不降低前提下的轻量化。世界各汽车生产强国都十分重视并竞相开展了各种形式的汽车轻量化研究计划和合作研究。

（一）车身结构设计轻量化的现状

20 世纪末，由来自 18 个国家的 35 个钢材生产商组成的"超轻钢结构汽车车身"（Ultra Light Steel Auto Body，ULSAB）联盟，联合制定了新的汽车车身设计业界标准，其目标是减少汽车钢结构车身的质量并且维持汽车的性能和造价不变。有些研究计划还致力于提出新的轻量化设计概念，其中包括超轻的钢车架（ULSAC）及超轻的钢悬架系统（ULSAS）等研究项目；中国一些科研部门和高校也在研究激光拼焊板制造车身零部件、用变截面弹簧钢梁设计、制造车身悬架系统叠板弹簧等，以达到保持车身抗振性能、节省材料、降低造价的目的。

至于结构设计方面有效的方法是通过优化车身结构实现轻量化，其代表性成果为 ULSAB项目。受空间尺寸限制，有些材料的结构刚度不足，轻量化可能导致汽车振动、噪声与抗疲劳等方面性能的降低。前轮驱动（FWD）结构就是一个结构轻量化的典型和成功的例子。动力系统都位于汽车前部的发动机舱中，省去了通往后轮驱动的驱动轴和后桥壳，变速器和差速器都装配在一个壳体中，减少了零部件的数量，对于减轻整车质量有很大的作用。减轻车重不仅可以提高加速性、制动性和燃油经济性。同时，由于动力系统都位于车前部发动机舱内，前轮会承受着发动机和驱动桥的重量，使车轮负担更多的车重，由于前轮又是驱动轮，在湿滑条件下轮胎可以获得更大的附着力。

汽车轻量化的前提应保证汽车整体性能不受影响。结构的轻量化设计中改变结构之后同样亦不能降低部件的强度。这一点可以通过有限元分析法加以解决，以减少车身骨架、发动机和车身钢板的重量。高刚性结构、部件一体化、减少焊缝、厚度的合理选择与分配等都可以带来轻量化的效果。

在汽车结构优化设计方面,国内已从主要依靠经验设计逐渐发展到应用有限元等现代设计方法进行静强度计算和分析阶段。目前出现了一批拥有自主知识产权的汽车车身模具开发技术,如上汽通用五菱在薄板冲压工艺与模具设计理论方面开展了较深入的研究;开展了客车轻量化技术的研究,利用有限元分析法和优化设计方法进行结构分析和结构优化设计,以减少车身骨架、发动机和车身蒙皮的质量等。

(二)车身结构材料轻量化的现状

在车身结构材料轻量化方面,很多国家和汽车公司已经对这方面进行了大量的研究,其中尤以德国奥迪公司和日本本田公司为代表,奥迪铝材及轻量化设计中心曾成功地开发出奥迪 A2 和 A8 型汽车。在 1991 年的德国法兰克福车展上,闪耀着四环标志光芒的奥迪展出了具有铝合金制车身的 Spyder 四驱跑车,这款跑车一经亮相就引起了轰动。随后不久的东京车展上,奥迪又向人们展示了一款体现未来跑车概念的奥迪 Avus,其高亮度的抛光铝合金制车身在众多参展车型中分外抢眼。1994 年第一辆以全铝合金车身框架结构(Aluminum Space Frame,ASF)问世。随后于 1999 年诞生的奥迪 A2,成为首批采用该技术的量产车。第三代奥迪 A8 车型相比第二代白车架减重 34kg,质量仅为 215kg,虽然第四代和第五代奥迪 A8 车型的白车架重量有所增加,但是主要是为了满足最新的碰撞法规,提高车辆的安全性。与钢板车身相比,铝合金制车身质量大约减轻 40%。由于质量比竞争对手轻,以此带来更大的灵活性、安全性和平稳。

自 20 世纪 70 年代以来,随着材料技术和设计制造技术的进步,汽车自身质量逐年减少。以美国为例,20 世纪 80 年代初,中型轿车的平均质量为 1520kg,90 年代初下降至 1475kg,90 年代末下降至 1230kg,1985—1995 年期间,轿车质量平均每年减少 0.9%。20 世纪末和 21 世纪初世界各国先后出现了百公里油耗 3L 的汽车,这类汽车的质量基本上处在 750 ~ 850kg 之间,比过去同类车轻 50%。1998 年德国大众推出的路波 3L TDI,汽车自身质量只有 800kg。奥迪公司 2020 款大型全铝合金轿车奥迪 A8,汽车自身质量只有 2100 ~ 2115kg。商用车的自身质量也在逐年减少,国内的轻型货车近几年在逐步推广铝合金轮辋、铝合金储气筒、铝合金后防护、前轮采用盘式制动器等轻量化设计。

目前,我国进行了铝合金材料和铸件生产成套工艺技术的开发研究,开发出了多种铸造合金和高性能轴瓦材料;耐热铝合金、高强高韧铝合金、铝基复合材料等新材料的研究取得了较大进展,半固态成型、快速凝固等先进成型技术研究与应用也取得了突破。一汽等几大汽车生产厂家都有自己的铝合金铸造生产线,国内一些高校和汽车研究所在进行铝合金板材的成形性、大型铝合金结构件整体铸造成形技术和关键设备的研究。国内汽车轻量化材料正在加速发展,车用高性能钢板、镁合金已在汽车上有所应用,如一汽红旗 HS5 车型在 A 柱和底盘都采用了大量刚度 1500MPa 以上的高强度合金钢板,长安汽车,奇瑞汽车公司等也在轿车车身上进行了高强度钢板的大量使用。

二、车身轻量化评价参数

1. 质量

在保证整车刚度、强度、碰撞安全及振动噪声性能不降低,并适当考虑制造成本的前提下，使车身质量最小是典型的车辆轻量化优化模型。

在概念设计阶段，可以应用拓扑优化技术对整车骨架和底盘结构形式、力传递路径进行优化；在详细的技术设计阶段，可以应用形貌优化技术对每个冲压零件的凹凸结构形状和拉延深度进行优化，还可以应用形状及尺寸优化技术对零件几何参数进行优化。

2. 轻量化系数

轻量化系数 L 由白车身质量（不含车门和玻璃）m、静态扭转刚度（包括玻璃）k_t 和左右轮边宽度与轴距乘积所得的面积 A 等参数共同决定，如式(4-7)。

$$L = m/(k_t A) \tag{4-7}$$

式中，质量单位为 kg，静态扭转刚度单位为 N·m/(°)，面积单位为 m^2。

3. 支撑结构的比刚度

对于车身单个零件或整体装配结构，可以通过控制单位质量的刚度（比刚度）进行方案比较及优化，相当于同时考虑质量最小和刚度最大两个条件。当然，对于整车还必须满足其他约束条件，如碰撞安全、NVH（NVH 是指噪声 Noise、振动 Vibration 和声振粗糙度 Harshness）和强度等。

4. 吸能结构的比吸能

对于车身碰撞变形区的吸能结构，可使用单位质量的吸能量（比吸能）来衡量其吸能效率。

三、车身结构轻量化的途径

（一）车身结构轻量化设计

1. 变截面薄板及其在车身制造中的应用

用于车身制造的变截面薄板分为两种：一种是激光拼焊板（Tailor Welded Blanks, TWB），另一种是通过柔性轧制生产工艺得到的连续变截面板（Tailor Rolling Blanks, TRB）。

TWB 是根据车身设计的强度和刚度要求，采用激光焊接技术把不同厚度、不同表面镀层甚至不同原材料的金属薄板焊接在一起，然后再进行冲压。这样，冲压工程师可以根据车身各个部位的实际受力和变形的大小，预先为某车身部件定制一块理想的拼接板料，不仅能够降低整车的制造成本、物流成本、整车重量、装配工差、油耗和废品率，而且可以减少外围加强件的数量，简化装配步骤，同时使车辆的碰撞、冲压成型率和抗腐蚀能力提高。在一些汽车制造强国，TWB 已经成为汽车制造业中的标准工艺，主要用来制造汽车车身侧框、车门内板、车身底盘、电机间隔导轨、中间立柱内板、挡泥板和防撞箱之类的车身零部件。

由于 TWB 可以根据需要任意进行拼接，因而具有极大的灵活性，并且能按照等强度的概念优化设计一些原来是等厚度的车身零部件，把它们由原来的锻造加工转换为冲压加工，既提高加工效率，又节省加工能源。

TRB 是通过一种新的轧制工艺——柔性轧制技术而获得的连续变截面薄板。柔性轧制技术类似于传统轧制加工方法中的纵轧工艺，但其最大不同之处是在轧制过程中，轧辊的间距可以实时地调整变化，从而使轧制出的薄板在沿着轧制方向上具有预先定制的变截面形状。柔性扎制技术是传统横向轧制和纵向周期性轧制的有机结合。在柔性轧制过程中，可以通过计算机对轧机的实时控制来自动和连续地调整轧辊的间距，从而实现由等厚度板卷到 TRB 板卷的轧制。这就要求在设计车身时必须预先考虑到后续成形加工中钢板各个部位的实际受力和变形以及整个车身的承载情况,在轧制之前选定有利于后续加工的板料型面。当前设计领域中,已经具备相当成熟和功能强大的 CAD/CAM/CAE(计算机辅助设计/制造/工程)软件,这种优化设计可以通过 DFM/DFA(面向制造的设计和面向装配的设计)等手段予以实现。

TRB 连续变化的截面提供了有利于后续成型加工的可能性。例如,事先运用有限元分析或数字模拟技术判断车身覆盖件在冲压过程中可能出现拉裂或材料流动性较大的部位,那么,在车身设计阶段就可以为某一部件的某个部位预先分配较大的板料厚度,从而有效地避免废品的发生。

2. TWB 与 TRB 的比较

1)减重效果

TWB 和 TRB 的应用都是为了达到汽车轻量化的目的。基于工程力学中薄壁梁承载性能的基本理论,由等厚度板、TWB 及 TRB 三种板材制成的结构件具有同样的刚度。TRB 之所以具有极佳的减重效果归功于它连续变化的截面形状,也就是说,用最少质量的 TRB 材料制成的车身结构件能达到其他两种板材一样的刚度。

2)机械性能和应用效果

由于 TWB 存在厚度突变和焊缝的影响,且焊接添加金属材料与被焊接基材在材料特性上必然有一定差异,致使 TWB 在沿长度方向上的硬度也会发生跳跃式的变化。这将为后续的成型加工带来极为不利的影响。再者,TWB 的焊缝从外观上来说即使采用任何涂装措施也无法彻底掩盖,因此它不适宜用作车身外覆盖件材料,一般只用来制作内覆盖件或支承结构件。相比之下,TRB 具有较好的机械性能,其在沿长度方向上的硬度变化比较平缓,没有 TWB 那样的硬度和应力波峰,具有更佳的成型性能;TRB 所制成的零部件厚度可以连续变化,以适应车身各部位的承载要求;其表面变化是连续、光滑的,因而可以制作各种车身外覆盖件。

3)工艺复杂程度

TWB 可以通过激光焊接工艺进行任意拼接,具有很大的灵活性。但由于它用不同厚度板材进行对接或搭接,拼接处板料厚度有突变;此外焊缝及其附近会产生局部硬化,需要一道热处理工艺来消除硬化效应,从而加大了工艺复杂程度。TRB 则是靠柔性轧制工艺在不同厚度的板料之间形成一个连续的、缓变的过渡区,不存在 TWB 的焊缝问题。但它的不足之处是受轧制工艺和轧机设备的限制,其厚度变化只能发生在板料的初始轧制方向上;此外,现有的轧制工艺还无法把不同金属材料的板料轧制在一块整板上,即在灵活性上不如 TWB。

由以上对比分析可知,TWB 和 TRB 在减重、机械性能、制造工艺等方面各有自己的特色和不足之处,从综合指标来看,TRB 具有更大的优势。因此,为达到汽车轻量化的目的,有一种更好的方案提出:把 TRB 与 TWB 组合在一起,制成真正意义上的“任意拼接板”(Tailored Blanks),从而得到一种新型的汽车轻量化用材。

德国奔驰 E 级轿车上使用有 TRB 原型零件,这个由 TRB 冲压成型的侧框位于轿车后部,左右对称。前端板料厚度为 0.88mm,与左右侧围相接,后端板料厚度为 1.15mm,恰是汽车追尾时的敏感部位,中间区域板料厚度均匀过渡。

3. TRB 应用中尚需解决的问题

TRB 轧制工艺及其应用给航空航天、轨道交通车辆等轻量化结构零部件带来了巨大的潜力和诱人的前景,还给汽车轻量化开创了一个良好的途径。然而,TRB 的概念从提出至今还没有超过 20 年的时间,其加工和应用的研究还不是十分成熟,还有不少深层次的理论问题和技术问题有待解决。比较突出的问题表现在如下几个方面。

1) 车身覆盖件压模具的设计

普通等厚度板材冲压成型车身覆盖件模具的设计,是复杂程度和难度相当高的工作,更何况变截面薄板的冲压成型模具设计。因为对于变截面薄板来说,原来基于等厚度板材所建立的本征动力学模型、数值仿真模型及三维几何模型都不再完全适用了。需要花大力气重建这些模型,针对变截面薄板的具体变化特征来重新设计车身覆盖件冲压模具。

2) 变截面薄板在冲压过程中的变形和材料流动性

变截面薄板的引入使车身覆盖件的冲压成型过程变得更为复杂,在同样的压边力和拉伸力条件下,板料各部位的变形不均匀,覆盖件的成型更难以控制。需要进一步建立新的数学模型,开展以高性能计算机为基础的三维数值模拟来营造"虚拟现实"(Virtual Reality)环境,以预测变截面薄板在冲压过程中的变形和材料流动情况,从而找出相应的对策。

3) 板料回弹问题

对于等厚度薄板冲压卸载后工件回弹量的精确补偿,与材料本身的物理非线性、力学上的边界非线性和模具型腔的几何非线性等密切相关,工程上往往是结合现场试验来获取一些数据,再进行工程分析,即确定材料的弹塑性本构关系、各种应力应变曲线及材料的各相异性等参数,以有限元仿真、数值模拟的手段来进行预测,修改原覆盖件三维设计模型,最终获得一个与所要求工件模型不同的模具型腔模型,以比较理想地解决回弹量的补偿。而对于 TRB 来说,由于其本身结构的特殊性,即沿轧制方向连续变化的截面形状及由此引出的材料机械性能的非均一化,将会使工件回弹问题变得更为复杂。在这一方面,以德国亚琛工业大学金属成型研究所(IBF of Aachen University) Reiner Kopp 为首的研究队伍与工业界密切合作,已经开始了一些探索性的研究工作,并取得初步的成果;中国上海交通大学模具技术研究所也在开展类似的研究。

(二) 车身结构轻量化材料的选择

据统计,汽车车身、底盘(含悬架系统)、发动机三大件约占一辆轿车总质量的 65% 以上。其中车身外、内覆盖件的质量又居首位。因此减少汽车白车身质量对降低发动机的功耗和减少汽车总质量具有双重的效应。为此,首先应该在白车身制造材料方面寻找突破口。具体说来可以有如下几种方案:

(1) 使用密度小、强度高的轻质材料,像铝镁轻合金、塑料聚合物材料、陶瓷材料等;

(2) 使用同密度、同弹性模量而且工艺性能好的截面厚度较薄的高强度钢;

(3) 使用基于新材料加工技术的轻量化结构用材,如连续挤压变截面型材、金属基复合材料板、激光焊接板材等。

方案(1)和(2)是通过更换车身材料种类来达到汽车轻量化的目的。其中铝合金具有高强度、耐侵蚀、热稳定性好、易成型等一系列优点,已经在车身、底盘及悬架系统、发动机和车轮等部件的制造上得到成功的应用,但是由于铝合金中有较高含量的硅和铁,使其回收再利用成为新的难题,从而影响铝合金的更大规模使用。镁比铝更轻,可以作为铝的最佳替代用品,随着汽车轻量化技术的发展,已有60多种汽车零部件开始用镁合金制造,世界上镁材料的消耗日益攀升,然而在地球上,镁恰恰是一种比较稀缺的金属,其价格昂贵自不待说,再加上镁合金在加工成型方面的困难,更限制了其被广泛应用。塑料聚合物,如连续玻璃纤维与热塑性树脂改性聚丙烯复合材料(Glass Mat-reinforced Thermoplastics,GMT)是最佳的车用轻质材料,其密度仅为金属的1/5。用塑料制造汽车零部件所消耗的能量仅为钢材能耗的1/2,还具有加工容易、成型性好、耐腐蚀等特性。目前轿车上使用GMT材料的零部件有800多种,主要有发动机舱盖、仪表板骨架、蓄电池托架、座椅骨架、轿车前端模块、保险杠、行李架、备胎盘、挡泥板、风扇叶片、发动机底盘、车顶棚衬架等。除了可用来制造零部件之外,还有望应用在整个车身制造上,即所谓“全塑车身”。但是,不同种类塑料聚合物材料的性能千差万别,塑料的强度、耐冲击性、耐蠕变性及抗老化性也是其难以克服的弱点,且方案(2)还将导致车身造价提高。

相比之下,至少在目前及至今后相当长的一段时期内,钢仍然是汽车车身制造用材的最佳选择:钢材不仅具有优异的性能价格比,还有长期积累起来的冶金技术和成型加工经验,使之在汽车车身制造领域中仍然拥有不可动摇的地位。而方案(3)正是从材料加工的角度出发,使经过特殊加工后的钢板材料的承载性能、成型性能或者其他方面的性能大大提高。

四、汽车轻量化的发展趋势

(一)我国汽车轻量化技术发展面临的主要问题

目前,我国汽车轻量化技术无论在理论研究方面还是在实际应用方面与国外均有较大差距,轻量化技术的发展主要面临如下问题:

(1)轻量化技术涉及众多学科的研究领域,需要运用多学科交叉融合所形成的综合性、系统性知识体系,而在目前的研发体系下,各研发机构往往只注重单个技术的研发,很少开展各技术间的交叉与融合;

(2)汽车轻量化技术涉及众多的共性技术和前沿技术,其关键、核心技术的突破不可能由单个企业或科研机构独立完成,必须要由国家级的研究机构对其关键、重大问题进行战略性和前瞻性的超前部署,而目前此类机构尚未建立;

(3)产、学、研结合不够紧密,没有明确定位、合理分工,基础研究和技术开发研究的有机衔接不够,企业规模小而分散,轻量化技术开发能力薄弱,研发人才短缺,工艺水平落后。

(二)我国汽车轻量化技术研发重点

要提高我国汽车轻量化技术水平,当务之急是集成全国轻量化技术优势,开展产、学、研大联合,建立资源共享的汽车轻量化技术科技创新平台。该平台应积极推进产、学、研的合作与交流,促进汽车轻量化技术研究成果向产业化方向转化,制定汽车轻量化技术重要产品和检测方法等规范及标准,建立高水平的相关产业技术人才培养基地和提供技术咨询的服务机构。汽车轻量化技术科技创新平台,应重点开展以下四个方面的研发工作。

1.汽车轻量化技术发展战略研究

研究国内外汽车轻量化技术的现状、发展趋势及发展环境,随时掌握国内外汽车轻量化技术发展动态,探求突破前瞻性技术瓶颈问题的方法与措施。采用定性与定量相结合的方法,分析不同汽车轻量化材料的设计理念和制造工艺对汽车节能、环保、安全和可靠性的影响。并在此研究基础上,探索适合我国国情的全新轻量化节能型汽车的设计制造发展方向,包括材料设计理念、制造工艺和制造装备研制的发展方向等，在汽车轻量化节能方面为汽车行业、汽车企业和相关研究机构提供有价值的咨询服务和决策参考。

2. 汽车轻量化结构优化设计研究

开发汽车车身、底盘、动力传动系统等大型零部件整体加工技术和相关的模块化设计和制造技术，使节能型汽车从制造到使用的各个环节都真正实现节能、环保。研究常用汽车零部件模块化设计数据库及模块化方案，常用和典型模块的参数化设计等，建立模块化设计知识库和专家系统。

以计算机辅助工程(CAE)方法作为获取知识的手段，建立轻量化汽车零部件性能数据库及成型工艺咨询库；建立常用车型材料在成型前、后以及不同使用时间的参数库；建立吸能部件优化设计专家系统，开发新一代汽车 CAE 软件系统。通过这些数据库和专家库的建立，大幅度提高我国汽车结构设计水平，为快速进行汽车结构轻量化设计提供有力的手段和有效的工具。

结合参数反演技术、多目标全局优化等现代车身设计方法，研究汽车轻量化结构优化设计技术，包括多种轻量化材料的匹配、零部件的优化分块等。从结构上减少零部件数量，确保在汽车整车性能不变的前提下达到减轻自重的目的。

3. 汽车轻量化材料冲压理论与工艺技术研究

加强高强度、轻量化先进材料在汽车制造领域的应用基础研究。通过开展基于 CAE 的冲压工艺设计和优化方法研究，提出轻量化材料冲压回弹预测与补偿、起皱和拉裂预测与消除、毛坯反求与优化的新工艺、新理论与方法。从机理上研究复杂零件冲压中不同材料流动不均匀的产生原因和影响因素，开展多种形式的材料流动阻力控制方法及相应工艺理论和设计技术的研究。研发具有原创性和实用性的高强度钢冲压技术、汽车结构件的超高强度钢成型技术、应用于复杂汽车零件的液压成型技术和激光拼焊技术等。以 CAE 技术作为获取知识的手段，建立先进材料成型工艺专家库和零件性能数据库，为新材料的推广应用打下坚实的基础，缩短我国与发达国家在基础数据方面的差距。

4. 汽车轻量化激光加工技术与装备研究

激光加工技术是实现汽车轻量化的重要途径之一。系统进行激光与材料相互作用机理、激光加工过程无损检测和控制等基础理论研究，建立激光加工工艺方法和工艺参数的优化数据库；研究不同材料的激光切割方式，开展激光切割、焊接、精细烧蚀、直接快速成型、激光涂敷、激光辅助切削加工等理论的研究，开发激光三维切割工艺技术，建立工艺参数数据库及专家系统；研究激光深熔焊接理论，开发激光三维焊接技术与装备；研究不同板厚、不同汽车材料，尤其是轻量化材料的激光加工拼焊技术与装备。

(三)汽车轻量化先进材料开发研究

针对汽车关键零部件对材料的使用要求，开发研究轻质、高性能、易成形、可回收的新型先进轻量化材料，为节能型汽车的设计制造提供材料基础和技术支撑；对汽车轻量化技术及新型材料的应用技术进行深入研究，以充分发挥各种轻量化材料的优势，并进行各种材料优势的集成，突破有关汽车轻量化材料开发与制造方面的难点和关键瓶颈技术。

1. 高强度钢板

以前的高强度钢板，拉延强度虽高于低碳钢板，但延伸率只有后者的 50%，故只适用于形状简单、延伸深度不大的零件。现在的高强度钢板是在低碳钢内加入适当的微量元素，经各种处理轧制而成，其抗拉强度高达 $420N/mm^2$，是普通低碳钢板的 2 ~ 3 倍，深拉延性能极好，可轧制成很薄的钢板，是车身轻量化的重要材料。截至 2000 年，高强度钢板用量在汽车生产中的占比已上升到 50% 左右。中国奇瑞汽车公司与宝钢集团合作，2001 年在试制样车上使用的高强度钢用量为 262kg，占车身钢板用量的 46%，对减重和改进车身性能起到了良好的作用。表 4-5 为 1980—2010 年美国轿车材料构成的变化统计比较。

1980—2010 年美国轿车材料构成的变化 表 4-5

材料构成	1980 年（kg/车）	1985 年（kg/车）	1990 年（kg/车）	2000 年（kg/车）	2010 年（kg/车）
钢材	862	726	590	630	580
铸铁	227	136	113	136	120
铝	54	68	91	95	104
塑料	91	109	136	149	200
玻璃	41	32	23	34	28

高强度钢板有含磷冷轧钢板、烘烤硬化冷轧钢板、冷轧双相钢板和超低碳高强度冷轧钢等，车身设计师可根据板制零件受力情况和形状复杂程度来选择钢板品种。

（1）含磷高强度冷轧钢板：含磷高强度冷轧钢板主要用于轿车外板、车门、顶盖和行李舱盖升板，也可用于载货汽车驾驶室的冲压件。其主要特点为：具有较高强度，比普通冷轧钢板高 15% ~25%；良好的强度和塑性平衡，即随着强度的增加，伸长率和应变硬化指数下降甚微；具有良好的耐腐蚀性，比普通冷轧钢板提高 20%；具有良好的点焊性能。

（2）烘烤硬化冷轧钢板：经过冲压、拉延变形及烤漆高温时效处理，屈服强度得以提高。这种简称为 BH 钢板的烘烤硬化钢板既薄又有足够的强度，是车身外板轻量化设计首选材料之一。

（3）冷轧双相钢板：具有连续屈服、屈强比低和加工硬化高、兼备高强度及高塑性的特点，经烤漆后强度可进一步提高。适用于形状复杂且要求强度高的车身零件。主要用于要求拉伸性能好的承力零部件，如车门加强板、保险杠等。

（4）超低碳高强度冷轧钢板：在超低碳钢（碳含量≤0.005%）中加入适量钛或铌，以保证钢板的深冲性能，再添加适量的磷以提高钢板的强度。实现了深冲性与高强度的结合，特别适用于一些形状复杂而强度要求高的冲压零件。

（5）轻量化叠层钢板：叠层钢板是在两层超薄钢板之间压入塑料的复合材料，表层钢板厚度为 0.2 ~0.3mm，塑料层的厚度占总厚度的 25% ~65%。与具有同样刚度的单层钢板相比，质量只有 57%。隔热防振性能良好，主要用于发动机舱盖、行李舱盖、车身底板等部件。

2. 铝合金

铝合金是最常见的汽车用轻金属，而且在汽车上使用较早，相对比较成熟。现代轿车发动机活塞几乎都用铸铝合金，这是因为活塞作为主要的往复运动件要靠减重来减小惯性，减轻曲轴配重，提高效率，并需要材料具有良好的导热性，较小的热膨胀系数，以及在 350℃ 左右有较好的力学性能，而铸铝合金能符合这些要求。同时由于活塞、连杆采用了铸铝合金件，减轻了质量，从而减少发动机的振动，降低了噪声，使发动机的油耗下降，这也符合了汽车的发展趋势。

与汽车钢板相比，铝合金具有密度小（$2.7g/cm^3$）、比强度高、耐锈蚀、热稳定性好、易成形、可回收再生等优点，技术成熟。根据车身结构设计的需要，采用激光束压合成型工艺，将不同厚度的铝板或者用铝板与钢板复合成型，再在表面涂覆防腐蚀材料使其结构轻量化且具有良好的耐腐蚀性。由于所有的铝合金都可以回收再生利用，深受环保人士的欢迎。德国大众公司的新型奥迪A2型轿车，由于采用了全铝合金车身骨架和外板结构，使其总质量减少了135kg，比传统钢材料车身减轻了43%，使平均油耗降至每百公里3L的水平。全新奥迪A8车型通过使用性能更好的大型铝合金铸件和液压成型部件，车身零件数量从50个减至29个，车身框架完全闭合。这种结构不仅使车身的扭转刚度提高了60%，还比同类车型的钢制车身质量减少50%。

目前，铝合金材料在现代汽车轻量化方面已经显示出非常重要的作用。制约铝合金在汽车上大量应用的主要原因之一是其价格比钢材高，为了促进铝合金在汽车上的应用，必须降低材料成本。除开发低成本的铝合金和先进的铝合金成型工艺外，回收再生技术可进一步降低铝合金的成本。扩大铝合金应用的另一个研究方向是开发新的各种连接技术，今后发展的多材料结构轿车要求连接两种不同类型的材料（如铸铁—铝、钢—铝、铝—镁等），对这些连接技术以及对材料和零件防腐蚀的表面处理技术是今后扩大铝合金在汽车上应用的重要课题。

3. 镁合金

镁的密度为$1.8g/cm^3$，仅为钢材密度的35%，铝材密度的66%。此外它的比强度、比刚度高，阻尼性、导热性好，电磁屏蔽能力强，尺寸稳定性好，因此在航空工业和汽车工业中得到了广泛的应用。镁的储藏量十分丰富，可从石棉、白云石、滑石中提取，特别是海水的盐分中含3.7%的镁。近年来镁合金应用在世界范围内的增长率高达20%。

铸造镁合金的车门由成型铝材制成的门框和耐碰撞的镁合金骨架、内板组成。另一种镁合金制成的车门由内外车门板和中间蜂窝状加强筋构成，每扇门的净质量比传统的钢制车门轻10kg，且刚度极高。随着压铸技术的进步，已可以制造出形状复杂的薄壁镁合金车身零件，如前后挡板、仪表板、转向盘等。

4. 泡沫合金板

泡沫合金板由粉末合金制成，其特点是密度小，仅为$0.4 \sim 0.7g/cm^3$，弹性好，当受力压缩变形后，可凭自身的弹性恢复原料形状。泡沫合金板种类繁多，除了泡沫铝合金板外，还有泡沫锌合金、泡沫锡合金、泡沫钢等，可根据不同的需要进行选择。由于泡沫合金板的特殊性能，特别是出众的低密度、良好的隔热吸振性能，深受汽车制造商的青睐。目前，用泡沫铝合金制成的零部件有发动机舱盖、行李舱盖等。

5. 蜂窝夹芯复合板

蜂窝夹芯复合板是由两层薄面板中间夹一层厚而极轻的蜂窝组成。根据夹芯材料的不同，可分为纸蜂窝、玻璃布蜂窝、玻璃纤维增强树脂蜂窝、铝蜂窝等；面板可以采用玻璃钢、塑料、铝板和钢板等材料。由于蜂窝夹芯复合板具有轻质、比强度和比刚度高、抗振、隔热、隔声和阻燃等特点，故在汽车车身上获得较多应用，如车身外板、车门、车架、保险杠、座椅框架等。英国发明了一种以聚丙烯作芯，钢板为面板的薄夹层板用以替代钢制车身外板，使零件质量减轻了50%～60%，且易于冲压成型。

6. 工程塑料

与通用塑料相比,工程塑料具有优良的机械性能、电性能、耐化学性、耐热性、耐磨性、尺寸稳定性等特点,且比要取代的金属材料轻、成型时能耗少。20 世纪 70 年代起,以软质聚氯乙烯、聚氨酯为主的泡沫类、衬垫类、缓冲材料等塑料在汽车工业中被广泛采用。福特公司开发的 LTD 试验车,塑料化后的车身取得了轻量化方面的明显成果(表 4-6)。

福特公司试验车采用工程塑料零件轻量化的效果 表 4-6

车 部 位	钢制零件	工程塑料零件	质 量 减 轻	
	kg	kg	kg/辆	%
车身	209	93	116	55
车架	123	90	33	27
车门	70.6	27.7	42.9	60
保险杠	55.8	20.1	35.7	64
前围	43.5	13.3	30.2	70
车轮	42	22.7	19.3	46
发动机舱盖	22.2	8	14.2	64
行李舱盖	19	6	13	68
其他(托架类、座椅骨架)	32.4	16.2	16.2	50
合计	618.5	297	321.5	52

我国工程塑料工业普遍存在工艺落后、设备陈旧、规模小、品种少、质量不稳定的状况,而且价格高,缺乏市场竞争力。由上海普利特复合材料有限公司投资新建,国内最大的汽车用高性能 ABS(丙烯腈-丁二烯-苯乙烯)工程塑料生产基地在上海建成投产。我国汽车对于工程塑料的应用有了很大的进步。此项目引进了世界先进的工程塑料生产线和试验检测仪器等设备,形成了年产 15000t 高性能 ABS 工程塑料的能力。在此之前我国汽车上对工程塑料的应用仅相当于国外 20 世纪 80 年代的水平。

7. 高强度纤维复合材料

高强度纤维复合材料,特别是碳纤维复合材料(CFRP),因其质量轻,而且具有高强度、高刚度,有良好的耐蠕变与耐腐蚀性,是很有前途的车用轻量化材料。

20 世纪 80 年代后期,复合材料车身外覆件得到大量的应用和推广,如发动机舱盖、翼子板、车门、车顶板、导流罩、车厢后挡板等,甚至出现了全复合材料的货车驾驶室和轿车车身。据统计,在欧美等国汽车复合材料的用量约占本国复合材料总产量的 33% 左右,并继续呈增长态势。预计 2027 年全球汽车工业用复合材料市场规模将达到 194 亿美元。复合材料作为汽车车身的外覆件来说,无论从设计还是生产制造、应用都已成熟,并已从车身外覆件的使用向汽车的内饰件和结构件方向发展。

综上所述,与汽车自身质量减小相对应,汽车轻量化技术不断发展,主要呈以下趋势:

(1)轻质材料的占比不断攀升,铝合金、镁合金、钛合金、高强度钢、塑料、粉末冶金、生态复合材料及陶瓷等新型材料的应用越来越多;

(2)结构优化和零部件的模块化设计水平不断提高,如采用前轮驱动、高刚性结构和超轻悬架结构等来达到轻量化的目的,计算机辅助集成技术(CAX,包括 CAD/CAE/CAM 等)

和结构分析等技术也将得到大力发展；

(3)汽车轻量化促使汽车制造业在成型方法和连接技术上不断创新。

复习思考题

1. 什么是汽车传动系统参数的合理匹配？
2. 采用锁止式液力变矩器为什么能够节能？
3. 机械无级变速器有何特点？
4. 超越离合器的基本结构和特点是什么？
5. 汽车能动能量回收方法有哪些？
6. 汽车制动能量回收基本原理是什么？
7. 汽车行驶中所受到的气动力和气动力矩有哪些？
8. 简述降低空气阻力系数 C_D 的主要措施。
9. 简述车身结构轻量化的主要途径。
10. 汽车车身节能技术主要包括哪些？

第五章　汽车燃油、润滑油合理选用

随着汽车发动机向高速度、大功率、高强度等方面不断发展，其工作条件变得越来越苛刻，主要体现在其工作环境温度变化大、运动速度快、载荷大、易受环境因素影响等方面。只有根据发动机的结构、性能和使用条件合理选用润滑油，才能达到减少摩擦磨损、延长发动机寿命、节约燃料的目的。研究数据表明，汽车燃料燃烧释放的能量40%用于汽车驱动，30%被汽缸冷却系统所消耗，30%的能量由排放消耗。如果单独就摩擦损失来讲，燃料通过燃烧释放出的能量中有20% ~25%被零部件间的摩擦所消耗，因此，合理选用汽车润滑油，保证发动机各运动部件得到充分合理的润滑，降低由于摩擦造成的能量损失，也即提高了汽车的经济性。通过试验研究表明，当减少总摩擦损失的17% ~21%时，可以提高整机经济性3% ~7%。

汽车燃油性能对其燃油经济性也有重要影响，它将影响到燃烧过程的正常进行。要提高燃油经济性，必须保证燃油能充分燃烧，提高燃烧热效率。这一方面要求燃油具有良好的挥发性，保证混合气能充分均匀地混合，优化燃烧过程，同时还能适应高压缩比的工作要求。当压缩比提高时，热效率增加，发动机动力性提高，油耗率降低。试验表明，若将压缩比提高一个单位，可使燃油消耗率下降6% ~8%。另外燃油在储存、运输过程中，容易发生氧化反应，生成胶状物质。这些胶状物质和燃油一起加入汽车油箱后，会黏附在燃油滤清器上，堵塞过滤介质，使供油量减少，输油量不足，燃油雾化不良，致使发动机动力性和经济性下降。

本章主要阐述汽车燃料、润滑油、润滑脂的性能指标，合理选择与使用燃料、润滑油的原则以及其节能的作用和原理。要求熟悉汽车燃料、润滑油的基本性能和主要指标，掌握如何通过正确选用汽车燃料、润滑油、润滑脂实现节能。

第一节　发动机燃油的合理选用

汽车保有量的持续快速增加，给我国带来了巨大的能源和环境压力。据统计，汽车燃油消耗量分别占我国汽油和柴油产量的87%和21%。此外，汽车运输的油耗占汽车运输成本的20%以上，因此，节约燃料就意味着汽车运输成本的降低，经济效益的提高。

一、车用汽油的选用

(一) 车用汽油的性能指标

车用汽油的主要性能指标包括：抗爆性、蒸发性、热值、氧化安定性、腐蚀性、清净性以及化学组分。

1. 汽油的抗爆性

汽油的抗爆性是指汽油在发动机汽缸中燃烧时,避免产生爆燃的能力,也就是抗自燃的能力。它是汽油的一项重要使用性能指标。汽油的抗爆性用辛烷值和抗爆指数表示,辛烷值越高,汽油的抗爆性越好。我国原来用电机法辛烷值作为汽油的抗爆性指标,并以此划分汽油牌号,现在改用研究法辛烷值。美国从 1970 年开始用抗爆指数代替研究法辛烷值作为汽油的抗爆性指标。

2. 汽油蒸发性

汽油蒸发性指汽油从液体状态转变为气体状态的性质。汽油能否在进气系统形成良好的可燃混合气,汽油的蒸发性能是关键。汽油的蒸发性用馏程和蒸气压表示。汽油的馏程就是通过加热测定蒸发出 10%、50%、90% 馏分时的温度和终馏温度,又分别被称为 10% 馏出温度、50% 馏出温度、90% 馏出温度和干点。

10% 馏出温度与发动机冷起动性能有关。该温度低,表明汽油中所含轻质部分低温时容易蒸发,发动机易于冷起动。10% 馏出温度与汽油机可能起动的最低气温见表 5-1。

汽油 10% 馏出温度与汽油机可能起动的最低气温 表 5-1

可能起动的最低温度(℃)	-29	-18	-7	-5	0	5	10	15	20
10% 馏出温度(℃)	36	53	71	88	98	107	115	122	128

50% 馏出温度表明汽油中的中间馏分蒸发性好坏。此温度低,汽油中间馏分就易于蒸发,发动机暖机性能、加速性能和工作稳定性都较好。

90% 馏出温度和干点用来判定汽油中难以蒸发的重质成分含量。此温度越低,表明汽油中重馏分含量越少,越有利于可燃混合气均匀分配到各缸,使燃烧更完全。重馏分汽油不易挥发,特别在冬季时,来不及蒸发燃烧的重馏分流到曲轴箱中会稀释润滑油,使润滑油性能变差。

汽油的蒸发性并不是越强越好,汽油的蒸气压太强会增加汽油的蒸发损失,不仅浪费了汽油,而且增加了对大气环境的污染。为减少汽油的蒸发损失,现代汽车普遍安装了汽油蒸发吸收装置。夏季时,蒸发性太强,会导致发动机油路发生气阻现象。气阻是燃料供给系统中(油泵和油管)汽油产生蒸气过多,供油量不能满足发动机工作需要的现象。汽油的饱和蒸气压和 10% 馏出温度对气阻有显著的影响。试验表明,汽油不产生气阻的最大饱和蒸气压与气温的关系见表 5-2。由表可知,汽油使用的环境温度高的地区和季节应限制饱和蒸气压。

各种气温下不致引起气阻的汽油最大饱和蒸气压 表 5-2

气温(℃)	10	16	22	28	33	38	44	49
最大饱和蒸气压(kPa)	93.3	84.0	76.0	69.3	56.0	48.7	41.3	36.7

3. 热值

热值指 1kg 汽油完全燃烧后所产生的热量。汽油的热值大约为 44000kJ/kg。

4. 氧化安定性

氧化安定性指汽油在常温和液态下的抗氧化能力,也可称为化学安定性,主要取决于原油的产地、加工炼制方法以及汽油的组分。表示汽油氧化安定性的指标是实际胶质和诱导期。氧化安定性差的汽油在储运、使用中经常因热、光等作用变黄、产生胶质。在发动机使用中胶质会堵塞油路并容易在气门、电喷车喷嘴、燃烧室等处形成积炭，影响发动机正常运行和使用性能。

5.腐蚀性

汽油中引起腐蚀的物质主要是硫分、硫化物、有机酸、水溶性酸和碱等。各国汽油标准中对汽油的硫含量、酸度、铜片腐蚀试验以及水溶性酸或碱等都有严格规定。

6.汽油清净性

汽油清净性用汽油含机械杂质和水分的多少表示。汽油中不应有机械杂质和水分。另外，电喷汽油车用汽油还应加清净分散剂，防止喷嘴、气门和燃烧室等处形成积炭，国外标准中引入喷嘴清洁度、气门清洁度表示汽油的清净性。

7.汽油的化学组分

汽油的化学组分主要指烯烃、芳香烃和饱和烃的含量。汽油中的烯烃是不饱和烃类化合物，化学安定性很低，容易氧化缩聚生成胶质。但它的抗爆性较好，可提高汽油的辛烷值。芳香烃的化学安定性最好，很难氧化，自燃点高，抗爆性很好，是汽油的高能、高辛烷值成分。但芳香烃燃烧会生成苯（致癌物质）随废气排放到大气中污染环境。饱和烃主要是指烷烃和环烷烃。常温下化学安定性较好，储存中不易氧化变质。烷烃分为正构烷烃和异构烷烃。前者在高温下易氧化，自燃点低，抗爆性差；后者自燃点高，是汽油的高辛烷值组分。环烷烃的燃烧性能介于正构烷烃和异构烷烃之间。

（二）车用汽油的国家标准

我国车用汽油标准 GB 17930 最初发布于 1999 年，经过 2006 年、2011 年、2013 年修订后，现行国家标准是《车用汽油》（GB 17930—2016）。此标准与 GB 17930—2013 相比，主要技术变化包括：将第 1 章“范围”的第二段由“本标准适用于由液体烃类或由液体烃类及改善使用性能的添加剂组成的车用汽油”，修改为“本标准适用于点燃式发动机使用的、由石油制取或由石油制取的加有改善性能添加剂的车用汽油”；删除了车用汽油（Ⅲ）的技术要求和试验方法，增加了第Ⅵ阶段车用汽油的技术要求，并依烯烃含量的不同分为ⅥA 和ⅥB 阶段；在蒸气压的要求中增加了“换季时，加油站允许有 15 天的置换期”；修改了车用汽油（Ⅴ）硫醇硫含量的技术要求；删除广西地区全年执行夏季蒸气压的要求，因为广西地区为车用乙醇汽油的实施区域。

标准中车用汽油（Ⅳ）按研究法辛烷值分为 90 号、93 号和 97 号 3 个牌号，车用汽油（Ⅴ）、车用汽油（ⅥA）和车用汽油（ⅥB）按研究法辛烷值分为 89 号、92 号、95 号和 98 号 4 个牌号。同时规定车用汽油中所使用的添加剂应无公认的有害作用，并按推荐的适宜量使用。车用汽油中不应含有任何可导致车辆无法正常运行的添加物和污染物。车用汽油中不得人为加入甲缩醛、苯胺类、卤素以及含磷、含硅等化合物。

在该标准中，规定了国Ⅳ阶段（表 5-3）、国Ⅴ阶段（表 5-4）和国Ⅵ阶段（表 5-5、表 5-6 和表 5-7）对汽油的质量要求。

车用汽油(Ⅳ)技术要求和试验方法 表5-3

项目			质量指标			试验方法
			90号	93号	97号	
抗爆性	研究法辛烷值(RON)	不小于	90	93	97	GB/T 5487
	抗爆指数(RON＋MON)/2	不小于	85	88	报告	GB/T 503、GB/T 5487
铅含量[a](g/L)		不大于	0.005			GB/T 8020
馏程	10%蒸发温度(℃)	不高于	70			GB/T 6536
	50%蒸发温度(℃)	不高于	120			
	90%蒸发温度(℃)	不高于	190			
	终馏点(℃)	不高于	205			
	残馏量(体积分数)(%)	不大于	2			
蒸气压[b](kPa)	11月1日至4月30日	不大于	42～85			GB/T 8017
	5月1日至10月31日	不大于	40～68[c]			
胶质含量(mg/100mL)	未洗胶质含量(加入清洗剂前)	不大于	30			GB/T 8019
	溶剂洗胶质含量	不大于	5			
诱导期(min)		不小于	480			GB/T 8018
硫含量[c](mg/kg)		不大于	50			SH/T 0689
硫醇(需满足下列要求之一,即判断为合格)	博士试验		通过			SH/T 0174
	硫醇硫含量(质量分数)(%)	不大于	0.001			GB/T 1792
铜片腐蚀(50℃,3h)/级不大于			1			GB/T 5096
水溶性酸或碱			无			GB/T 259
机械杂质及水分			无			目测[d]
苯含量[e](体积分数)(%)		不大于	1.0			SH/T 0713
芳烃含量[f](体积分数)(%)		不大于	40			GB/T 11132
烯烃含量[f](体积分数)(%)		不大于	28			GB/T 11132
氧含量[g](质量分数)(%)		不大于	2.7			SH/T 0663
甲醇含量[a](质量分数)(%)		不大于	0.3			SH/T 0663
锰含量[h](g/L)		不大于	0.008			SH/T 0711
铁含量[a](g/L)		不大于	0.01			SH/T 0712

注:a. 车用汽油中,不得人为加入甲醇以及含铅或含铁的添加剂。

b. 也可采用SH/T 0794,在有异议时,以GB/T 8017方法为准。换季时,加油站允许有15天的置换期。

c. 也可采用GB/T 11140、SH/T 0253、ASTM D7039进行测定,在有异议时,以SH/T 0689方法为准。

d. 将试样注入100mL玻璃筒中观察,应当透明,没有悬浮和沉降的机械杂质和水分。在有异议时,以GB/T 511和GB/T 260方法为准。

e. 也可采用SH/T 0693进行测定,在有异议时,以SH/T 0713方法为准。

f. 对于97号车用汽油,在烯烃、芳烃总含量控制不变的前提下,可允许芳烃的最大值为42%(体积分数),也可采用NB/SH/T0741进行测定,在有异议时,以GB/T 11132方法为准。

g. 也可采用SH/T 0720进行测定,在有异议时,以NB/SH/T 0663方法为准。

h. 锰含量是指汽油中以甲基环戊二烯三羰基锰形式存在的总锰含量,不得加入其他类型的含锰添加剂。

89号、92号、95号车用汽油（Ⅴ）的技术要求和试验方法见表5-4。

车用汽油（Ⅴ）技术要求和试验方法 表5-4

项目			质量指标			试验方法
			89号	92号	95号	
抗爆性	研究法辛烷值（RON）	不小于	89	92	95	GB/T 5487
	抗爆指数（RON+MON）/2	不小于	84	87	90	GB/T 503、GB/T 5487
铅含量[a]（g/L）		不大于	0.005			GB/T 8020
馏程	10%蒸发温度（℃）	不高于	70			GB/T 6536
	50%蒸发温度（℃）	不高于	120			
	90%蒸发温度（℃）	不高于	190			
	终馏点（℃）	不高于	205			
	残馏量（体积分数）（%）	不大于	2			
蒸气压[b]（kPa）	11月1日至4月30日	不大于	45～85			GB/T 8017
	5月1日至10月31日	不大于	40～65[c]			
胶质含量（mg/100mL）	未洗胶质含量（加入清洗剂前）	不大于	30			GB/T 8019
	溶剂洗胶质含量	不大于	5			
诱导期（min）		不小于	480			GB/T 8018
硫含量[d]（mg/kg）		不大于	10			SH/T 0689
硫醇（博士试验）			通过			NB/SH/T 0174
铜片腐蚀（50℃，3h）/级		不大于	1			GB/T 5096
水溶性酸或碱			无			GB/T 259
机械杂质及水分			无			目测[e]
苯含量[f]（体积分数）（%）		不大于	1.0			SH/T 0713
芳烃含量[g]（体积分数）（%）		不大于	40			GB/T 11132
烯烃含量[g]（体积分数）（%）		不大于	24			GB/T 11132
氧含量[h]（质量分数）（%）		不大于	2.7			SH/T 0663
甲醇含量[a]（质量分数）（%）		不大于	0.3			SH/T 0663
锰含量[a]（g/L）		不大于	0.002			SH/T 0711
铁含量[a]（g/L）		不大于	0.01			SH/T 0712
密度[i]（20℃）（kg/m^3）			720～775			GB/T 1884、GB/T 1885

注：a. 车用汽油中，不得人为加入甲醇以及含铅或含铁的添加剂。

b. 也可采用SH/T 0794进行测定，在有异议时，以GB/T 8017方法为准。换季时，加油站允许有15天的置换期。

c. 广东、海南全年执行此项要求。

d. 也可采用GB/T 11140、SH/T 0253、ASTM D7039进行测定，在有异议时，以SH/T 0689方法为准。

e. 将试样注入100mL玻璃筒中观察，应当透明，没有悬浮和沉降的机械杂质和水分。在有异议时，以GB/T 511和GB/T 260方法为准。

f. 也可采用GB/T 28768、GB/T 30519和SH/T 0693进行测定，在有异议时，以SH/T 0713方法为准。

g. 也可采用GB/T 1132、GB/T 28768进行测定，在有异议时，以GB/T 30519方法为准。

h. 也可采用SH/T 0720进行测定，在有异议时，以NB/SH/T 0663方法为准。

i. 也可采用SH/T 0604进行测定，在有异议时，以GB/T 1884、GB/T 1885方法为准。

89号、92号、95号车用汽油(ⅥA)和车用汽油(ⅥB)的技术要求和试验方法分别见表5-5和表5-6,98号车用汽油(ⅥA)/(ⅥB)技术要求和试验方法表5-7。

车用汽油(ⅥA)技术要求和试验方法　　表5-5

项目			质量指标			试验方法
			89号	92号	95号	
抗爆性	研究法辛烷值(RON)	不小于	89	92	95	GB/T 5487
	抗爆指数(RON+MON)/2	不小于	84	87	90	GB/T 503、GB/T 5487
铅含量[a](g/L)		不大于	0.005			GB/T 8020
馏程	10%蒸发温度(℃)	不高于	70			GB/T 6536
	50%蒸发温度(℃)	不高于	110			
	90%蒸发温度(℃)	不高于	190			
	终馏点(℃)	不高于	205			
	残馏量(体积分数)(%)	不大于	2			
蒸气压[b](kPa)	11月1日至4月30日	不大于	45~85			GB/T 8017
	5月1日至10月31日	不大于	40~65[c]			
胶质含量(mg/100mL)	未洗胶质含量(加入清洗剂前)	不大于	30			GB/T 8019
	溶剂洗胶质含量	不大于	5			
诱导期(min)		不小于	480			GB/T 8018
硫含量[d](mg/kg)		不大于	10			SH/T 0689
硫醇(博士试验)			通过			NB/SH/T 0174
铜片腐蚀(50℃,3h)/级		不大于	1			GB/T 5096
水溶性酸或碱			无			GB/T 259
机械杂质及水分			无			目测[e]
苯含量[f](体积分数)(%)		不大于	0.8			SH/T 0713
芳烃含量[g](体积分数)(%)		不大于	35			GB/T 11132
烯烃含量[g](体积分数)(%)		不大于	18			GB/T 11132
氧含量[h](质量分数)(%)		不大于	2.7			SH/T 0663
甲醇含量[a](质量分数)(%)		不大于	0.3			SH/T 0663
锰含量[a](g/L)		不大于	0.002			SH/T 0711
铁含量[a](g/L)		不大于	0.01			SH/T 0712
密度[i](20℃)(kg/m^3)			720~775			GB/T 1884、GB/T 1885

注:a. 车用汽油中,不得人为加入甲醇以及含铅或含铁的添加剂。

b. 也可采用SH/T 0794进行测定,在有异议时,以GB/T 8017方法为准。换季时,加油站允许有15天的置换期。

c. 广东、海南全年执行此项要求。

d. 也可采用GB/T 11140、SH/T 0253、ASTM D7039进行测定,在有异议时,以SH/T 0689方法为准。

e. 将试样注入100mL玻璃筒中观察,应当透明,没有悬浮和沉降的机械杂质和水分。在有异议时,以GB/T 511和GB/T 260方法为准。

f. 也可采用GB/T 28768、GB/T 30519和SH/T 0693进行测定,在有异议时,以SH/T 0713方法为准。

g. 也可采用GB/T 1132、GB/T 28768进行测定,在有异议时,以GB/T 30519方法为准。

h. 也可采用SH/T 0720进行测定,在有异议时,以NB/SH/T 0663方法为准。

i. 也可采用SH/T 0604进行测定,在有异议时,以GB/T 1884、GB/T 1885方法为准。

车用汽油(ⅥB)技术要求和试验方法 表5-6

项目			质量指标			试验方法
			89号	92号	95号	
抗爆性	研究法辛烷值(RON)	不小于	89	92	95	GB/T 5487
	抗爆指数(RON + MON)/2	不小于	84	87	90	GB/T 503 、GB/T 5487
铅含量[a](g/L)		不大于	0.005			GB/T 8020
馏程	10%蒸发温度(℃)	不高于	70			GB/T 6536
	50%蒸发温度(℃)	不高于	110			
	90%蒸发温度(℃)	不高于	190			
	终馏点(℃)	不高于	205			
	残馏量(体积分数)(%)	不大于	2			
蒸气压[b](kPa)	11月1日至4月30日	不大于	45~85			GB/T 8017
	5月1日至10月31日	不大于	40~65[c]			
胶质含量(mg/100mL)	未洗胶质含量(加入清洗剂前)	不大于	30			GB/T 8019
	溶剂洗胶质含量	不大于	5			
诱导期(min)		不小于	480			GB/T 8018
硫含量[d](mg/kg)		不大于	10			SH/T 0689
硫醇(博士试验)			通过			NB/SH/T 0174
铜片腐蚀(50℃,3h)/级		不大于	1			GB/T 5096
水溶性酸或碱			无			GB/T 259
机械杂质及水分			无			目测[e]
苯含量[f](体积分数)(%)		不大于	0.8			SH/T 0713
芳烃含量[g](体积分数)(%)		不大于	35			GB/T 11132
烯烃含量[g](体积分数)(%)		不大于	15			GB/T 11132
氧含量[h](质量分数)(%)		不大于	2.7			SH/T 0663
甲醇含量[a](质量分数)(%)		不大于	0.3			SH/T 0663
锰含量[a](g/L)		不大于	0.002			SH/T 0711
铁含量[a](g/L)		不大于	0.01			SH/T 0712
密度[i](20℃)(kg/m^3)			720~775			GB/T 1884、GB/T 1885

注:a. 车用汽油中,不得人为加入甲醇以及含铅或含铁的添加剂。

b. 也可采用SH/T 0794进行测定,在有异议时,以GB/T 8017方法为准。换季时,加油站允许有15天的置换期。

c. 广东、海南全年执行此项要求。

d. 也可采用GB/T 11140、SH/T 0253、ASTM D7039进行测定,在有异议时,以SH/T 0689方法为准。

e. 将试样注入100mL玻璃筒中观察,应当透明,没有悬浮和沉降的机械杂质和水分。在有异议时,以GB/T 511和GB/T 260方法为准。

f. 也可采用GB/T 28768、GB/T 30519和SH/T 0693进行测定,在有异议时,以SH/T 0713方法为准。

g. 也可采用GB/T 1132、GB/T 28768进行测定,在有异议时,以GB/T 30519方法为准。

h. 也可采用SH/T 0720进行测定,在有异议时,以NB/SH/T 0663方法为准。

i. 也可采用SH/T 0604进行测定,在有异议时,以GB/T 1884、GB/T 1885方法为准。

98 号车用汽油(ⅥA)/(ⅥB)技术要求和试验方法　　表 5-7

项目			质量指标	试验方法
抗爆性	研究法辛烷值(RON)	不小于	98	GB/T 5487
	抗爆指数(RON + MON)/2	不小于	93	GB/T 503、GB/T 5487
铅含量[a](g/L)		不大于	0.005	GB/T 8020
馏程	10%蒸发温度(℃)	不高于	70	GB/T 6536
	50%蒸发温度(℃)	不高于	110	
	90%蒸发温度(℃)	不高于	190	
	终馏点(℃)	不高于	205	
	残馏量(体积分数)(%)	不大于	2	
蒸气压[b](kPa)	11 月 1 日至 4 月 30 日	不大于	45 ~ 85	GB/T 8017
	5 月 1 日至 10 月 31 日	不大于	40 ~ 65[c]	
胶质含量(mg/100mL)	未洗胶质含量(加入清洗剂前)	不大于	30	GB/T 8019
	溶剂洗胶质含量	不大于	5	
诱导期(min)		不小于	480	GB/T 8018
硫含量[d](mg/kg)		不大于	10	SH/T 0689
硫醇(博士试验)			通过	NB/SH/T 0174
铜片腐蚀(50℃,3h)/级		不大于	1	GB/T 5096
水溶性酸或碱			无	GB/T 259
机械杂质及水分			无	目测[e]
苯含量[f](体积分数)(%)		不大于	0.8	SH/T 0713
芳烃含量[g](体积分数)(%)		不大于	35	GB/T 11132
烯烃含量[g](体积分数)(%)		不大于	15	GB/T 11132
氧含量[h](质量分数)(%)		不大于	2.7	SH/T 0663
甲醇含量[a](质量分数)(%)		不大于	0.3	SH/T 0663
锰含量[a](g/L)		不大于	0.002	SH/T 0711
铁含量[a](g/L)		不大于	0.01	SH/T 0712
密度[i](20℃)(kg/m^3)			720 ~ 775	GB/T 1884、GB/T 1885

注:a. 车用汽油中,不得人为加入甲醇以及含铅或含铁的添加剂。

b. 也可采用 SH/T 0794 进行测定,在有异议时,以 GB/T 8017 方法为准。换季时,加油站允许有 15 天的置换期。

c. 广东、海南全年执行此项要求。

d. 也可采用 GB/T 11140、SH/T 0253、ASTM D7039 进行测定,在有异议时,以 SH/T 0689 方法为准。

e. 将试样注入 100mL 玻璃筒中观察,应当透明,没有悬浮和沉降的机械杂质和水分。在有异议时,以 GB/T 511 和 GB/T 260 方法为准。

f. 也可采用 GB/T 28768、GB/T 30519 和 SH/T 0693 进行测定,在有异议时,以 SH/T 0713 方法为准。

g. 也可采用 GB/T 1132、GB/T 28768 进行测定,在有异议时,以 GB/T 30519 方法为准。

h. 也可采用 SH/T 0720 进行测定,在有异议时,以 NB/SH/T 0663 方法为准。

i. 也可采用 SH/T 0604 进行测定,在有异议时,以 GB/T 1884、GB/T 1885 方法为准。

从标准可知,汽油的牌号表示其辛烷值。辛烷值用于评价汽油的抗爆性,爆燃是汽油发动机的一种不正常燃烧,将导致燃油经济性和动力性下降、过热、振动、工作不稳定以及排气冒黑烟。所以有必要提高汽油的抗爆性,即提高汽油的辛烷值和抗爆指数。前者属于实验室辛烷值,后者属于道路行车法测定的实际辛烷值,美国自 20 世纪 70 年代开始采用抗爆指数。

$$抗爆指数 = (RON + MON)/2 \tag{5-1}$$

式中,MON 为马达法辛烷值,我国在 20 世纪 80 年代以前采用这种方法,此法能较好地表达汽车在长途高速公路行驶、超车和上坡时的抗爆性。RON 为研究法辛烷值,我国 20 世纪 80 年代后期开始采用这种方法,此法能较好地反映出城市道路行驶车辆低速、加速行驶时的抗爆性。

目前,国外的车用汽油具有以下一些发展趋势:尽可能低的苯含量,较低的蒸气压,尽可能低的硫含量,较少的芳烃,较少的烯烃,较低的终馏点,添加含氧化合物,足够量的汽油清净剂。

(三)车用汽油的合理使用

选择汽油就是选择汽油的辛烷值,即汽油的牌号。汽油牌号中的数字就是辛烷值。选择汽油牌号过高,会增加费用。选择的牌号过低则会使汽车发动机产生爆燃,影响动力性和经济性,严重时还会使汽油机损坏。因此,选择汽油牌号时应注意以下几点:

(1)根据汽车使用说明书的要求选择。选择时注意说明书上要求的辛烷值是研究法辛烷值(RON)还是马达法辛烷值(MON)。车用汽油(Ⅳ)的汽油牌号有 90 号、93 号、97 号,车用汽油(Ⅴ)、车用汽油(Ⅵ)的汽油牌号有 89 号、92 号、95 号和 98 号,它们是按研究法辛烷值划分的,我国以前生产的汽油牌号还有 66 号、70 号和 85 号,它是按马达法辛烷值划分的。对于同一汽油来说,研究法测定的结果比马达法高 5 ~ 10 个单位。

(2)抗爆性选择。汽油的牌号越大,说明汽油的辛烷值越高,抗爆性越好,适合于压缩比高的发动机使用。发动机的压缩比越高,输出的功率越大。若提高压缩比一个单位,可使燃油消耗率下降 6% ~ 8%。但燃油辛烷值不高,就满足不了压缩比提高后的需要,发动机在工作过程中就会发生严重的爆燃,导致发动机功率下降,油耗增加。因此,用多大牌号的汽油,取决于发动机的压缩比大小。一般压缩比高的发动机应选择高牌号汽油,压缩比低的发动机选低牌号汽油,见表 5-8。

发动机压缩比与选用汽油牌号 表 5-8

汽油机压缩比	<7.5	7.5	8.5	>8.5
汽油牌号	70	90 或 93	90 或 93	97

当使用的汽油辛烷值与发动机压缩比不符时,可通过调整点火提前角等措施来弥补。当使用汽油牌号高于需求时,应适当增大点火提前角,适当降低浮子室油面高度和减少主量孔的流量;当使用汽油牌号低于需求时,应适当减小发动机点火提前角,并且适当提高浮子室油面和放大主量孔流量,从而减小爆燃倾向。

(3)蒸发性选择。汽油的蒸发性选择,即为确定汽油的馏程(10% 馏出温度)和饱和蒸气压。汽油的蒸发性是根据季节(气温)进行选择的。气温较高时应选用 10% 馏出温度较高和饱和蒸气压较小的汽油;反之应选用 10% 馏出温度较低和饱和蒸气压较大的汽油。具体见表 5-9 所示。

汽油蒸发性选择　　表 5-9

季　节	指　标	
	10%馏出温度(℃)	饱和蒸气压(kPa)
夏季(3 月 1 日—8 月 31 日)	不高于 79 或 70	不大于 67
冬季(9 月 1 日—次年 2 月 28 日)	不高于 70	不大于 80

注:90 号、93 号、97 号汽油的饱和蒸气压夏季不大于 74kPa,冬季不大于 88 kPa。

(4)根据使用条件选择。高原地区大气压力小,空气稀薄,汽油机工作时爆燃倾向减小,可以适当降低汽油的辛烷值。一般海拔上升 100m,汽油辛烷值可降低约 0.1 个单位。经常在大负荷、低转速下工作的汽油机,应选择较高辛烷值汽油。

(5)根据使用时间调整汽油牌号。发动机使用时间较长后,由于燃烧室积炭、水套积垢等会使发动机压力增加,此时,再使用原牌号汽油时发动机会产生爆燃,因此,这类汽车在维护后应该燃用高一级的汽油。

(6)长期储存的汽油,其辛烷值会有所降低,在使用中应适当减小点火提前角,避免发生爆燃,必要时可以用高辛烷值汽油掺和使用。

(7)汽车使用者应重视汽油的质量。加油时到规模较大、信誉良好的加油站加油。切忌只顾眼前经济利益,使用质量低劣的燃油,这样的油品不仅影响使用性能(动力性差、排放高、油耗高),严重的还会使发动机机件损坏。

二、车用柴油的选用

在相同功率下,柴油机比汽油机可节约燃料 25% ~30% 。目前,我国轻柴油中车用柴油仅占 30% 左右,其余为农用、船用、铁路机车用、矿山用、建筑工业用、发电用和民用等。随着我国国民经济的发展,特别是交通运输业与汽车工业的发展,柴油机将在各行各业得到广泛应用,我国汽车产业政策要求,载质量大于 5t 的车辆将逐渐使用柴油发动机,因此,柴油的需求量还会进一步增加。

(一)车用柴油的性能指标

对柴油使用性能影响最大的是柴油的低温流动性和燃烧性。

1. 柴油的低温流动性

1)凝点

凝点表示柴油遇冷及开始凝固而失去流动性的最高温度。车用柴油的牌号是以凝点来区分的,它意味着该柴油可以在什么样的气温下使用。我国规定轻柴油共有 5、0、-10、-20、-35、-50 等牌号,其牌号表示凝点大于或等于 5℃、0℃、-10℃、-20℃、-35℃、-50℃。好的柴油应当凝点低,凝点过高的柴油,对供油系统带来不利,较低温度下就可能造成油路的阻塞。

2)黏度

柴油的黏度决定了柴油的流动性。黏度大,流动性差,泵油就不可靠,喷油雾化性不好,燃烧不完全,不仅排气冒黑烟,而且油耗增大。由于高压油泵、喷油器等都是依靠柴油来润滑的,黏度过小,除不能保证高压油泵的润滑外,还会在高压泵的不密封处漏掉,产生供油不足,影响发动机的功率,所以黏度要适宜。一般车用柴油黏度在 20℃ 时大约以 $2mm^2/s$ 为宜。

2. 柴油的燃烧性

1）柴油的蒸发性

蒸发性对可燃混合气的形成与燃烧有一定的影响，常由燃料的蒸馏试验决定，即将柴油加热，分别测定蒸发出50%、90%、95%馏分时的温度，并分别定名为50%馏出温度、90%馏出温度及95%馏出温度。馏出温度越低，表明柴油蒸发性越好，能在短时间内同空气混合均匀，燃烧速度快，容易燃烧完全，油耗可以降低，同时也容易起动。

柴油馏分过重，由于燃烧不完全，积炭增多，还会稀释机油，加剧机械磨损。但是，若柴油馏分过轻，喷入汽缸的柴油蒸发太快，会引起全部柴油迅速燃烧，造成压力突然增高，产生工作粗暴。

2）柴油的发火性

发火性是指柴油的自燃能力。高速柴油机在压缩终了时，燃烧室内温度可达500～600℃、压力达3～4MPa。这时柴油以高压喷成细雾油粒状进入燃烧室内，与热空气混合，立即剧烈蒸发，形成混合气。由于燃烧室的温度已超过柴油的自燃点，柴油便自行着火燃烧。

柴油机工作时，柴油从喷油器被喷入燃烧室后，并非立即燃烧，而要经过一段时间进行燃烧前的准备，这个准备过程经历的时间称为“着火落后期”。“着火落后期”过长，会造成燃烧开始时燃烧室内积存的柴油过多，以致燃烧开始时汽缸内压力升高过快，使曲柄连杆机构承受较大的冲击力，加速磨损。同时汽缸内发出很响的敲击声，即工作粗暴。发火性好的柴油工作比较柔和，且可以在较低的温度下发火，有利于起动。

柴油的发火性可用“十六烷值”表示。“十六烷值”越高，柴油的发火性越好。汽车柴油机所用柴油的十六烷值不应低于40～45。但是过高的十六烷值对一般柴油机来说并不适宜，当十六烷值高于65时，会使排气冒烟。

十六烷值测定方法与测定汽油辛烷值的方法很相似。以称为十六烷的燃料作为基准燃料，它的燃烧性能好，自燃点低，定十六烷值为100；另一种称α-甲基萘的燃料也作为基准燃料，它的燃烧性能差，自燃点高，定十六烷值为0。然后按不同比例混合这两种基准燃料，就可以得到从0～100的标准燃料。在专用的单缸可变压缩比柴油机上，测定被测柴油与标准燃料的闪火时间，便可确定十六烷值的大小。

3. 腐蚀性

车用柴油的腐蚀性用硫含量、酸度、钢片腐蚀等级等指标表示。柴油中的硫经燃烧后生成SO_2、SO_3和水蒸气对排气系统造成高温气相腐蚀，排气温度越高，腐蚀越严重。此外，SO_2和SO_3与水反应生成腐蚀性的酸性物质，加速了汽缸套的腐蚀磨损。车用柴油的酸度太高，会使喷油器结焦，高压油泵柱塞磨损加大，燃烧室积炭增高，发动机功率下降。

4. 安定性

柴油的安定性用实际胶质和10%蒸余物残炭等控制，直馏轻柴油的安定性很高，二次调和加工组分的柴油，烯烃和芳烃含量多，所以安定性较低。安定性低的柴油容易使发动机供油系统堵塞。

5. 灰分

灰分指燃料燃烧后的残余矿物质数量。灰分是引起燃烧室积炭的主要因素。因此，柴油的灰分越小越好。

6. 水分

柴油中的含水量对其使用性能影响较大，它会使柴油自燃点升高，起动困难，引起发动机低温结冰等。机械杂质和水还会加剧发动机的磨损。

（二）车用柴油的国家标准

目前我国使用的车用柴油标准为国家质量监督检验检疫总局、国家标准化委员会于2016年12月23日颁布实施的国家标准《车用柴油》（GB 1914—2016），用于代替《车用柴油（Ⅴ）》（GB 19147—2013）。其主要技术变化有：增加了“车用柴油不得人为加入甲醇”；删除车用柴油（Ⅲ）的技术要求和试验方法，增加了车用柴油（Ⅵ）的技术要求和试验方法；提高了5号、0号、-10号车用柴油的闪点至不低于60℃；修改了10%蒸余物残炭值仲裁试验方法为GB/T 17144；修改了多环芳烃含量的仲裁试验方法为SH/T 0806；增加了脂肪酸甲酯含量测定方法NB/SH/T 0916，并作为仲裁试验方法。

根据标准，车用柴油按凝点分为六个牌号。

5号车用柴油：适用于风险率为10%的最低气温在8℃以上的地区使用；

0号车用柴油：适用于风险率为10%的最低气温在4℃以上的地区使用；

-10号车用柴油：适用于风险率为10%的最低气温在-5℃以上的地区使用；

-20号车用柴油：适用于风险率为10%的最低气温在-14℃以上的地区使用；

-35号车用柴油：适用于风险率为10%的最低气温在-29℃以上的地区使用；

-50号车用柴油：适用于风险率为10%的最低气温在-44℃以上的地区使用；

车用柴油（Ⅳ）、车用柴油（Ⅴ）和车用柴油（Ⅵ）技术要求和试验方法分别见表5-10、表5-11和表5-12。

车用柴油（Ⅳ）技术要求和试验方法 表5-10

项目		质量指标						试验方法
		5号	0号	-10号	-20号	-35号	-50号	
氧化安定性（以总不溶物计）（mg/100mL）	不大于	2.5						SH/T 0175
硫含量[a]（mg/kg）	不大于	50						SH/T 0689
酸度（以KOH计）（mg/100mL）	不大于	7						GB/T 258
10%蒸余物残炭[b]（质量分数）（%）	不大于	0.3						GB/T 17144
灰分（质量分数）（%）	不大于	0.01						GB/T 508
铜片腐蚀（50℃，3h）（级）	不大于	1						GB/T 5096
水含量[c]（体积分数）（%）	不大于	痕迹						GB/T 260
机械杂质[d]		无						GB/T 511
润滑性校正磨痕直径（60℃）（μm）	不大于	460						SH/T 0765
多环芳烃含量[e]（质量分数）（%）	不大于	11						SH/T 0806
运动黏度[f]（20℃）（mm^2/s）		3.0～8.0		2.5～8.0		1.8～7.0		GB/T 265
凝点（℃）	不高于	5	0	-10	-20	-35	-50	GB/T 510
冷滤点（℃）	不高于	8	4	-5	-14	-29	-44	SH/T 0248
闪点（闭口）（℃）	不低于	55		50		45		GB/T 261
十六烷值	不小于	49		46		45		GB/T 386

续上表

项目			质量指标						试验方法
			5号	0号	-10号	-20号	-35号	-50号	
十六烷指数[g]		不小于	46			46	43		SH/T 0694
馏程	50%回收温度(℃)	不高于	300						GB/T 6536
	90%回收温度(℃)	不高于	355						
	95%回收温度(℃)	不高于	365						
密度[h]（20℃）(kg/m^3)			810~850			790~840			GB/T 1884 GB/T 1885
脂肪酸甲酯[i]（体积分数）(%)		不大于	1.0						NB/SH/T 0916

注：a. 也可采用GB/T 11140和ASTM D7039进行测定，结果有异议时，以SH/T 0689方法为准。

b. 也可采用GB/T 268进行测定，结果有异议时，以GB/T 17144方法为准。若车用柴油中含有硝酸酯型十六烷值改进剂，10%蒸余物残炭的测定，应用不加硝酸酯的基础燃料进行。

c. 可用目测法，即将试样注入100mL玻璃量筒中，在室温（20℃ ±5℃）下观察，应当透明，没有悬浮和沉降的水分及机械杂质。也可采用GB/T 11133和SH/T 0246测定，结果有争议时，按GB/T 260测定。

d. 可用目测法，即将试样注入100mL玻璃量筒中，在室温（20℃ ±5℃）下观察，应当透明，没有悬浮和沉降的水分及机械杂质。结果有异议时，以GB/T 511测定。

e. 也可采用SH/T 0606进行测定，结果有异议时，以SH/T 0806方法为准。

f. 也可采用GB/T 30515进行测定，结果有异议时，以GB/T 265方法为准。

g. 十六烷指数的计算也可采用GB/T 11139。结果有异议时，以SH/T 0694方法为准。

h. 也可采用SH/T 0604进行测定，结果有异议时，以GB/T 1884和GB/T 1885方法为准。

i. 脂肪酸甲酯应满足GB/T 20828的要求。也可采用GB/T 23801进行测定，结果有异议时，以NB/SH/T 0916方法为准。

车用柴油（Ⅴ）技术要求和试验方法 表5-11

项目		质量指标						试验方法
		5号	0号	-10号	-20号	-35号	-50号	
氧化安定性（以总不溶物计）(mg/100mL)	不大于	2.5						SH/T 0175
硫含量[a]（mg/kg）	不大于	10						SH/T 0689
酸度（以KOH计）(mg/100mL)	不大于	7						GB/T 258
10%蒸余物残炭[b]（质量分数）(%)	不大于	0.3						GB/T 17144
灰分（质量分数）(%)	不大于	0.01						GB/T 508
铜片腐蚀(50℃,3h)(级)	不大于	1						GB/T 5096
水含量[c]（体积分数）(%)	不大于	痕迹						GB/T 260
机械杂质[d]		无						GB/T 511
润滑性校正磨痕直径(60℃)(μm)	不大于	460						SH/T 0765
多环芳烃含量[e]（质量分数）(%)	不大于	11						SH/T 0806
运动黏度[f]（20℃）(mm^2/s)		3.0~8.0		2.5~8.0		1.8~7.0		GB/T 265
凝点(℃)	不高于	5	0	-10	-20	-35	-50	GB/T 510
冷滤点(℃)	不高于	8	4	-5	-14	-29	-44	SH/T 0248

续上表

项目		质量指标						试验方法
		5号	0号	-10号	-20号	-35号	-50号	
闪点(闭口)(℃)	不低于	60			50	45		GB/T 261
十六烷值	不小于	51			49	47		GB/T 386
十六烷指数[g]	不小于	46			46	43		SH/T 0694
馏程	50%回收温度(℃) 不高于	300						GB/T 6536
	90%回收温度(℃) 不高于	355						
	95%回收温度(℃) 不高于	365						
密度[h](20℃)(kg/m^3)		810~850			790~840			GB/T 1884 GB/T 1885
脂肪酸甲酯[i](体积分数)(%)	不大于	1.0						NB/SH/T 0916

注:a. 也可采用 GB/T 11140 和 ASTM D7039 进行测定,结果有异议时,以 SH/T 0689 方法为准。
b. 也可采用 GB/T 268 进行测定,结果有异议时,以 GB/T 17144 方法为准。若车用柴油中含有硝酸酯型十六烷值改进剂,10%蒸余物残炭的测定,应用不加硝酸酯的基础燃料进行。
c. 可用目测法,即将试样注入 100mL 玻璃量筒中,在室温(20℃ ±5℃)下观察,应当透明,没有悬浮和沉降的水分及机械杂质。也可采用 GB/T 11133 和 SH/T 0246 测定,结果有争议时,按 GB/T 260 测定。
d. 可用目测法,即将试样注入 100mL 玻璃量筒中,在室温(20℃ ±5℃)下观察,应当透明,没有悬浮和沉降的水分及机械杂质。结果有异议时,以 GB/T 511 测定。
e. 也可采用 SH/T 0606 进行测定,结果有异议时,以 SH/T 0806 方法为准。
f. 也可采用 GB/T 30515 进行测定,结果有异议时,以 GB/T 265 方法为准。
g. 十六烷指数的计算也可采用 GB/T 11139。结果有异议时,以 SH/T 0694 方法为准。
h. 也可采用 SH/T 0604 进行测定,结果有异议时,以 GB/T 1884 和 GB/T 1885 方法为准。
i. 脂肪酸甲酯应满足 GB/T 20828 的要求。也可采用 GB/T 23801 进行测定,结果有异议时,以 NB/SH/T 0916 方法为准。

车用柴油(Ⅵ)技术要求和试验方法 表 5-12

项目		质量指标						试验方法
		5号	0号	-10号	-20号	-35号	-50号	
氧化安定性(以总不溶物计)(mg/100mL)	不大于	2.5						SH/T 0175
硫含量[a](mg/kg)	不大于	10						SH/T 0689
酸度(以 KOH 计)(mg/100mL)	不大于	7						GB/T 258
10%蒸余物残炭[b](质量分数)(%)	不大于	0.3						GB/T 17144
灰分(质量分数)(%)	不大于	0.01						GB/T 508
铜片腐蚀(50℃,3h)(级)	不大于	1						GB/T 5096
水含量[c](体积分数)(%)	不大于	痕迹						GB/T 260
润滑性校正磨痕直径(60℃)(μm)	不大于	460						SH/T 0765
多环芳烃含量[d](质量分数)(%)	不大于	7						SH/T 0806
运动黏度[e](20℃)(mm^2/s)		3.0~8.0		2.5~8.0		1.8~7.0		GB/T 265
凝点(℃)	不高于	5	0	-10	-20	-35	-50	GB/T 510

续上表

项目			质量指标						试验方法
			5号	0号	-10号	-20号	-35号	-50号	
冷滤点(℃)		不高于	8	4	-5	-14	-29	-44	SH/T 0248
闪点(闭口)(℃)		不低于	60			50	45		GB/T 261
十六烷值		不小于	51			49	47		GB/T 386
十六烷指数[f]		不小于	46			46	43		SH/T 0694
馏程	50%回收温度(℃)	不高于	300						GB/T 6536
	90%回收温度(℃)	不高于	355						
	95%回收温度(℃)	不高于	365						
密度[g](20℃)(kg/m³)			810~845			790~840			GB/T 1884 GB/T 1885
脂肪酸甲酯[h](体积分数)(%)		不大于	1.0						NB/SH/T 0916

注:a. 也可采用 GB/T 11140 和 ASTM D7039 进行测定,结果有异议时,以 SH/T 0689 方法为准。

b. 也可采用 GB/T 268 进行测定,结果有异议时,以 GB/T 17144 方法为准。若车用柴油中含有硝酸酯型十六烷值改进剂,10%蒸余物残炭的测定,应用不加硝酸酯的基础燃料进行。

c. 可用目测法,即将试样注入 100mL 玻璃量筒中,在室温(20℃ ±5℃)下观察,应当透明,没有悬浮和沉降的水分及机械杂质。也可采用 GB/T 11133 和 SH/T 0246 测定,结果有争议时,按 GB/T 260 测定。

d. 也可采用 SH/T 0606 进行测定,结果有异议时,以 SH/T 0806 方法为准。

e. 也可采用 GB/T 30515 进行测定,结果有异议时,以 GB/T 265 方法为准。

f. 十六烷指数的计算也可采用 GB/T 11139。结果有异议时,以 SH/T 0694 方法为准。

g. 也可采用 SH/T 0604 进行测定,结果有异议时,以 GB/T 1884 和 GB/T 1885 方法为准。

h. 脂肪酸甲酯应满足 GB/T 20828 的要求。也可采用 GB/T 23801 进行测定,结果有异议时,以 NB/SH/T 0916 方法为准。

我国柴油存在的主要问题是质量问题,硫含量较高、十六烷值偏低、安定性和低温流动性较差,需要通过不同程度的加氢工艺来解决,如:加氢精制、加氢裂化、加氢脱芳、加氢改质、加氢异构等。

(三)车用柴油的合理使用

1. 级别选择

柴油的级别选择应根据柴油机的工作特性进行。比较各级柴油的质量指标,除硫含量外,其余质量指标大多相同或相近,所以柴油的级别选择主要是含硫量的选择。柴油中含硫量高,腐蚀增加,沉积物也增多,润滑油容易变质,使得零件早期磨损。因此,使用高含硫柴油,必须使用相应的润滑油,如 ECD 级柴油机油。柴油汽车应尽量选用含硫量质量分数不大于 0.5% 的柴油。

2. 牌号选择

柴油的牌号选择主要考虑柴油机的使用环境。一般要求所选柴油的凝点必须比环境温度低 5℃以上。GB/T 19147—2016 各牌号柴油指标中,不仅给出了凝点,而且给出了冷滤点。冷滤点是 20 世纪 70 年代中期西欧开始采用的评价柴油低温流动性指标,表示柴油低温时通过金属滤网的能力。在规定的冷却条件下,柴油在 1.96kPa 的抽力下,1min 通过缝隙宽度45μm金属滤网的柴油体积少于20mL的最高温度，即为柴油的冷滤点。同一等级中的各牌号柴油，除凝点（冷滤点）不同外，其余各质量指标相同或相近。凝点越低，柴油的脱蜡深度越深，而深度脱蜡使产品的十六烷值降低，产量锐减。所以在满足使用要求的前提下，应尽量选用凝点较高的柴油。部分省份选用车用柴油时可参考表5-13。

部分省份风险率为10%的最低气温（℃） 表5-13

省份	一月份	二月份	三月份	四月份	五月份	六月份	七月份	八月份	九月份	十月份	十一月份	十二月份
河北省	-14	-13	-5	1	8	14	19	17	9	1	-5	-12
山西省	-17	-16	-8	-1	5	11	15	13	6	-2	-9	-16
内蒙古自治区	-43	-42	-35	-21	-7	-1	4	1	-8	-19	-32	-41
黑龙江省	-44	-42	-35	-20	-6	1	7	4	-6	-20	-35	-43
吉林省	-29	-27	-17	-6	1	8	14	12	2	-6	-17	-26
辽宁省	-23	-21	-12	-1	6	12	18	15	6	-2	-12	-20
山东省	-12	-12	-5	2	8	14	19	18	11	4	-4	-10
江苏省	-10	-9	-3	3	11	15	20	20	12	5	-2	-8
安徽省	-7	-7	-1	5	12	18	20	20	14	7	0	-6
浙江省	-4	-3	1	6	13	17	22	21	15	8	2	-3
江西省	-2	-2	3	9	15	20	23	23	18	12	4	0
福建省	-4	-2	3	8	14	18	21	20	15	8	1	-3
广东省	1	2	7	12	18	21	23	23	20	13	7	2
海南省	9	10	15	19	22	24	24	23	23	19	15	12
广西壮族自治区	3	3	38	12	18	21	23	23	19	15	9	4
湖南省	-2	-2	3	9	14	18	22	21	16	10	1	-1
湖北省	-6	-4	0	6	12	17	21	20	14	8	1	-4
河南省	-10	-9	-2	4	10	15	20	18	11	4	-3	-8
四川省	-21	-17	-11	-7	-2	1	2	1	0	-7	-14	-19
贵州省	-6	-6	-1	3	7	9	12	11	8	4	-1	-4
云南省	-9	-8	-6	-3	1	5	7	7	5	-1	-5	-8
西藏自治区	-29	-25	-21	-15	-9	-3	-1	0	-6	-14	-22	-29
新疆维吾尔自治区	-40	-38	-28	-12	-5	-2	0	-2	-6	-14	-25	-34
青海省	-33	-30	-25	-18	-10	-6	-3	-4	-6	-16	-28	-33
甘肃省	-23	-23	-16	-9	-1	3	5	5	0	-8	-16	-22
陕西省	-17	-15	-6	-1	5	10	15	12	6	-1	-9	-15
宁夏回族自治区	-21	-20	-10	-4	2	6	9	8	3	-4	-12	-19

三、燃料的合理使用与节油

汽车的燃料经济性与燃料的雾化和燃烧性密切相关。提高燃料品质，合理使用燃料，使燃料燃烧及时、完全，充分利用燃料放出的热能，是重要的节油途径。

燃料的蒸发性对可燃混合气的燃烧有重要影响。充分利用轻质汽油组分，能改善其燃烧性能，提高热能利用率。与使用终馏点240℃的汽油相比，使用终馏点205℃的汽油，油耗降低5% ~8%。

按地区、分季节使用不同蒸发性的汽油，规定相应的饱和蒸气压指标，既能保证在寒冷地区使用时的低温流动性和燃烧性，又不致在高温地区产生气阻，从而可以经济合理地利用燃料。

要使燃料在发动机中形成均匀、经济的可燃混合气，不仅要求燃料雾化良好，还必须保持最佳的空气—燃油混合比。在保证动力性能的前提下，使发动机常用工况处于经济性最佳的区域。发动机燃用较稀的混合气时，既有利于改善燃烧，又可充分利用发动机的后备功率，提高燃料经济性。油耗随过量空气系数的变化而变化。当过量空气系数为1时，油耗比过量空气系数为1.11时约多4%；而当过量空气系数为0.88时，油耗比过量空气系统为1.11时增加18%。

第二节　发动机润滑油的合理选用

汽车润滑油主要包括发动机润滑油（发动机机油）、汽车齿轮油和汽车用润滑脂等。汽车可运行的地域辽阔，各地环境温度条件相差很大，对汽车润滑油的要求很高。尤其是发动机润滑油，工作条件异常恶劣，要求具有耐腐蚀、耐高压、耐高温等特性。随着汽车结构的不断发展，汽车润滑材料的工作条件也越来越苛刻，因此，润滑油的品种规格越来越多，价格也越来越高，了解润滑油的基本知识，正确地选用润滑油对汽车使用者也越来越重要。

使用润滑油的主要目的是降低摩擦、减缓磨损，以保证发动机有效和长期地工作。其次是将燃料燃烧和摩擦产生的热量带走，以起到冷却作用，使发动机不会过热，保证正常工作。此外，润滑油还有密封、清洗、减振、防锈等作用。

通过合理选用汽车润滑油，可以保证发动机各运动部件得到充分合理地润滑，降低由于摩擦造成的能量损失，提高汽车的经济性。

一、发动机润滑油的性能指标

发动机润滑油的工作条件十分恶劣，它经常与发动机的高温、高压机件接触，所经受的环境温差较大，最高可达300℃（汽缸内），低时只有80℃ ~90℃（曲轴箱内）。另外还要遭受水汽、酸性物质、灰尘微粒和金属杂质的侵扰。润滑油在这种苛刻的条件下工作，还要保证上述的各种作用、功能，因此必须具备优良的性能。润滑油的这些性能和对其质量的要求用一系列指标来体现，主要有以下几个方面。

1. 黏度

液体受到外力作用移动时，液体分子间产生的内摩擦力的性质，称为黏度。在物理学中黏度是用液体分子间的相互作用力来解释的。液体在外力作用下发生相对运动时，在液体分子间产生一种阻力，以阻碍液体分子的相对运动，液体的这种性质称为液体的黏滞性，黏滞性的大小在工业上用黏度来表示。黏度是发动机润滑油的重要性能指标，它是润滑油分类的依据，也是选用润滑油的主要依据。黏度一般分为绝对黏度和条件黏度（相对黏度）。绝对黏度又包括动力黏度和运动黏度。动力黏度的单位是帕斯卡秒（用 Pa · s 表示），也可用厘泊表示（符号为 cP），$1cP = 10^{-3}Pa \cdot s$。运动黏度是液体动力黏度与相同温度下的液体密度之比。运动黏度的单位是平方米每秒（用 m^2/s 表示），通常也用厘沲表示（符号为 cSt），$1cSt = 10^{-6}m^2/s$。

2. 黏温性能

润滑油的黏度随温度变化而变化，当温度下降时黏度增大，这种关系及其变化程度就是润滑油的黏温性。对于发动机润滑油来讲，黏温性是一项重要指标。润滑油在发动机润滑部位的工作温度差别相当大，例如，活塞环处温度为 205℃ ~300℃，活塞裙部温度在 110℃ ~115℃，主轴承处温度为 85℃ ~95℃。在寒冷的冬季，如果将车停在室外，曲轴箱里的机油温度会降至与大气温度一样低。由此可知，发动机要求润滑油在高温部件上工作时能保持一定的黏度，形成一定厚度的油膜，起到良好的润滑作用；在低温时，黏度不要变得太大，以免造成发动机冬季起动困难。

3. 腐蚀性

发动机润滑油腐蚀性表示润滑油长期使用后对发动机机件的腐蚀程度。无论润滑油的品质多么高级，在发动机高温、高压和有水分的工作条件下，也会逐渐老化。润滑油中的抗氧化剂也只能起到抑制、延缓油料的氧化过程，减少氧化产物，但不能从根本上消除润滑油的老化。造成润滑油老化的原因主要是润滑油氧化后产生无机酸，无机酸尽管属于弱酸，但在高温、高压和有水的环境下也会对一些金属构成腐蚀。

4. 清净分散性

清净分散性主要是指发动机润滑油能将老化后生成的胶状物、积炭等氧化产物悬浮在油中，使其不易沉积在机件上的能力，在一定程度上表示润滑油能将已沉积在机件上的胶状物、积炭等氧化产物清洗下来的能力。清净分散性能良好的润滑油能使这些氧化物悬浮在油中，通过机油滤清器将其过滤掉，从而减少发动机汽缸壁、活塞及活塞环等部件上的沉积物，防止由于机件过热烧坏活塞环引起的汽缸密封不严，发动机功率下降，油耗增加的故障。

5. 倾点和凝点

倾点是油料在一定试验条件下冷却，当冷却到试管倾斜 1min，试管内油面仍能流动的最低温度。凝点是试管内油面开始静止不动的最高温度。

6. 酸值

酸值是表明润滑油中含有酸性物质的指标。油品级别越高，酸值就越小；反之，则越大。在实际使用中，润滑油酸值有以下几点意义：

（1）根据酸值可大概判断润滑油对金属的腐蚀性质。润滑油中有机酸含量小，在无水和温度较低时，对金属不会有腐蚀作用。但有机酸含量多和有水时就会腐蚀金属。

（2）由酸值的大小可以判断使用中的润滑油变质程度，这也是润滑油更换的指标之一。润滑油在使用一段时间后，由于油品受到氧化逐渐变质，表现在酸值增大，当其超过一定限度时，就应该更换润滑油了。

（3）根据酸值的大小判断油品中含酸物质的量。由于发动机润滑油出厂时只控制未加添加剂前的酸值，加入添加剂后酸值有可能增大，因为有些添加剂属酸性物质，加入后肯定会增加润滑油的酸值。

7. 闪点

在规定条件下，将油品加热，油蒸气的浓度随油温的升高而随之增加，当油温升高到某一温度时，油蒸气在混合气中浓度达到可燃浓度时，用火焰接近混合气产生闪光，产生这种闪光现象的最低温度称为油品的闪点。润滑油闪点高，说明其蒸发性能不好，这有利于其在发动机高温状态下工作。所以，发动机润滑油的闪点越高越好。经验表明，润滑油闪点太低，燃油消耗就增加。如果曲轴箱中润滑油闪点在使用过程中明显降低，说明润滑油已受到燃料的稀释，需要对发动机进行检查维修或更换润滑油。

8. 灰分

油品在规定条件下灼烧后，所剩的不燃物质，称为灰分。油料中的灰分会增加发动机积炭，增大机件的磨损，因此，润滑油的灰分应该是少些为好。

9. 残炭

油品的残炭是将油晶放入一个容器中，在不通入空气的试验条件下，加热使其蒸发和分解，排出燃烧气体后，所剩余的焦黑色残留物，称为残炭。根据残炭的大小，人们可以大致判断润滑油在发动机中的结炭倾向。与其他指标相结合，可以判断润滑油的精制深度。一般而言，精制深的油品，残炭量小；反之，残炭量大。在润滑油的规格中，残炭量用“不大于”某数值表示。

10. 水分和机械杂质

按国家标准《汽油机油》（GB 11121—2006）的规定，发动机润滑油中机械杂质含量不大于“0.01%”；水分含量不大于“痕迹”，即含水量不大于0.03%。

润滑油中的机械杂质会增加发动机机件的磨损或堵塞滤清器，水分会腐蚀发动机零部件，当水与100℃以上高温金属零件接触时形成水蒸气，破坏润滑油膜，降低其润滑作用。

11. 抗氧化安定性

润滑油在使用和储存过程中，一旦与空气接触，在条件适当情况下，便会发生化学反应，产生诸如酸类、胶质等氧化物。氧化物集聚在润滑油中会使其颜色变暗、黏度增加、酸性增大。因此，润滑油都应具有抗氧化能力，这种能力称为抗氧化安定性。

12. 热氧化安定性

润滑油在发动机机件上形成油膜，油膜在高温和氧化作用下，抵抗漆膜产生的能力，称为润滑油的热氧化安定性。润滑油的热氧化安定性差，使用时很快就会生成漆膜，不利于热传导和润滑。

二、发动机润滑油的分类

发动机润滑油按用途主要分为汽油机润滑油、柴油机润滑油和两冲程汽油机润滑油三大类。我国发动机润滑油的质量等级采用美国石油学会（API）的使用条件分类法和美国汽车工程师学会（SAE）的黏度分类法。

机油使用性能分类法，就是根据机油在发动机试验评定中表现的润滑性、清净分散性、抗氧抗腐性、抗磨性、抗泡沫性等确定其等级。《内燃机油分类》参照 API 的性能分类法，把机油分为汽油机油系列(S 系列)和柴油机油系列(C 系列)。根据《汽油机油》(GB 11121—2006),汽油机油分 SE、SF、SG、SH、GF-1、SJ、GF-2、SL 和 GF-3 九个汽油机油品种。根据《柴油机油》(GB 11122—2006),柴油机油分为 CC、CD、CF、CF-4、CH-4 和 CI-4 六个柴油机油品种。部分机油特性及使用场合见表 5-14 和表 5-15。

汽油机油的特性和使用场合 表 5-14

品种代号	特性和使用场合
SE	用于 1972 年后出厂的汽油机,具有高抵抗氧化和低温抗油泥和防锈性能
SF	用于 1980 年后出厂的以无铅汽油作燃料的汽油机,与 SE 级油相比,提高了抗氧化稳定性和改进了抗磨性能,还具有抗沉淀、防锈蚀和磨蚀的性能
SG	用于 1989 年后出厂的汽油机,改进了抗沉积、抗氧化和抗磨损性能,还具有很高的防锈性能、清净分散性能
SH	用于 1994 年后出厂的汽油机,具有比 SG 级油更好的抗磨损、抗腐蚀、清净分散性能和高温抗氧化性。含磷量(质量分数,后同)为 0.12%
SJ	用于 1997 年后出厂的汽油机,具有更好的清净分散性和高温抗氧化性,适应严格的排放要求,并具有更长的使用寿命。含磷量为 0.10%
SL	用于 2001 年后出厂的汽油机,具有比 SJ 级油更好的抗磨性、抗氧化性、清净分散性、节油性,适应更严格的排放要求,可用于增压发动机,并具有更长的使用寿命。含磷量为 0.10%
SM	用于 2004 年后出厂的汽油缸内直喷发动机,比 SJ 级油抗磨性提高 20%。具有更强的抗氧化性、清净分散性、节油性,适应更严格的排放要求,可用于增压发动机,并具有更长的使用寿命。含磷量为 0.08%
SN	用于 2010 年后出厂的汽油缸内直喷增压发动机,具有比 SM 级油更好的抗磨性、抗氧化性、清净分散性、节油性。适应更严格的排放要求,具有保护车辆排放控制系统的要求,含磷量更低,并具有超长的使用寿命。

柴油机油的特性和使用场合 表 5-15

品种代号	特性和使用场合
CD	用于 1965 年后生产的高速高功率增压柴油机,具有高效率的控制磨损和控制沉积物的能力,以及抗轴承磨损的性能
CE	用于 1983 年后生产的增压重负荷柴油机,具有优良的防止高低温沉积物和抗腐蚀性、抗磨损性
CF-4	用于 1991 年后生产的增压重负荷柴油机,符合相关的排放标准,具有优良的防止高低温沉积物和抗腐蚀性、抗磨损性
CF	用于 1994 年后生产的柴油机,尤其是间接喷射柴油发动机,适用于轻型柴油货车或柴油轿车,具有优良的防止高低温沉积物和抗腐蚀性、抗磨损性
CG-4	用于 1995 年后生产的使用低硫燃料的增压或电控柴油机,符合相关排放标准,具有优良的防止高低温沉积物和抗腐蚀性、抗磨损性
CH-4	用于 1998 年后生产的使用低硫燃料的重负荷、高速、四行程柴油机,满足 1998 年后相应排放法规,具有优良的防止高低温沉积物和抗腐蚀性、抗磨损性
CI-4	用于 2002 年后生产的使用低硫燃料的重负荷、高速、四行程柴油机和使用电控高压共轨的柴油机,满足 2002 年后相应排放法规,具有优良的防止高低温沉积物和抗腐蚀性,以及抗磨损保护性能
CJ-4	用于 2007 年后生产的使用低硫燃料的车用柴油机,满足 2007 年后相应排放法规,具有优良的防止高低温沉积物和抗腐蚀性,以及抗磨损保护性能

我国内燃机润滑油黏度等级等效采用 SAE J300 APR84 标准。该标准将冬季用润滑油按 -30℃、-25℃、-20℃、-15℃、-10℃、-5℃时的最高动力黏度、边界泵送温度和最高倾点三项低温性能指标分为 0W、5W、10W、15W、20W 及 25W 六个等级(W 表示冬用),其低温黏度、边界泵送温度和最高倾点一级比一级高。按 100℃时的运动黏度把春秋和夏季用润滑油分为 20、30、40、50 四个等级,其黏度也依次递增,润滑油黏度分级见表 5-16。

内燃机机油黏度分级 表 5-16

黏度等级	在规定温度(℃)下的黏度(MPa·s)不大于		边界泵送温度(℃)不高于	100℃黏度(mm^2/s)	
	黏度(MPa·s)	温度(℃)		不小于	不大于
0W	3250	-30	-35	3.8	
5W	3500	-25	-30	3.8	
10W	3500	-20	-25	4.1	
15W	3500	-15	-20	5.6	
20W	4500	-10	-15	5.6	
25W	6000	-5	-10	9.3	
20				5.6	9.3
30				9.3	12.5
40				12.5	16.3
50				16.3	21.3
60				21.3	26.1

如果一种内燃机润滑油的低温性能各项指标和 100℃运动黏度仅满足冬用润滑油或夏用润滑油黏度分级之一者,称为单级油;如果一种润滑油,它的低温性能各项指标和 100℃运动黏度能同时满足冬夏两种黏度分级要求的,称为多级油。如果一种润滑油同时达到了 10W 和 40 这两个黏度分级的要求,那么这种润滑油就是多级油,用 10W-40 或 10W/40 表示。

常用的多级油有 5W/20、5W/30、5W/40、5W/50、10W/20、10W/30、10W/40、10W/50、15W/20、15W/30、15W/40、15W/50、20W/20、20W/30、20W/40、20W/50 共 16 种。在单级冬季用油中,符号 W 前的数字越小,说明其低温黏度越小,低温流动性越好,适用的最低气温越低。在单级夏季用油中,数字越大,其黏度越大,适用的最高气温越高。对于多级油来讲,其代表冬季用部分的数字越小,代表夏季用部分的数字越大,说明其黏温特性越好,适用的气温范围越大。

黏度是润滑油的重要质量指标,润滑及密封作用要求机油应有适宜的黏度,使机油能在摩擦表面上形成足够厚度的油膜;而冷却及清洗作用则要求使用低黏度润滑油。所以,应在综合考虑的基础上,正确地选择机油黏度。

黏度太高,流动性不好,起动时输送机油慢,油压虽高,但流量小,而使冷起动困难。此时,机件最容易出现短暂的干摩擦或半液体摩擦,这是造成发动机运动件磨损的最主要原因。黏度太高,机件摩擦表面间的摩擦力也就增大,它不仅会增大机件磨损,而且摩擦功增大,致使有效功率降低,燃油消耗增加。黏度太高,由于机油的循环速度变慢,使冷却散热作用的效果变差。黏度大的机油与黏度小的机油相比，残炭含量较多，酸值和凝点较高，热氧化安定性和黏温性能都要差些，从而影响使用效果。

机油黏度太低，油膜容易被破坏。在高温摩擦表面上，不易形成足够厚的油膜，机件得不到正常润滑，会增大磨损。同时，密封作用差，不仅使汽缸有效压力降低，机油受稀释和污染，而且易使机油窜入燃烧室，致使机油消耗量增加，燃烧不完全，排气冒黑烟。

因此，在保证发动机良好润滑的前提下，应选用黏度较低的机油。只有在负荷大、环境较严重的条件下或发动机本身已磨损严重时，才选用黏度稍大的机油，以保证摩擦表面间形成可靠的润滑层，减少机件磨损，保证密封作用。

三、润滑油的合理使用与节油

合理使用润滑油，提供良好的润滑，降低摩擦磨损，提高油品的抗氧化安定性、洁净分散性，可以提高汽车的动力性、经济性、可靠性等。

选用合适黏度的润滑油，改进润滑性能，降低边界摩擦等，可减少燃料消耗。在满足摩擦副润滑的条件下，降低机油的黏度，对降低汽车燃油消耗有一定作用。发动机润滑油的100℃黏度每降低1mm^2/s，大约节省燃料1.5%；发动机正常运转时，理论上每降低一个SAE黏度等级，可节省燃料0.5%~2.5%。

多级油由低黏度油加黏度指数改进剂配制而成，有良好的黏温性能。低温时，多级油黏度小，有较好的低温流动性。根据测定，发动机起动时的磨损占总磨损量的50%，多级油低温性能好，可保证低温下迅速起动，因而能大大减小磨损和燃油消耗。高温时，多级油还能保持一定的黏度，形成足够的油膜厚度。所以，使用多级油既能保证良好润滑，又可改善燃料经济性。使用SAE 10W/30或10W/40发动机润滑油比使用SAE 40发动机润滑油节省燃料2.4%左右。

摩擦副处于边界润滑状态时，油中的减磨剂可使摩擦力减小，达到动力流畅、降低能耗的目的。发动机润滑油中加入一定量的减磨剂，可节约燃油1%左右，同时可减小摩擦磨损的影响。

润滑油的热氧化安定性是在高温下，油品抵抗氧化变质的能力；润滑油的清净分散性是油品抑制胶膜、沉淀等形成的性能。这两种性能的提高，可以延长润滑油的使用期，减轻燃烧室中积炭的生成，从而避免不正常燃烧，降低燃油消耗量，提高发动机的工作可靠性和动力性，延长使用寿命。

四、发动机润滑油的选择及使用

发动机润滑油是保证其正常工作的必要条件。如果选择不当，不仅影响发动机的使用性能，严重时还会导致发动机的突发故障，造成安全隐患。同理，选择了正确的润滑油，还要了解正确的使用方法，使用不当发挥不了所选油品应有的作用。

（一）发动机润滑油的选用原则

汽油机润滑油的选择主要依据发动机的结构特点、使用条件、气候条件等选择润滑油的质量等级和黏度级别。根据发动机的结构性能和使用条件选择相应的润滑油质量等级，再根据使用地区的气温选择润滑油黏度级别。有汽车使用说明书的用户，依据说明书要求选取，无使用说明书时，汽油车可以按照发动机设计年代、发动机的压缩比、曲轴箱是否安装正压通风装置（PCV）、是否安装废气再循环装置（EGR）和三元催化转换器等因素选取润滑油。

（二）发动机润滑油等级的选择

1. 汽油机润滑油等级选择

汽油机润滑等级选择一般要考虑以下因素：

（1）发动机的压缩比、排量、最大功率、最大转矩；

（2）润滑油的负荷，即发动机功率与曲轴箱机油容量之比；

（3）曲轴箱强制通风、废气再循环等排气净化装置的采用对发动机润滑油的影响；

（4）城市汽车频繁起停等运行工况对生成沉积物和润滑油氧化的影响。

部分汽油发动机选用润滑油等级见表 5-17。

部分汽油机选用润滑油等级 表 5-17

车　　型	发动机型号/结构特征	润滑油质量等级
捷达	EA113/多点喷射	SJ、SL
高尔夫 6	EA111/缸内直喷、废气涡轮增压	SL、SM
丰田卡罗拉	2ZR-FE/多点电喷发动机	SL、SM
一汽迈腾	EA888/缸内直喷、废气涡轮增压	SM、SN
本田雅阁	K24Z2/多点电喷发动机	SL、SM
奥迪 A6L	VAJ/缸内直喷、机械式增压器	SM、SN

2. 柴油机润滑油等级选择

柴油机可根据柴油机的强化系数及运行条件来选用其使用性能等级。柴油机强化系数代表其热负荷和机械负荷，强化系数越大，表明发动机的热负荷和机械负荷越高，而且对油品的质量要求也越高。柴油机的强化系数用 K 表示，计算式为：

$$K = P_e \cdot C_m \cdot Z \tag{5-2}$$

式中：P_e——汽缸平均有效压力，0.1MPa 的倍数；

C_m——活塞平均速度，m/s；

Z——冲程系数，四冲程取 0.5，二冲程取 1.0。

强化系数越大，说明柴油机的机械负荷和热负荷越大，柴油机的强化程度越高，润滑油的工作条件越苛刻，要求选用的性能等级就越高。部分柴油发动机选用润滑油的等级见表 5-18。

部分柴油机选用润滑油的等级 表 5-18

车　　型	发动机型号结构特征	润滑油质量等级
捷达 SDI	电控 VE 分配泵	CG-4
日产客货两用车	4D22 电控直喷 VE 泵、废气涡轮增压	CF-4、CF
依维柯轻型客车	8140.43N 直喷高压共轨，废气涡轮增压	CG-4、CH-4
解放 J6P 重型货车	电控高压共轨直喷，废气涡轮增压，中冷	CI-4、CJ-4

3. 特殊条件下润滑油等级选择

在下列苛刻条件下，应酌情提高一级润滑油等级。

(1)汽车处于经常停停开开的使用工况,容易产生低温油泥,如:城市公共汽车、出租汽车等。

(2)长时期在低温、低速(气温低于0℃、速度16km/h以下)行驶,容易产生低温沉积。

(3)长时间在高温、高速、满载下工作,易使润滑油氧化变质,生成积炭、漆膜等高温沉积物。

(4)长期在灰尘大的条件下工作。

(三)发动机润滑油黏度的选择

选择发动机润滑油的黏度主要根据发动机工作的环境温度,润滑油的使用温度应比其凝点高6~10℃。一般常以汽车使用地区的年最高和最低气温选择润滑油的黏度等级。如我国北方温度不低于-15℃的地区,冬季用SAE 20W,夏季用SAE 30或全年通用SAE 20/30;低于-15℃的地方,全年通用SAE 15W/30或SAE 10W/30;严寒地区用SAE 5W/20。南方最低气温高于-5℃的地区,全年通用SAE 30,广东、广西、海南可用SAE 40。表5-19列出了黏度等级与使用环境温度范围的参考值。

黏度等级与使用环境温度范围的参考值 表5-19

黏度等级	使用温度(℃)	黏度等级	使用温度(℃)
5W	-30~-10	5W/30	-30~30
10W	-25~-5	10W/30	-25~30
20	-10~30	10W/40	-25~40
30	0~30	15W/40	-20~40
40	10~50	20W/40	-15~40

此外,还可根据发动机的性能和磨损情况选择相应牌号的润滑油。根据发动机的性能,例如大负荷、低转速的发动机选用黏度大些的润滑油;小负荷、高转速的发动机选用黏度小的润滑油。根据发动机的磨损情况,旧发动机磨损大,选用黏度大的润滑油;新发动机磨损少,选用黏度小的润滑油。

(四)发动机润滑油使用时注意事项

(1)级别低的润滑油不能用于高性能发动机,以防润滑不足,造成磨损加剧,级别高的润滑油可以用于稍低性能的发动机,但不可降档太多。

(2)在保证润滑条件下,优选黏度低的润滑油,可以减少机件的摩擦损失,提高功率,降低燃料消耗。如果发现所用润滑油黏度太高,切不可自行进行稀释,正确的方法是放掉发动机内所有润滑油(包括滤清器内的润滑油),换用黏度适当的润滑油。

(3)保持正常油位,常检查,勤加油。正常油位应位于油尺的满刻度标志和1/2刻度标志之间,不可过多或过少。

(4)不同牌号的润滑油不可混用,同一牌号但不同生产厂家的润滑油也尽量不混用。

(5)注意识别伪劣润滑油,不要迷信国外品牌润滑油。选取润滑油时,切勿一味相信广告和维修人员推荐,应检查是否经权威检测单位检测,问清检测结果。购买时到信誉好的大中型汽配商店选购。

(6)定期更换润滑油,换油时同时换掉润滑油滤芯。

第三节 汽车齿轮油的合理选用

汽车齿轮油主要用于润滑各种车辆的后桥传动齿轮和手动变速器。齿轮油在齿轮传动中的主要作用是减少摩擦、降低磨损、冷却零部件,同时还有缓和振动、减少冲击、防止锈蚀以及清洗摩擦面脏物的作用。它与发动机润滑油的主要区别是油膜所能承受的单位压力更大,因而要求具有良好的油性、黏温特性和极压抗磨性。

一、汽车用齿轮油应具备的性能

1. 极压抗磨性

在正常运转条件下,齿轮处于弹性流体动力润滑状态,但当汽车在重载荷起动、爬坡或遇到冲击载荷时,齿面接触区中有相当部分处于边界润滑状态,汽车双曲线齿轮的齿面负荷高达1.7GPa,冲击载荷高达2.8GPa。因此,齿轮油要求在较高的负荷下还能保持足够的油膜厚度。齿轮油的黏度增加有利于承载能力的提高,但黏度过大会增加摩擦损失,所以汽车齿轮油中一般都加有极压抗磨添加剂。

2. 热氧化安定性

轿车后桥和变速器的工作温度并不高,但随着工作条件越来越苛刻,齿轮箱体积逐渐缩小,齿轮油的氧化也越来越严重。重型载货汽车后桥和变速器的工作温度相当高,齿轮油的氧化是一个突出问题。齿轮油氧化带来的问题很多,它使油的黏度增加,生成油泥,影响油的流动;它产生腐蚀性物质,加速金属的腐蚀和锈蚀;它生成的极性沉淀物会吸附极性添加剂,使添加剂随沉淀物一起从油中析出;沉淀物会使橡胶密封件老化变硬,也会覆盖在零件表面,影响散热。

3. 抗腐蚀性能

汽车齿轮油中含有的极性添加剂会与零件表面金属反应生成有机膜,以防止在重负荷时油膜破裂引起擦伤,增加极压性能。但极性添加剂又会造成铜或铜合金的腐蚀。所以要求汽车齿轮油有兼顾极压性和抗腐蚀性的能力。

二、汽车齿轮油的分类

与发动机润滑油一样,汽车齿轮油按照黏度和质量进行分级。

1. 黏度分级

齿轮油一般按黏度分为75W、80W、85W、90、140、250等牌号。在黏度分类中,与发动机润滑油一样,W表示有低温要求,适合于冬季使用,85W/90表示多级油。但数字表示的黏度大小不同,例如:90齿轮油黏度大致与SAE 40发动机润滑油黏度相同。75W齿轮油黏度还低于发动机润滑油SAE 30的黏度。汽车齿轮油也有多级油,例如80W/90、85W/90等。各黏度牌号齿轮油适用的环境温度见表5-20。

各黏度牌号齿轮油适用的温度范围 表5-20

黏度牌号	环境温度(℃)	黏度牌号	环境温度(℃)	黏度牌号	环境温度(℃)
75W	−57 ~ +10	85W/90	−15 ~ +49	90	−12 ~ +49
80W/90	−25 ~ +49	85W/140	−15 ~ +49	140	−7 ~ +49

2. 使用性能分类

API 汽车齿轮油使用性能等级，根据工作条件的苛刻程度划分为 GL-1、GL-2、GL-3、GL-4、GL-5、GL-6 六级，见表 5-21。

汽车齿轮油 API 使用性能分类 表 5-21

分　类	使用说明	用　途
GL-1	在低齿面压力、低滑动速度下的汽车螺旋锥齿轮、涡轮轮式驱动桥以及各种手动变速器规定用 GL-1 级齿轮油。直馏矿油能满足这类情况的要求，可以加入抗氧剂、防锈剂和消泡剂改善其性能，但不加摩擦改进剂和极压剂	汽车手动变速器，包括拖拉机和载货汽车手动变速器
GL-2	汽车涡轮式驱动桥，由于其负荷、温度和滑动速度的状况，用 GL-1 齿轮油不能满足要求，规定用 GL-2 级齿轮油。通常都加有脂肪类物质	蜗杆传动装置
GL-3	滑动速度和负荷比较苛刻的汽车手动变速器和螺旋锥齿轮的驱动桥规定用 GL-3 级油。这种使用条件要求齿轮油的负荷能力比 GL-1 和 GL-2级油高，但比 GL-4 级油低	苛刻条件下和螺旋手动变速器和螺旋锥齿轮的驱动桥
GL-4	在低速高转矩、高速低转矩下工作的各种齿轮，特别是客车和其他各种车用的双曲线齿轮，规定用 GL-4 级油。适用于其抗摩擦性能等于或优于 CRC RGO-105 参考油。该级油已做过各种试验，证明具有 1972 年 4 月 ASTM STP 说明的性能水平	手动变速器、螺旋锥齿轮和使用条件不太苛刻的双曲线齿轮
GL-5	在高速冲击负荷、高速低转矩、低速高转矩条件下工作的各种齿轮，特别是客车和其他车用的双曲线齿轮，规定用 GL-5 级油。适用于其抗摩擦性能等于或优于 CRC RGO-110 参考油。该级油已做过各种试验，证明具有 1972 年 4 月 ASTM STP 说明的性能水平	适用于操作条件缓和或苛刻的双曲线齿轮及其他各种齿轮，也可用于手动变速器
GL-6	在高速冲击负荷条件下运转的小客车和其他车辆的各种齿轮，特别是高偏置准双曲面齿轮，偏置大于 50mm 或接近大齿轮直径的 25%，规定用 GL-6 级齿轮油，其抗摩擦性能等于或优于参考油 L-1000。该级油已做过各种试验，证明具有 1972 年 4 月 ASTM STP 说明的性能水平	

我国汽车齿轮油使用性能按其承载能力划分为三级：普通汽车齿轮油 CLC、中负荷汽车齿轮油 CLD 和重负荷汽车齿轮油 CLE。通常后两种又称为双曲线齿轮油。三种齿轮油的特点和使用场合见表 5-22。

汽车齿轮油的分类 表 5-22

名称及代号	特　点	使用场合	相当于 API 级别
普通汽车齿轮油（CLC）	精制矿物油加抗氧剂、防锈剂、抗泡剂和少量极压剂等	手动变速器、螺旋伞齿轮的驱动桥	GL-3
中负荷汽车齿轮油（CLD）	精制矿物油加抗氧剂、防锈剂、抗泡剂和极压剂等。适应在低速高转矩、高速低转矩下操作的各种齿轮，特别是客车和其他各种车辆用的准双曲面齿轮	手动变速器、负荷高的螺旋伞齿轮和使用条件不苛刻的准双曲面齿轮的驱动桥	GL-4

续上表

名称及代号	特　点	使用场合	相当于API级别
重负荷汽车齿轮油(CLE)	精制矿物油加抗氧剂、防锈剂、抗泡剂和极压剂等。适用于高速冲击负荷、低速高转矩、高速低转矩下操作的各种齿轮,特别是客车和其他各种车辆用的准双曲面齿轮	操作条件苛刻的准双曲面齿轮及其他各种齿轮的驱动桥,也可用于手动变速器	GL-5

三、汽车齿轮油的选用

1. 使用性能级别的选择

汽车齿轮油使用性能级别的选择,主要取决于齿面压力、滑动速度和油温等工作条件,而这些工作条件又取决于传动装置的齿轮类型,所以一般可按齿轮类型和传动装置的功能来选择汽车齿轮油的使用性能级别。

一般来说,驱动桥主减速器工作条件苛刻,而双曲线齿轮式主减速器更为苛刻,对齿轮油使用性能要求更高。对双曲线齿轮式主减速器或工作条件苛刻的其他齿轮式主减速器一定要选择 GL-4 以上的齿轮油。

为减少用油级别,在汽车各传动装置对齿轮油使用性能级别要求相差不太大的情况下,用同一级别使用性能的齿轮油。

2. 黏度级别的选择

汽车齿轮油黏度级别的选择,主要根据最低气温和最高油温,并考虑汽车齿轮油换油周期较长的因素。

汽车齿轮油的黏度应保证低温下的汽车起步,又能满足油温升高后的润滑要求。汽车齿轮油以黏度 150Pa·s 作为低温流动性极限,所以在 SAE 黏度分类中动力黏度达 150Pa·s 时的最高温度,就是保证低温操作性能的最低温度。由此可知,黏度级为 75W、80W 和 85W 的双曲线齿轮油的最低使用温度分别是 −40℃、−26℃和 −12℃。也就是说,汽车使用地区的最低温度不应低于齿轮油的上述温度。当传动装置不是双曲线齿轮时,使用最低气温可比上述相应温度低些。黏度选择应同时考虑高温时的润滑要求。

齿轮油的换油周期一般都在 $2\times10^4 \sim 3\times10^4$km 以上,往往需要跨年度使用,所以,齿轮油的黏度最好能同时满足一年内最高和最低气温的要求,即冬夏通用。根据我国地域气候情况,南方冬季气温不低于 −10℃的地区全年可选用 90 号齿轮油;冬季气温不低于 −30℃的地区全年可选用 80W/90 黏度级别;夏季最高气温达 40℃的南方炎热地区,经常长途行驶或在山区公路行驶的重型汽车,夏季宜选用 140 号或全年使用 85W/140 黏度级别。

3. 选择汽车齿轮油需注意的问题

一般进口和引进生产线生产的汽车后桥必须使用 CLE 重负荷汽车齿轮油,手动变速器用 CLD 中负荷汽车齿轮油,如桑塔纳、红旗等轿车以及东风 EQ1411G 进口中、重型车等。使用螺旋伞齿轮的国产汽车驱动桥适于用 CLC 普通汽车齿轮油或者 CLD 中负荷汽车齿轮油,手动变速器用 CLC 齿轮油,如东风 EQ1090E、北京 BJ2023C 等车。使用双曲线齿轮的国产汽车驱动桥宜采用CLD中负荷汽车齿轮油或CLE重负荷汽车齿轮油，手动变速器用CLD油。

选择适当质量级别和黏度的齿轮油不仅有利于驱动桥和变速器齿轮的润滑，而且可以减少摩擦，节约能源。在满足润滑的前提下，一般选用低黏度齿轮油比高黏度齿轮油节能，使用多级齿轮油比单级油节能。在齿轮油中加入适当高效摩擦改进剂可以节能。但是需要注意，准双曲面齿轮驱动桥在重负荷下连续运行时的转动阻力与齿轮油黏度的关系与变速器的情况不同，当油温超过某值后（例如75W超过65℃），低黏度齿轮油的传动效率反而下降。经验表明，如果夏季准双曲面齿轮驱动桥在重负荷或高速下运转时，齿轮油的温度将高达120～130℃，此时若使用黏度太低的齿轮油，就会引起严重的汽车故障。

另外，在选用齿轮油时，可根据齿轮油的色泽、是否分层判断油品的优劣。通常，颜色发黑、可见分层和沉淀的齿轮油属质量低劣的齿轮油。齿轮油使用中，要注意防止水分及杂质进入，引起齿轮油变质。如果更换不同牌号的齿轮油时，一定要将原齿轮油放完，洗净齿轮箱，再加入新牌号的齿轮油。加充的油量要达到规定要求，不可太多或过少。

第四节　汽车润滑脂的合理选用

润滑脂是石油产品中的一大类，它是一种稠化了的润滑油。与相似黏度的润滑油相比，润滑脂有较高的承受负荷能力和较好的阻尼性，同时由于稠化剂的吸附作用，润滑脂的蒸发损失小，高温、高速下的润滑性好；润滑脂易附着在金属表面，保护表面不锈蚀，并可防止滴油、溅油污染产品；由于稠化剂的毛细作用，润滑脂可在较宽温度范围和较长时间内逐步放出液体润滑油，起到润滑作用；在轴承润滑中，润滑脂还可起到密封作用。使用润滑脂的缺点是冷却散热作用差，起动摩擦力矩大和更换润滑脂比较复杂等。由于润滑脂的特点，它广泛地用于汽车、军工及民用工业等方面。

一、润滑脂的主要性能指标

1. 滴点

滴点是润滑脂在规定条件下加热，达到一定流动性时的温度。滴点基本上决定润滑脂可以使用的温度上限（滴点比使用温度上限应高15～30℃），滴点的高低主要取决于稠化剂的种类和含量。常用润滑脂的滴点见表5-23。

常用润滑脂的滴点　　表5-23

润　滑　脂	滴点（℃）	润　滑　脂	滴点（℃）
钠基脂	75～95	钙钠基脂	120～135
钙基脂	130～200	锂基脂	>170
复合锂基脂	>250	复合铝基脂	>250
膨润土	>250		

2. 锥入度

锥入度指在规定的温度和负荷下，锥体在5s内从润滑脂面垂直刺入油脂中的深度（1/10mm）。它是润滑脂稠度和软硬程度的衡量指标，并依次将润滑脂分为0、1、2、3、4、5等规格，是决定选择使用的关键指标。一般在高负荷低转速部位宜用锥入度小的润滑脂；反之，则宜选用锥入度较大的润滑脂。

3. 胶体安定性(析油性)

在外力作用下,润滑脂能在其稠化剂的骨架中保存油的能力,用析油量来判定。润滑脂的析油会降低润滑性能。当析油超过5% ~20%基本上就不能使用,因此易于析油的脂类不能用于高温重负荷的环境。

4. 氧化安定性

该项指标是指在储存和使用中抵抗氧化的能力。氧化安定性差,易于氧化生成有机酸,会对金属构成腐蚀。一般皂基脂的氧化安定性较差。

5. 机械安定性

指在机械工作条件下抵抗稠度变化的能力。机械安定性差,润滑脂在工作中受剪切作用时,易使皂纤维脱开(分离)而产生流动,造成润滑脂稠度下降。

6. 抗水性

指在水中不溶解,不从周围介质中吸收水分,不被水洗掉的能力。烃基润滑脂不吸水、不乳化,抗水性特别好,其他润滑脂的金属皂除钠皂和钠钙皂外,抗水性都较好。

7. 蒸发损失

在规定的条件下,润滑脂损失量占润滑脂总质量的百分比。它是影响润滑脂使用寿命的一项重要因素,尤其对于在高温和温差较大的工作条件下的润滑脂影响更大。蒸发损失的大小取决于基础油的种类和黏度。

二、汽车润滑脂的选用

选择润滑脂时,首先要弄清润滑脂的失效机理、使用部位、使用的温度、速度、负荷和工作环境等。

润滑脂失效就是失去了对摩擦副的润滑性能,不能起到减少摩擦副磨损的作用。引起润滑脂失效的原因主要有:机械剪切力、离心力、工作温度和氧化环境状况等。润滑脂在摩擦副中会同时受到机械剪切力和离心力的作用。在离心力的作用下,润滑脂被甩出摩擦界面或者使润滑脂产生分油,使润滑脂油分减少,锥入度减小而硬化,到一定程度后就会导致润滑脂完全失效。润滑脂在机械剪切力作用下,结构发生破坏,引起软化,相对黏度下降,稠度下降,析油增加等,最终导致失效。试验表明,摩擦副的转速与润滑脂的寿命成反比,经验关系式如下:

$$\log T = 3.73 - 0.00016n \tag{5-3}$$

式中:T——润滑脂寿命,年;

n——摩擦副(轴承)转速,r/min。

另外,润滑脂在高温环境和摩擦热的作用下,会发生蒸发损失,使润滑脂油性减少、变硬、黏度增加。润滑脂与空气中的氧发生化学反应会产生酸性物质,消耗润滑脂中的抗氧化添加剂,达到一定程度后,有机酸会腐蚀金属并破坏脂的结构,使滴点下降、黏度增加。因此,选择润滑脂时应注意以下几项原则。

1. 工作温度

工作温度越高,使用寿命越短。一般轴承温度升高10 ~15℃,脂的寿命下降1/2。温度高的部位一定要选用抗氧化安定性好、热蒸发损失少、滴点高、分油量少的脂；温度较低的部位，一定要选用低温起动性能好、相对黏度小的脂。

2. 速度

轴承通常以速度因数“DN”表示润滑脂适用的速度。其中 D 表示轴承内径，N 表示轴承转速。

3. 负荷

对重负荷机械，应采用稠度大一些的润滑脂，例如选择加极压添加剂、二硫化钼或石墨的润滑脂。

4. 环境条件

选择润滑脂时还应考虑润滑部位的湿度、灰尘、腐蚀性等因素，特殊环境选用特殊性能的润滑脂。

三、汽车润滑脂的合理使用

润滑脂的合理使用与节油密切相关，试验表明，润滑脂的稠度牌号不易太大。如轴承使用 2 号润滑脂比 3 号润滑脂节能，综合经济效益（包括润滑脂费用、检查费等）好 60% 左右。对于汽车轮毂轴承而言，使用 2 号润滑脂比较适宜。采用集中润滑的底盘摩擦节点使用 1 号润滑脂较好。因此，除热带重负荷车辆外，我国南方宜全年使用 2 号润滑脂，北方冬季用 1 号润滑脂，夏季用 2 号润滑脂。

轴承润滑脂的填充量与节能的关系也较大，油脂填充量大，工作时搅动阻力大，轴承温升高，燃料消耗量相应增加。一般轴承有两种润滑方法：一种是常用的满毂润滑，就是除轴承装满润滑脂外，轮毂内腔也装满润滑脂；另一种方法是空毂润滑，即只是在轴承内装满润滑脂，轮毂内腔仅薄薄地均匀涂抹一层脂防锈。实践经验表明，满毂润滑时，新涂上脂的轴承在开始转动时，多余的脂很快被挤到滚道外面并被甩到轮毂内腔和轴承盖里，这时多余的脂被强烈搅动，由于脂的黏滞阻力，使轴承温度升高。而真正起润滑作用的主要是留在轴承滚动面上的薄层润滑脂。因此，轮毂空腔中装满油脂只能使轴承散热困难，温度升高。而空毂润滑避免这一缺点，还可节省润滑脂 80% 以上。国外在 20 世纪 50 年代以后就推荐空毂润滑，有的国家在汽车说明书中规定，除为了防锈在轮毂内表面涂一薄层润滑脂外，轮毂内腔不能装润滑脂。

在润滑脂的使用中，不同牌号的不要混用，避免不同化学成分和性质的油脂混在一起降低润滑脂的使用性能和寿命。例如：锂基脂中混入 10% 左右的钠基脂，其滴点和耐用寿命明显下降。

第五节　电动汽车润滑油的合理选用

电动汽车主要包括纯电动汽车、混合动力电动汽车和燃料电池电动汽车。为了提高电动汽车动力性能和延长行驶里程，除了发展动力电池技术以外，减少耗电量也很重要。减少耗电量，一是可以通过减轻车身质量，二是提供良好的润滑，从而降低运行阻力。汽车各运动部件的摩擦阻力对能量的消耗非常大，所以润滑对节能具有重要作用，良好的润滑效果同样能够有效地延长车辆行驶里程。

一、电动汽车对润滑油的要求

电动汽车的电机、变速器(减速器),以及与传统汽车相同的齿轮、轴承部件都需要润滑油,但由于电动汽车的系统更加复杂,整合了数量庞大的电子元器件,电机系统对油品的需求更为苛刻,因此对润滑油提出了不同的要求。

(1)散热性。电动汽车的电机转速比发动机要快得多,温度较高,必须要有很好的散热性,因此采用油冷电机技术的电动汽车所用润滑油的黏度就要比较低,这样更有利于散热。

(2)抗氧化。温度较高导致润滑油氧化过程加快,因此电动车用润滑油的抗氧化性也需同步提高。

(3)抗腐蚀。电动汽车电机里铜材料的用量比传统汽车多得多,铜材料的腐蚀保护也重要起来,传统润滑油里有些材料会对铜产生腐蚀,在燃油车上问题不大,但在电动汽车上,整个电机、导线浸泡在油里,铜腐的保护就显得非常重要。润滑油里的特殊化学物质挥发后,也有可能对电机产生腐蚀。

(4)电导率。电动汽车电子电气模块非常多,电导率要控制在合理范围内。

此外,电机里一些新材料如高分子聚合物与润滑油的兼容性需要着重考虑;高转速的电机容易引起润滑油的泡沫问题,所以泡沫的抑制性也需加强。

因此,电动汽车润滑用油在化学和物理性能应保证:保护机械部件免受损耗;提高混合动力的燃油效率或电池性能效率;需要提供非常好的冷却能力;针对电子和密封材料提供材料相容性;针对高转速的轴承,提供非常好的抗泡沫特性。

二、润滑油的选用

混合动力电动汽车发动机仍然使用传统的发动机润滑油,对于纯电动汽车和燃油电池电动汽车来说,由于没有发动机,因此不需要发动机润滑油。但其传动系统多采用电机 + 单级/两级减速器的方式,仍然需要润滑油进行润滑。

随着电动汽车驱动电机技术的不断发展,驱动电机越来越向高转矩密度、高功率密度的方向发展,电机转速大幅度提高,体积减小,造成工况更为苛刻,运转温度更高,油品运行负荷增大,因此对油品的抗泡沫性、氧化安定性和热安定性等性能提出了更高的要求。为满足燃油经济性的要求,低黏度的油品是发展方向。因此,在降低油品黏度的同时,需要考虑油品的承载性能,以保证减速器轴承齿轮的润滑可靠性。

此外,为使传动装置结构紧凑,并最大限度地降低功率消耗、减轻部件磨损、冷却摩擦副,大多数电动汽车由油冷电机和减速器组成高度集成电驱系统,以实现结构紧凑、质量低、功率高等目标。这就要求润滑油不仅要保证对机械传动部分的良好润滑和冷却,还要满足电机的润滑和冷却要求。因此,相对于传统变速器,电机与变速器一体化(油冷电机)系统中增加了电机,所以油品必须具备优异的电化学性能、极端情况下的热保护性能以及与漆包线等非金属材料良好的相容性等。

荷兰皇家壳牌公司专门为混合动力电动汽车和电动汽车开发了润滑油系列产品,其 E-Fluids 润滑油分为 G、I 两个系列,G 系列适用于分体式电驱动系统,I 系列适用于集成式电驱动系统(油冷)。前者对散热、抗泡沫、抗氧化、低温保护要求非常高,后者同样对散热、电性能、防腐蚀、抗氧化性提出了更高的要求。此外,道达尔(Total)、马来西亚国家石油公司(Petronas)也推出了电动汽车润滑油品牌。

三、润滑脂的选用

普通汽车的润滑脂主要用于轮毂轴承、底盘活动点及电机轴承，目前车辆都是用同一种脂，即汽车通用锂基脂，稠度牌号一般为2号和3号。纯电动汽车的润滑脂主要用于电动车轮的轮边行星齿轮和轴承，其他部位与普通汽车相同。为了减少行驶阻力、提供良好的润滑，纯电动汽车所用润滑脂稠度较低为好，特别是在低温条件下仍具有良好的蠕动性。但对于电动车轮，由于其功率密度大，散热性较差，轴承和齿轮工作温度较高，所用润滑脂应具有良好的耐高温性，如果电动汽车的电动车轮与其他部位也使用同一种脂，即电动汽车通用脂，则要求该脂具有优异的高温性能和低温性能，更宽的温度适用范围以及较低的稠度，其他性能，如抗磨性能、防腐防锈性能和耐水冲刷性能与汽车通用脂相当。

复习思考题

1. 车用汽油具有哪些性能指标？应如何选用？
2. 车用柴油具有哪些性能指标？应如何选用？
3. 发动机润滑油主要作用是什么？
4. 发动机润滑油的分类方法是什么？应如何选用？
5. 汽车齿轮油应具备什么性能？
6. 各类汽车齿轮油的适用范围是什么？应如何选用？
7. 选择润滑脂时应注意什么原则？怎样合理使用？
8. 车用润滑油与汽车节能的基本关系是什么？
9. 车用润滑脂与汽车节能的基本关系是什么？
10. 电动汽车电机润滑维护的要点是什么？

第六章　汽车运用节能

汽车节能除与汽车的结构、技术水平、维护管理水平有关外，与一个国家的政策法规、舆论导向以及汽车运用水平也有着密切的关系。

本章主要阐述汽车选用、汽车操作、自动变速器的合理使用、轮胎选用、发动机使用调整，以及维护等技术与节能的关系。要求熟悉影响汽车运用节能的主要因素、技术知识，明确汽车合理运用是汽车节能工作的重要组成部分，是汽车节能最直接、有效的途径。

第一节　汽车选用与节能

一、能源政策与智能交通的影响

由于能源问题日益严峻，世界各国意识到节油问题的重要性，纷纷制定了相应的能源政策，包括燃料价格政策、燃料与道路税收政策、油料分配与奖惩制度、油料管理制度、各种运输方式的合理分配与转换政策、新能源开发政策、限制油耗及车速的标准法规等。

燃料价格政策对人们节油意识的养成有重要的作用。由于各国采取的燃料政策不同，汽车的平均油耗差异较大，油料价格越高的国家，汽车的平均油耗越低。显然，各个国家的燃料价格政策严重影响汽车的平均油耗。

节能管理、营运管理以及交通管理措施对汽车节能有很大的影响。节能管理包括制定有关运行油耗的法规和标准，完善油耗考核奖惩制度，正确选择与合理使用汽车，正确选用燃润料与轮胎，推广节能新技术、新产品，进行驾驶员培训等。

营运管理包括掌握运输市场信息，建立现代化调度系统，做好运输组织，提高现有汽车的实载率，大力研究结合全球卫星定位系统（GPS）、地理信息系统（GIS）和先进运输信息系统（ATS）的新型货运系统和客运系统。例如，优选公共汽车、载货汽车的路线；选择与道路、货物相应的车型；加快信息反馈，完善物流系统，以便统一调配运输；做好物流集散点的调整；改善运输方式，加强运输的集中管理，研制封闭容器运输、高架运输等新运输系统。

交通管理措施包括改善交通基础设施、设计合理的管理模式等，从而改进交通流的运行特性。例如，改善道路基础设施，如建设高速公路、改善道路结构、提高路面质量、实行立体交叉等；优化交通管理，如采用信号控制、运输线路诱导、速度限制指示系统等；改善交通系统，如采用双层公共汽车、特定的公共汽车、城市汽车系统、快速运输系统及复合运输系统等。

由于环保运动兴起，对于交通运输造成的污染与浪费，当代交通管理者有了新的反省与应对措施。为使交通运输工具的效益最大化，许多国家正在规划、推广共乘出租汽车的运输方法。“共乘”(英文为 Carpooling 或 Car - sharing),指出租汽车接载多名各不相识的乘客前往相同目的地,共同承担费用。部分地方在尝试将车道由原先的“公交车专用车道”改为“多乘员公交车专用车道”,允许行驶的是车上坐了 3 名或更多乘客的车辆。美国、加拿大等国多年来一直鼓励拼车出行,在公路上专门划出一条 HOV 车道(HighOccupancy Vehicle Lane),即大容量车辆车道,仅允许拼车者使用,以鼓励出行者节约能源和节约道路资源。

二、汽车的选购与节能

(一)汽车选配的基本原则

汽车的选配是关系到运输单位或个人运输(生产)设备优劣的关键问题,同时也与汽车的节能密切相关,应根据运输(生产)的需要和运用条件,针对汽车的适应性、可靠性、动力性、经济性、维修和配件供应以及产品质量的优劣等因素,进行技术经济论证,择优选型购置汽车,才能达到既提高生产效率,又实现节能的目的。事实上,虽不能满足所有的要求,但以下问题必须进行统筹考虑。

1. 燃料消耗因素

燃料的消耗是影响汽车使用成本的最大因素,因此选购汽车时,在满足使用要求的前提下应考虑选择燃料消耗最少的。这里需要指出,汽车生产厂家标定的燃料消耗量是在一定条件下测定的。在实际使用中,由于汽车使用环境的复杂性,实际消耗量会超过厂家标定量。

2. 汽车用途因素

考虑汽车的用途因素首先要确定几个基本条件:车用来做什么,需要有多大的载质量或载客人数,以及在什么条件下使用等。一般应本着如下原则选购汽车:如小型车能满足使用要求,就不要购买中型或大型车;如普通车能满足使用要求,就不要购买特种车或越野车。

3. 发动机功率

对于汽车发动机,只要考虑其功率能满足使用要求即可。大功率发动机储备功率大,爬坡、加速能力强,但油耗也大。发动机功率以够用为度。

4. 汽车结构复杂程度

选择机件很复杂的新式汽车并不一定是好事。机件复杂的车虽有很好的性能,但同时也会给使用及维修带来许多麻烦。高级车的零部件一旦出现故障,维修困难,配件也较贵。

此外,道路运输车辆在选配时还应满足以下要求:

(1)道路运输车辆应当符合《机动车安全技术检验项目和方法》(GB 38900—2020)要求,并按照《道路运输车辆技术等级划分和评定要求》(JT/T 198—2016)进行道路车辆技术等级评定。

(2)道路运输车辆应当符合《营运客车燃料消耗量限值及测量方法》(JT/T 711—2016)和《营运货车燃料消耗量限值及测量方法》(JT/T 719—2016)的规定。道路客货运输车辆应当选购交通运输部发布在《燃料消耗量达标车型表》中的节能达标车型,并符合具体车型要求的技术参数和配置。

(3)旅客运输车辆应当符合《营运客车类型划分及等级评定》(JT/T 325—2018)规定的技术参数及配置。道路班线客运车辆和旅游客车,应当是交通运输部发布的《高级客车类型划分及等级评定表》或省级交通运输厅发布的《中级客车类型划分及等级评定表》中的等级车型，并应符合相应等级核定的技术参数和配置。

(4)大吨位柴油厢式货车、多轴重型货车以及采用集装箱、甩挂运输方式的货车，应当选择交通运输部发布在《道路货运汽车及汽车列车推荐车型表》中的车型。

(5)危险货物运输专用车辆及车辆设备，应当符合《汽车运输危险货物规则》(JT 617—2019)具体要求的各项规定。

(二)依据用途选配

选购汽车，首要考虑的是用途因素，汽车比较典型的分类是按用途来划分的。根据汽车分类的新标准《汽车和挂车类型的术语和定义》(GB/T 3730.1—2001)的规定，汽车可分为乘用车和商用车两大类。

1.乘用车

作为私人代步工具的车辆，乘用车是指在其设计和技术特征上主要用于载运乘客及其随身行李或临时物品的汽车，包括驾驶员座位在内最多不超过9个座位，并且可以牵引一辆挂车。乘用车按车身、车顶、座位、车门、车窗结构或数量的不同，分为普通乘用车、活顶乘用车、高级乘用车、小型乘用车、敞篷车、仓背乘用车、旅行车、多用途乘用车、短头乘用车、越野乘用车和专用乘用车11类。

普通乘用车、活顶乘用车、高级乘用车、小型乘用车、敞篷车和仓背乘用车也俗称轿车。根据原国家标准GB/T 3730.1—1988，轿车可按照发动机排量划分为5种，即微型轿车(1 L以下)、普通级轿车(1 ~ 1.6 L)、中级轿车(1.6 ~ 2.5 L)、中高级轿车(2.5 ~ 4 L)、高级轿车(4 L以上)。

2.商用车

商用车主要是以商业运输为目的的车辆，是指在设计和技术特性上用于运送人员和货物的汽车，并且可以牵引挂车。商用车分为客车、半挂牵引车和货车3类。

1)客车

客车是在设计和技术特性上用于载运乘客及其随身行李的商用车辆，包括驾驶员座位在内的座位数超过9座。客车有单层或双层，也可牵引挂车。客车按用途分为小型客车、城市客车、长途客车、旅行客车、铰接客车、无轨电车、越野客车和专用客车。按车长分为微型客车(不超过3.5 m)、小型客车(3.5 ~ 7 m)、中型客车(7 ~ 10 m)和大型客车(10 m以上)。

(1)小型客车。

小型客车用于载运乘客，是除驾驶员座位外，座位数不超过16座的客车。

(2)城市客车。

城市客车是为城市内运输而设计和装备的客车。这种车辆设有座椅及站立乘客的位置，并有足够的空间供频繁停站时乘客上下车走动用。

(3)长途客车。

长途客车是为城市之间运输而设计和装备的客车。这种车辆设有专供乘客站立的位置。但在其通道内可载运短途站立的乘客。

(4)旅游客车。

旅游客车是为旅游而设计和装备的客车。这种车辆的布置要确保乘客的舒适性，不载运站立的乘客。

(5)铰接客车。

铰接客车是由两节刚性车厢铰接组成的客车，在这种车辆上，两节车厢是相通的，乘客可通过铰接部分在两节车厢之间自由走动。这种车辆可以按城市客车、长途客车和旅游客车进行装备。两节刚性车厢永久连接，只有在工厂车间使用专用的设施才能将其拆开。

(6)无轨电车。

无轨电车是经架线由电力驱动的客车。这种电车可指定用作多种用途，并按城市客车、长途客车和铰接客车进行装备。

(7)越野客车。

越野客车是在其设计上所有车轮同时驱动(包括一个驱动轴可以脱开的车辆)或其几何特性(接地角、离去角、纵向通过角、最小离地间隙)、技术特性(驱动轴数、差速锁止机构或其他型式机构)和它的性能(爬坡度)允许在非道路上行驶的一种载客汽车。

(8)专用客车。

专用客车是在其设计和技术特征上只适用于需经特殊布置安排后才能载运人员的车辆。

2)半挂牵引车

半挂牵引车是装备有特殊装置用于牵引半挂车的商用车辆。

3)货车

货车是主要为载运货物而设计和装备的商用车辆，它可牵引挂车。货车按用途分为普通货车、多用途货车、全挂牵引车、越野货车、专用作业车、专用货车。货车按总质量分为小型(3.5 t以下)、轻型(3.5 ~6 t)、中型(6 ~12 t)、重型(12 t以上)。

(1)普通货车。

普通货车是在敞开(平板式)或封闭(厢式)载货空间内载运货物的货车。

(2)多用途货车。

多用途货车是在其设计和结构上主要用于载运货物，但在驾驶员座椅后带有固定或折叠式座椅，可运载3人以上乘客的货车。

(3)全挂牵引车。

全挂牵引车是牵引牵引杆式挂车的货车。它本身可在附属的载运平台上运载货物。

(4)越野货车。

越野货车是在其设计上，所有车轮同时驱动(包括一个驱动轴可以脱开的车辆)或其几何特性(接近角，离去角、纵向通过角，最小离地间隙)、技术特性(驱动轴数、差速锁止机构或其他型式的机构)和它的性能(爬坡度)允许在非道路上行驶的一种载货汽车。

(5)专用作业车。

专用作业车是在其设计和技术特性上用于特殊工作的货车。例如：消防车、救险车、垃圾车、应急车、街道清洗车、扫雪车、清洁车等。

(6)专用货车。

专用货车是在其设计和技术特性上用于运输特殊物品的货车。例如：罐式车、乘用车运输车、集装箱运输车等。

(三)根据运用条件选型

1.道路条件对车型的要求

良好的道路条件会使汽车的运行效率大增，而复杂的道路条件对汽车的使用性能的要求更高。

矿山、建筑工地及农林地区一般都是低等级临时路面，特点是道路泥泞、路面起伏高低不平、坡度变化也较大。汽车在此种路面上行驶，驱动轮与路面的附着力小，车轮的滚动阻力大，燃油消耗增加，在下坡时对制动系统也提出更高的要求。

汽车通过性的好坏与驱动轮数、轮胎的气压和花纹、车速等有直接关系。增加驱动轮数或增加驱动轮的载荷及降低车速可增加驱动力，提高汽车的通过能力。而汽车驱动力的大小又取决于驱动轮的附着质量和车轮与地面的附着系数。采用自锁式差速器、减小轮胎气压、装用越野花纹轮胎均可以提高轮胎与地面附着系数，增大驱动力。

因此，对于经常在坏路或矿山等道路条件下使用汽车的用户，在选型时，应注意选择具有高通过性的汽车。

2. 气候条件

气候条件决定着所选用汽车发动机、蓄电池、冷却系统的性能指标及选装件的取舍。我国幅员辽阔，气候条件复杂，一年四季气候变化较大，不同的气候条件会对汽车各系统的工作状况产生很大的影响。

1）高原地区

在正常海拔高度（一般低于3000 m的情况下），汽车的发动机能正常工作。但在海拔高度上升到一定高度时，由于气压及空气密度下降，会造成发动机充气不足，汽缸压力下降，发动机功率随之下降。同时，由于充气不足，混合气变浓，燃油燃烧不充分，油耗增加。此外，由于大气压力降低，还使发动机体内冷却液的温度在低于100 ℃时沸腾，从而使冷却液蒸发损耗增大，冷却性能下降。一般汽车厂家为适应高原地区对汽车发动机性能的要求，都对汽车发动机系统做如下改进：

（1）提高压缩比。在高原地区，进入汽缸的空气量相对减少，实际压缩比下降。只有提高压缩比，才能达到在正常海拔高度时汽缸压缩时相应的空气密度。

（2）调整配气相位。通过将汽缸进气提前角增加的方式增加进气时间来增大汽缸进气量，从而提高充气效率，以弥补空气稀薄的不足。

（3）装用燃烧爆燃限制器。高原车辆在低海拔地区行驶时，由于压缩比及化油器系统的变化会使发动机产生爆燃等异常现象。为保证高原车辆在平原行驶的适应性和可靠性，一般装有爆燃限制装置。

另外，还可采用增大消声器容积以减少发动机背压，采用废气涡轮增压装置，适当增大空气滤清器滤芯面等来改善高原工作性能。采用封闭式冷却系统是避免发动机冷却液沸腾引起机体过热的有效办法。

2）多雨地区

对于货物运输，如果没有有效的防雨措施，会对某些物品造成极大的损害，进而使财产受损。所以，经常在多雨地区行车的客户，应选择密封性好、具有防雨功能的厢式车、高栏板带篷布的载货汽车。

3）高寒地区

在低温条件下，由于润滑油黏度增大，系统各相对运转部件的运动阻力都会增大；由于电解能力降低及各系统耗电量增加，使蓄电池工作能力降低、电量损失加快；燃料的蒸发性变差又使发动机起动困难，燃油消耗增加；由于润滑系统工作不良还会使系统内各相对运动机件磨损加剧。另外，寒冷使道路被冰雪覆盖时，对汽车的制动性能及防滑性能也提出更高的要求。

所以,在高寒地区选择车型时,应注意选用保暖性好、蓄电池容量大、带暖风装置或带辅助起动装置和预热装置的汽车。

4)高温地区

在高温条件下,由于外界气温高,发动机工作温度与大气温差小,导致冷却系统散热困难,发动机容易过热,从而降低汽缸的充气系数,使压缩行程时汽缸内平均有效压力下降,导致燃油燃烧不良,发动机功率下降;润滑油黏度的降低又使相对运动件之间的润滑油压力下降、润滑性能变差,从而加剧零件磨损和机体变热;高温使供油系统容易产生气阻,也会造成燃油供给出现故障和发动机油耗量加大。另外,在高温及通风条件不好的情况下长期驾车,驾驶员易于疲劳。

因此,常在高温地区使用的车型,应注意选用通风性好、装有晶体管汽油泵、散热器容积大、可选装空调装置的汽车。

3. 运输条件

不同的运输条件对车型的要求不一,厂家应根据客户要求,设计生产出不同功能和结构的各种专用汽车,如运送煤、矿石、尘土、建筑材料,需要机械化程度较高的自卸车及各类工程用车;运送水、生活用品及易燃的化工原料和液体原料,需要罐式车和特殊的化工专用车;运送塑料泡沫、长木材产品,需要长车箱的普通载货汽车;对于轻工、纺织、电器等需要防尘、防盗、防雨的货物运输,需具备相应功能的厢式货车;对于油田、地质、野外维护作业,需使用专用的工程用车或越野汽车;对于大宗长途运输,则需要半挂列车、集装箱半挂列车、油罐半挂列车等。汽车结构和型式对各种运输条件的适应性可作为选型的基本依据,而汽车的结构和类型又是由货物的类型和运量决定的。

旅客运输车辆选配与运行环境和线路相适应:一是客流量和车辆座位数要相适应;二是乘客对舒适性等的要求和车辆等级要相适应。

短途运输主要是县乡间的运输,车辆运行一般选配总长在7m以内,座位数在19~24座之间的轻型客车。这些车辆运行线路短,运行车速较低,且线路多为农村公路,道路条件较差;同时车辆座位少,客位利用率高,经济效益好。因此,选配时,底盘坚固、经济车速相对较低、车厢容积利用系数大的轻型客车是主要考虑的车型。

从事干线长途运行的车辆,特别是高速公路运输车辆,应选用经济车速高、底盘低、车身的流线型好、后备功率大、舒适性和安全可靠性高的车辆。

(四)依据汽车使用与维护方式选型

合理的汽车选型,不仅与汽车本身的性能是否满足使用要求、技术水平是否先进有关,而且还与使用者对汽车的使用、维护、管理能力以及汽车产品零配件供应是否充分及厂家售后服务质量有直接关系。

1. 使用、维护、管理水平

使用、维护、管理能力的强弱,对所选汽车的性能有重大影响。性能再好的汽车,随着行驶里程的增加,其技术状况也将逐渐变坏。正确的使用与管理、合理的维护与及时的修理,对汽车的使用寿命及运行质量均有很大提高。因此,在选购汽车时,除考虑满足性能及使用需要外,还应结合自身的使用、管理水平,维护与修理企业的设备及技术水平,确定所选车型。

普通型客车及货车的可维护性一般较好，汽车技术水平越先进，设备越复杂，需要维护及修理的设备、人员的水平就越高。特别是一些进口高级轿车，需专门的检测诊断设备才能进行维护与修理，所以购车应和本地区的维修水平相适应。

社会保有量多的汽车，使用、维修及管理经验相对丰富，相关的资料及规范也多，对合理使用与维修会有很大帮助。因此，在满足使用要求时，应尽量选用该类车型。

2. 零配件供应能力

汽车零配件供应情况对选型至关重要。在用汽车的完好率高低，除与本车质量及使用水平等有关外，还与零配件供应、质量有直接关系。国产车零配件供应一般较充分，零配件质量也较好识别，价格也较合理。一些进口汽车，由于批量少，进货渠道多种多样，其零配件的供应也不充分，质量、价格的差异也很大。所以购车时，应注意选择零配件供应充分的车型。对进口车，应注意汽车的进货渠道是否正规，厂家是否在中国设有维修代理，所购车型是否普遍。

3. 汽车的更新能力

汽车更新投资能力的大小、从事运输经营利润的高低、投资回收周期的长短，对于汽车的选型也很重要。我国规定汽车的折旧年限不低于4年，国家规定的汽车折旧年限及折旧率只是为企业提取固定的资产折旧提供依据。运输企业由于其更新投资能力、从事运营的利润率高低及投资回收周期的不同，确定汽车的经济使用寿命也不会相同。如投资回收能力强、周期短，可选用大型高效的进口汽车，且适当缩短汽车的经济使用周期，做到大投入、多产出、高效益。如基建工程的大型自卸车、城市高速公路运营的大型豪华客车，在选型时都应遵循高标准、高效率、高利润的要求，使汽车的经济寿命周期与产品的更新换代同步。而对于更新投资能力差、投资回收时间长的企业，在汽车选型时应考虑选用性能适中、有较好可维护性的汽车，并适当通过精心使用和维护，延长汽车的经济使用寿命。

（五）汽车的选购与节能

汽车动力主要用于克服汽车惯性及滚动阻力，这两者都是汽车质量的直接函数。减轻汽车的整备质量会改善汽车的燃油经济性。大型轿车的整备质量大，大幅度增加了行驶阻力、空气阻力、坡度阻力和加速阻力。为了保证汽车高动力性而装用的大排量发动机，行驶中负荷率低也是耗油的原因之一。因此，广泛选用轻型、微型轿车是节约燃料的有效措施。

货车的质量利用系数越大，越有利于降低运输中的油耗和成本，选择质量利用系数大的货车，有利于汽车的节能。

三、汽车运输组织管理水平

运输组织管理主要是解决运输效率问题，即追求用尽可能少的能源消耗获得尽可能多的运输量。汽车的载质（客）量利用率和里程利用率是衡量汽车运输组织管理水平的重要指标。

里程利用率是指统计期内，汽车的载运行程占汽车总行程的百分比，即：

$$里程利用率=\frac{载运行程}{汽车总行程}\times 100\% \tag{6-1}$$

总行程是指汽车在统计期内所行驶的全部里程；载运行程是指汽车载有客、货（不论是否满载）时行驶的里程；而汽车未载客、货时的行程为空车行程。

载质（客）量利用率是指汽车实际完成的货物（旅客）周转量与载质（客）量达到核定载质

量(载客人数)所能完成的货物(旅客)周转量之比。它表示汽车载质(客)量的利用程度,即:

$$载质(客)量利用率=\frac{实际完成货物(旅客)周转量}{载运行程\times核定载质量(载客人数)}\times100\% \quad (6\text{-}2)$$

显然,汽车运输组织管理水平越高,载质(客)量利用率和里程利用率就越高,运输效率越高,也越有利于节能。从运输组织管理的角度,充分运用现代交通管理技术,加强货运组织和运力调配,有效整合社会零散运力,实现货运发展的网络化、集约化、有序化和高效化;大力推进客运班线公司化改造,提高公路客运企业集约化水平,推广滚动发班等先进客运运输组织模式,能有效提高客(货)运实载率,达到运输节能的效果,是一条行之有效的方法。

第二节　汽车操作技术与节能

相同车型,在相同使用条件下,驾驶员不同,汽车燃油消耗量相差较大。在市区道路环境下,良好的驾车习惯和正确的驾驶方法相对于不良的驾驶技术和方法,汽车油耗的差异可达30% ~50%,所以,提高驾驶员操纵技术是重要的节能措施。交通运输部《汽车驾驶节能操作规范》(JT/T 807—2011)规定了汽车驾驶节能操作的方法。

一、行车前准备

1. 行车路线设计

城市行车以行驶时间和距离最优为原则设计行车路线,尽量错开车流高峰,避开繁华街道、学校、医院、平交路口等交通拥堵路段。长途行车以选择较高等级公路及较短距离为原则设计行车路线,并应有备用行车路线。

2. 情绪调整

暂不考虑对情绪有较大刺激的事件,使情绪处于心平气和、不急不躁、理解他人、不争不抢的状态。

3. 出车前检查

(1)环绕车辆一周,检查车身外表情况和各部件状况,应无漏油、漏水、漏气、漏电现象;轮胎气压应符合要求,胎面花纹间无夹杂物;货物覆盖应严实。

(2)移出车内不必要的物品;清洁车窗玻璃,保持驾驶视线良好。

(3)检查发动机风扇传动带,松紧度合适,无老化、龟裂、起毛等现象;检查发动机冷却液,液面应在上下限刻度间;检查发动机润滑油量,油面应在机油尺上下限刻度间中下部。

(4)检查转向机构的自由行程,自由行程不宜超过两指宽度。

(5)检查离合器踏板、制动踏板自由行程和驻车制动器操纵机构工作是否正常,离合器踏板与制动踏板自由行程应符合正常规定值。

(6)起动发动机后,各仪表无故障报警信号,无漏油、漏水现象。

二、驾驶操作

1. 发动机起动

1)电喷汽油发动机起动

无论是常温起动(大气温度或发动机温度高于5 ℃时)及热起动(发动机温度在40 ℃

以上），还是冷起动（大气温度或发动机温度低于5 ℃时），起动时应将变速器挡位置于空挡，踩下离合器踏板，打开点火开关至起动位置，发动机顺利起动后立即松开，点火开关在起动位置的时间不得超过5s。起动过程中不应踩加速踏板。

2）柴油发动机起动

柴油发动机常温及热起动时，操作方法同上述汽油发动机起动方法。柴油发动机冷起动时，应首先开启发动机预热系统，在充分预热后再按上述起动方法进行起动操作。如果一次起动未能成功，应重新进行预热，间隔15s后再次起动。

2. 车辆预热

车辆预热包括发动机预热及底盘预热，预热的最佳方案是使发动机和底盘部分同时得到充分预热。

1）发动机预热

非增压电喷发动机起动后在原地保持怠速运转预热20 s至1 min。增压发动机起动成功后，应先在原地保持发动机怠速运转预热1 min以上，在此期间不应使发动机高速空转。在冬天气温较低时，发动机预热时间适当延长，使发动机水温预热到40 ℃左右。

2）底盘预热

在发动机预热，汽车起步后，应先以20～40 km/h的速度低速行驶1～2 km，之后再以正常速度行驶。在冬天气温较低时，低速行驶距离应适当延长至3～4 km。

3. 起步

1）平路起步

手动变速器汽车平路起步，左脚应先完全踩下离合器踏板，将变速杆置于1挡位置（部分大型货车空车时应置于2挡位置）；解除驻车制动，左脚先稍快松抬离合器踏板，待离合器处于半联动位置时（传动机件稍有振抖，发动机声音略有变化），右脚轻轻踩下加速踏板，同时，左脚再缓慢抬起离合器踏板，汽车平稳起步；小型汽车起步后应在汽车移动一个车身距离内，将挡位升到高一级挡位。

2）上坡起步

手动变速器汽车上坡起步，左脚应先完全踩下离合器踏板，将变速杆置于1挡位置；拉紧驻车制动器操纵杆，右脚轻踩加速踏板，根据坡度情况提高发动机转速（坡度越大，需提高的转速越高），这时抬离合器踏板到半联动位置；当听到发动机声音发生变化时缓缓放松驻车制动，同时逐渐踩下加速踏板和慢抬离合器踏板，汽车平稳起步。

4. 换挡变速

1）挡位选择

手动变速器汽车，应根据发动机运行的经济转速（部分汽车发动机转速表绿色区域）选择挡位。保持发动机在经济转速区域内的较低转速下运转，尽量使用高挡位；当发动机的转速高于经济转速区域时，及时选择升挡；当发动机的转速低于经济转速区域时，迅速选择降挡。

2）手动变速器换挡

汽车换挡变速踩下离合器踏板时，要及时抬起加速踏板；当抬起离合器踏板，离合器尚未完全接合时，不要急踩、猛踩加速踏板。升挡时应自低挡位依顺序换入高挡位，并要做到及时、准确。降挡时应自高挡位换入预期将要行驶的能保持发动机转速在绿色区域较低转速下运转的低挡位，并要做到及时、准确。

5. 加速

1）加速踏板的位置

汽车在平路行驶过程中加速，踩下加速踏板的最大限度不应超过加速踏板最大行程的3/4。汽车在平路行驶过程中加速，如果已踩下加速踏板行程的3/4而发动机转速不能相应增加，应变换低一级挡位后重新加速行驶。

2）踩下加速踏板的速度

踩下加速踏板的速度，以发动机的声音增高较柔和、转速平稳增加为宜。如果发动机出现发“闷”的吼声，应稍抬加速踏板。加速踏板由怠速位置踩至3/4行程位置的时间应控制在3～4s。

6. 减速

行车中，不得空挡滑行，应利用汽车带挡滑行减速，尽量避免使用行车制动器制动。

预见到前方有障碍、转弯、会车、红灯等需要减速的地段时，抬起加速踏板，离合器保持接合状态，变速器保持在原挡位，发动机保持在点火状态，依靠发动机对汽车的阻滞力减速滑行，必要时用行车制动器制动增加减速强度。

汽车下陡而长的坡道时，抬起加速踏板，离合器保持接合状态，发动机不熄火，变速器挂上合适的挡位（坡度越大，挂挡位越低），并根据情况使用制动器间歇制动控制车速。

7. 车速控制

汽车在正常行驶时，变速器挡位应置于最高挡位，保持发动机转速在绿色区域的低转速下等速行驶。

当汽车行驶阻力增大，以及交通状况复杂，不能用最高挡行驶时，应及时换入低挡并保持发动机转速在经济转速区域内以较低转速等速行驶。在预期速度下，应保持该状态时的加速踏板位置使汽车等速行驶，避免加速踏板位置来回变化。

应保持适当的跟车间距。在普通公路上，跟车距离一般应大于汽车2～3 s内驶过的距离；在高速公路上，跟车距离一般应大于汽车4 s内驶过的距离。汽车行驶的最高速度不应超过道路通行的有关限速规定。

8. 转向机构控制

操纵汽车转向机构要平顺，提前开启灯光信号，避免急转弯或突然变向等。在汽车行驶过程中，应保持汽车直线行驶，避免来回转动转向盘。变更车道时，应在确认与前后左右的汽车处在安全距离的情况下，提前开启左转向灯，夜间还须变换使用远、近光灯，然后平稳地转动转向盘，并以较大的行车轨迹缓慢加速驶向另一车道。当超车变换车道时，在超车后应及时返回原车道。在汽车行驶的过程中，应尽量减少频繁变更车道。

9. 特殊路段驾驶

1）上坡路段

在遇见坡路时，应提前预测坡度、坡长，判断要用的挡位及速度。在坡前500m应轻微加速，在坡路时保持加速踏板位置，尽量靠汽车惯性冲到坡顶。汽车依靠惯性不能冲到坡顶时，应迅速降挡，避免坡路停车重新起步。

2)通过隧道

在距隧道入口 50 m 左右,应提前减速,开启前照灯、示廓灯、尾灯,仔细观察前方道路情况。在隧道内行驶时,应保持合适的跟车距离和行驶速度。在隧道出口前,应握稳转向盘,避免隧道口处的横向风引起车辆偏离行驶路线。驶入和驶出隧道时,在明、暗适应过程中不得加速行驶。

3)拥挤路段

在拥挤路段,汽车处于频繁起步停车的循环行驶状态。起步时应缓踩或不踩加速踏板,起步后尽可能利用汽车惯性滑行行驶,避免起步后猛踩加速踏板再制动停车的驾驶方式。在汽车安全行驶的前提下,应减少完全停车,尽量使汽车保持一定的运动惯性。

10. 行车温度控制

发动机温度低于 40 ℃时,不应使发动机大负荷高速运转或汽车高速行驶,达到 40 ℃以上时开始正常行驶。应使发动机的温度保持在 80 ~ 95 ℃。长时间上坡或高速行驶等行驶状态下发动机冷却液温度报警时,应停车怠速或小负荷、低速行驶,使发动机温度慢慢降到正常区域。

11. 空调使用

对于小型载客汽车,车速低于 70 km/h 时,可打开车窗通风,或用空调的通风功能。当车速超过 70 km/h 时,应关闭车窗并使用空调装置,空调的温度不应设定过低。

12. 发动机熄火

当汽车停止行驶后,应尽量减少发动机怠速空转时间,及时使发动机熄火。非增压发动机汽车在路口停车等待通过的过程中,应根据交通信号灯计时器判断停车时间,停车时间如果超过 1 min,应将发动机熄火。如果信号灯没有计时显示,车辆排队在偏后的(3 辆车以后)应该发动机熄火。非增压发动机汽车经过高速或爬长坡行驶后,发动机温度很高,应先怠速运转 30 s 以上后熄火。

增压发动机车辆停车后不应立即熄火,应保持发动机怠速运转 3min 以上,待发动机充分冷却后熄火。

13. 行驶中的检查

在行驶过程中应经常注意查看车上各种仪表,查听发动机及底盘声音。如发觉操纵困难、车身跳动或颤抖、机件有异响或异常气味、水温异常时,应立即停车检查进行必要的调整和修理。

行驶中发动机动力突然下降,应立即检查是否为冷却液或机油量不足引发发动机过热所致(注意冷却液温度高时不能打开散热器盖)。行驶中转向盘的操纵忽然变得沉重并偏向一侧,应立即停车检查轮胎气压。

检查冷却液和润滑油量,应无漏水、漏油,气压制动应无漏气现象。检查车轮制动器有无拖滞、发咬或发热现象,驻车制动器作用是否可靠。检查转向、制动装置和传动轴、轮胎、钢板弹簧各连接部位是否牢固可靠。检查装载货物应捆绑、固定牢固,覆盖严实。

14. 停车

准确判断停车位置,应做到一次停车到位,减少停车时的移车次数。避免停在上坡、积水、结冰或松软的路段上。冬季中途停车时间较长时,避免车头迎风停放。

三、收车后检查

检查汽车应无漏油、漏水、漏气现象，视需要补充燃油、润滑油和冷却液。检查轮胎气压，清除胎间及表面的杂物。检查风扇等皮带的松紧度以及完好情况，必要时应进行调整。检查轮胎螺母和半轴螺母是否松动。打扫车厢和驾驶室，清洗底盘，擦拭发动机、各部附件和清洁整车外表，同时查看各部有无破损。当每行驶 1000km 时，应清除空气滤清器的灰尘。

第三节　自动变速器的使用与节能

由于自动变速器在结构和工作原理上与手动变速器有很大的不同，因此，为充分发挥自动变速器的性能优势，遵循最佳换挡规律，在驾驶装用自动变速器的汽车时，必须正确掌握其操作使用方法，以使发动机能始终工作在最低油耗的工况区域，提高燃油经济性。

一、自动变速器选挡杆的使用

自动变速器是由驾驶员通过驾驶室内的选挡杆来操作的。选挡杆布置在转向柱上或地板上。不论布置在哪里，选挡杆都有 5 ~8 个挡位。图 6-1 是一种有 6 个挡位的自动变速器选挡杆，目前大部分轿车自动变速器的选挡杆都是采用这种布置方式。自动变速器选挡杆挡位的含义与手动变速器有很大的不同。对于自动变速器而言，选挡杆的挡位与自动变速器本身所处的挡位是两个完全不同的概念。实际上，选挡杆只改变自动变速器的阀板总成中手控阀的位置，而自动变速器本身的挡位则是由换挡执行元件的动作决定的，它除了取决于手控阀的位置外，还取决于汽车的车速、节气门开度等因素。要正确操作自动变速器，首先应了解自动变速器选挡杆各个挡位的含义。

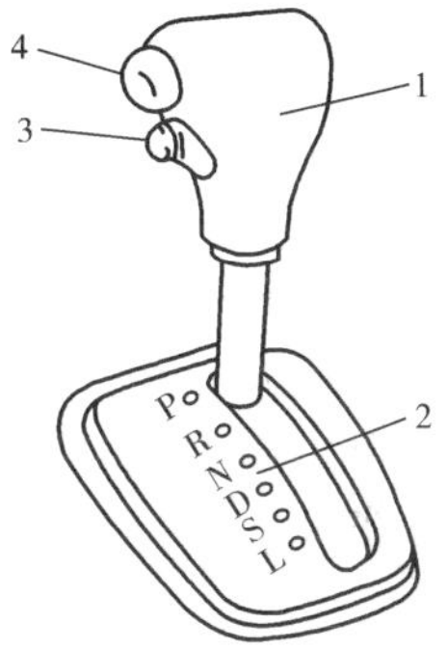

图 6-1　自动变速器的自动选挡杆

1-选挡杆；2-挡拉；3-超速挡开关或保持开关；4-锁止按钮

1. 停车挡(P 位)

停车挡通常位于挡位的最前方。当选挡杆位于该位置时，自动变速器的停车锁止机构将变速器输出轴锁止，使驱动轮不能转动，防止汽车移动。同时换挡执行机构使自动变速器处于空挡状态。当选挡杆离开停车挡位置时，停车锁止机构即被释放。

2. 空挡(N 位)

空挡通常位于挡位的中间位置，在倒车挡和前进挡之间。当选挡杆位于空挡位置时换挡执行机构和停车挡相同，也是使自动变速器处于空挡状态。此时发动机的动力虽经输入轴传入自动变速器，但只能使齿轮空转，输出轴无动力输出。

3. 前进挡(D 位)

前进挡位于空挡之后，大部分轿车自动变速器在选挡杆位于前进挡位置时，可以实现 4 个不同传动比的挡位，即 1 挡、2 挡、3 挡和超速挡。其中 1 挡传动比最大，2 挡次之，3 挡为直接挡，传动比为 1，超速挡的传动比小于 1。汽车在行驶的过程中，如果选挡杆位于前进挡位置，则自动变速器的液压或电子控制系统能根据车速、节气门开度等因素的变化，按照设定的换挡规律，自动变换挡位。

4. 倒挡(R 位)

倒挡位于停车挡和空挡之间。当选挡杆位于倒挡位置时，换挡执行机构使自动变速器实现倒挡。

5. 前进低挡(S 和 L 位)

前进低挡通常有两个位置，即图 6-1 中的 S 位和 L 位。当选挡杆位于这两个位置时，自动变速器的控制系统将限制前进挡的变化范围。当选挡杆位于 S 位时，自动变速器只能在 1 挡、2 挡、3 挡之间自动变换挡位。当选挡杆位于 L 位时，自动变速器只能固定在 1 挡。有的车型将 S 位标为 2 位，L 位标为 1 位，其含义是相同的。

二、自动变速器控制开关的使用

新型自动变速器除了可用选挡杆进行换挡控制外，还可以通过选挡杆或汽车仪表板上的一些控制开关进行其他的控制。不同车型自动变速器的控制开关往往有不同的名称，其作用也不完全相同。常见的控制开关有以下几种。

1. 超速挡开关(O/D 开关)

此开关用来控制自动变速器的超速挡。当这个开关打开后，超速控制电路接通，使阀板中的超速电磁阀工作。此时若选挡杆位于 D 位，自动变速器随着车速的提高而升挡时，最高可升入 4 挡(即超速挡)。该开关关闭后，超速挡控制电路被断开，仪表板上的“O/DOFF”指示灯随之亮起，自动变速器随着车速的提高而升挡时，最高只能升入 3 挡，不能升入超速挡。

2. 模式开关

大部分电子控制自动变速器都有一个模式开关，用来选择自动变速器的控制模式，以满足不同的使用要求。所谓控制模式主要是指自动变速器的换挡规律。常见的自动变速器控制模式有以下几种：

(1)经济模式(ECONOMY)。这种控制模式是以汽车获得最佳的燃油经济性为目标来设计换挡规律的。当自动变速器在经济模式状态下工作时，其换挡规律应能使发动机在汽车行驶过程中经常处在经济转速范围内运转，从而提高了燃油经济性。

(2)动力模式(POWER)。这种控制模式是以汽车获得最大的动力性为目标来设计换挡规律的。当自动变速器在动力模式下工作时，其换挡规律应能使发动机在汽车行驶过程中经常处在大功率范围内运转，从而使汽车获得较好的动力性能和爬坡能力。

(3)标准模式(NORMAL)。标准模式的换挡规律介于经济模式和动力模式之间。它兼顾了动力性和经济性，使汽车既保证一定的动力性，又有较佳的燃油经济性。

3. 保持开关

这种开关通常位于选挡杆上，如图 6-1 所示。按下这个开关后，自动变速器便不能自动换挡，其挡位完全取决于选挡杆的位置。当选挡杆位于 D 位、S 位、L 位时，自动变速器分别保持在 3 挡、2 挡、1 挡。汽车在雪地上行驶时，可按下这个开关，用选挡杆选择挡位，以防止驱动轮打滑。

三、不同工况下自动变速器的使用

由于自动变速器在结构和工作原理上与手动变速器有很大的不同,因此在使用操作上也有许多不同之处。

1. 起动

(1)正常起动。起动发动机时,应拉紧驻车制动器操纵杆或踩住制动踏板,将自动变速器的选挡杆置于P位或N位,此时将点火开关转至起动位置,才能使起动电机转动。在选挡杆位于P位和N位之外的其他任何位置上时,都不能起动。

(2)汽车途中熄火后起动。装有自动变速器的汽车在行驶途中突然熄火时,选挡杆位于行驶挡位置。此时若转动点火开关起动,起动电机将不会转动,必须将选挡手柄移至P位和N位后才可起动。

2. 起步

(1)发动机起动后,必须停留几秒后才能挂挡起步。

(2)起步时应先踩住制动踏板,然后将变速器操纵杆置于D位,最后松开驻车制动器操纵杆,抬起制动踏板,缓慢踩下加速踏板加速起步。

(3)必须先挂挡后踩加速踏板。不允许边踩加速踏板边挂挡,或先踩加速踏板后挂挡,或挂挡后踩着制动踏板或未松开驻车制动器操纵杆就猛踩加速踏板。

3. 一般道路行驶

(1)装有自动变速器的汽车在一般道路上向前行驶时,应将选挡杆置于D位,并打开超速挡开关。这样自动变速器就可以根据车速、行驶阻力、节气门开度等因素,选择合适的挡位。超速驱动时必须是在平路上小负荷,且具备一定的车速。

(2)为了节省燃油,可将模式开关设置在经济模式或标准模式位置。加速时应平稳缓慢地踩下加速踏板,并尽量让节气门保持在小于1/2开度的范围内。也可以采用"提前升挡"的操作方法,即汽车起步后,先以较大的力度踩加速踏板将汽车加速到20~30 km/h,然后将加速踏板很快地松开,并持续2~3 s,这时自动变速器就能立即从1挡升至2挡。当感觉到升挡后,再将加速踏板踩下,继续加速,从2挡升至3挡也采用这种方法。这种操作方法能让自动变速器较早地升入高挡,从而提高了发动机的负荷率,降低了发动机的转速,在一定程度上节省了燃油,同时还能降低发动机的磨损程度,减小噪声。

(3)为了提高汽车的动力性,可将模式开关设置在动力模式位置上。在急加速时,还可以用"强制降挡"的操作方法,即将加速踏板迅速踩到全开位置。此时自动变速器会自动下降一个挡位,获得猛烈的加速效果。当加速的要求得到满足之后,应立即松开加速踏板,防止发动机超速而损坏。"强制降挡"用在高速超车。在这种工况下,自动变速器中的摩擦片磨损、发热严重,很容易造成碎裂和黏接。若非特殊需要,不宜经常使用。

4. 倒车

(1)在汽车完全停稳后,将选挡杆移至R位。

(2)在平路上倒车时,可完全放松加速踏板,以怠速缓慢倒车。

(3)若倒车中要越过台阶或凸起物时,应缓慢加速,越过之后要及时制动。

5. 坡道行驶

(1)在一般坡道上行驶时,可按一般道路行驶的方法,将选挡杆置于D位,由加速踏板或制动踏板来控制上下坡车速。

(2)如果汽车以超速挡在坡道行驶,因坡道阻力大于驱动力,导致车速下降,到一定车速时自动变速器又从超速挡降到3挡,到3挡后,又因驱动力大于坡道阻力、汽车被加速,到一定车速时又升至超速挡。这样,若坡道较长,将重复上述过程,即形成"循环跳挡",加剧了自动变速器中摩擦片的磨损。在这种情况下,可将超速挡开关关闭,限制超速挡的使用,汽车就能在3挡稳定地加速上坡。若坡道较陡,汽车在3挡和2挡之间"循环跳挡",只要将选挡杆置于2挡位置,即可使自动变速器在2挡稳定地行驶。

6. 发动机制动

在汽车下坡时,若完全松开加速踏板后车速仍然太高,可将选挡杆置于S位或L位,并把加速踏板松到最小(禁止熄火)。此时驱动轮经传动轴、变速器、变矩器反拖发动机运转,这样可利用发动机的运转阻力让汽车减速。这种情况称为发动机制动。由于单向离合器的作用,自动变速器中有的挡位有发动机制动,有的无发动机制动。要注意不能在车速较高时将选挡杆从D位拨至S位或L位,这样会使自动变速器中的摩擦片因急剧摩擦而受到损坏。当车速较高时,应先用制动器将汽车减速至较低车速,再将选挡杆从D位换至S位或L位。一般空车下8%～10%坡度时,可以用S挡;重车下8%～10%坡度时,必须用L挡,中间不准换挡。

7. 雪地或泥泞路面行驶

在雪地或泥泞路面行驶时,若此时选挡杆置于D位,驱动轮打滑,而驾驶员立刻松开加速踏板,则由于打滑的驱动轮转速较快,自动变速器会出现前面所述的提前升挡的现象,从而进一步加剧了驱动轮的打滑。此时可将选挡杆置于S位或L位,限制自动变速器的最高挡位,即可利用节气门开度来控制车轮的转速,防止驱动轮打滑。没有保持开关的自动变速器也可打开保持开关,然后就可以采用与手动变速器一样的方法,用选挡杆来选择适当的挡位行驶。

8. 临时停车

汽车在交叉路口等待交通信号或因堵车等原因而需要临时停车时,若停车时间较短,可让选挡杆保持在D位,只用行车制动,这样一放松制动踏板,汽车就可以重新起步。若停车时间稍长,最好同时利用行车制动和驻车制动,以免不小心松开制动踏板时汽车向前闯动而发生意外。若停车时间较长,最好把选挡杆换到N位,拉紧驻车制动器操纵杆停车,以免造成自动变速器加温过高。

9. 停放

汽车停放好后,应踩住制动踏板,将选挡杆移至停车挡位置,并拉紧驻车制动器操纵杆,然后关闭点火开关,熄火。

四、使用自动变速器的注意事项

为充分发挥自动变速器的性能优势,防止因使用操作不当而造成早期损坏,在驾驶装用自动变速器的汽车时,应注意以下几点。

1. 挡位选择及其使用方法

液力自动变速器的挡位选择有按钮式和拉杆式。按钮式的布置在驾驶室的仪表板上,拉杆式的布置在变速杆上或者布置在驾驶室内地板上。不同汽车上液力自动变速器的选挡位置数各有不同,选挡杆位置数与自动变速器本身挡位数并不等同。轿车自动变速器的挡位,通常为 3 ~ 5 挡。

在驾驶时,如无特殊需要,不要将选挡杆在 D 位、S 位、L 位之间来回拨动,特别要禁止在行驶中将选挡杆拨入 N 位(空挡)或在下坡时用空挡滑行。否则,由于发动机怠速运转,导致自动变速器内由发动机驱动的油泵出油量减少。而自动变速器内的齿轮等零件在汽车的带动下仍做高速旋转,这些零件会因润滑不良而损坏。

在汽车行驶中若要按"L 位—S 位—D 位"的顺序进行变换(即由低挡位换至高挡位),可以不受任何车速条件的限制,即:不论车速高低都可按此顺序改变选挡杆的位置。但是,如果要按"D 位—S 位—L 位"的顺序(即由高挡位换至低挡位)变换选挡杆的位置,必须让汽车减速至车速低于相应的升挡车速后才能进行。如果将选挡杆由高挡位换至低挡位时的车速过高,就相当于人为的手动强制低挡,这样不仅汽车会受到发动机的强烈制动作用,而且相应的低挡执行元件将急剧摩擦而损坏。因此,有些车型在进行"D 位—S 位(L 位)"的降挡操作时也必须按下锁止按钮,否则选挡杆将被锁住而无法由高挡位向低挡位移动。

2. 前进挡与倒挡互换

当汽车还没有完全停稳时,不允许从前进挡换至倒挡,也不允许从倒挡换到前进挡,否则会损坏自动变速器中的连接片和制动带。

3. 停车

一定要在汽车完全停稳后才能将选挡杆拨入停车挡位置,否则自动变速器会发出刺耳的金屑撞击声,并损坏停车锁止机构。

4. 锁止按钮

为了防止不正确的操作造成自动变速器的损坏,大部分车型的自动变速器选挡杆上都有一个锁止按钮。在进行下列换挡操作时,必须按下锁止按钮,否则选挡杆将被锁止而不能移动。

(1)由 P 位换至其他任何挡位或由其他任何挡位换至 P 位。

(2)由任何挡位换至 R 位。

5. 发动机怠速

要严格按照标准调整好发动机的怠速,怠速过高或过低都会影响自动变速器的使用效果。怠速过高会使汽车在挂挡起步时产生强烈的闯动;怠速过低在坡道上起步时,若松开制动踏板后没有及时踩下加速踏板,汽车会后溜,增加了坡道起步的难度。

6. 怠速"爬行"问题

接通前进挡和倒挡时,在 D 位、S 位、L 位,当发动机节气门在怠速位置时,允许汽车有行驶的趋势或极其微小的向前"爬行"的感觉。在倒挡时,允许有向后的趋势。

7. 用油问题

必须用规定品牌的液力传动油,必须按规定方法经常检查油面高度,必须按规定时间或里程进行换油,换油时必须同时清洗油冷却器和滤油器。

第四节 轮胎的选用

轮胎是汽车的重要部件之一,它的作用是:支承全车的重量;将汽车的牵引力传递给路面;与汽车悬架共同衰减缓和汽车行驶时的振荡和冲击,并保持汽车的侧向稳定性,保证车轮与路面有良好的附着性能。

轮胎性能好坏直接关系到汽车行驶的安全性、通过性、平顺性和使用经济性。汽车在运行过程中,在一定转速范围内,所消耗能量的1/3~1/4被轮胎吸收,以散热形式消耗掉。这些能量的消耗主要是由于汽车在行驶过程中要克服行驶阻力,其中最主要的就是滚动阻力。

汽车行驶时的滚动阻力与轮胎的类型、结构、材料和气压等因素有着密切的关系。因此,在汽车使用过程中,正确选用轮胎,不仅可以降低轮胎在使用成本中所占的比例,还可减少汽车行驶时的阻力,从而减少汽车燃油的消耗,达到节能的目的。

一、轮胎对汽车节能的影响

1.轮胎的结构和材料

轮胎的弹性迟滞损失是车轮在硬路面上滚动产生滚动阻力的主要原因。车轮滚动时,轮胎变形的能量损失主要消耗于橡胶、帘布等材料的内部摩擦损失以及轮胎各组成件之间的机械摩擦损失,即内胎与外胎、轮胎与轮毂、橡胶与帘布层等之间的机械摩擦损失。因此轮胎的结构和材料对于滚动阻力系数f值有着较大的影响,进而影响汽车的燃油经济性。

图6-2所示为三种不同结构轮胎的滚动阻力系数随车速变化的曲线。由图可见,与普通斜交结构的轮胎相比,扁平断面轮胎的滚动阻力系数在高速区间较小,而子午线轮胎则在各种速度区间有较低的滚动阻力系数。

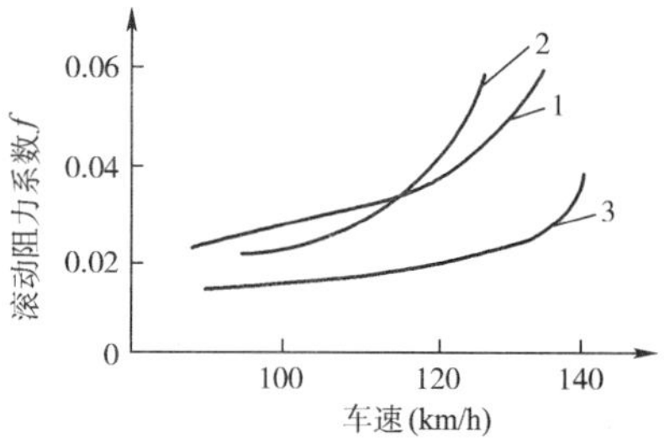

图6-2 不同类型轮胎的滚动阻力系数
1-扁平轮胎;2-斜交轮胎;3-子午线轮胎

此外,减少轮胎的帘布层数使胎体减薄,可减少轮胎滚动时的迟滞损失。因此采用强力高的纤维帘布和钢丝帘也可以在保证轮胎强度的前提下减少帘布层数。例如,9.00-20轮胎用棉纤维做帘布需要10~12层,用黏胶纤维时则需8~10层,而用尼龙时需6~8层,若用钢丝帘布仅需2层。试验证明,在车速为50km/h时,4层帘布轮胎的滚动阻力比6层的减少7%。

2.轮胎的花纹

汽车轮胎的胎面花纹,是根据汽车的用途和使用条件来选择的。实践证明,轮胎花纹对于汽车的燃油经济性也有着重要的影响。一般认为,良好的轮胎花纹应该具有最大的耐磨性,与路面的良好附着性,必要的抗汽车直滑和侧滑性,行驶无噪声和良好的由外胎向外导热性,以及很好的自洁泥雪性,从而使汽车的燃油经济性以及牵引性、稳定性、平顺性、通过性等得以改善和提高。

汽车轮胎的胎面花纹可以分为三种基本类型,如图6-3所示。

普通花纹用于硬路面行驶的轮胎,越野花纹用于无铺装路面条件下行驶的轮胎,混合花纹既用于硬路面,也用于土路行驶的轮胎。

图 6-3　轮胎的花纹

a)普通花纹;b)混合花纹;c)越野花纹

(1)普通花纹轮胎适合于在硬路面(沥青混凝土路、水泥混凝土路、碎石路和硬土路)上行驶。花纹形式有横向烟斗形花纹,纵横兼有的连烟斗花纹和纵向锯齿形花纹等。

烟斗形花纹轮胎的特点是:花纹块接触地面面积大(花纹块面积将近 80%),胎冠平坦,具有良好的耐磨性,在一般路面和较差路面上行驶耐磨里程较高,特别是在碎石路上行驶时,能自动甩出石子;因有横向花纹,在载荷下花纹沟基部应力分散均匀,不易裂口,而且附着力高。缺点是在潮湿的水泥混凝土或沥青混凝土路上高速行驶时防侧滑性能稍差,与纵向花纹相比其滚动阻力稍大。

连烟斗花纹轮胎也适合在一般路面和较差路面上行驶。因为纵横兼有的花纹,不但具有烟斗花纹的特征,并且也有良好的防侧滑性能。连烟斗花纹轮胎在行驶中与地面附着力大,不易打滑;胎面柔软性好,行驶中不易脱空;花纹沟宽度适宜,并由中心到胎肩花纹沟逐渐放宽,使塞进去的石子容易甩出。此外,花纹基部也不易产生裂口。

纵向花纹轮胎滚动阻力小,防侧滑性能好,散热性能也好,适用在良好路面上高速行驶。但这种轮胎花纹容易夹石子和产生裂口,防纵滑性能也较差。

(2)越野花纹轮胎适用在难通过的土路上和无铺装路面条件下使用。其特点是花纹沟槽深,凸出面积小,与路面附着力大,所以适宜于在泥雪地、松软路面以及在一般轮胎不易通行的坏道路上行驶,具有良好的自行清除泥土的性能。这种轮胎的气压和普通轮胎相同,因此在较好的路面上不宜使用,否则胎面花纹会早期磨损,并且使汽车振动加大,油耗增加。

矿山和工程机械用轮胎的花纹形式和越野花纹轮胎相类似,只是花纹沟比较窄。这种类型的轮胎适用于工地、矿山以及泥泞路面,具有良好的附着力。

(3)混合花纹轮胎的胎面行驶部分由普通花纹块和越野花纹块构成,适合在各种路面上使用。这种轮胎在沥青混凝土和水泥混凝土等路面上行驶时,具有良好的耐磨性,对路面具有较高的附着力。这种轮胎的胎面花纹通常在轮胎行驶面中间为菱形(棋盘形)或者纵向锯齿形花纹,而在行驶面的两边为横向大块越野花纹。由于行驶面两边的宽花纹沟具有良好的日常清除泥土的性能,因此在泥雪路上行驶时仍具有较大的附着力。

3. 轮胎的气压

轮胎的气压对于滚动阻力系数有很大影响,因此直接影响到汽车的燃油经济性。考虑到汽车的载荷、平顺性和操纵稳定性等因素,各种汽车轮胎规定的气压是不同的。轮胎制造厂在设计各种规格的轮胎时,都规定了其负荷能力和相应的标准气压。若轮胎工作气压不在标准范围内,则会对轮胎的使用寿命和汽车运行油耗的产生很大影响。

当汽车轮胎在低压情况下行驶时,其径向变形增大,轮胎的两侧将发生过度挠曲,胎侧内壁受压,外壁受拉。在这种情况下,胎体内的帘线产生较大的交变应力和变形。由于帘线受伸张变形的能力好,而受压缩变形的能力差,所以周期性压缩变形会加速帘线层的疲劳损伤。轮胎在低压下滚动时,因轮胎变形过大,增大了胎面与路面的接触面积,使轮胎与路面的接触压力降低,但在接触面上的压力分布不均匀,轮胎向里弯曲,胎面的中部负荷要小一些,而胎面边缘负荷急剧增大,发生所谓的"桥式效应",使胎面与路面的相对滑移加剧,在胎面边缘出现锯齿形或波形的严重磨损或损伤。另外,由于位移摩擦产生的热量多,胎温急剧升高。轮胎内应力增大和温度升高,降低了橡胶的抗拉强度,使帘线松散和局部脱层。又由于帘线层间产生摩擦,使脱层的地方温度更高,从而导致外胎爆破。

气压过低的轮胎在遇到障碍物时,由于受冲击,变形极大,胎体内层更容易产生"X"形爆破。轮胎花纹凹部在低压状态下,最易嵌入道路上的钉子和石块,引起机械性损伤。对于装有双胎的汽车,在低压下行驶时,由于胎侧挠屈变形特别大,两个轮胎侧壁容易接触,使胎侧互相摩擦,导致帘布层损坏。若在并装双胎中有一个轮胎气压过低时,行驶中负荷将由另一轮胎单独承担而超载,加剧轮胎损伤。

当轮胎气压过高时,轮胎的帘线过度伸张,胎体帘线应力增大,使帘线的"疲劳"过程加快。随着使用时间的延长,将导致帘线拉断,造成轮胎的早期爆破。同时由于气压过高,使轮胎与地面的接触面积减小,单位面积上的压力增高,将会加剧胎冠部分的磨损。若轮胎气压过高,且在不平的道路上高速行驶或遇障碍物时,胎体爆破的可能性会更大。

试验表明,轮胎气压过高或过低都会缩短轮胎的使用寿命。如图 6-4 所示,轮胎气压降低 20%,轮胎的使用寿命会缩短 15%。

轮胎气压不仅对使用寿命有很大影响,而且对运行燃油的消耗也有很大的影响。当轮胎气压过低时,变形量增大,滚动阻力增加,汽车行驶中功率消耗增大,导致燃油消耗量增多。所以,保持轮胎标准气压,是驾驶员不容忽视的重要环节。一般情况下,轮胎按标准气压充气后,随着工作时间的延长,气压会自行下降。每周约自然下降 9.8 ~ 19.6 kPa,两个月就会下降 98 kPa 左右。试验表明,当汽车的各轮胎气压都较标准胎压降低 49 kPa,油耗将增加 5%;而仅一侧两个轮胎较标准胎压降低 49 kPa,油耗将增加 2.5%;前轮一只轮胎较标准胎压降低 49 kPa,油耗将增加 1.5%。当轮胎气压低于标准胎压的 30%,燃油消耗增加 6%,图 6-5 为汽车燃油消耗与轮胎气压的关系。

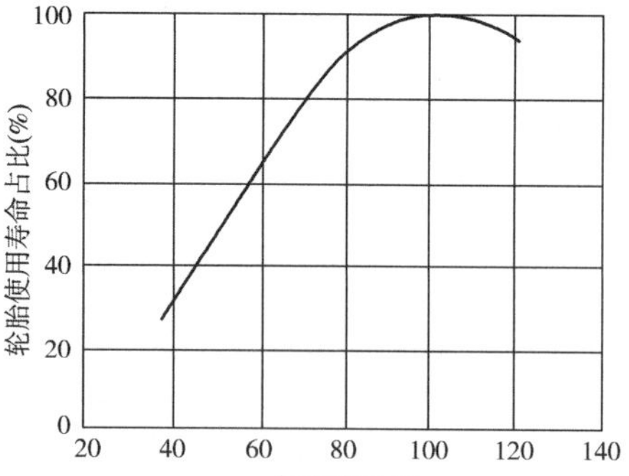

图 6-4 轮胎气压与使用寿命的关系

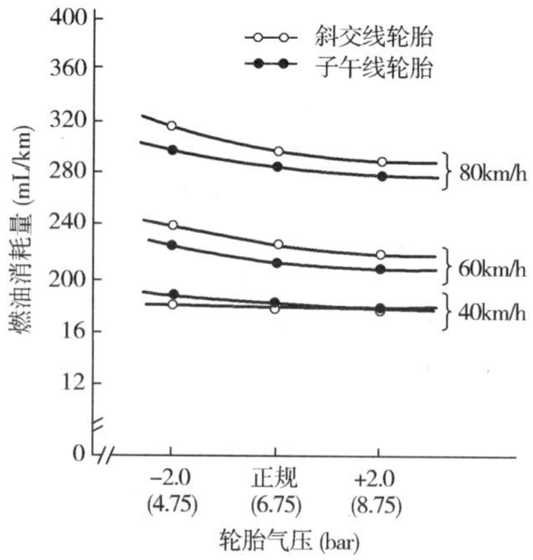

图 6-5 燃油消耗与轮胎气压的关系

当轮胎充气压力过高时,同样会由于轮胎弹性降低失去减振性能,一方面影响汽车行驶的平顺性，另一方面由于振动，底盘零件的磨损加剧，汽车垂直位移增加而消耗能量，使燃油消耗量也增加。

二、轮胎的合理选用

1. 轮胎选用原则

轮胎是汽车的主要部件之一，选用是否正确对汽车的行驶性和燃油经济性有直接影响。因而应按如下原则选择轮胎，以提高汽车的行驶性和燃油经济性，延长轮胎的使用寿命。

1）轮胎类型的选择

轮胎类型主要依据汽车类型和行驶条件来选择。货车普遍采用高强度尼龙帘布轮胎，以提高轮胎的承载能力；越野车选用胎面宽、直径较大的超低压胎；轿车易采用直径较小的宽轮辋低压胎，以提高行驶稳定性。由于子午线轮胎滚动阻力系数较小，可减少燃油消耗，因而应优先选择。

2）轮胎花纹的选择

轮胎花纹主要依据道路条件、行车速度、路程长短来进行选择。高速行驶汽车不宜采用加深花纹和横向花纹的轮胎，不然会因过分生热引起早期损坏。低速行驶汽车应采用加深花纹或超深花纹的轮胎，可提高轮胎使用寿命。

3）轮胎尺寸和气压的选择

轮胎尺寸和气压主要根据汽车承受载荷情况和行驶速度来选择。所选轮胎承受的静载荷值应等于或接近于轮胎的额定负荷。值得注意的是，在设定轮胎的实际使用气压时，应综合考虑汽车的运动性能、燃油经济性及振动和噪声等因素。

2. 控制轮胎气压

如前文所述，轮胎工作气压直接关系到汽车的运动性能和燃油经济性。只有保持轮胎气压在标准范围内，才能减小滚动阻力、降低油耗、实现节油。因此，在汽车使用中，应按轮胎规定的气压标准进行充气。要正确使用轮胎、控制轮胎气压，还应注意以下情况。

1）轮胎工作气压应与负荷能力相适应

作用在轮胎上的负荷，直接影响轮胎的变形程度（轮胎下沉量）。当轮胎气压一定时，随载荷增加，变形程度也随之增加。因此，轮胎工作气压应与负荷能力相适应。

单轮负荷比双轮负荷高5%。在实际应用中，不能简单地按轮胎标准或使用说明书规定的气压进行充气，而应在适当的范围内合理选择。若要提高车辆的负荷能力，可适当提高轮胎的工作气压，当然，该气压不能超过规定的最大负荷。相反，若车辆负荷小，可适当减小轮胎气压，但必须注意行驶速度。

轮胎工作气压对压缩系数 λ 有直接的影响：

$$\lambda = h/H \tag{6-3}$$

式中：H——轮胎充气断面高；

h——下沉量（在负荷作用下，轮胎被压下的高度）。

在最大允许负荷的作用下，普通载货汽车轮胎的压缩系数为10%～12%，载客汽车轮胎压缩系数为12%～14%。在负荷一定时，轮胎工作气压过高，下沉量小（λ 偏低时），地面接触面积小，单位面积所受的力增加，从而加速了胎面中部的磨损，缩短了轮胎的使用寿命，在此情况下，滚动阻力小有利于节油。轮胎工作气压过低，下沉量增大（λ 偏高），胎面边缘负荷增大,胎肩早期磨损,增加了滚动阻力,这对节油、节胎都不利。因此,应选择有利于节油、节胎的最佳工作气压。一般选压缩系数为 10%,工作状况最佳。

2)轮胎使用速度应与负荷能力相适应

轮胎的最大负荷,是指在一定速度等级下,轮胎所能承受的最大负荷。若使用速度与负荷能力适应,并符合相应的气压标准,就能发挥轮胎的综合性能。在实际应用中,若保持最高车速在速度等级内,则可以相应增加轮胎的负荷,这时应适当提高轮胎的工作气压;若高于规定的速度等级,应相应减小载荷;特定条件下需要超载时,应当减速行驶。若轮胎使用因素(如负荷分配、车速、道路、运输距离、装载)发生变化,则要求相应地改变轮胎的工作气压。例如,市区的短途运输,平均技术车速一般在 30km/h 左右,最高车速也仅在 40km/h 左右。为提高这种中速时轮胎的允许负荷,可适当提高轮胎的气压。

汽车在装用新轮胎时,应限速行驶,即在轮胎的"磨合里程"内,应在良好的路面上中速行驶,并少用紧急制动。假如装用新轮胎后,立即在高速下或在苛刻的道路上行驶,轮胎则易脱层,缩短了它的使用寿命。

3)轮胎工作气压应与胎温相适应

汽车行驶时,其轮胎断面产生挠曲变形,轮胎产生内部摩擦,引起轮胎发热、胎温升高,胎内气体受热膨胀,致使胎压升高。众所周知,在容积一定的密封容器内,温度与压力成正比,即温度升高 1℃,则气体压力升高 1/273 个压力单位。

轮胎温度的上升还与大气温度有直接的关系。我国北方地区冬季时间长,气温较低,每年从 11 月中旬至次年 3 月上旬的时期内,大气温度大多低于 13 ℃,从而有利于充分发挥轮胎的最佳性能,可适当提高轮胎的工作气压,一般为 29 ~ 49 kPa。但当气温回升(尤其夏季),轮胎内摩擦产生的热量不易散发,结果会形成恶性循环。因此,在夏季行车,应适当降低轮胎的工作气压(取规定的最小值)。如发现轮胎温度上升很高,应停车降温后再继续行驶。决不允许用冷水浇轮胎,否则轮胎骤冷,会导致其技术性能下降。

3. 轮胎的维护

在汽车使用中,不仅要保持轮胎在标准气压下行驶,而且还要加强轮胎的维护,这样才能延长轮胎的使用寿命。这就要求驾驶员在日常维护中,在检查轮胎气压的同时,检查轮辋、锁圈、垫圈,以及气门芯子等的状态,更换损坏的零件。另外,还要清除轮胎花纹中所夹的及并联轮胎间所夹的石块、铁钉、玻璃块等物,以防引起轮胎意外的机械损伤。

轮胎在使用中,还会受道路拱形及气压的影响,造成不均匀的磨损。这样不仅会使轮胎寿命缩短,而且还会影响汽车的操纵性和行驶稳定性,从而增加油耗。所以轮胎使用一定时间后,应按规定进行轮胎换位,以延长其使用寿命。另外,还应注意保持轮胎的动、静平衡,特别是高速行驶的汽车。轮胎的平衡,不仅可以减轻轮胎不正常的磨损,而且还可以提高汽车的操纵稳定性。

三、子午线轮胎及其应用

子午线轮胎是一种性能较好的新型轮胎,最早于 1948 年出现在西欧。由于它有一系列突出优点和显著的节油效果,从它问世的那天起,就引起了世界各国的普遍重视。

1. 子午线轮胎的结构特点

子午线轮胎的帘布层帘线与胎面中心线呈 90°夹角,即帘线垂直于胎边,径向呈辐射状布置,如图 6-6 所示。普通轮胎的胎体帘线都是分层交叉排列而且有一定的夹角,而子午线轮胎的帘线与横断面呈 0°,彼此又不互相交叉。这样,帘线在轮胎的横向伸长强度就可以充分发挥作用。另外,子午线轮胎的缓冲层与胎面中心线夹角较小,仅为 10° ~20°,且由伸长很小的高强力纤维或钢丝帘布制成。因此帘线的横向强力作用就更为加强。其次,子午线轮胎的帘布层数比普通斜交胎少 40% ~50% ,甚至更少。这是由于胎体帘线呈子线方向排列后,其承受的负荷比普通轮胎小。子午线轮胎优越的结构特点决定着其具有良好的使用特点。

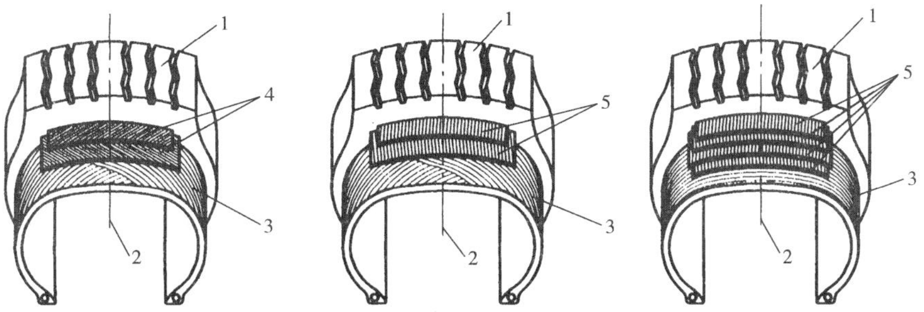

图 6-6　帘布层的排列方式

a)斜交轮胎;b)带束斜交轮胎;c)子午线轮胎

1-胎面;2-断面中心线;3-帘布层;4-缓冲层;5-带束层

2. 子午线轮胎的使用特点

(1)使用寿命长。由于胎体帘线和缓冲层帘线交叉于三个方向,这样就形成了许多密实的三角形网状结构,阻止了胎面周内和侧向伸缩,从而减少了胎面与路面间的滑移;又因胎体的径向弹性大[图 6-7a)],与地面接触面积大,对地面的单位压力小,使胎面磨耗小、耐磨性强,行驶里程比普通斜交轮胎高 50% ~100% 。

(2)滚动阻力小。由于胎冠具有较厚而坚硬的缓冲层,轮胎滚动时胎冠变形小、消耗能量少,产生热量低。

(3)附着性能好。这是因为胎体弹性好,与地面接触面积大,胎面滑移小的缘故。

(4)缓冲性能好。因为胎体径向弹性大,可以缓和不平路面的冲击,并吸收大部分冲击能量,使汽车行驶平顺性得到改善。

(5)负荷能力大。由于子午线轮胎的帘线排列与轮胎主要的变形方向一致,因而使其帘线强度得到充分有效的利用。故这种轮胎一般比棉帘布普通斜交轮胎能承受的负荷高。例如,具有一层钢丝帘布层的国产 9.00-20 型子午线轮胎的负荷能力为 18000 N,而具有 10 层棉帘布层的同类型普通斜交轮胎的负荷能力仅为 15000N。

子午线轮胎的缺点是胎侧薄,变形大,胎侧与胎圈受力比普通斜交轮胎大。因而,胎面与胎侧的过渡区及轮辋附近易产生裂口;同时由于胎侧变形大,其行驶稳定性较差。

3. 子午线轮胎的节能效果

子午线轮胎的结构由于帘布层帘线排列的方向与轮胎子午断面一致,使其帘布层数比普通轮胎减少近一半,并且没有偶数限制,具有缓冲层层数较多和刚度较大等特点。因此,在行驶过程中轮胎周向变形小,轮胎各层帘线之间、橡胶与帘线之间的位移小,使轮胎的内部摩擦减小,滚动阻力降低,从而使油耗也相应降低。通过大量试验表明:子午线轮胎与普通轮胎相比,其滚动阻力可减小25% ~30%,并随着车速增加,其滚动阻力减小越加明显,如图6-7b)所示。汽车采用子午线轮胎,一般可节油5% ~10%,长距离高速行驶可节油8%以上,城市公共汽车可节油3% ~7%,载重汽车可节油3% ~6%。此外,由于子午线轮胎的结构特点,使其自重比相同规格的普通轮胎要轻,也具有节能意义。

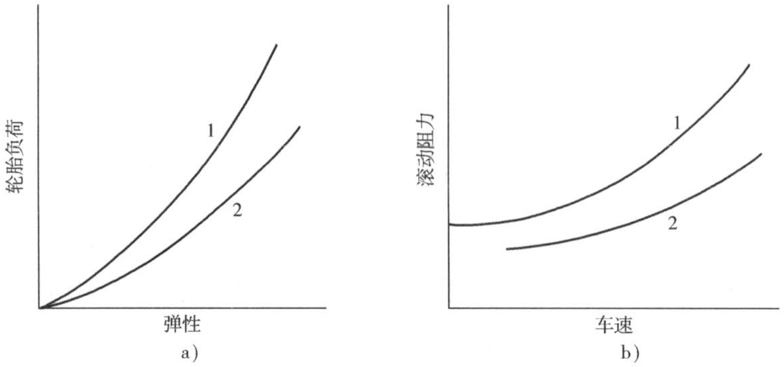

图6-7　子午线轮胎与斜交轮胎的比较

1-普通斜交轮胎;2-子午线轮胎

4.使用子午线轮胎应注意的问题

(1)装用子午线轮胎后,由于操纵稳定性不如斜交胎,应适当加长转向垂臂。

(2)严格控制轮胎气压,是用好子午线轮胎的关键。因此,在使用中应勤检查气压,并随时补气,保持轮胎在标准气压下行驶,减小过分径向变形所造成的轮胎早期损坏。

(3)子午线轮胎必须装在规定的标准钢圈上。

(4)子午线轮胎不能与斜交胎混装,特别是同一轴上不能装用两种轮胎。因为子午线轮胎的径向弹性、周向滑移、气压与普通斜交轮胎不同。两种轮胎混装会造成斜交胎超负荷而早期损坏,同时由于胎体变形不一,增加了行车的不安全因素。

(5)由于子午线轮胎的胎侧软,胎面硬。所以在驾驶中,无论是起步、换挡、制动等操作,都要做到轻踏、缓抬、动作柔和,防止胎体局部损伤。

第五节　汽车发动机调校与节能

由发动机工作循环的热效率理论可知,发动机的压缩比、绝热指数、点火时刻或喷油时刻、进排气系统结构及配气相位、发动机工作温度、大气压力、环境温度对发动机的热效率都有重要的影响。合理调整这些参数将会提高汽车的燃油经济性。

一、发动机调校与节油试验

我国有许多汽车节油经验丰富的驾驶员,就是靠精心维护,及时调整维护发动机,来达到节油效果。国外也很重视采用维修措施来提高汽车燃油经济性。

英国桑顿研究中心为了解各种因素(由于维护不当或失调而引起的故障)对汽车油耗的影响,进行了一系列的试验:模拟发动机运转后零部件的变化,在发动机上人为地制造某些故障或误差,并测量发动机燃油消耗量;然后,逐一排除各种故障,观察发动机燃油经济性的恢复规律,从而查清各个维修调整项目对燃油经济性的影响。试验得出如下结论:

(1)要使汽车节油,必须及时维修调整汽车,特别是发动机部分。

(2)汽车行驶使用的时间越长,维修调整对汽车节油所起的作用越大。

(3)在汽油发动机中,影响节油的主要因素,按其影响程度的大小顺序是混合气浓度、点火正时、点火提前和火花塞的技术状况。

汽车行驶达一定里程后,技术性能会逐渐变差,必须通过维护、小修及大修,及时加以预防和恢复。任意延长维护期限,带“病”行驶和过分延长大修间隔里程,都会导致燃油经济性下降,燃油消耗增加。

二、汽油发动机的调校

1. 电子控制燃油喷射系统维护

自2001年9月1日起,在全国范围内禁止销售化油器类轿车及5座客车。传统的化油器已经被电子控制燃油喷射系统取代。电子控制燃油喷射系统包括燃油供给系统、进气系统、传感器和电子控制装置四个部分。燃油供给系统由燃油箱、油泵、喷油器、冷起动喷油器等组成。进气系统由空气流量计或负压传感器、节气门室等组成。传感器的作用是为电脑提供信息。电脑要操纵发动机的执行机构,首先要得到能反映发动机状态的各种传感器信号。传感器将发动机的负荷、转速、加速与减速、进气温度、冷却系统温度等变化情况,转换成电信号输入电脑。经电脑运算处理,给出一个最佳点火时间,发出控制喷嘴开启的时间与持续时间信号,从而向发动机供给最佳供油量。不同类型的发动机,不同年代生产的发动机,所用的传感器数量与结构型式都不尽相同。

电子控制燃油喷射时间与发动机转速相配合,在活塞进气行程前喷入。燃油通过油道进入喷油器,汽油泵的压力是燃油良好雾化的基础,并防止高温下持续工作时燃油系统产生蒸气。

电子控制汽油喷射发动机,在有关零件更换或检修之后,一般应进行调整,以确保发动机正常的工作性能,这些调整包括点火正时、怠速、混合气浓度等。电控汽油喷射系统虽然对点火正时、怠速等都具有一定的自动调控功能,但这种自动调控能力也是有限的,它受“初始状态”(指取消或切断自动控制后发动机点火正时、怠速等的最佳状态)的制约。由于零件的更换、检修等原因,导致“初始状态”发生了变化,超出了自动控制系统的调整限度,发动机将出现怠速不良、混合气过浓或过稀、点火不正时等现象。这些情况下,必须对发动机的“初始状态”进行必要的调整。

电控燃油喷射装置的汽车,设有故障显示装置,在电脑控制系统出现异常情况时,会显示相应的代码。

电控燃油喷射发动机的使用、维护及修理一定要严格遵守维修规程,如:

(1)管路、电路拆卸时应注意两端编号,防止连接错误。

(2)在插上或拔出传感器连接时,应断开蓄电池搭铁线或关闭点火开关,以免产生电脉冲或短路击穿电子元件。

(3)不要在装有电脑的汽车上进行电弧焊,除非关闭电脑开关,对于电脑控制程度较高的汽车,不要随意断开蓄电池电源线。

(4)对于电脑控制程度较高的汽车,不要轻易断开蓄电池电源线。

2. 保持正常汽缸压力

汽缸压力过低会使燃烧不良,不仅燃油的经济性下降,而且HC和CO的排放量会增加,因此，正常的发动机汽缸压力应达到原厂的规定。使用过程中虽允许低于原厂规定，但不得低于规定值的10%，各缸压力差不得大于5%，并及时清除活塞顶、燃烧室的积炭。

3. 发动机点火系统检查

(1)火花塞间隙的检查。目前我国蓄电池点火系统使用的火花塞间隙一般为0.6～0.7mm，而偏上限值时，不论是怠速废气排放标准，还是动力性与经济性，均可得到较满意的效果。相反火花塞间隙太大，易造成缺火；若减小火花塞间隙，不易点燃混合气，这将造成燃烧不完全。另外还要注意及时清除火花塞电极的积炭。

(2)点火线圈初级绕组和次级绕组电阻值的检查。即根据初级绕组、次级绕组电阻值的规定值和绕组电阻测定值来判定。点火线圈绕组电阻的测定值，应与其规定值相比较，若在规定数值范围内，则点火线圈的工作状态正常；若不在规定的数值范围内，则应更换点火线圈。

(3)检查和调整点火正时可用正时灯检查法和点火正时测试器检查法。

(4)高压线外观应无破损、裂断、漏电现象，接头牢固，高压线的电阻值应符合产品标准规定的数值，如有异常，应更换高压线。

4. 怠速调整

怠速工况是车用汽油机最常用的工况之一，汽油机的怠速性能主要体现在三个方面：怠速稳定性、怠速排放和怠速油耗。当发动机怠速运行时，节气门处于全关位置，即进入发动机的空气量不再由节气门进行调节。怠速控制的实质就是通过怠速执行器调节进气量，同时配合喷油量及点火提前角的控制，改变怠速工况燃料消耗所发出的功率，以稳定或改变怠速转速。发动机起动时，怠速控制系统控制怠速执行器使旁通进气量最大，以利于起动；起动之后，再根据冷却液温度来确定旁通进气量的大小。暖机阶段，怠速控制系统根据冷却液温度的变化不断调整旁通进气量的大小，使发动机在温度状态变化的情况下保持稳定的转速。当同时使用的电器增多时，怠速控制系统也要相应增加旁通进气量，提高发动机的怠速转速。怠速调整时首先要保证汽缸压力正常，点火系统、供油系统及配气机构正常，发动机冷却液温度不低于60℃。调整时，并不是转速越低越好，既要考虑经济性，也要考虑怠速的稳定性和排放性能。

5. 保持发动机正常冷却液温度

若发动机冷却液温度过低，混合气燃烧不良，则会造成HC排放增多。使用中保持发动机冷却液温度在80～90℃，可使HC排量减少。

6. 气门间隙调整

若气门间隙过大，开度减小，开启时间缩短，则会导致进入汽缸的混合气不足，排气不彻底；气门间隙过小，气门关闭不严，会导致汽缸压力不足。气门间隙过大过小都会造成发动机功率下降，油耗增加，应做到及时调整，确保气门间隙在规定的范围内。

三、柴油发动机的调校

1. 柴油机燃油系统调整

通常，把汽油机调节进入汽缸的混合气数量、浓度的调节方式称为“量调节”，而把柴油机调节进入汽缸的混合气数量、浓度的调节方式称为“质调节”。

由于柴油机压缩比高，当进气量减少时，汽缸压力受到的影响较大，因此受空气滤清器阻力的影响大于汽油机，当其空气滤清器造成进气量减少时，为了在进气量减少后仍可维持原混合比，额定供油量也相应按比例减少。

柴油车运行时的最佳喷油提前角不是一个固定值，它与柴油机转速、负荷率有关。目前柴油机上已有随转速变化的离心提前喷油装置，但没有随负荷变化的提前喷油装置。目前我国汽车的空驶里程较高，在这种情况下（中小负荷），应加大喷油提前角才有利于汽车节油。试验证明：6120Q 型柴油机汽车在 40 km/h 空驶时，供油最佳提前角为 32°，比原喷油提前角为 26°时节油 18.4%。

柴油车在中等负荷时，进行经济调整的方法是在无校正装置的喷油泵上加装校正装置，并按经济型（基本保持最大转矩不变，适当降低一些最大功率以换取良好的燃油经济性）调整，减少额定转速下的额定供油量。试验证明效果较好，油耗率下降了 1.5% ~4.7%，有害气体排放降低 12% ~48.8%，最大转矩与原机相近。

柴油车在高原地区行驶时，进气量减少，但额定供油量不变。因此，柴油车与汽油车相比，应较大幅度地减少供油量才能适应进气量的减少。海拔越高，越应减少供油量。对于临时进入高海拔地区行驶的柴油车，驾驶员只需适当控制加速踏板行程，不将其踩到底，就可相对减少燃油消耗。

在调整有油量校正装置的喷油泵供油量时，额定供油量只能在额定转速下调整，常用转速下的供油量为校正供油量。

有的柴油车喷油泵上设有起动消烟装置，它对起动供油量有一定的限制，节省了起动用油，并降低了起动排烟量。

2. 喷油泵的就车调整

喷油泵是柴油机的主要机件之一，它在装机前是通过调试的，但在使用的过程中，发动机也有可能出现功率不足、排黑烟、运转不稳定、油耗增加等不良现象。这是由于各缸供油量与所需供油量不相适应，引起各缸的"供油量不均匀"而造成的。

1）喷油泵供油不均的原因

（1）调校喷油泵时存在着供油量不均。

喷油泵在试验台上进行调校时，要求各缸额定供油量不均匀度不得大于 6%，校正加浓供油量不均匀度不得大于 20%，校正高速空转及怠速时的供油量不均匀度不得大于 35%。但在实际调校中，因操作步骤或熟练程度不同，上述的不均匀度可能偏离基本要求。

另外，喷油器的喷孔面积和喷油开启压力对供油量不均匀度也有较大影响。喷油器的喷孔受高压高速油流的冲刷和燃油中机械杂质的磨损，喷孔面积逐渐增大，因而喷油压力和残余压力下降。对于非电控喷射的柴油机来说，这样喷油量就随喷孔面积的增加而增加。而且，由于喷油器调压弹簧预压力的变化，针阀、顶杆和弹簧等各种零件表面的微量磨损不同，造成各喷油器开启压力的下降也不相一致，所以供油量的增加也不相同。据试验，轴针式喷油器开启压力从 13.72×10^3 kPa 下降至 11.79×10^3 kPa 时，供油量增加 10%。

（2）制造、使用、维护中产生供油量不均。

生产制造产品允许存在一定的误差，误差的存在，就会引起供油量的不一致。如喷油泵的柱塞直径、柱塞行程、凸轮升程、喷油器、高压油管等处的误差。

使用中出油阀的磨损不一致也会引起供油量的不一致。出油阀座锥面的磨损，将使高压油倒流进入喷油泵泵腔，使供油量减少。减压环带间隙增大，导致密封带的密封性能变坏，高压油提早与高压油管沟通，将增加供油量。

喷油泵安装不当，会引起供油量不均匀。如驱动联轴节间隙过大或松动，驱动齿轮的间隙过大，装用不同内径、不同长度的高压油管，油管的弯曲不合规格和要求，都会引起燃油流经油管内的压力降变化，喷油压力亦不断变化。试验表明：将 600 mm 与 800 mm 长度的高压油管混装，供油量相差 10% 以上。有时在安装高压油管时，未对正接头就急于拧紧或拧紧力矩过大或出现油管变形后内径缩小，也将使供油量不均匀。

使用中曲轴轴颈、连杆轴颈及其大小轴瓦的磨损，燃烧室内的积炭分布不均和数量不同，气门与气门座的磨损量不同，这些原因均可导致燃烧室容积发生变化。相应地，各缸的压缩比发生了变化，各缸所需的供油量也均不相同，从而也导致了所需供油量的不均匀性。

(3)使用条件与调试条件有一定的差异。

在试验台上，喷油泵和喷油器是在常温、常压下进行调试的，而装机后，它们在汽车上使用的环境温度较高，喷油器工作的缸内温度达 500 ~ 700 ℃、压力 3 ~ 5 MPa。所以它们两者的使用条件与调试条件存在较大差别。汽车运行中，喷油泵与喷油器本身的温度达 90 ℃左右，其柴油黏度下降，因而柱塞与针阀偶件的内漏增多，回油量也比调试时多。据测定，喷油泵实际喷入缸内的油量只有试验台调试量的 80% 左右。

在试验台上检查调校供油提前角时，一般采用定时管法或溢油法。但当柱塞偶件磨损后，间隙增大，柱塞上行遮住柱塞的进油孔时，瞬时压力增长慢。有时在试验台下是用手扳动凸轮轴的，柱塞向上运动速度比实际工作时慢得多，从而延迟了供油时刻，影响了供油量；实际使用的喷油器，油管的通过能力和渗漏程度，喷油器的喷孔面积和开启压力，以及输油压力、油温、燃油特性与等试验台试验的各项指标也存在较大的差异，因而也影响着供油量。

另外，柴油机在使用、维护后，各缸在压缩终了时的温度和压力也存在差异，也会影响各缸的正常工作。

2)就车调试喷油泵的原理

对于一般的柴油机来说，在没有好的检查、调试设备的情况下，如果发现各缸供油量明显不均，作为应急可采用就车调试喷油泵的方法。但这种方法要求调试人员有丰富的经验和良好的技术，否则会事与愿违。

就车调试喷油泵的调试原理是根据柴油机燃烧过程理论，用各缸的排气温度、压力和烟色来检查和判断各缸所需的供油量，通过调整使各喷油器按各缸所需燃油要求进行喷射，以补偿各缸在汽缸压力、容积和燃烧等方面的差异。这样，可以有效地避免当某缸供油量相对过多时(充气系数一定)，其燃烧得不到充足的氧气，形成不均匀的过浓混合气，导致燃烧温度升高、燃烧期延长、后燃加重、排黑烟、排气温度和压力升高等不良现象。同时也可避免当供油量偏少而产生与上述情况相反的现象。

3)就车调试喷油泵的方法

在柴油机维护好后，暂不装排气歧管，以便观察各缸情况。首先将喷油泵按规定检查调整好供油时刻，再起动柴油机并以怠速运转。用手摸各缸的排气门、喷油器或其附近的汽缸盖处，若温度高，则说明供油量偏多；若温度低，则说明供油量偏少。

当发动机冷却液温度升到 60℃左右时，提高发动机转速，观察各缸排气口的排烟情况：

(1)如果某缸冒黑烟，声音正常无敲击声，则说明该缸供油量过多，应调小供油提前角；如果缸内发出有节奏的清脆的金属敲击声，起动困难，则说明供油时间过早，应调小供油提前角。

(2)如果某缸冒白烟，则说明该缸的柱塞偶件严重磨损。因为，在相同条件下，磨损了的柱塞偶件高压建立慢，使供油开始时刻推迟，喷雾质量变差，柴油无法完全燃烧，导致冒白烟。因此，如遇此情况，应适当调大供油量，并将供油时间也调早些(对严重磨损的柱塞应更换新件)。必须指出，将供油量调大，并不是因为压缩终了喷油压力低，需要油量大，而是为了调前供油时间。

(3)如果高转速空转时冒白烟，温度升高或带负荷后转为冒黑烟，同时起动困难，功率不足，缸内发出低沉而不清晰的敲击声，则说明供油时间过晚，应适当调早供油时间。这是因为当高速空转时一部分柴油来不及燃烧而呈白色雾状排出来；当温度升高后，未能燃烧的雾滴状柴油在氧气不足、高温条件下裂解成固体炭粒，从废气中排出，形成黑烟。

经过以上粗调后，再进一步用手感比较各缸排气门的排气温度和压力，并细听各缸排气的声音。哪个缸排气口压力小、温度低，则说明那个缸的供油量还可以再调大些；反之，应将供油量调小。如此反复调试，直至各缸排气压力和温度较一致，并微见烟色，运转声音均匀为止，然后装复排气歧管。

第六节　汽车维护与节能

在相同使用条件和操作水平条件下，若汽车技术状况不同，汽车油耗相差也会较大。所以，正确维护是重要的节能措施。

汽车经一定的行驶里程后，必造成各零部件松旷和磨损，进而导致总成工作偏离正常状态，使汽车技术状况变坏。汽车技术状况的恶化不仅导致车辆动力性、安全性降低，其经济性也会下降。因此，汽车的维护工作对确保行车安全，延长汽车使用寿命，降低运行燃油消耗等有着重要的意义。

一、走合期使用与维护

对于新车、大修车以及装用大修车发动机的汽车，走合是延长汽车使用寿命、保证汽车维修质量的一项重要工作。这是因为新车、大修车和装用大修发动机的汽车在出厂之前虽经过初步的磨合，但零件的摩擦副表面还较粗糙，加工后的形状和位置还存在一定偏差，同时各连接件和总成经过初期使用后，因多种原因影响，其技术状况会发生变化。因此需经过走合，使汽车各部件运动表面得到充分的磨合，同时发现和排除制造、装配过程出现的缺陷，从而延长汽车的使用寿命和大修间隔里程，提高汽车使用的可靠性和经济性。汽车的走合期一般在1000～1500km，在此期间内，驾驶员应按规定认真做好新车的走合工作。

1. 汽车走合期的特点

(1)机件摩擦副表面磨损快。汽车出厂前虽然按规定进行了磨合处理，但机件表面仍然较粗糙，加之新零配件间有较多的金属粒脱落，使磨损加剧。

(2)故障多。由于机件在加工、装配时存在偏差，同时还包含着一些难以发现的隐患，因此在走合期间很可能出现机件卡死、发热和渗漏等故障。

(3)润滑油易变质。由于走合期内机件配合间隙较小，油膜质量差，温升大，机油易氧化变质以及较多的金属粒混入机油，导致机油质量下降。

(4)紧固件易松动。

2. 走合期应注意的事项

(1)减速、减载(至少减少额定量的1/3)行驶,严禁拖挂挂车。

(2)选择良好路面和良好的行车环境行驶。

(3)严密监视汽车运行状况(应特别注意观察仪表指示和各类警告信号),发现异常应及时通知服务站或承修厂予以检查、处理。

(4)按规定做好日常维护作业。

(5)不得在非特约维修厂进行汽车维修、改装或加装附件。

3. 走合结束时的维护

走合期满,应及时到特约服务站进行走合维护,对汽车进行全面的检查、维护,以便进入正常使用期。其作业项目和深度参照制造厂的要求进行,一般与二级维护的内容接近。

二、定期检测、强制维护

1. 定期检测、强制维护的内涵及作用

定期检测是科学技术进步与技术管理相结合的产物。它包含两重含义:一是对所有从事运输的汽车,视其类型、新旧程度、使用条件和使用强度等,在汽车行驶一定里程或时间后,定期进行综合性能检测,通过这种检测,达到控制运输汽车技术状况的目的,同时也可监督汽车检测前的维修竣工质量;二是结合汽车二级维护定期进行诊断检测,以掌握汽车技术状况变化规律,确定是否需要在常规维护的同时附加修理作业项目及附加修理项目类别,从而实现视情修理的目的。

强制维护即"强制保养",仍然坚持计划、预防的维护原则。强制维护强调维护的重要性,防止盲目追求眼前利益而对运输设备进行破坏性的使用。随着科学技术的进步,强制维护制度取消了过去对汽车主要总成大拆大卸的三级维护,采用国际上普遍使用的不解体状态检测下的维护工艺。通过维护前的诊断检测,进行汽车清洁、补给、润滑、紧固、调整及必要的修理,消除故障隐患,防止汽车早期损坏。

2. 维护级别及主要作业内容

按要求对汽车进行定期检测和维护,确保汽车始终保持良好的技术状态。维护包括日常维护、一级维护、二级维护。

1)一级维护

一级维护是除日常维护作业外,以清洁、润滑、紧固等为主要内容,并检查有关安全的制动、操纵等系统状态,且由维修企业负责执行完成的工作。

一级维护主要是以润滑和紧固为中心,要求更换发动机的机油,系统检查各总成内的润滑油量。当汽车行驶到规定间隔里程后,由维护员配合驾驶员进行。

一级维护中检查重点是发动机、变速器、制动系统、动力转向系统和差速器的润滑油量,以及冷却系统、清洗系统和蓄电池的液面高低,不足时就要补充。要按规定向运动节点加注润滑脂,对外露部分的连接件要进行检查并紧固,以及清洗各种滤清器等。

2)二级维护

二级维护作业以检查和调整为中心,除执行一级维护作业外,还需要更换三滤(即:机油滤清器、燃油滤清器和空气滤清器),检查和调整发动机、制动系统和电气设备,进行轮胎换位等。这部分工作由专业维修工进行。除执行一级维护的作业内容外,二级维护还增加了下列项目：

(1)检查汽缸压力，有条件时应采用免拆卸清洗仪清洗发动机的油路，清除积炭、油脂和结胶。

(2)清洗喷油器、燃油泵，必要时在试验台上调校。

(3)对于柴油发动机，要在油泵试验台上检查和调校燃油泵的喷油压力、喷油量和各缸的均衡度，检查和清洗喷油嘴。

(4)检查、清洁和调校电器系统的线路和各种元件，发电机、起动机等旋转部分应视需要进行润滑。

(5)检查底盘上各个总成，各运动部件有无磨损，更换已磨损的零件；润滑油不足或污染时要补充或更换。

(6)检查和调整车轮定位。

(7)检测、调校仪表和灯光，检测空调和暖气装置的功能。

(8)检查驾驶室，以及门窗、座椅、门锁、玻璃升降器以及各种开关的完好情况。

(9)检查轮胎气压和磨损情况，按规定进行换位或更换。

汽车二级维护首先要进行检测，汽车进厂后，根据汽车技术档案的记录资料(包括汽车运行记录、维修记录、检测记录、总成修理记录等)和驾驶员反映的汽车使用技术状况(包括汽车动力性，异响，转向，制动及燃、润料消耗等)确定所需检测项目。依据检测结果及汽车实际技术状况进行故障诊断，从而确定附加作业。附加作业项目确定后，同基本作业项目一并进行二级维护作业。二级维护过程中要进行过程检验，过程检验项目技术要求应满足有关的技术标准或规范；二级维护作业完成后，应经维护企业进行竣工检验，竣工检验合格的汽车，由维护企业填写《汽车维护竣工出厂合格证》后方可出厂。

汽车一级和二级维护周期的确定，应以汽车行驶里程为基本依据。汽车一级和二级维护行驶里程依据汽车使用说明书的有关规定，同时依据汽车使用条件的不同，由省级交通行政主管部门规定。

3. 发动机维护项目与节能的关系

发动机是汽车的“心脏”，其维护的好坏直接影响汽车行驶性能和其使用寿命。汽车因发动机维护不良造成的故障占总故障50%以上。由此可见，发动机维护对延长汽车使用寿命起到至关重要的作用。发动机维护中需注意以下项目。

1)机油油质及机油滤芯更换

不同等级的润滑油在使用过程中，其品质都会发生变化。汽车行驶一定里程之后，机油品质就会恶化，可能会给发动机带来各种问题。为了避免发生故障，应该结合使用条件定期更换汽车润滑油。

机油从机油滤芯的细孔通过时，把油中的固体颗粒和黏稠物积存在滤清器中。如滤清器堵塞，机油则不能顺畅通过滤芯，导致滤芯胀破或安全阀打开，使得润滑油从旁通阀通过，仍把脏物带回润滑部位，促使发动机磨损加快，机油的污染也进一步加剧。因此机油滤芯的定期更换同样重要。

2)空气滤芯检查与更换

发动机的进气系统主要由空气滤芯和进气道两部分组成。根据不同的使用情况，需定期清洁空气滤芯，使用高压空气把滤芯中的灰尘吹出。由于空气滤芯为纸质，吹气时应注意空气的压力不能过高，以免损坏滤芯。空气滤芯一般在清洗3次后应更换，清洗周期可以由日常出行区域的空气质量而定。

3)进气管道脏污检查

如果汽车经常行驶于灰尘较多、空气质量较差的地区,就应注意清洗进气管道。进气管道对于发动机的正常工作非常重要,如果进气管道过脏,会导致充气效率的下降,从而使发动机不能正常工作,进一步导致发动机油耗增加。

4)曲轴箱油泥过多

发动机在运转过程中,燃烧室内的高压未燃烧气体、酸、水分、硫和氮的氧化物经过活塞环与缸壁之间的间隙进入曲轴箱,并与零件磨损产生的粉末混合形成油泥。少量的油泥可在油中悬浮,当量大时会从油中析出,堵塞滤清器和油孔,造成发动机润滑困难,从而加剧发动机的磨损。此外,机油在高温时氧化会生成漆膜和积炭黏结在活塞上,增加摩擦阻力,使发动机功率下降、油耗增大,严重时使活塞环卡死而拉缸。

5)燃油系统维护不善

燃油系统的维护包括更换汽油滤芯或燃油喷嘴以及供油管路。由于发动机温度不断变化和燃油品质问题,在油道、化油器、喷油嘴和燃烧室中不可避免地会形成胶质、积炭并沉积下来。严重时会造成燃油雾化不良、怠速不稳、发动机喘抖、爆燃、加速不良等性能问题。使用燃油系统专用清洗剂清洗燃油系统,能够使发动机燃烧过程恢复到正常状态。

6)冷却器生锈、结垢

发动机冷却器生锈、结垢是最常见的问题。锈迹和水垢会影响冷却液在冷却系统中的流动,降低热交换的效果,导致发动机过热,甚至造成发动机的损坏。冷却液氧化还会形成酸性物质,腐蚀冷却器中的金属部件,造成冷却器破损、渗漏。定期使用强力高效清洗剂来清洗冷却器,除去其中的锈迹和水垢,不但能保证发动机正常工作,而且可延长冷却器和发动机的整体寿命。

7)冷却系统状况不良

人们对汽车发动机的养护,主要关注润滑系统,而大多忽略了冷却系统。事实上,汽车发动机最常见的故障,如活塞拉缸、爆燃、缸体冲床内漏、产生严重噪声、加速动力下降等问题都是由于汽车发动机的工作温度异常、压力过大、冷却系统状况不良而造成的。冷却系统状况不良将直接导致发动机不能在正常的温度下工作,进而产生上述严重的故障现象。

三、正确维护与节能

汽车使用过程中,其零部件和各运动机构会产生不同程度的磨损、松动、损伤和自然老化。为防止零部件和各机构早期磨损及发生故障,必须对汽车进行预防性维护作业,保证汽车的动力性、经济性和安全性,使整车各总成保持均衡良好的技术状况,以延长汽车的使用寿命,并达到节油的目的。

1.使发动机处于良好工作状态

发动机的技术状况好坏是直接影响油耗的最重要因素。例如:

(1)汽缸压力如果达不到发动机的设计要求,则发动机燃烧效率下降,致使油耗增加。

(2)配气相位不准确,发动机有效功率下降,致使油耗增加。

(3)点火系统工作不正常,如点火不正时、点火电压不足、火花塞工作能力差等情况都会增加油耗。

(4)发动机润滑系统对发动机工作性能影响较大,润滑油油量不足与油质变差都会增加发动机油耗。

(5)如果发电机电压低，则充电电流小；而发电机电压过高，将会使油耗上升，动力下降，还会造成点火能量减少或点火滞后。因为发电机电压过高，点火线圈的初级线圈电流增大，点火线圈温度升高，电阻增大，使其效率降低，输出能量减少，造成点火能量减少。

一辆汽车能否节油，除了与驾驶员驾驶习惯有关外，发动机本身技术状况的好坏也是节油的关键，而技术状况的好坏与汽车的维护有着直接的关系，在平常驾车生活中一定要养成定期维护汽车的习惯。如：

(1)定期更换火花塞，并保证新火花塞型号和间隙大小符合原厂规定。火花塞的作用是将高压电引进发动机的汽缸内，在电极间产生火花，点燃混合气。试验证明，一只火花塞不工作，要多消耗燃油25%，两只不工作就要多消耗燃油60%以上。另外火花塞间隙的大小、积炭的多少等都会对功率和油耗有直接的影响。

(2)定期更换空气滤清器。脏污的空滤器会使空气流动受阻，进入汽缸的空气量减少，进而影响混合气的质量和燃烧过程，导致油耗增大。

(3)按制造厂推荐的行驶里程或时间，及时更换燃油滤芯、机油和机油滤芯。

(4)定期更换曲轴箱强制通风阀(PVC)。

(5)蓄电池的电量须充足，以便迅速起动发动机，从而避免浪费燃料。

(6)定期更换润滑油，以减小摩擦，减轻磨损，节约燃料。

2.使底盘处于良好工作状态

底盘对燃油的消耗，主要表现在传动系统的机械损失和无用功率的损耗。如果注意以下几项工作，可以达到节油的目的。

(1)前轮定位。若前束偏离最佳值，则车轮运动阻力增加，汽车行驶油耗也将增大。

(2)轮胎气压达到规定要求。轮胎气压低于标准值时，轮胎的变形量增加，滚动阻力也增加，汽车运行油耗将增加。并要定期进行轮胎换位。如果全部轮胎气压低于规定0.05～0.1 MPa，则油耗上升4%～6%，若低于0.1MPa，则油耗上升10%。用子午线轮胎比用斜交帘轮胎可节油5%～10%，子午线轮胎的气压应符合该型号轮胎的使用规定，气压过高、过低都不利于节能，压力过低，滚动阻力大，压力过高，对悬架的振动冲击大，均不利于节能。

(3)轮胎动平衡，如车轮旋转不平衡，将影响到汽车的正常行驶，导致汽车油耗增加。

(4)传动系统效率。传动系统的功率损失可分为机械损失和液力损失。传动系统的功率损失越小，其效率越高。所以，应保证传动系统效率在正常的范围内。

机械损失是指齿轮传动副、轴承、油封等摩擦损失，机械损失与啮合齿轮的对数、传递的转矩、齿轮形式、轴承类型等有关。液力损失指消耗于润滑油的搅动、润滑油与旋转部件之间的表面摩擦等功率损失。液力损失与润滑油品种、温度、油面高度等有关。如后桥或变速器发生异响，则表明在转动中遇到了不应有的阻力而增加了传动损失。如果润滑齿轮油不按规定添加，油耗将增加4%～8%。

(5)保持各部件合理的间隙。间隙过小，摩擦力增大，功率消耗增大、油耗增加。经验表明，如果制动蹄片与制动鼓间的间隙过小，轮毂轴承过紧，燃油消耗将增加20%左右；制动器阻滞，油耗将增加8%～10%；驻车制动器间隙小，使传动阻力增加，油耗增加20%左右；而离合器打滑则会使油耗增加近30%。因此，要求传动部分间隙必须合适，转动灵活，不卡滞，传动可靠，才能减少传动功率的损失。

四、驱动电机维护

电动汽车运行过程中,对驱动电机实施科学有效的维护,有助于保障汽车的运行性能。针对电动汽车的维护主要分为A级维护计划和B级维护计划,两种维护计划需要间接交替进行,并且两种维护计划均涵盖了对驱动电机的维护。A级维护称为整车维护,当新车累计行驶里程达到7500km或者10000km进行一次维护。B级维护也称非整车维护,主要是按照要求对电动汽车进行有针对性的零部件维护(例如单独进行的电池维护、线路维护、轮胎维护等),累计行驶达20000km时进行第一次。两种维护方式通常都是按照行驶里程作为参考依据划分维护周期的。对于极端环境条件下使用的电动车辆,还需要添加不定期维护。驱动电机具体维护方法如下。

1. 日常维护

(1)清洁工序。主要清洁电机表面、线路之间的污垢(由于电机的静电效应极易沾染污垢),在清洁过程中检查有无破损之处。

(2)紧固工序。用装有压力表的紧固螺丝刀,对电机表面螺钉的压力进行测试,对压力过小的螺钉进行紧固,对压力过大的螺钉调松(防止由于压力过大导致电机表面断裂)。

(3)检查工序。检查驱动电机有无发生外观形变、有无破损、有无锈蚀、有无异响、排线有无老化等故障。

(4)补充工序。对于缺失的绝缘液和冷却液要进行必要的补充。

2. 定期维护

驱动电机的定期维护包括电路检查、过载检查、冷却系统检查等。

(1)电路检查主要是检查电路有无破损、老化、短路、断路。其主要方法是将驱动电机增量编码器(也叫U/V/W编码器)的旋变钮拧开,用万用表电阻挡检测,当电压为1000V时,电阻值大于或等于500Ω/V为合格。

(2)过载检查主要是检查驱动电机的荷载能力。检查方法是对驱动电机通电,通过升压的方式观察仪表上的功率提升曲线是否平滑。

(3)冷却系统检查主要是检查电机与电机控制器冷却液循环制冷效果。具体方法是捏紧冷却液管使其水道内部阻力增大,使冷却液泵转速变小,引起声音发生变化,如无声音变化则水道内冷却液没有循环,需放气。

3. 不定期的维护

除了定期与日常的技术维护外,由于电动汽车对使用环境依赖程度很高,因此针对不同环境还要进行不定期的维护。例如我国南方潮湿地区就应当加大监测湿度对于驱动电机的影响并做好维护,再如夏天炎热,就需要考虑高温对驱动电机的影响,进行有针对性的维护。

五、电池维护

(1)检查电池组的外观。电池组盖与电极柱应清洁,不应有灰尘、金属屑等污物存在,若有,则应用压缩空气进行清理;电池组外壳不应有裂纹、鼓胀、变形、极柱松动等异常情况;电池盖与托盘应保持密封,电池与车身结合处应贴合紧密。

(2)电池连接状况检查。电池极柱接头连线应牢固可靠,不应有腐蚀现象;单体电池的各连接点及电池组导电带、电压、温度采集端子等节点的接触应可靠,不应有松动、脱落、生锈或变形现象；充电插头与插座接触应良好。

(3)电池组漏电检测。为减小电动汽车电气设备的工作电流，锂离子电池组的工作电压一般采用直流300V以上的电压规范，故汽车锂离子动力电池组有着很高的绝缘性要求。电动汽车的绝缘性能以电池组的直流正、负母线对搭铁的绝缘电阻来衡量，按《电动汽车安全要求》(GB/T 18384—2020)规定，电池组对搭铁的绝缘电阻值除以电动汽车直流系统标称电压大于100 Ω/V时符合安全要求。

上述有关汽车维护与节能技术不仅从传统汽车结构技术方面进行了系统性的阐述，还对电动汽车合理维护与使用节能进行了探索。然而，随着汽车新结构、新能源技术的不断发展与成熟，汽车维护与节能也在不断发生变化。因此，汽车运用节能还需要通过不断地研究与实践，去总结、提高和完善相应的节能技术、对策以及措施等。因此，汽车节能工作大有可为。

复习思考题

1. 汽车按用途分类可分为哪几类？
2. 汽车运行的外界条件一般包括哪些？
3. 哪些汽车操作技术与汽车节能有关？
4. 在不同工况下应如何操作自动变速器？
5. 轮胎对汽车节能有何影响？
6. 轮胎选用应注意哪些问题？
7. 汽车走合期的特点与注意事项有哪些？
8. 汽车发动机应重点调校的系统有哪些？
9. 汽车维护的主要项目有哪些？
10. 汽车维护内容和质量对节能有什么影响？
11. 电动汽车运用节能主要途径是什么？

参考文献

[1] 许鹏飞.我国新能源汽车发展的路径和对策研究[D].杭州:浙江工业大学,2013.

[2] 汪岩妍.资源节约型汽车产业的评价理论、方法及应用研究[D].合肥:合肥工业大学,2012.

[3] 曹昌胜.混合动力电动汽车电池包热特性研究与优化[D].合肥:合肥工业大学,2013.

[4] 凌天钧.节能与新能源汽车的技术发展现状和基础设施建设[J].汽车电器,2011(10):1-5.

[5] 易宗发,汪兴智,王秦.汽车低碳运用[M].北京:人民交通出版社,2012.

[6] 张军,等.汽车节能技术[M].北京:机械工业出版社.2014.

[7] 姚志良.机动车能源消耗及污染物排放与控制[M].北京:化学工业出版社.2012.

[8] 刘玉梅.汽车节能技术与原理[M].北京:机械工业出版社.2010.

[9] 余卫平,李高明.现代汽车新能源与节能减排技术[M].北京:机械工业出版社.2014.

[10] 吴国华,朱高鹏.我国节能减排存在的问题及对策[J].宏观经济管理,2011(9):50-51.

[11] 倪雨笛.新能源汽车政策发展研究[J].管理观察,2020(22):81-82.

[12] 李英艳,黄体允.新能源汽车产业政策研究[J].合作经济与科技,2020(18):17-19.

[13] 宋城.国家发改委等联合印发《汽车产业中长期发展规划》[J].中国设备工程,2017,000(009):1-1.

[14] 安富强,等.纯电动车用锂离子电池发展现状与研究进展[J].工程科学学报,2019,41(1)

[15] 敬东.汽车电子控制技术[M].成都:西南交通大学出版社,2016.

[16] 王军,金毅,张幽彤,等.柴油机典型工况的电控喷油器多次喷射分配[J].汽车工程,2020,42(02).

[17] 冒兴峰,罗鹰,王钰明.新能源汽车节能控制器的设计与实现[J].现代电子技术,2020,43(18).

[18] 吴中义,陈家兑,王自勤.一种液压式连续可变压缩比技术的研究[J].工程设计学报,2018,25(02).

[19] 沈颖刚,郭玉彬,等.EGR对可变压缩比SI发动机燃烧及排放特性的影响[J].内燃机学报,2014,32(05).

[20] 林承伯,刘敬平,唐琦军,等.一种可变压缩比机构对汽油机性能的影响[J].内燃机工程,2015,36(06).

[21] 王骏骋,何仁.轮毂电机电动汽车的变压充电再生制动控制[J].机械工程学报,2020,56(10).

[22] 孙凤英.汽车运行材料[M].北京:人民交通出版社股份有限公司,2018.

[23] 戴汝泉.汽车运行材料[M].北京:机械工业出版社,2018.

[24] 何义团.汽车运行材料[M].北京:人民交通出版社股份有限公司,2020.